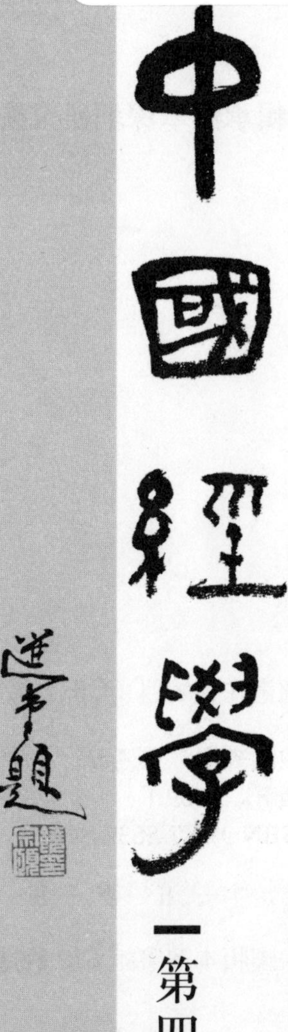

第四輯

主編◎彭　林

·桂林·

本輯承清華深圳研究院第一期國學講習班資助出版，謹此致謝。

圖書在版編目（CIP）數據

中國經學．第4輯／彭林主編．—桂林：廣西師範大學出版社，2009.1
ISBN 978-7-5633-8182-1

Ⅰ．中…　Ⅱ．彭…　Ⅲ．經學—研究—中國　Ⅳ．Z126

中國版本圖書館 CIP 數據核字（2008）第 212023 號

廣西師範大學出版社出版發行
（廣西桂林市中華路 22 號　郵政編碼：541001
網址：http://www.bbtpress.com）
出版人：何林夏
全國新華書店經銷
廣西師範大學印刷廠印刷
（廣西桂林市臨桂縣金山路 168 號　郵政編碼：541100）
開本：787 mm×1 092 mm　1/16
印張：17.75　字數：330 千字
2009 年 1 月第 1 版　2009 年 1 月第 1 次印刷
印數：0 001～3 000 册　定價：52.00 元

重刻禮說敘

經學之盛莫盛于兩漢于時承秦滅學之後羣經紛出學者咸知務重競相傳習經傳寖廣經各數家殊而並立學官置博士課弟子員森然如林故司馬班范之書皆爲儒林立目三國騷爭干戈擾攘然而北海鄭公門徒猶盛講學不輟爲世所宗魏晉六朝學雖漸微苟當革命改物猶必顧蕭禮官論議悉循舊說大率宗鄭者居多唐貞觀中詔承一是羣經諸家而衛鑑爽奪不免杏苗抒搴弃而說禮公羊取乎鄭何休漢學猶有存也迨乎宋代內而學輔外而後衛不及其賢而從事六藝者盡廢舊說樓據所

辭甚且藝醜剿文吟談性命自謂得先聖之心傳而鄙俗從而和之歸及元明率皆拾其唾餘以訛誤亂是經詮時經六百年于茲矣

天子

大清重興景論山嶽之靈鍾于惠氏基始于樸庵先生一傳而硯谿先生著有詩說再傳而半農先生著易說禮說春秋說三傳而松崖先生著他若其而周易述易漢學精校聲幸得親炙松崖先生獲覩三世之著録皆淵博與精融洽漢經師之說而融貫乎羣經洵爲後學楷模也今禮說版壞舊印微學者求而得于是彭君紹升貸重梓以

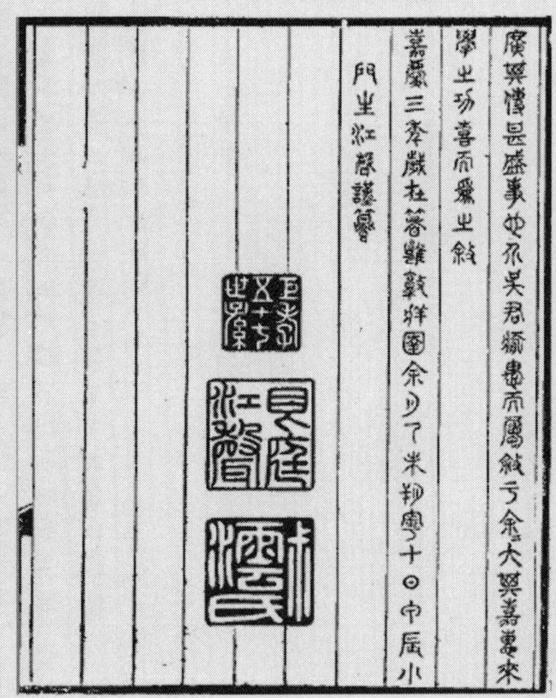
廣其傳是盛事也而吳君嶠書來屬敘于余大典嘉惠來學之功喜而爲之敘

嘉慶三年歲在著雍敦牂閏余月丁未朔粵十日丙辰小門生江聲謹譔

〔清〕江聲《重刻禮說敘》（本輯16頁）

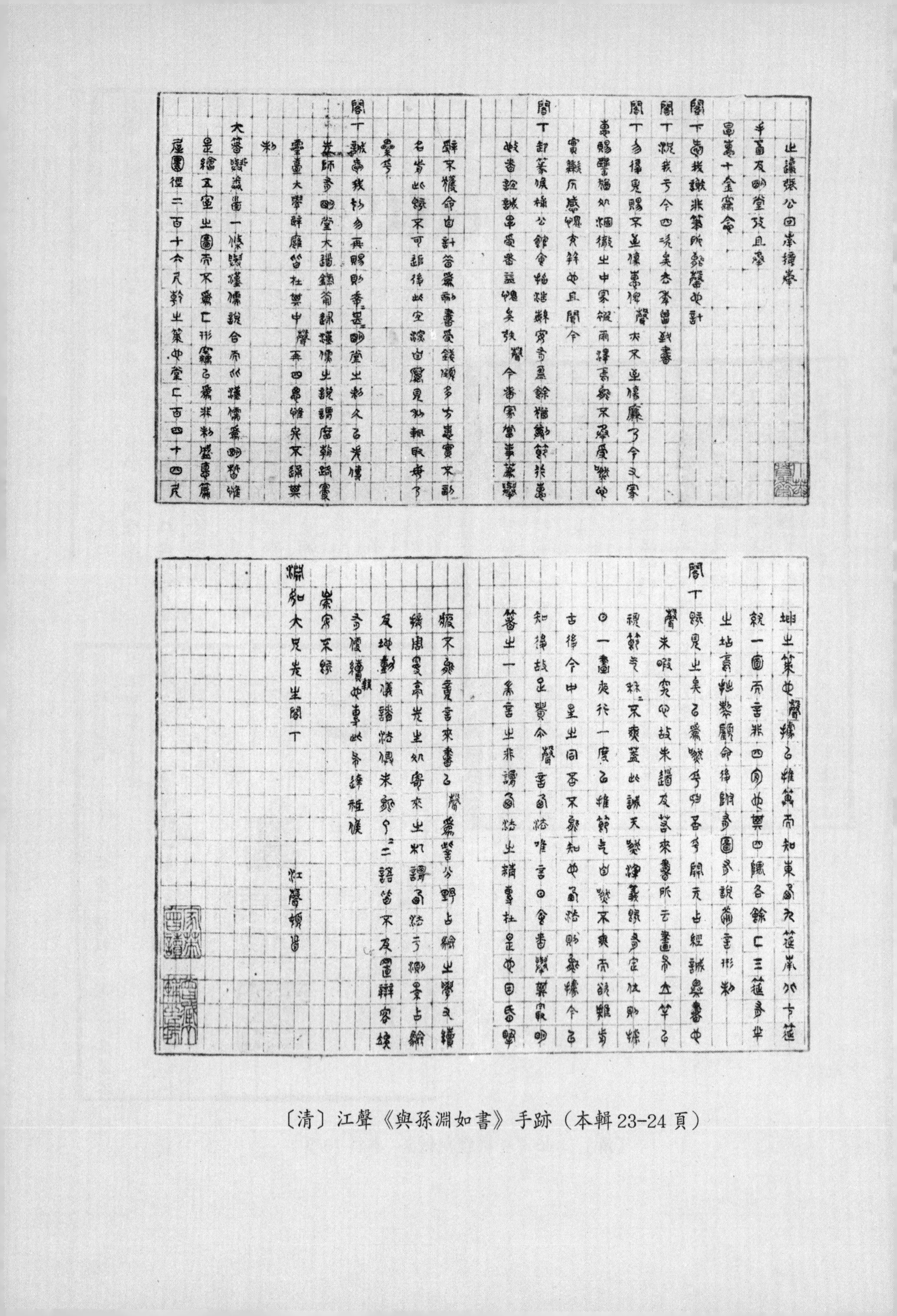

〔清〕江聲《與孫淵如書》手跡（本輯23-24頁）

目録

江聲遺文小集

陳鴻森輯

内容提要　江聲(1721—1799),字叔澐,晚號艮庭。嘗從惠棟受經,精研詁訓,篤守漢學,爲清乾嘉學術吴派代表性學者,著有《尚書集注音疏》十二卷、《論語竢質》三卷。江氏文不多作,嘗刻《艮庭小慧》一卷,僅四書文八篇,殊不足以見所學。作者從群籍采録,共輯得遺文二十餘首,合爲《江聲遺文小集》,以供治清學者參考。

關鍵詞　江聲　乾嘉學術　吴派

江聲(1721—1799),字叔澐,晚號艮庭,江蘇吴縣人。性耿介,不慕榮利,授徒爲養,以布衣終其身。師事同郡惠棟,爲《尚書》之學,質疑問難,學日以進。嘉慶元年,舉孝廉方正。江氏長於故訓小學,曾爲畢沅校刻《釋名疏證》;又著《説文解字考證》,後見段玉裁所著,多相符契,遂輟筆,舉稿本付之。① 復蒐討漢魏經師殘注遺説,旁采他書之有涉於《尚書》者以益之,引申其義,以己意爲之疏,成《尚書集注音疏》十二卷,凡四易稿,積十餘年然後成書;另著《論語竢質》三卷。《清史稿》卷四八一、《清史列傳》卷六十八、江藩《漢學師承記》卷二、孫星衍《平津館文稿》卷下並有傳。

江氏爲乾嘉吴派代表性學者。孫星衍撰《傳》云:"吴中古學,自顧炎武後,有惠氏父子及聲繼之,後進翕然多好古窮經之士矣。"②弟子顧廣圻、江藩、鈕樹玉及其孫沅,俱以經古小學名家。蓋欲考論吴派學術源流,固舍惠、江莫由也。惠氏所爲文,向有《松崖文鈔》二卷行世;近漆永祥教授點校《東吴三惠詩文集》,③更蒐集逸篇,爲補遺二卷。江聲之文,有《艮庭小慧》一卷,④僅四書文八篇。按江氏《與孫淵如書》:拙文五篇

① 参見〔清〕孫星衍《平津館文稿》卷下《江聲傳》。

② 〔清〕孫星衍《平津館文稿》卷下《江聲傳》。

③ 〔清〕惠棟《松崖文鈔》,《聚學軒叢書》本;漆永祥《東吴三惠詩文集》,臺北:"中央研究院"中國文哲研究所,2006年。

④ 〔清〕江聲《艮庭小慧》,江氏近市居刊本。

附上,“前呈過兩篇,今又呈此,拙文盡于此矣”[①]。知彼固不欲以文章自見。余從群籍蒐采,共得遺文二十餘首,今寫録成篇,爲《江聲遺文小集》,聊備一家云。經師文字,胎息深厚,惟是專守漢學,不免門户之見,然研精經訓,議論時有特識,片羽足珍;他如《雨香集敘》,爲江藩詩稿序文,亦可以備掌故。《恒星説》一文,原有單刻,今亦收入,以並觀焉。2008 年 4 月 12 日。

目　次

① 見本文所輯《與孫淵如書一》。

與焦里堂論宫室書（25）
過翁傳（26）
李孝子傳論（27）

《泰誓》辨

《泰誓》，今文古文皆有之，漢儒皆誦習之，馬、鄭皆爲之注。自東晉僞古文出，則有《泰誓》三篇，世無具巨眼人，遂翕然信奉，以爲孔壁古文；因目此爲今文，且反疑其僞，以故寖微而至於亡。顧其遺文記火流穀至之事，且無諸傳記所引之語，故馬融雖爲之注，不能無疑。今姑備録馬説而辯之。

馬融《書敘》曰："《泰誓》後得，案其文，似若淺露。"又云："八百諸侯，不召自來，不期同時，不謀同詞。及火復于上，至於王屋，流爲雕，五至，以穀俱來。舉火神怪，得毋在子所不語中乎！又《春秋》引《泰誓》曰：'民之所欲，天必從之。'《國語》引《泰誓》曰：'朕夢協朕卜，襲於休祥，戎商必克。'《孟子》引《泰誓》曰：'我武惟揚，侵于之疆，則取于殘，殺伐用張，于湯有光。'孫卿引《泰誓》曰'獨夫紂'；《禮記》引《泰誓》曰：'予克紂，非予武，惟朕文考無罪；紂克予，非朕文考有罪，惟予小子無良。'今之《泰誓》，皆無此語。吾見書傳多矣，所引《泰誓》而不在《泰誓》者甚多，弗復悉記，略舉五事以明之，亦可知矣。"

馬此説具《正義》。辨之曰：案融之意，以《泰誓》非伏生所傳，故疑之爾。融獨不見伏生之《尚書大傳》乎！《泰誓》"維四月，太子發上祭于畢"云云，《大傳》既引其文矣。其所以不傳者，蓋生年老，容有遺忘，自所得二十八篇之外，不能記憶其全故爾。《大傳》引《九共》曰"予辨下土，使民平平，使民無敖"，引《帝告》曰"施章乃服明上下"，能録其片語而不傳其全文，是其不能記憶之明驗也。然則《泰誓》雖不出於伏生，不得謂非秦火已前伏生所藏之舊文矣。且《漢書·藝文志》云："《尚書古文經》四十六卷，爲五十七篇。"計伏生書二十八篇，三分《盤庚》，則爲三十，加孔氏多出之二十四篇，才五十四，加《泰誓》三篇，適五十七；無《泰誓》則不符其數。又李顒集注《尚書》，於此《泰誓》輒引孔安國曰，則孔氏古文亦有此篇，安國且作傳矣。而兩漢諸儒備見今文古文者，未嘗疑《泰誓》有今古文之異，然則今文《泰誓》同乎古文，又可知矣。融獨以其後得而疑之，則五十四篇惡在其可信邪！

若其所稱八百諸侯不期而會，則婁敬説高帝嘗言之矣，司馬子長亦録其文於《本紀》矣，不既信而有徵乎！又若火流爲雕，以穀俱來，斯乃符命之應，猶龜書馬圖之屬也。孔子繫《易》,曰:"河出圖,洛出書,聖人則之。"《論語》記孔子之言曰:"鳳鳥不至,河不出圖,吾已矣夫。"然則符瑞之徵,聖人且覬幸遇之,而乃以火流穀至爲神怪,謂爲子所不語,豈通論乎!且《思文》之詩不云乎"貽我來姓,帝命率育",即此以穀俱來之謂,融亦將斥《詩》爲誕乎!不然,《詩》則信之,《書》則疑之,進退皆無據矣。

融又以書傳所引《泰誓》甚多,而疑此《泰誓》皆無有。又案《湯誓》篇傳自伏生,既又出諸孔壁,今文古文若合符節,而"予小子履敢用玄牡"云云,載於《墨子・兼愛》篇,而《湯誓》未有其文。故孔安國注《論語・堯曰》篇,不敢質言《湯誓》之文,而云"《墨子》引《湯誓》,其詞若此"。又《墨子・尚賢》篇引《泰誓》曰:"聿求元聖,與之戮力同心,以治天下。"而《湯誓》中亦無之。然而謂《湯誓》有逸文可也,謂《湯誓》爲僞書則不可。以此相況,《泰誓》亦猶是耳,夫復奚疑哉!不獨此也,《大傳》引《盤庚》曰"若德明哉,湯任父言,卑應言",引《無逸》曰"厥兆天子爵",今《盤庚》、《無逸》具在,而皆無是言。經與傳具出於伏生,不應傳録其文,經反遺其語。然則伏生既傳之後,歐陽、夏侯遞有師承,猶不能無闕逸,況《泰誓》經灰燼之餘百年而出,反怪其有遺逸邪!且夫傳記諸書,夫人而見之矣,苟欲僞造,必不敢張空拳以自吐其胸臆,並不敢出神奇以駭人之觀聽。將摭拾典籍以供補綴,依據誼理以爲干城,以求售其欺於後世,如彼僞孔氏之所爲矣,安肯故留此閒隙以滋後人之議哉!蓋惟當時實有其事,史官據事直書而無所顧忌,故有火流穀至之文。逮其後遺文殘闕,傳之者僅守殘編而不敢補緝,故無諸傳記所引之語,斯何足怪乎!季長之説,吾不謂然,故爲此辨。

(録自江藩《漢學師承記》卷二《江艮庭先生傳》)

六書説

許叔重《説文解字・敘》云:"《周禮》保氏教國子,先以六書,一曰指事,視而可識,察而見意,上下是也;二曰象形,畫成其物,隨體詰詘,日月是也;三曰諧聲,以事爲名,取譬相成,江河是也;四曰會意,比類合誼,以見指撝,武信是也;五曰轉注,建類一首,同意相受,考老是也;六曰假借,本無其字,依聲託事,令長是也。"鄭康成注《周禮》,用先鄭司農說,亦云:"六書:象形、會意、轉注、處事、假借、諧聲也。"聲謂六書之名,見于《周禮》,其説詳于叔重,然其所從來也遠,當不始于周,而始于造字之初乎。曷言之?《説文解字・敘》又云:"倉頡之初作書,蓋依類象形,故謂之文;其後形聲相益,即謂之字。字者,言孳乳而寖多也。"是固有形聲矣。曰形聲相益謂之字,則會意、轉注亦具有焉。然則指事、假借具有可知,故曰"始于造字之初"也。

炎漢以前，代有通人，皆知其誼，故叔重能道其詳，而先鄭、後鄭亦同其説。學者研求其誼，而反以三隅，則字無不可知者矣。雖然，吾姑推廣言之，蓋六書之中，象形、會意、諧聲三者是其正；指事、轉注、假借三者是其貳。指事統于形，轉注統于意，假借統于聲。

何言乎"指事統于形"也？指事之説曰："視而可識，察而見意。"則指事者，指其形也。蓋依形而製字爲象形，因字而生形爲指事，如日月之字：日，實也，太陽之精不虧，故从日，象其帀也。月，太陰之精，三五而盈，三五而缺，故外郭不周，象其缺也，是之謂"畫成其物，隨體詰詘"也，故曰"依形而製字爲象形"。由此推之，凡山水魚鳥之等，實有其形，而字象之者，胥視此矣。若如上下之字，上下本無定形，置一以爲準，亘丨於其上則爲上，綴丨於其下則爲下，斯上下之形見矣，是之謂"視而可識，察而見意"也，故曰"因字而生形爲指事"。由此推之，如一在木下爲本，一在木上爲末；日出一上爲旦，日在草中爲莫；王在門中爲閏。凡視之可識，察之而意見者皆是也。

然指事之説猶不盡此也，《説文解字》之中，頗有言象形而實爲指事者，不可殫述，姑舉一二言之：如"不"字，一在上，即以爲天，象鳥之傅天而遠去，察其不來下之形，則"不可"之意見。"至"字，一在下，即以爲地，象鳥之尾翼向上，而首著地，視其下集之形，則"來至"之意可識。又如"垂"者，艸木花葉垂也，下垂之形見焉。之數字者，叔重皆云"象形"，顧其形皆由意造，亦因字而生者，故曰實爲指事。由此推之，則《説文解字》之中，凡有象形字者，或爲象形，或爲指事，以意求之，皆可知矣。"指事統于形"，此之謂也。

曰"轉注統于意"，何謂也？轉注之説曰"同意相受"，則轉注者轉其意也。蓋合兩字以成一誼者爲會意；取一意以概數字者爲轉注。《春秋左氏》曰"止戈爲武"，穀梁子曰"人言爲信"，故武、信爲會意。武、信之外，如孔子曰"推十合一爲士"，韓非曰"背厶爲公"，逯安説"亡人爲匃"，以及"皿蟲爲蠱"、"丮夕爲夙"、"臼辰爲農"之等，皆合兩字而成誼者也。亦有合三字爲誼者，孔子曰："黍可爲酒，禾入水也。"是也，皆所謂"比類合誼，以見指撝"者，是爲會意，言會合其意也。轉注則由是而轉焉，如挹彼注茲之注。即如考老之字，老屬會意也，人老則鬚髮變白，故老从人毛匕，此亦合三字爲誼者也。立"老"字以爲部首，所謂"建類一首"。考與老同意，故受老字而从老省。考字之外，如耆、耋、壽、耇之類，凡與老同意者，皆从老省而屬老，是取一字之意以概數字，所謂"同意相受"。叔重但言考者，舉一以例其餘爾。由此推之，則《説文解字》一書，凡分五百四十部，其分部即"建類"也；其始一終亥，五百四十部之首，即所謂"一首"也。下云"凡某之屬皆从某"，即"同意相受"也，此皆轉注之説也。

曰"假借統于聲",何謂也?假借之説曰"依聲託事",則假借者循聲而借也。蓋諧聲者定厥所从,而後配以聲,聲在字後者也。假借則取彼成文,而即仍其聲,聲在字先者也。如江、河皆水名,故皆从水,从水非聲也,是所謂以事爲名,即轉注之"同意相受"也,配以工、可,乃得聲爾。江,古紅反,故曰工聲;古或以可爲何,合戈反,故河得可聲。是以配合之字爲聲,所謂"取譬相成"也,故曰聲在字後。由此推之,凡《説文解字》所云"某聲"、"某省聲"、"某亦聲"之等,胥準諸此矣。至若假借之令長,令者縣令也,假諸號令;長者官長也,借取修長,是即仍所借字之聲,所謂"依聲託事"也,故曰聲在字先。《説文解字》止云:"令,發號也。""長,久遠也。"其借誼則俱未之及,蓋假借一書爲誼極蕃,凡一字而兼兩誼、三誼者,除本誼之外,皆假借也。學者誦習藝文,行將具曉,叔重故不具解;然亦間有解,如"朋"、"來"、"韋"、"西"諸字是也。《説文解字》云:"朋,古文鳳,象形。朋飛,群鳥從以萬數,故以爲朋黨字。"又云:"來,周所受瑞麥。來麰,一來二夆,象芒朿之形,天所來也,故爲行來之來。"又云:"韋,相背也。从舛,口聲。獸皮之韋,可以束枉戾,相韋背,故借以爲皮革。"又云:"西,鳥在巢上,象形。日在西方而鳥西,故因以爲東西之西。"此皆假借之説也。

凡此六者,古人造字之恉具在於斯。許沖有言曰:"聖人不空作,皆有依據。"指謂此六書也。盧植云:"古文科斗近于爲實,而厭抑流俗,降在小學。"言文字之爲實學,而愍其詘抑也。然則東漢之季,自諸大儒而外,從事於斯者,固已尠焉。爰及魏晉,其學益微;唐宋而下,無有識字者矣,其孰能知之哉!即有一二考古之士,求其解而不得,不自咎其不達古人之意,反怪古人之不合于己而疑其誤,不亦異乎!甚者如鄭樵之論,謂《説文》止得象形、諧聲二書,蓋六書失其四。於戲!何謬妄之至於斯也。

聲竊幸微言之尚存,患末學之誤解,爲之講明其説,豈敢自許爲識字哉!庶俾後之學者有所據依,以爲稽古之階云爾。

(録自王昶《湖海文傳》卷十七)

恒星説

《尚書·堯典》:"日中星鳥,以殷仲春","日永星火,以正仲夏","宵中星虚,以殷仲秋","日短星昴,以正仲冬"。星鳥雖以南方宿之全體爲言,實則指謂其正中之七星也。《明堂月令》昏七星中及火中、虚中皆在季月,而昴中並不見其文,其不同何也?恒星右旋之故也。夫人之視日,惟見其隨天而左爾,其右旋則不可見,惟以恒星爲識。而星不能竝日而見,故必視昏旦之中星,以測日躔之所在。恒星旋而東,則中星遞易,是以古今輒不同也,昔人謂之歲差。東晉虞喜乃立差法,五十年而得一度;宋何承天倍之爲百年。過猶不及,其失均也。隋劉焯折其衷,定爲七十五年,差近之矣,猶未合也。

今用西法分周天之度,省其五度四分度之一,統併爲三百六十度,每度析爲六十分,每分析爲六十杪。恒星歲行五十一杪,積七十歲二百一十五日弱而行一度,至精密矣。計每度六十分,每分六十杪,則度有三千六百杪,三百六十度則百二十九萬六千杪也。若依古法仍分爲三百六十五度四分度之一,而據恒星歲行五十一杪,以求得恒星東行一度、一宫、一周之年數,則可直追數千歲以上,凡經典所紀之星候,皆可推算而知矣。

試以三百六十五度四分度之一充度内分,得千四百六十一度。(充度内分者,謂以四乘之,則充四分度之一成一度,而得千四百六十一度矣。)以千四百六十一乘五十一杪,得七萬四千五百一十一杪;以四乘百二十九萬六千杪,得五百一十八萬四千杪。以七萬四千五百一十一除五百一十八萬四千杪,得五百一十四萬一千二百五十九杪有七萬四千五百一十一者六十九,是爲六十九年不盡四萬二千七百四十一。以二百四分爲日除之,得四萬二千六百三十六有二百四者二百九,即爲二百九日,其餘百五分,然則恒星六十九年二百九日二百四分日之百五而右行一度也。

凡三十度十六分度之七爲一宫。以三十乘六十九年,計二千七十年。以三十乘二百九日,計六千二百七十日。以三十乘百五分,計三千一百五十分。以十六分度之七率六十九年,先以六十九年析爲二萬五千二百二日二百四分日之五十一,加二百九日,凡二萬五千四百一十一日二百四分日之五十一。以其二萬五千四百八日分爲十六分,取其七分,得萬一千一百一十六日。(二萬五千四百八日爲千五百八十八日者十六,取其中萬一千一百一十六日,則爲千五百八十八日者七。)其餘三日二百四分日之五十一,亦應以十六分之而取其七,應得一日二百四分日之八十六。(以三日皆析爲二百四分,總六百一十二分;加五十一分,則六百六十三分。以其六百五十七分,析爲十六分,而取七分,得二百八十七分,其餘七分,又取三分,凡二百九十分。以其二百四分爲一日,其餘八十六分也。)然則萬一千一百一十七日二百四分日之八十六也。置此八十六分而加六千二百七十日,凡萬七千三百八十七日。以其萬七千一百六十六日二百四分日之百五十三爲四十七年,加于二千七十年,凡二千一百一十七年,其餘二百二十日二百四分日之五十一。以前三千一百五十分及八十六分合此五十一分,凡三千二百八十七分也。又以十六分度之七率百五分,以其九十六分爲十六者六,取其六七四十二分,其餘九分,又取四分,凡四十六分。加于三千二百八十七分,凡三千三百三十三分。以其三千二百六十四分爲十六日,加前二百二十日,凡二百三十六日,其餘六十九分,然則恒星二千一百一十七年二百三十六日二百四分日之六十九而行一宮也。

宮亦謂之次,亦謂之鬠。鬠者,日月之會也。字从會辰,辰亦聲。諏訾(亥也,一曰豕韋)、降婁(戌也)、大梁(酉也)、實沈(申也)、鶉首(未也)、鶉火(午也)、鶉尾(巳也)、壽星(辰也)、大火(卯也)、析木之津(寅也)、星紀(丑也)、玄枵(子也,一曰天黿,亦曰顓頊之虚),凡十二鬠而終周天之度矣。以十二乘二千一百一十七年,計二萬五千四百四年。以十二乘二百三十六日,計二千八百三十二日。以其二千五百五十六日二百四分日之百五十三爲七年,通前爲二萬五千四百一十一年,其餘二百七十五日二百四分日之五十一。以十二乘六十九分,則八百二十八分,以二百四分爲日率之,得八百一十六分爲四日,加于二百七十五日,爲二百七十九日。其餘十二分,加五十一分,凡六十三分,然則恒星二萬五千四百一十一年二百七十九日二百四分日之六十三而右旋一周天也。

《堯典》、《月令》中星之不同,職是故爾。夫堯命羲和蓋在即位之初,《月令》則周公所作。由堯至周公,中歷虞、夏及商,唐虞歷年,《尚書》可據,夏商則無可考。故《太史公書》十表,三代則表世而不表年,以夏商之年不可得聞故也。夫以子長之博洽,猶不得聞,孰能考得而知之哉?(《竹書紀年》出自束晳僞作,誕妄不經,雖詳誌夏商歷年,不可信用。)雖然,猶略可考也。《孟子》曰:"由堯舜至於湯,五百有餘歲"、"由湯至於文王,五百有餘歲",《左傳》王孫滿言商祀六百,然則堯時至周初千一百餘年爾,恒星之行十五六度。而以《堯典》中星繫于日中、日永、宵中、日短言之,是據分至之候,至周公時,固宜在季月之初。《月令》季春昏七星中、季夏昏火中、季秋昏虚中,未爲不合;若季冬昏婁中,則後矣。蓋婁與昴之間隔著十五度,婁中在月初,則比及昴中,已過月中矣,與《堯典》冬至昴中相校一月。然則七星及火、虚之昏中,皆當季月,既交中氣之候乎?是則與堯時幾差一次,惟周秦之間則然,非周初之星候矣。其故何也?蓋爲吕不韋所改也。不韋取《月令》爲十二紀,欲襲爲己書,必據目所親見,以改其日躔之宿、昏旦之星。時當周末,距周初八百餘年,恒星之趨右十二度,故差于《堯典》一月。戴氏從吕書采得,不能追復周初之宿度,是以然爾。

然則周初之宿度可考乎?曰:"可。"《春秋國語》曰:"武王伐殷,歲在鶉火,月在天駟,日在析木之津,鬠在斗柄。"據《尚書・武成》逸文,武王伐紂,以建子月之三日發行,則鬠在斗柄者,謂建子月之朔,日月會于斗初度也。計月在天駟,日在析木之津,相去三十餘度,應閲二日少半日而合朔。然則日在析木之津,謂子月朔前三日,日在箕九度也。（韋昭注《國語》，以合朔在斗前一度，因推日在析木爲箕七度，此誤從劉歆《三統曆》之説也。案斗前一度則是箕末度，何云斗柄乎？且箕度十一，末度之前三度，乃是八度，云七度亦非也。予謂斗柄自是斗初度，由是逆推之，則日在析木，乃箕九度矣。）據《武成》逸文及《逸周書·世俘解》所紀日辰，則是年建丑月後有閏。（《武成》云："二月既死霸，粵五日甲子。"死霸，晦也；既死霸，朔也。五日甲子，則庚申朔矣。又云："四月既旁生霸，粵六日庚戌。"旁生霸，月盛滿時，謂望也，以干支推庚戌則二十二日。蓋是月十六日望，十七日爲既望，以是而推，則己丑朔矣。兩月則甲子一周，若月小而差一日，則二月庚申朔，四月應己未朔。乃案文以推，實爲己丑朔，則是有閏矣。又《逸周書·世俘解》具有《武成》文，其所紀者，二月甲子之後，四月庚戌以前有丁卯、戊辰、壬申、辛巳、甲申、辛亥、壬子、癸酉、甲寅、乙卯、庚子、乙巳等日辰。核計之，則自甲子至庚戌百有七日，益足徵二月後信有閏矣。）建丑月後有閏，則冬至必在子月之二十九日。冬至在子月之二十九日，則子月朔前三日，猶是小雪前一日也。然則商周之際，小雪之初日在箕十度矣。箕十一度，斗二十四度四分度之一，牛七度，婺女十一度，虛十度。由箕十度以推，則三十度而至牛四，冬至之日躔也；又十五度而至虛初，小寒之日躔也。然則季冬之初，日已次虛矣，次虛則昴中矣，與《堯典》冬至昴中，半月之差，是周初之星候也。（僖五年《左傳》，卜偃曰："童謡云：'丙之晨，龍尾伏辰，均服振振，取虢之旂。鶉之賁賁，天策焞焞，火中成軍，虢公其奔。'其九月十月之交乎！丙子旦，日在尾，月在策，鶉火中，必是時也。"案此乃建亥月朔，晉用夏正，以爲十月，左氏依周正，則十二月矣。計是年正月辛亥朔，日南至，則其前有閏月，此建亥月朔，距閏帀十一月，推其節候，蓋立冬之第六七日矣。據鶉火旦中，則日蓋在尾之十二三度，約九日而交小雪，當次箕三四度，比之周初差六度餘，蓋相距四百餘年，是其差率也。）若如《月令》所紀"日在婺女，昏婁中"，則是已過之。舍過中之星，周公原文必不如此，故推以爲吕不韋所改。審乎此，則無疑于《月令》矣。

惟是《夏小正》之所紀，則竊有疑焉。夫《小正》之書，當作于大禹之世，不則啟即位之初也。計堯在位七十年而得舜，又二十八年而崩。三年喪畢，而舜即真，三十九年而崩；又三年，而禹即位。然則《小正》之距《堯典》百四五十年爾，恒星之行二度有餘。《夏小正》之星，惟三月參則伏、四月初昏南門正、五月初昏大火中、八月辰則伏正，合夏初之星候，其餘率皆違舛，姑備論之。

《小正》云："三月，參則伏。"傳曰："伏者，非亡之辭也。星無時而不見，我有不見之時，故曰伏云。"蓋夏時三月之初，日已躔畢，不及旬而次觜觿、參，故參伏爾。三月而躔及,則九月而相望,相望則日没于西而參升于東矣。然則參當以九月而昏見,《小正》雖無初昏參見之文,舉可推而知也。九月而昏見,三月而伏,于以酌取其中則十二月,然則初昏參中當在十二月大寒之候,《小正》紀于正月,不已後乎?且云"初昏參中,斗柄縣在下",則似斗柄縣而參中,一時也。余嘗驗之于天,斗柄縣在下,指東北艮隅,于時參之距中十餘度,比參之中,斗柄已向東微起矣。傳乃爲之説曰:"言斗柄者,所以著參之中也。"阿順經文而不爲糾正,何也?

且《小正》于七月云"斗柄縣在下則旦",于八月云"參中則旦",紀于旦則先後異月,紀于昏則同時,毋乃相剌謬乎?抑余嘗覘候之矣,斗柄之旦縣,在秋分之初,後十日而參旦中。推之《小正》,當在大暑之候,皆不出乎六月。蓋相距四千歲,應有五十六七日之差,《小正》紀于七月八月,則亦後矣。

四月云"初昏南門正",正也者,猶中也。不曰中者,南門二星並列于南中之左右,如門之對待,故曰正云爾,此則是也。有昏正,則有旦正,傳乃曰"歲再見,壹正",再者是也,壹正非也。四月而昏正,則昏見必以正月,若十月之昏,猶在墜下子位,不得見焉。《小正》于十月云"初昏南門見",亦非也。或曰:"南門二星在亢、氐之南,十月日躔斗、牛,南門旦見于東南隅,非昏見也,'初昏'二字蓋後人誤加。"此説誠是,《小正》之紀星,紀旦見不紀昏見也。抑又計之,九月日在尾、箕,南門已應旦見矣,紀于十月者,猶昴見不盡三月而紀于四月,參見不盡四月而紀于五月,蓋《小正》不以昧爽爲旦,而以雞鳴爲旦也。

五月云"初昏大火中",八月云"辰則伏"。大火者,心也;辰也者,房也。房四星,心三星,各五度相密比,八月日躔房,則房伏而心亦隨而伏矣,何九月又言"内火",且曰"辰繫于月"乎?不可解也。

又云"六月初昏,斗柄正在上。"傳曰:"五月大火中,六月斗柄正在上,用是見斗柄之不在當心也,蓋當依依尾也。"然則六月而斗建牛乎?斯大謬不然矣。鄭君康成注《周禮》太師職云:"林鍾,未之氣也,六月建焉,而辰在鶉火。"又注《月令》云:"季夏者,日月會于鶉火,而斗建未之辰。"是周時六月斗柄建未,安得夏時六月反建牛乎?所謂"斗柄正在上",尤不可解也。因考《堯典》、《月令》之中星而並及之,遂論列之如此。

《禮運》:"孔子曰:'我欲觀夏道,是故之杞,而不足徵也。吾得夏時焉。'"鄭注云:"得夏四時之書也,其書存者有《小正》。"則《小正》由來舊矣,末學小子焉敢妄爲訾議。乃案其星以伏推見而不符,據旦證昏而不應,此在天象則昭垂而有常,乃其紀載實考驗而多爽,豈簡編錯亂之故與?三代而下,傳是書者,則大戴氏悳也,其《傳》即大戴氏所爲乎？抑本諸先民乎？乃無所訂正而順之爲説，何也？姑識所疑，以竢質于鷸冠之君子。（《説文解字》云：“鷸，知天將雨鳥也。从鳥，矞聲。《禮記》曰：‘知天文者冠鷸。’”）

〔説三千一百一十六名，注七百二十五名。〕

余初算恒星之行，積六十九年二百九日半而行一度，而于半日之間，不能灼知其有無盈歉。聞李君精於算學，乃往質之。李君爲推算二百九日二百四分日之百五，並爲推算一宫、一周之積年積日積分之數。余閲之不甚曉，詳審推算，而始知其不爽。而其布算之法，實所不諳。設以示人，誰能一目瞭然者？故重復推算如右，而一宫、一周之積年積日積分，悉與符合。玆並録李君算術于左，以相參證焉。李君名鋭，字尚之，富于年而勤于學，它日所造，未可量也。

李尚之曰：“古法周天三百六十五度四分度之一，今法以周天爲三百六十度（入算作百二十九萬六千杪），而謂恒星歲行五十一杪。案《九章算術》，今有術曰：‘以所有數乘所求率爲實，以所有率爲法，實如法而一。’今依此立算，以三百六十五度四分度之一，通度内分得千四百六十一度爲所有率；以四乘百二十九萬六千杪，得五百一十八萬四千杪爲所求率。若以一度爲所有數，則所求數爲一度之積杪也。有一度之積杪求行一度之積年者，則以五十一杪爲所有率，一年爲所求率，一度之積杪爲所有數，則所求數爲行一度之積年也。求行一度之積日者，則以四乘五十一杪，得二百四杪爲所有率，以三百六十五日四分日之一，通日内分得千四百六十一日爲所求率，一度之積杪爲所有數，則所求數爲行一度之積日也。

玆欲速求，法从簡易，求積年者，以千四百六十一度與五十一杪相乘，得七萬四千五百一十一爲所有總率。以五百一十八萬四千杪與一年相乘，仍得五百一十八萬四千杪爲所求總率，一度爲所有數，則所求數即行一度之積年也。求積日者，以千四百六十一度與二百四杪相乘爲所有總率，以五百一十八萬四千杪與千四百六十一日相乘爲所求總率，一度爲所有數，則所求數即行一度之積日也。此求積日法，所有、所求兩總率各用千四百六十一乘，即可省去不乘，用其約數，就以二百四爲所有率，五百一十八萬四千爲所求率，一度爲所有數，則所求數亦即行一度之積日也。若然，則求積年與求積日爲所有率，一用七萬四千五百一十一，一用二百四爲異。若所求率彼此同用五百一十八萬四千，所有數彼此同用一度，則以所有數乘所求率爲積分，如七萬四千五百一十一，而一即得年數，不盡；如二百四，而一即得日數矣。以一度乘五百一十八萬四千，仍得五百一十八萬四千爲積分,以七萬四千五百一十一除之,得六十九年,不盡四萬二千七百四十一;以二百四除之,得二百九日有餘百五。是恒星六十九年二百九日二百四分之百五而行一度也,凡三十度十六分度之七爲一次。求積年者,以七萬四千五百一十一爲所有率,五百一十八萬四千爲所求率,三十度十六分度之七爲所有數,則所求數爲行一次之積年也。求積日者,以二百四爲所有率,五百一十八萬四千爲所求率,三十度十六分度之七爲所有數,則所求數爲行一次之積日也。此三十度十六分度之七,數有奇賸,不可乘除,就以十六通度内分得四百八十七度爲所有數;即以十六除五百一十八萬四千,得三十二萬四千爲所求率(此簡法也,若正法當以十六各通其所有率以除積分),以四百八十七度乘三十二萬四千,得一億五千七百七十八萬八千爲積分,以七萬四千五百一十一除之,得二千一百一十七年,不盡四萬八千二百一十三;以二百四除之,得二百三十六日有餘六十九,是恒星二千一百一十七年二百三十六日二百四分日之六十九而行一次也。凡十二次而一周天,以十二乘一次之積分,得十八億九千三百四十五萬六千爲積分,以七萬四千五百一十一除之,得二萬五千四百一十一年,不盡五萬六千九百七十九。以二百四除之,得二百七十九日有餘六十三,是恒星二萬五千四百一十一年二百七十九日二百四分日之六十三而行一周也。"

〔術千九十五名,注二十一字。〕

(録自《昭代叢書》癸集)

《尚書集注音疏》述

六藝定于孔子,皆阨而後興,而《尚書》之阨爲尤甚。秦時焚書,伏生壁臧之。漢興,生求其書,獨得二十八篇,以教于齊魯之間,張生、歐陽生傳其學。張生授夏侯都尉,遞傳至勝爲大夏侯,建爲小夏侯,由是有大、小夏侯之學。歐陽生授兒寬,寬又授歐陽生之子,歐陽氏世其業,至曾孫高爲博士,由是有歐陽氏學。

《夏侯尚書》依伏生篇數,歐陽氏則分《般庚》爲三,爲三十篇,是爲《今文尚書》,于孔子所定,才什三爾。武帝時,民有得《太誓》于壁内者,獻之,以合于伏生之書,共爲博士之業,故《夏侯尚書》二十九篇,《歐陽尚書》三十一篇。而魯共王壞孔子宅,得《禮記》、《尚書》、《春秋》、《論語》、《孝經》,皆古字也。其《尚書》多于今文一十六篇,孔安國以今文字讀之,皆起。内《九共》分爲九,則出八篇爲二十四篇,是爲《古文尚書》,于孔子所定爲過半矣。

當時列于學官，博士所課者惟今文爾。古文則雖入于祕府，未列學官，博士不欲習之，故稱“逸書”，亦稱“中古文”。其傳之者，都尉朝、兒寬並受學于安國，朝授膠東庸生，庸生授胡常，常授徐敖，敖授王璜、涂惲，惲授桑欽。成、哀時，劉向、劉歆相繼校理秘書，咸得見之。歆欲立古文之學，博士不可，歆移書太常切責之，卒不果立。後漢傳古文者，賈徽受學於涂惲，以傳子逵；孔僖者，安國後也，能傳其家數世之學。尹敏、周防、周磐、楊倫、張楷、孫期，亦皆習古文。杜林又得西州桼書，互相考證，以授衛宏、徐巡，而馬融亦傳其學。鄭君康成始先受古文于張恭祖，既又遊馬融之門，則固淵原于孔氏，而又津逮夫杜氏桼書者也。其作注者則有張楷，作訓者有衛宏、賈逵，作傳者有馬融。故康成《書贊》云：“我先師棘下生、子安國，亦好此學。”自世祖興，後漢“衛、賈、馬二三君子之業，則雅材好博，既宣之矣。”乃馬融《書敘》云：“逸十六篇，絶無師説。”豈都尉朝、庸生等所傳，但習其句讀而不解其文誼與？抑豈先有其説而後亡之與？彼張楷之注，衛、賈之訓，並止解二十九篇而不解十六篇與？

厥後康成作注，可謂集諸儒之大成矣。其書分《般庚》、《太誓》皆爲三篇，分《顧命》“王若曰”以下爲《康王之誥》，計三十四篇，合逸篇二十四，凡五十有八篇。然所注者三十四篇而已，豈二十四篇之誼未有聞于師，而不敢以己意説與？抑豈殘缺失次，不可讀與？乃有王肅者，後鄭君而起，嫉鄭君之名而欲弇之，輒爲異説以詆毀，多見其不知量爾，于鄭君庸何傷哉！

逮東晉元帝時，梅賾奏上《古文尚書孔氏傳》，析二十八篇爲三十三，增益二十五篇，以傅合于劉向《別録》五十八篇之目，散百篇之敘引冠篇耑，其亡篇之敘列次其閒。雖未由知爲之者爲誰，而其説輒與王肅合，竊以爲當作俑于肅也。于時師資道喪，哲人云亡，學者既無卓識，且喜新異，遂翕然信奉，以爲孔氏古文于今乃出。自是而西漢之古文寖以衰微矣，然猶未絶也。

南北兩朝之時，鄭所注者與後出之《孔傳》迭爲盛衰。至唐貞觀，詔儒臣纂《五經正義》，孔穎達輩誤以梅賾所上之書爲壁中古文，而爲之正義，反斥鄭氏所述之二十四篇爲張霸僞造，斡棄周鼎而寶康瓠，由是孔氏之古文亡，而鄭氏三十四篇之注亦與之偕亡矣。於戲！《尚書》之阨一至此哉。

聲竊愍漢學之淪亡，傷聖經之晦蝕，于是幡閱群書，搜拾漢儒之注，惟馬、鄭、王三家厪有存焉。外此則許慎之《五經異誼》載有今文、古文家説，然其書已亡，所存厪見。它如伏生之《尚書大傳》，則體殊訓注，閒有解詁而已。爰取馬、鄭之注，及《大傳》、《異誼》，參酌而緝之，更傍采它書之有涉于《尚書》者以益之。其王肅《注》與晚出之《孔傳》,本欲勿用,不得已,姑謹擇其不謬于經者間亦取焉,皆以己意爲之疏,以申其誼,然猶厪得什之三四也。

自重光大荒落之秋,以迄元弋敦牂之冬,成《堯典》、《咎繇謨》、《禹貢》、《甘誓》、《湯誓》諸篇,暨百篇之敘;至《般庚》則以漢注絶少,而中輟者久之。既念一匱之覆,終不足以發古誼、存絶學,乃復以己見搜討經誼,精揅詁訓。又自柔兆閹茂之夏,迄彊圉大淵獻之夏,周一歲而成《般庚》以後二十餘篇之注,並前所緝者亦重加釐正。其亡篇之遺文有散見它書者,則並其原注采之,各隨其篇第而傅厠其間;其無篇名者,總列於後。爲書十卷,併百篇之《敘》一卷、《逸文》一卷,凡十二卷。而疏則猶未皇也,將更須三載,庶幾卒業矣乎。若夫幽莠亂苗、武夫類玉,必區別而斥之,蓋袪異耑、闢袤說,所以尊聖經也,紹前哲,開來學,莫大于是。聲雖不敏,敢不力焉,是爲述。

乾隆三十有二年歲在彊圉大淵獻相月乙丑朏,粵五日己巳,江聲撰。既旁生霸,粵六日癸未疏訖。

(録自江聲本書卷末)

《尚書集注音疏》後述

古人之文,古人之常言也。道之于口,聞者靡不知;筆之于書,讀者靡不解,無庸傳述爲也。乃音以方俗而殊,言以古今而異,或一字而解多涂,或數名而同一實,聖賢懼後學之河漢前言也,于是《爾雅》有作,而故訓興焉。兩漢諸儒咸據之以解群經,由是傳注迭興,而經誼賴以明矣。于時風氣醇古,語雖達而未詳,意雖摘而未皀,後之學者欲爲引申其説,故自南北朝以至唐初,誼疏迭出,而傳注又賴以證明矣。凡此,皆後人疏前人之書,未有已注之而即已疏之,出于一人手者;有之,自唐明皇帝之《道德經注疏》始。吾師惠松崖先生《周易述》,融會漢儒之説以爲注,而復爲之疏,其體例固有自來矣。

聲不揆檮昧,綜覈經傳之訓故,采摭諸子百家之説,與夫漢儒之解,以注《尚書》。言必當理,不敢衒奇;誼必有徵,不敢欺世,務求慝心云爾。顧自唐宋以來,漢學微甚,不旁證而引申之,赵不以爲孟浪之言,奚以信今而垂後,則《疏》其弗可已也矣。

歲在彊圉大淵獻之六月,《尚書集注》始成,擬更三載而成《疏》。乃距今昭陽大荒落之五月,六周寒暑而卒業焉,唯曰庶無負昔聞之師説云爾,敢竊比先師之《周易述》,晞附箸述之林哉!聲又述纂《疏》之意云。

乾隆三十有八年歲在昭陽大荒落皋月既望，粤三日丙子，江聲纂並疏。五十七年涂月壬申重書。

（録自江聲本書卷末）

《論語竢質》自敘

余僮蒙時，師授以朱注《論語》，方在幼沖，焉識是非，意謂師所授當是也。弱冠後，見何晏《集解》頗采漢儒之説，喜其簡括，不似宋注之繁蕪，而于晏之注，未以爲是也。後閲《漢書·藝文志》，知有《古論語》二十一篇，出孔氏壁中，有兩《子張》；《齊論語》廿二篇，多《問王》，《知道》；《魯論語》廿篇。傳《齊論》者，王吉、宋畸、貢禹、五鹿充宗、膠東庸生。傳《魯論》者，龔奮、夏侯勝、韋賢、魯扶卿、蕭望之、張禹。《釋文·序録》云："安昌侯張禹，受《魯論》于夏侯建。又從庸生、王吉受《齊論》，擇善而從，號曰'張侯論'。後漢包咸、周氏並爲章句，列于學官。鄭公就《魯論》張、包、周之篇章，考之《齊》、《古》，爲之注焉。"由是言之，兩漢諸儒傳《論語》者不下數十家，今其全注皆亡，其軼乃僅見于何晏《集解》及裴駰太史公書《集解》。而何晏所采諸儒之注，往往取其糟粕而遺其精英；至晏自下己説，率皆誖繆荒誕。於戲！《論語》之學，不其殆哉！

余年三十，屏棄時學，從事群經，于《論語》有欲戡正者數十條，以年輕學淺，不敢以問世。四十後，邃精于《尚書》，凡再易稿，至五十三而書成。既而諸同人咸謂宜公同好，競助刻資，爰復繕寫付梓。逮剞劂事竣，而年已七十矣。自分將就木焉，幸天假吾年，俾有餘力，豈容坐廢歲月！意欲準《説文解字》，以繩經史子之譌字，謂亦足以嘉惠來學。唯是老、莊、馬、班之書，不能如群經之了然于心胸，其當繩之字，尚需肆力勤討，孜孜數年，功未及半。

比及七十八歲之秋，筋力驟衰，肢體不仁，荒廢者累月，已乃聊試握管，尚可勉焉。念準繩之書，曠日持久，可屬之後學。姑以久蓄于胸之《論語》録出之，于年終創始，至次年季春，不三月而成，題曰《論語竢質》。竢質者，不敢自是，竢質正于同學及來哲也。

嘉慶四年歲在屠維協洽夏五端陽日壬戌，元和江聲書，時年七十有九。

（録自江聲本書卷首）

《詩考異補》敘

《詩》有魯齊韓毛四家，魯申公傳《魯詩》，齊轅固傳《齊詩》，燕韓嬰傳《韓詩》，三家皆列于學官，置博士，課弟子。傳《毛詩》者，則大毛公亨、小毛公萇也，其詩獨後出，未列學官，故《禮記》引"彼都人士"云云，先儒或以爲逸詩焉。諸家之詩當各有淵原，蓋皆出于七十子，《毛詩》則毛公自言傳自子夏，斯則孔子所稱可與言《詩》者也，其傳必得其真矣。

今三家《詩》皆亡，其軼時時見于它説，而《毛詩》獨存焉。以今考之，齊以《關雎》爲刺，韓以《芣苢》爲傷夫有惡疾，魯以《燕燕》爲衛定姜之作，是其本恉皆不同于毛，弥其文字焉能畫一？故周秦間傳記、諸子及兩漢諸儒引《詩》，輒與《毛詩》異。傳記諸子，三家之所從出也；漢儒所引，太半是三家也，此其所以異焉也。

南宋王厚齋，采輯其異文作《詩考》。國朝嚴思誾先生纂《讀詩質疑》四十六卷，内有《考異》一卷，蓋就王書而增廣之者。今思誾之從曾孫豹人者，好學敏求，多聞淹貫，讀其族曾王父之《毛詩考異》，嫌其未備，從而補之。猶恐有詿漏，就質于予，且求爲敘。予幡閲其書，凡予所知者，靡不具焉；予所未知者，且不一而足焉。猗歟！可謂博矣。而乃問敘于寡陋之予，抑何謙沖若此！予不敢逆其下問之誠，謹書此以弁其書首。

乾隆四十有九年歲陽閼逢陰執徐圉涂月癸巳，江聲尗澐氏纂。

（録自嚴蔚本書卷首）

重刻《禮説》敘

經學之盛，莫盛于兩漢，于時承秦滅學之後，群經稍稍踵出，學者咸知珍重，競相傳習，寖傳寖廣，經各數家。既而並立學官，置博士，課弟子員，森列如林，故司馬、班、范之書，皆有《儒林》之目。三國紛争，干戈擾攘，然而北海鄭公，門徒猶盛，講學不輟，爲世所宗。魏晉六朝，學雖漸微，苟當革命改物，創制顯庸，禮官論議，恒循舊説，大率宗鄭者居多。唐貞觀中，欲求一是，屏斥諸家，而衡鑑爽忒，不免去苗存莠，幸而《詩》、《禮》、《公羊》，取毛、鄭、何休，漢學猶有存也。洎乎宋代，内而宰輔，外而將帥，不乏英賢。而從事六藝者，盡廢舊説，竱摘肊解，甚且糟魄藝文，哆談性命，自謂得先聖之心傳，而流俗從而和之。降及元明，率皆拾其唾餘，以滋詿誤，由是經誼晦蝕，六百年于兹矣。

天佑大清，重開景運。山嶽之靈，鍾于惠氏，基始於樸闇先生，一傳而硯谿先生，著有《詩説》；再傳而半農先生，著《易説》、《禮説》、《春秋説》；三傳而松崖先生，著作等身，而《周易述》尤爲精粹。聲幸得親炙松崖先生，獲覩三世之著述，皆淵博典核，融洽漢經師之説，而通貫乎群經，洵爲後學津梁也。

今《禮説》版壞，舊印寥寥，學者求而罕得。于是彭君純甫，捐貲重梓，以廣其傳，甚盛事也。介吴君痡愚而屬敘于余，余大其嘉惠來學之功，喜而爲之敘。

嘉慶三年歲在著雝敦牂圉余月乙未朔，粤十日甲辰，小門生江聲謹纂。

（録自惠士奇本書卷首）

《經義雜記》敘

漢承秦滅學之後，除挾書之律，開購書之路，由是群經稍稍出焉，或得諸屋壁，或傳自宿儒，故多有古文、今文之異。而傳之者，又經各數家，淵原雖同，支流派别，兼之字或假借，訓有多途，解説之不能畫一，勢所必然，要皆各稟師承，非有心立異。

至東漢之季，博士弟子試科，争甲乙高下，輒行貨定蘭臺桼書經字，以合其私文。雖有宦者李巡，白帝詔蔡邕等審定，立石經，焉保無已經竄改者乎？厥後王肅欲與高密鄭公爲難，改經字，騰異説，甚且造僞書，六經之蝨賊萌蘖於此矣。

延及唐初，陸德明、孔穎達輩專守一家，又偏好晚近，《易》不用費、孟、荀、虞，而用王弼；《書》不用鄭注，而用僞孔；《左氏春秋》則舍賈、服而用杜預。漢學之未墜，惟《詩》、《禮》、《公羊》而已。《穀梁》用范寧《集解》，猶可也；《論語》用何晏《集解》，而孔、包、周、馬、鄭之注僅存；《爾雅》用郭璞，而劉、樊、李、孫之注皆亡。尤可惜者，盧侍中植注《禮記》，堪與康成媲美，竟湮没無傳焉！陸氏《釋文》，雖頗采諸家異同之字，而不能别白是非，且或是非顛倒，詒誤後人。宋元以降，鄶下無譏矣。承斯後者欲正經文，刊譌字，復詁訓，俾各還其朔，豈不難哉！

國朝文治肇隆，人才輩出，毘陵臧玉林先生，殆應運而生者。著《經義雜記》三十卷，讀之心目開朗，昭若發矇，説焉備焉，欲贊一辭而未能也。段君若膺敘其書，曰："發疑正讀，必中肎綮；旁羅參證，抉摘幽微。精心孤詣，所到冰釋。"之數語者，道是書之美備矣，聲復奚言哉！惟是先生之於六藝，博綜衆説，而以鄭公爲宗；於六書，則正畫審音，必以許祭酒《説文解字》爲則，斯與聲深相契合者。竊謂先生之學識，邁軼乎唐初群儒之上，而名顧不著於當代。聲年七十有三，得見先生之書而始知先生，距先生之歿將百年矣。潛德幽光,晦之久者,傳之亦久。是書將嘉惠來學於無窮也,竊爲先生幸,尤爲後學幸之,是爲序。

乾隆五十有八年歲在昭陽赤奮若塞壯月庚寅晦,東吴後學江聲拜譔。

（録自臧琳本書卷末）

《釋名疏證》敘(代)

《隋書・經籍志》云:"《釋名》八卷,劉熙纂。"又"《大戴禮記》十三卷"下,注云:"梁有《謚法》三卷,後漢安南太守劉熙注,亡。"檢《後漢書》,無劉熙傳,又《郡國志》無安南郡,惟漢陽郡《注》引《秦州記》曰:"中平五年,分置南安郡。"則"安南"或"南安"之誤與?晉李石《續博物志》云:"漢博士劉熙";宋陳振孫《書録解題》、馬端臨《文獻通考》並云:"漢徵士北海劉熙,字成國。"不知何本?或《釋名》古本所題相傳如此,胡爲與《續博物志》、《隋書・經籍志》又各不同?皆無明文可證。《後漢書・劉珍傳》言:"珍纂《釋名》三十篇,以辨萬物之稱號。"今《釋名》二十七篇,見有亡篇,安知非本三十篇也?或劉珍别有《釋名》而已亡與,抑或蔚宗聞之不審而誤以劉熙爲劉珍與?

《三國・吴志・韋昭傳》,昭言"見劉熙所作《釋名》,信多佳者,然物類衆多,難得詳究,時有得失",因作《辯釋名》一卷。案《吴志・程秉傳》言:"秉避亂交州,與劉熙考論大誼。"又《薛綜傳》言:"綜避地交州,從劉熙學。"交州孫吴之地也,計吴之立國才五十二年,而韋昭下獄時年已七十,則昭少壯時與劉熙並世而同國,或嘗見熙,亦未可知。其謂《釋名》爲熙所作審矣;范史之言,可弗計也。

爰自書契之作,先有聲音而後有訓詁。《易》曰:"乾,健也;坎,陷也;兑,説也。"《禮記》曰:"仁者,人也;誼者,宜也。"皆以聲音相近爲訓,《釋名》一書盡取此意,故顔之推《家訓》云:"揚雄著《方言》,考名物之同異,不顯聲讀之是非。逮鄭康成注六經,高誘解《吕覽》、《淮南》,許慎造《説文》,劉熙製《釋名》,始有譬況、假借,以證音字。"則《釋名》之于小學裨益甚多。如"江,公也,諸水流入其中所公共也。"知古讀"江"如"工"矣。"能,該也,無物不兼該也。"知古讀"能"如"台"矣。"巳,已也,陽氣畢布已也。"知古"辰巳"之"巳"與"已止"之"已"通矣。至其論述,按之古籍,多與符合,可稱善矣。

今之學者,聲音訓詁之不講,名物象數之不知,藉是足以明古字之通假音韵,古制之規模儀法,其可忽乎哉!顧俗本流傳,魯魚亥豕,學者不察,轉生駁議。如"龒,汪也,汁,汪郎也。”羹誤爲“歎”,遂疑《釋飲食》不當缺羹。碑本葬時所設,葬譌爲“莽”,後人强羼“王”字,反引“公室視豐碑”,謂碑不始于王莽。若斯之類,不勝枚舉。

余循覽載籍,凡經傳子史有與是書相表裏者,援引以爲左證。又取唐宋人書有引是書者,會萃以相參校,表其異同,正其紕繆,且益以《補遺》及《續釋名》,題曰《釋名疏證》。刊印寄歸,屬江君聲審正其字。江君謂必用篆文,字乃克正,請手録之,别刊一本。余時依違未許,既而覆視所刻,輒復删改。適江君又以書請,遂以删改定本屬之鈔寫,並述前敘未盡之意,復爲敘以詒之。

時乾隆五十五年歲在上章閹茂如月甲寅朏。

(録自畢沅本書卷首)

【森按:此序署畢沅名,其文當爲江聲代作,蓋《疏證》改定本即出江氏之手,此序與畢沅前序説多歧互,可以推知也。又《續博物志》宋李石著,此序作晉人者,誤。】

《雨香集》敘

江子雨來者,予同宗子也,支派遼遠,譜牒散殊,幾難排次。詢其上世,則自東漢巨孝公諱革者而下五十八世也,予則巨孝公五十七世孫,以是率之,予差長焉矣。雨來少穎敏,喜博覽,五經三史,既能淹貫,其他諸史諸子,亦皆涉獵焉,年未弱冠,而已彬彬爾雅矣。如是而爲詩易易爾,然而予猶未知其能詩也。

予有同門友余仲林者,豪於詩,馳騁乎唐宋,時而邁軼乎齊梁,當代詩家之哲匠也,雨來師事之凡四年。一日者,雨來出其詩稿示予,題曰《雨香集》,屬爲敘之。予以爲“雨香”也者,豈其取義於如時雨之化若,謂得諸師傳者與?雨來曰:“否否,吾本名‘滿篋’,吾昔所從汪師爲易是名,義取少陵詩‘雨㶣紅蕖冉冉香’之句也。”予讀其詩,能自出機軸,不盡得之於師授,蓋其神味之恬以遠,氣骨之豔而清,與夫筆致之秀媚而灑落,是其質性自然,特以師法略爲之範圍爾。

吾家先世文通公,夢人授以五色筆,又夢得錦,故才思濬發,文詞富贍。雨來亦文通公裔也,豈其筆與錦今俱在雨來邪?何其吐屬若是之奇麗也。雨來富於年,勤於學,鋭於詩,日斯邁而月斯征,加以十年二十年之功,其造詣正未可量,雨來勉之哉!惜吾老矣,其能見雨來十年後之詩否乎?倘得及見,應將復爲之敘。今姑書此,以應雨來之請。

(録自朱珔《國朝古文彙鈔二集》卷九十、姚椿《國朝文匯》乙集卷三十六)

【森按:雨來爲江藩早年别字,段玉裁《有竹居集序》:“余自蜀中歸,訪友吴門,若汪明之元亮、江雨來藩,皆博雅士也。"又書作"豫來",淩廷堪《校禮堂文集》卷二十四有《與江豫來書》,是也。漆永祥教授輯校《江藩集》,末附《江藩交游資料彙編》,蒐羅富備,獨此序闕如。】

《香聞續集》敘

薛君香聞,篤行君子也,長於詩古文,且深於内學,與余君古農時以詩相酬答。古農則予同門友也,予因之而得交於香聞焉。既而香聞以庚辰,予兄枕滄以壬午,先後登賢書,皆出東麓錢公門,則香聞又與予兄爲同門友矣。

予愧不能詩,無能與香聞倡和;間作爲古文,則蒙見賞。予嘗持誦《金剛般若經》,香聞謂予曰:"能解乎?"予曰:"未也,愛其文爾。"香聞曰:"三心不生,四相無住,此經之恉也。"遂爲予講説大意,且爲説十波羅蜜誼。予時方治《尚書》,未暇究心内典,擬俟卒業將從受學;不意予《尚書》成,而香聞旋即捐館舍也。於是彭君尺木爲之輯所遺詩三卷、文一卷,既刊布矣;其藏之篋笥,未經編次者猶多焉。今其嗣子文龍悉取而手録之,輯爲詩文各二卷,將以徧請文人通儒,求再爲刊布,而先請敘於予,予受而讀之。其詩平和温厚,本於性情,至如《題蓺蘭圖》及《思歸引》二篇,尤見孝思肫摯。其説理之文,使程朱其前席;駢麗之作,躡徐庾之後塵。其策論諸篇,具見論古卓識,經世宏猷,非貫通史學,上下千古,不能及也。其餘亦皆莊重典則,出言有章。於戲!香聞可以死矣。

吾聞魯叔孫穆子之言:"太上立德,其次立功,其次立言,是謂不朽。"香聞有言,其庶幾不朽矣夫。抑又聞諸鄭子産曰:"其父析薪,其子弗克負荷。"言後嗣之難其人也。予與古農暨香聞爲莫逆交,古農少予八歲,香聞又少古農五歲。而香聞先歿,其葬也,古農猶爲誌其墓;尋而古農亦歿矣,距香聞之歿未三期也,于兹又將再期矣!古農無嗣,雖有詩文,靡賴及門之負荷;而香聞之嗣子,能讀父書,則俱不幸之中,又有幸有不幸焉。予竊嘉文龍之能荷薪,而樂香聞之有後也,故於文龍之請,不敢以不文辭,遂援筆而爲敘。

(録自朱珔《國朝古文彙鈔二集》卷九十)

校《儀禮注疏》跋

《儀禮》十七篇，備載古今行禮之儀文，纖曲詳盡，洵大觀也。據劉歆之説，古經尚多三十九篇，今皆不傳，不得而見，深可惜耳。今此十七篇中，于五禮僅有其四，軍禮闕焉。案《周禮・大宗伯》所載，軍禮有大師、大均、大田、大役、大封之等，意三十九篇之中必有其禮，然不可考矣。

余幼時未見此書，癸酉歲，吾家阿昭十一歲，以此課之，因先點其句。然因初閱是書，不敢讀其經文，先用黄筆讀其注疏，且以朱子《經傳通解》校閲。閒有譌字、缺文，或用黄筆，或用墨筆改之、補之。或陸氏《釋文》、或賈氏《疏》誤混入《注》者，皆而録鄙見于書首。若夫注疏之或有得失，姑俟再閲時更考，今不敢爲之説也，標識之。甚至如《喪服》篇内有割裂鄭注，且以《注》混入《傳》中者，亦爲訂正之。

乾隆甲戌秋九月丁丑朔，長洲後學江聲記。

（録自王文進《文禄堂訪書記》卷一）

《汗簡》跋

郭宗正忠恕采七十一種古文，集爲《汗簡》一書，于每字下，各明釋某字，《敘》云“取其便識”，是信然矣。但流傳至今，歷世久遠，所釋之字，幾經傳寫，不無魯魚亥豕之譌。余不揣鄙陋，檢閲是書，其字之信而有徵者，以圈别之；其雖無徵而亦可信者，綴之以點；至於其字實有可徵而釋作别字者，直改正之。更有字畫之間，翫其偏旁，觀其配合，明是某字而釋非其字者，則注云“疑是某字”。它若注釋之或闕者，亦就所知，補釋一二。其餘所不知而無可徵者，姑寘之，以俟更攷焉。

乾隆二十年歲次乙亥十二月□，長洲後學江聲記。

（原件藏南京圖書館，據中國國家圖書館所藏膠片迻録）

《釋名疏證》跋

制府畢公纂《釋名疏證》，會萃群書，以校正其文；援引經傳子史，以證明其説，並補其遺，續其未有。刊本寄歸，招聲在其府中重加審正。聲幡閲其書，歎其精確淵博，洵足垂範將來，謂若用許叔重《説文解字》之字體重刊行世，俾有志者得藉此書以識字,則嘉惠後學之功,豈不益大!因修書以請于制府,願任鈔寫之勞,董剞劂之事。適制府復有删改之本,即以寄示屬鈔,于是書之,匝三月而竟。後學江聲識。

(録自畢沅本書卷末)

王蘭泉藏新莽泉母跋

此泉笵之母,少司寇王公所藏也。匚形而圜其四隅,廣三寸六分,縱三寸七分,中列泉模四,圜徑寸二分。上二枚有文曰"大泉五十",下二枚無文。四旁中央皆有樞紐,《國語》曰:"景王將鑄大泉。"唐尚書云:"大泉重十二銖,文曰'大泉五十'。"韋昭引鄭君《周禮注》,偁王莽之大泉,文曰"大泉五十",唐君所謂,乃莽時泉,非景王所鑄。案韋氏駁唐誠是,其引《周禮注》則不然,鄭君云:"大泉徑寸二分,重十二銖,文曰'大泉直十五貨泉'。"不云五十也。《漢書・食貨志》云:"王莽居攝,變漢制,以周泉有子母相權,于是更造大泉,徑寸二分,重十二銖,文曰'大泉五十'。"此其是矣。

(録自張燕昌《金石契》商六十四)

江子屏藏新莽泉母跋

吾家子屏嗜古,于友人處購得一赤銅泉母,形橢圜,廣三寸二分,袤五寸三分,中容泉模八枚,皆圜徑一寸,好匚四分,有文無文各四,作兩行間錯排列焉。其文右曰"貨",左曰"泉",其兩旁一相爲牝形二,一相爲牡形二,兩耑則各一牡一牝,其背有篆文"母"字,在右旁半以上,因是遂名之曰泉母,寔則泉笵之母也。

案鄭君注《周禮》外府職,偁王莽泉布十品存于民間,多者有貨布、大泉、貨泉。貨布重二十五銖,直貨泉二十五。大泉重十二銖,直十五貨泉。貨泉徑一寸,重五銖,右文曰"貨",左文曰"泉",直一也。此泉模形制,正如鄭君所偁貨泉也。若欲鑄泉,則涑泥使戠寔填其中,印取其泉文牝牡之形以爲型笵,如是者二,以對合之,牝牡鑿枘相入,則泉型面背相湊,便可鑄矣。旃蒙單閼之且月。

(録自張燕昌《金石契》商七十五)

與孫淵如書一

宋文學還南，接奉兩次手函並《問字堂集》三卷、《堯典質疑》一册。《問字堂集》閱過一通，《釋人》及《擬置辟雝議》二篇爲最，《河洛》、《先天》次之；其他論天文者，尚容再閱細審。至如《原性篇》，弟不能知其是，亦不欲議其非，蓋性理之學，純是蹈空，無從捉摸。宋人所喜談，弟所厭聞也。地理古蹟亦所不諳，無能置喙。諸書之敘，縷述原委，精詳博衍，具見素學。但誇多鬭靡，觀者不能一目了然，此亦行文之一病也。

及閱《質疑》，喜甚。蓋拙刻散布者多矣，其得之者，以字不通俗而不能閱者有之，其僅僅涉獵者亦有之，其能潛心閱竟與夫愛之而反覆數四者亦皆有之，未有如足下精研討論，尋求間隙，以相駁難者。蓋所貴乎朋友者，貴其能箴規訓誨，匡所不逮也；所樂乎朋友者，樂其砭我之失，況我以善也。意見時有不合，固無取乎盡合，不合則辯論生，辯論生則誼理明，是此書之幸也。聲何幸而得此於足下乎！但拙刻已成，不能追改，惟冀足下刻此《質疑》，以弟所辯者分條散附其間，亦足勒成一書以垂後。顧今惟《堯典》一篇爾，以後悉求教正，陸續見寄，弟再辯焉。弟樂聞己過，絶不護短，想足下必不吝教也。

《質疑》原稿繳上，弟之所辯附焉，又拙文五篇亦附焉。前呈過二篇，今又呈此，拙文盡于此矣。餘言不盡，祇候近安。江聲頓首，淵如大兄足下。

（録自孫星衍《問字堂集》卷首）

與孫淵如書二

近日偶檢得乙卯年之尊札，屬聲篆聯，自恨疏忽遺忘，久未報命。茲書呈一聯，聊以贖辛，伏惟鑒宥。政事儻有餘閒，《禹貢》以下仍惟賜誨，望切望切。書不盡言，容竢續報。敬候崇安。江聲頓首，淵如觀察大人閣下。

（録自吴修《昭代名人尺牘》卷二十四）

與孫淵如書三

止遠張公回南，接奉手函及《明堂考》，且承厚惠十金，竊念閣下愛我，謝非筆所能罄也。計閣下貺我於今四次矣，去年曾致書閣下，勿復見賜，不至傷惠，俾聲亦不至傷廉。乃今又蒙惠賜，譬猶處涸轍之中，蒙被雨澤，焉能不承受；然心實歉仄，感愧交併也。且聞今閣下卸篆候補，公館食指浩繁，安有盈餘？猶摶節行惠，施者誼誠厚，受者益愧矣。矧聲今者蒙當事薦舉，辭不獲命。自計昔爲刻書受錢頗多，方患實不副名，前此既不可追，後此宜深自厲，見利輒取，毋乃累乎！閣下誠愛我，切勿再賜，則幸甚幸甚。

明堂之制，久已失傳。先師有《明堂大道録》，備述漢儒之説，謂廟朝、路寢、靈臺、太學、辟雍，皆在其中。聲再四思惟，終不通其制。大著卷首一條，與漢儒説合，而比漢儒爲明晰；惟是繪五室之圖而不爲方形，竊以爲非制。《盛德》篇屋圜徑二百十六尺，乾之策也；堂方百四十四尺，坤之策也。聲據以推算，而知東西九筵，南北七筵，就一面而言，非四面也；其四隅各餘方三筵有半之坫焉。拙制《顧命》後附有圖有説，備言形制，閣下既見之矣，以爲然乎？抑否乎？

《開元占經》誠異書也，聲未暇究心，故未道及。若來書所云：畫布立竿，以示節氣，歷歷不爽。蓋此誠天然渾義，既有定位，則據日一晝夜行一度，以推節氣，自然不爽。而欲推前古後今，中星之同否，不能知也。西法則能據今以知後，故足貴爾。聲言西法惟言日食者，舉其最明著之一端言之，非謂西法之精專在是也。目昏腕疲，不能竟言。來書以聲爲訾分野、占驗之學；乂續接周曼亭先生處寄來之札，謂"西法於測景、占驗及地動儀諸法，俱未能了了"，二語皆不及置辨，容俟有便續報也。專此布達，祇候崇安，不既。淵如大兄先生閣下，江聲頓首。

（録自田家英《小莽蒼蒼齋藏清代學者法書選集》頁四十五）

與□慰農書

慰農仁兄親家大人閣下：自揣衰庸，默叨光蔭，寸私感泐，與日俱深。兹當梅花占嶺之先，適逢海屋添籌之候，欣維筵開六秩，慶衍一堂，瑞徵晚節之香，人晉長生之籙，凡我親友，莫不稱觴以介眉矣，遙頌華封，曷勝晉祝。

弟薪勞徒拙，無善可陳。前顧少翁調補江都，以爲庶可□此一漕；孰意藩憲牌示，仍然令其回任，伊並定於本月廿一日前來接篆。此弟之時運固不足言，實有負於吾兄之多方調護也，感甚愧甚。致未獲躬親壽宇，同稱菊釀之杯，尤深抱歉。兹特謹備壽幛一懸、皮靴一雙、實紋二十兩，聊爲添補稱觥之需，尚祈莞存爲荷。先此肅賀，恭請松齡，並請雙安，不備。愚弟江聲頓首。親家母及令郎□人等均問好。

（録自《名人翰札墨蹟》第十三册）

與焦里堂論宫室書

聲謹啟,里堂先生足下:竊惟三代制度,經秦火之後,蕩然無存。漢興以來,群經漸出,亡佚頗多。以今日而考古之宫室,蓋綦難哉!大著《群經宫室圖》,徵引浩博,考核詳明,善矣!以聲之愚蒙,豈能窺其厓涘;而意見有不合,不得不爲之辨,非好辨也。蓋大著昭垂於後,後人必奉爲圭臬,猶今人圭臬經傳一也。如或不審,無乃詒誤,安能默默已乎!

《爾雅》曰:"兩階間謂之鄉。"朝無屋,何有階?兩階間是路寢庭矣,是燕朝矣。鄉者,君視燕朝所立之位也;下云"中庭之左右謂之位",是群臣之位也。路寢有屋,故"中庭"字从广;朝無屋,故"朝廷"字不从广。《説文》云:"廷,朝中也。""庭,宫中也。"二字固不同也。《尚書·盤庚》:"悉至于庭"、"褻在王庭",隸古定本是"廷"字,唐天寶中衛包皆改作"庭",蓋唐人已不知朝中無屋矣。下云"門屏之間謂之宁",門,謂路門也;屏則雉門内之屏也。路門外至雉門内之屏爲宁,是正朝矣。寒家有異宗之慎修先生,言:"門屏之間謂之宁,專就諸侯内屏而言。若天子,屏在應門外,則當路應兩門間爲宁矣。"此説的確不刊者也。李巡云:"正門内兩塾間爲宁。"正門内,是也;兩塾間,非也。蓋朝方百步,塾安得有百步之深?朝豈僅如應門二徹參箇之廣乎?故曰非也。其曰正門内者,于天子爲應門,于諸侯爲雉門,此則是也。宁在是,則屏亦在是。如以屏移于路門内,謂屏外路門内爲門屏之間,則爲地幾何而足容卿大夫士之班位乎?且三門三朝,門各一朝,安得路門内有二朝乎?其不然明矣。

《論語》"過位",包氏云:"過君之空位。"蓋君日出而視朝,既而退適路寢,則位空矣,包氏不誤也。下云"復其位","復"當作"复",行故道也,故孔氏云:"來時所過之位。"亦不誤也。自有朱子"趨走就位也"一言,人遂認其位爲臣位,是朱子詒之一誤也;朱子解過位爲"君之虚位",原不誤,乃堅執其位爲臣位,因孔氏注,而並過位亦以爲臣位。若是臣位,孔子何爲色勃如,足躩如,踧踖如乎?豈治朝無君位乎?是二誤矣。且此是治朝,與燕朝無涉,乃謂此位即燕朝中庭左右之位,是三誤矣。

又《玉藻》曰:"君入門,介拂闑,大夫中棖與闑之間,士介拂棖。"鄭注云:"此謂兩君相見也。君入必中門,上介夾闑,大夫介、士介鴈行於後,示不相沿也。"案兩君相見,入門必主賓偕入。賓有介,主必有擯,經不言擯者可知,故省也。鄭云"上介夾闑",實與上擯夾之,不言上擯者,亦如經文以可知故省也。衆介鴈行於後,是從君於闑西入也。賈公彦以下文云"賓入不中門",與"大夫中棖與闑之間"牴牾,遂創爲二闑之説,云:"主君與賓並入,主君於東闑之内,賓于西闑之内,並行而入。上介於西闑之外,上擯於東闑之外,皆拂闑。次擯、次介皆大夫,中棖與闑之間;末介、末擯皆士,各自拂棖。"如其説,則擯介皆不在君後矣。據鄭云"雁行於後",鄭君不謂有二闑也,賈氏臆説,非也。《玉藻》正義引崔氏、皇氏並云:"君必中門者,謂當棖闑之中,主君在闑東,賓在闑西。主君上擯在君之後,〔稍近西而拂闑。賓之上介在賓之後,〕稍近東而拂闑。大夫擯介各當君後,在棖闑之中央。"此説是也。蓋從君與親自爲賓不同,從君而入,其事在君,從者排列於後,有左有右,自必有中,無所嫌也。臣自爲賓,雖亦有介,或皆拂闑魚貫而入,或賓拂闑,衆介拂棖,禮無明文,不敢臆度,惟知不當棖闑之中爾。

又《士冠禮》説:"洗直於東榮。"鄭注云:"榮,屋翼也。周制,卿大夫爲夏屋。"《燕禮》:"設洗篚於阼階東南,當東霤。"鄭注云:"當東霤者,人君爲殿屋也。"鄭言夏屋者,夏,大也,猶言大屋爾,非謂夏時之屋也。夏屋,兩下之屋,南北有霤,東西則無,故言東榮;殿屋則四面皆有霤,故言東霤。蓋霤出於榮外,非即榮也。榮止有二,霤則或二或四,即四霤之屋亦止二榮也。《斯干》詩云"如鳥斯革",毛公云:"革,翼也。"是所謂榮矣。下别言"如翬斯飛",是則霤之四角翹起者也,則霤與榮有别矣,鄭注不誤也。《喪大記》"升自東榮",必在東榮直南之檐;"降自西北榮",必自西榮直北之檐。蓋升降於屋,必從檐之垂下處爲便。榮是屋脊之兩頭起者,勢不便於升降;即四霤之屋,亦必從東南角之少西、西北角之少東屋簷垂下處乃可升降。其四角飛起之處,勢亦不便也。鄭注云"天子諸侯言'東霤'",則君與夫人二語不爲虚設,不得以此駁鄭君也。凡此諸條,惟先生詳之。若夫城涂壇學之等,可稱精細無遺議矣。明堂之制,拙刻《尚書》中有圖有説,先生曾見之否?如有謬誤,幸賜訓示。

(録自王昶《湖海文傳》卷四十三)

過翁傳

"傳"之爲言傳也。其始也,聖賢以傳述經誼;其既也,史氏以傳述人之行事。自司馬氏肇其端,而後代有作焉,於是人有一事之善,一技之長,皆得藉以傳後,而况志士狷介之操乎!

吾同郡有過翁者,諱臨汾,字欽頤,號東岡,先世和州人也。十六世祖孟玉,當宋宣和時,爲徐王郡馬;宋亂,從高宗南渡,賜宅無錫。七世祖龍明,嘉靖間名儒,始遷蘇州。祖孟起,字筍谷。父御宸,字向伯,母徐氏。翁少好讀書,間作爲詩古文,先達輒歎賞,故年甫弱冠,而已見稱於鄉里矣。及壯,侍奉二親,必營求甘脆,以貧故,苦於不繼,因瞿然曰:"臯魚感風樹而泣,曾子得微禄而喜,爲逮親不逮親也。吾其參左帷幕,受資斧以給旨甘，亦古者爲貧而仕之道乎！”會杭州鹽驛道太原王公聘幣至，遂應之焉。

王公素聞翁名，及見，甚歡。翁給事敏捷，雖繁劇，無稽留。王公謂翁曰：“君治劇才也，非寄人廡下者，盍入貲爲郎，吾能助君。”翁曰：“吾以筆札佐公，爲負米計爾，敢藉公以求仕乎！”既而就揚商歙人江公之聘，館於揚數年。有西賈王勗者，素知翁，謂翁重信義，可託以財，欲以萬金貸翁，俾爲奇贏計。翁曰：“貧富有命，貿遷非吾事也。”卒卻之。後以父艱旋里，終喪後惟事箸述，不屑復依人以食矣。所箸詩文凡四卷，輯《春秋經傳類求》十二卷；又集先賢言行，分别部居，爲《雜録》二十九卷。年七十一，卒於家，於時乾隆四十年也。配曹氏，産子二女一，長張燿，邑庠生，次元暉及女皆早歿。繼配朱氏，産元閔。孫三人，女孫一人，仁原、仁涵及女孫，皆張燿子；仁漣，元閔子。

江聲曰：《禮》稱“臨財毋苟得”，吾聞其語，未見其人，今乃於過翁見之。至於仕宦之塗，尤人所奔競，而翁顧恬退若是，其諸古所稱獨行之士乎！翁下世未久，交遊輒稱道之，以故予知之悉。今元閔以狀來，請爲之傳，狀與人言符，遂據而詮次之。元閔亦廉潔，嘗爲人鈔書不受直，有翁之遺風焉。

（録自朱珔《國朝古文彙鈔二集》卷九十、姚椿《國朝文匯》乙集卷三十六）

李孝子傳論

吾讀《史記·佞幸列傳》，至文帝使太子齰癰，齰癰而色難之。竊謂人之愛潔而憎穢，莫口舌爲甚，雖父子至親，不能無嫌也。顧膿血之穢，猶不如菡（《説文》云：“菡，糞也。从艸胃省。”）尿之甚也。李孝子居在之侍父疾也，因醫言菡尿之可驗休咎，輒取嘗而無嫌，豈其口舌異於人哉？惟愛父之至、期愈之切而然爾。如是然而遭喪，能無毁以滅性與？

《禮》有之曰：“不勝喪，乃比於不慈不孝。”斯言也，恐有過於孝者，不能節哀，以至傷生，故爲此言以立其防也。豈果斥不勝喪者爲不孝乎！《禮》又有之：“曾子執親之喪，水漿不入口者七日。”斯亦情之過者也。夫先王之制禮也，父母始死，水漿不入口者三日，所以酌乎其中，使過之者得俯而就，不至焉者能企而及。曾子之七日，非不欲赴禮也，爲其至性過人，雖强制之使俯而不能就爾。然而不致傷生者，蓋其稟氣厚故也。

今人之氣稟，則不古若矣；李孝子之氣稟，又其薄之甚者也。何以知之？驗諸其同産之兩弟而知之矣。其弟一生而弱足，一生而瘖，斯其稟受者薄矣。同出一父母者，當不甚相遠也。而其稟性顧獨至焉，不下於曾子，夫是故以毁卒也。然則謂是孝之過，可也;若以比於不孝則悖矣!且孝子之卒也,在小祥之時,其臨歿也,深以不能養母葬父爲已辠,則於期年之内,必抑性節哀,以思保其身矣;而卒不保者,弱故也,是則非孝子之滅性,乃性戕孝子爾。

孝子故庠生,有公服以喪,故遺言以衰絰疏屨斂。及襲,母命陳其本服,遽目視手強,不可襲。如其言,乃瞑受襲。於乎!孝子之心,死而不渝如是夫,吾知孝子之靈必終久不滅者也。有司既爲之請旌矣,盍爲建祠以祀之,所以綏其靈且以厲風俗也。

孝子諱大仁,字居在,一字存齋,閩粤邵武府建寧縣人也,年二十五而卒。其他事不具論,論其尤異者而已。

(録自朱琦《國朝古文彙鈔二集》卷九十、姚椿《國朝文匯》乙集卷三十六)

定稿於2008年4月14日。

館職鞅掌,碌碌鮮暇。此文承劉俐君、葉致均兩生細意精校,書此致謝。

作者簡介:

陳鴻森,1950年生,現任臺灣"中央研究院"歷史語言研究所研究員,兼傅斯年圖書館館長,"中央大學"中文系、成功大學中文系合聘教授。近幾年發表的論文有《阮元刊刻〈古韻廿一部〉相關故實辨正——兼論〈經義述聞〉作者疑案》(《歷史語言研究所集刊》76本3分,2005年)、《〈經傳釋詞〉作者疑義》(《中華文史論叢》2006年4期)、《陳鱣事蹟辨正》(上海社會科學院《傳統中國研究集刊》創刊號,2006年)、《臧庸年譜》(《中國經學》第2輯,2007年)、《清代學者疑年考》(《中華文史論叢》2007年4期)、《〈漢學師承記〉駢枝》(《中國經學》第3輯,2008年)。

覆湯志鈞論經今古文學書

呂思勉遺作　湯志鈞整理

整理前言：

呂思勉先生，字誠之，江蘇武進（今常州市）人，生於1884年（清光緒十年），逝世於1957年，享年74歲。

呂先生畢生致力於歷史研究和歷史教學工作，曾任東吴大學、瀋陽高等師範學校、滬江大學、上海光華大學等校教授。解放後，任華東師範大學歷史系一級教授。早年著有《經子解題》、《理學綱要》、《宋代文學》、《先秦學術概論》、《史通評》、《中國民族史》、《白話本國史》、《中國通史》等。呂先生晚年想用個人的精力寫成各個時代的斷代史，先後寫出《先秦史》、《秦漢史》、《兩晉南北朝史》、《隋唐五代史》四部分量很重的斷代史，計劃要寫《宋遼金元史》，因年老多病，僅存札記。

呂先生是我的老師，這封信是他1952年11月17日寫給我的，用華東師範大學信箋，共三葉，毛筆書寫。"玉揆"是呂先生爲我取的表字。

湯志鈞，2006年7月10日。

玉揆老友：

暌違半載，時切馳念。忽奉手書，良慰飢渴。承下問，謹述鄙意，合否尚祈甄別：

一、孔壁得書之説，以事理揆之，總覺其不可信，略如拙撰《秦漢史》之説。惟指爲某一人或數人僞造，則亦不然，此勢所不能。康氏非經生，其説自不足據。至古文經之由來，紙上别無材料可得，以意度之，經本當時自可有流傳之舊本或漢人寫本，與通行之本文字不同，妄造來原，稱出孔壁，或曰河間獻王等等，孰能明質其非？劉歆見故府遺書，何從知其來歷？亦相傳云如何即如何述之。此如今藏有骨董者亦據前世相傳，云其如何得來即云如何得來耳。其言不必實，然亦非有意騙人也。漢人傳經，重在經説，不重在經本，有異於人之説，經本與人相同，亦可自名其家，成爲一家之學。有特異之經本而無特異之説,則祇是有一古籍,不能成爲經師。古文經説之成,由於積漸,此則今文諸家之能,本不能禁人無異説。即今文諸家同出一師者,後亦可分爲數家。而古文亦非無同異。語其實,則今文與今文之異,古文與古文之異,正猶今古文之異,特其時經本既有今古文之别,言經者必有其所據之本,遂從而立此名目,分爲兩大派耳。

二、魏晉以後,古文大行,今文幾絶。鄙意東京今文傳授,偏在國學,國學之中,實鮮章句之士,尚不能如民間傳授之能綿延弗絶,一也。今學可貴在其大義,自新莽革政,敗績失據,人以皇惑,不復敢言經世,則其可貴者亡。而自漢末以來,言經者多雜讖緯,今古皆然,今學尤烈,説涉迷信,與魏晉後盛行之玄學最不相容,古學可以不言義理,專重名物訓詁,今學則不能。故古學脱離讖緯較易,當玄學盛行時,仍得保其偏安之局,而今學亦不能,二也。

大作尚未得拜讀,拜讀後如有所見,再當續陳。此覆,敬頌著祺。敬惟鑒照不盡。

呂思勉頓首

十一月十七夜

作者簡介:

湯志鈞,1924 年生,江蘇常州人。1946 年畢業於無錫國學專科學校史地系,曾任上海社會科學院歷史研究所副所長、華中師範大學中國歷史研究所教授等職。現已退休。主要著作有《經學史論集》(臺北:大安出版社,1995 年)、《西漢經學與政治》(與人合作,上海:上海古籍出版社,1994 年)、《近代經學與政治》(北京:中華書局,1989 年;2000 年再版)、《戊戌變法史》(北京:人民出版社,1984 年;上海:上海社會科學院出版社,2003 年修訂版)、《章太炎年譜長編》(北京:中華書局,1979 年)、《莊存與年譜》(臺北:學生書局,2000 年)。近年發表的論文主要有《再論康有爲與經今文學》(《歷史研究》2000 年第 6 期)、《清代經學學派及其異同》(《清代揚州學派學術研究》,臺北:學生書局,2001 年)、《梁啟超論〈孟子〉》(《史林》2007 年第 3 期)。

編輯附記:

漢晉間的經學問題,本極其複雜,而呂氏此函,文約義富,將多年研究心得簡潔道出,甚可寶貴。據湯志鈞先生回憶,這封信寫於 1952 年,越後五年,呂先生即溘然長逝。因此這封信可説是反映了呂氏晚年對於今古文經學等問題的見解。今借刊發此信之便,將呂先生衆多著作中與此信所涉問題相關的論述，擇要摘出，以饗讀者，亦有以見吕先生學問之深思明辨，前後一貫。

早在1924年寫定的《經子解題》中，吕思勉先生已對漢晉間經學之變遷有過撮要概括，該書首節《論讀經之法》云：

> 秦火之後、西漢之初，學問皆由口耳相傳，其後乃用當時通行文字，箸之竹帛，此後人所稱爲"今文學"者也。末造乃有自謂得古書爲據，而訾今文家所傳爲闕誤者，於是有"古文之學"焉。……東漢末造，古文大盛，而今文之學遂微。盛極必衰，乃又有所謂僞古文者出。僞古文之案，起於王肅，肅蓋欲與鄭玄争名，乃僞造古書，以爲證據。即清儒所力攻之僞古文《尚書》一案是也。漢代今古文之學，本各守專門，不相通假。鄭玄出，乃以意去取牽合，盡破其界限。王肅好攻鄭，而其不守家法，亦與鄭同。(二人皆糅雜今古，而皆偏於古。)鄭學盛行於漢末；王肅爲晉武帝外祖，其學亦頗行於晉初；而兩漢專門之學遂亡。此後經學，乃分二派：一以當時之僞書玄學，羼入其中，如王弼之《易》，僞孔安國之《書》是；一仍篤守漢人所傳，如治《禮》之宗鄭氏是。其時經師傳授之緒既絶，乃相率致力於箋疏，是爲南北朝義疏之學。至唐代纂《五經正義》，而集其大成。①

依吕先生説，漢晉之間經學變遷之樞紐，端在今古文之争。《吕思勉讀史札記》第三七五《論經學今古文之别》對這一問題的歷史發展有更詳盡的敘述。此札雖然没有標明寫作年月，但篇中提到的"有問經學今古文之别者"，乃指程鷺于，參見《吕思勉論學叢稿》所收《答程鷺于書》。此封論學書發表於1921年，則《論經學今古文之别》的寫作時間當與《經子解題》相後先。其文略謂：

> 欲考見孔子學説之真相者，當以今文家言爲主；欲考見王莽、劉歆之政見者，當以古文經爲主。欲考見古代之事實者，則今古文皆有價值。其中皆有古代之事實，皆有改制者之理想。吾輩緊要之手段，則在判明其"孰爲事實，孰爲理想"而已。但雖如此説，畢竟今文之價值，較大於古文。
>
> 吾國經學，凡分三時期：
>
> (一)今文時期：十四博士以前之説是也。十四博士之説，頗疑其已非純正之今文學。或當對《史記·儒林傳》所述八家，分爲新今文學派與舊今文學派，但此分别爲必要與否，今尚未敢斷言。
>
> (二)古文時期：東漢馬、鄭諸儒之學是。皆崇信古文經，爲之作注釋者。
>
> (三)新古文時期：此派起於魏、晉以後；其中有大關係者，爲王肅一人。蓋東漢末

① 《經子解題》，上海：華東師范大學出版社，1995年，2—3頁。

造,古文盛而今文衰。其後古文家中,寖至鄭玄一人之説,獨占勢力。蓋其時經説太繁雜,派别(家法)太多。繁雜則中人之材,難於徧涉;派别多,乃令人無所適從。鄭玄起,乃將前此之所謂家法者,盡行破壞;全用主觀的方法,隨意採取;亦間用考據的手段,穿鑿牽合。於是有此一家之書,而他家之書若可廢。昧者不察,且謂玄以一人而奄有諸家之長。(其實以後世之事譬之,玄所用者,乃毫不講方法,隨意纂鈔之鄉曲陋儒之法也。)而其學説,遂自此而大行矣。盛名之下,必有思起而與之争者。當時與玄反對而今可考見者,亦有數人。但其説多亡,無甚關係。而王肅以晉武帝之外祖故,其説大行。而肅所用之手段,尤爲陋劣。……王肅之託古,乃專以之與人争名。託古之變幻至此,真匪夷所思矣。

……自魏、晉以後,今文學固佚亡殆盡,古文學亦殘闕不完;而别有一種魏、晉人之學,與之代興。其中亦可分兩派:(一)如前所述之王肅等。其學原即東漢時之古文學(鄭、王皆破家法,雜糅今古,然皆側重於古),特其憑臆爲説,變本加厲,至不惜造作僞書,以求相勝;其所説,更不如馬、鄭、賈、服等之可信耳。(二)如王輔嗣之注《周易》。多主空談玄理,而不能如兩漢時之樸實説經。世多以此訾之;然魏、晉人學術之程度,確高於兩漢人。蓋西京儒者,雖有微言大義之存,然罕能貫通,多不過謹守師説;而此師説,又本爲殘闕不完之説。東京儒者,則所求古文,不過訓詁名物之末,其學瑣屑而無條理。儒家之學,至此僅有形質而無精神,實不足以饜人心,而魏、晉人之學,乃代之而起。①

同年4月16日,吕氏講《整理舊籍之方法》於瀋陽高師麗澤周會,内中有關部分與此略同②。又,吕著《中國通史》(自序作於1939年)第十七章有論古代學術云:

流俗昡於今古文之名,以爲今古文經,文字必大有異同,其實不然。今古文經的異字,備見於《儀禮》鄭《注》(從今文處,則出古文於注。從古文處,則出今文於注)。如古文位作立,儀作義,義作誼之類,於意義毫無關係。他經度亦不過如此。有何關係之可言?今古文經的異同,實不在經文而在經説。其中重要問題,略見於許慎的《五經異義》。自大體言之:今文家説,都係師師相傳。古文家説,則自由研究所得。不爲古人的成説所囿,而自出心裁,從事研究,其方法似覺進步。但(一)其成績並不甚佳。(二)又今文家言,有傳譌而無臆造。傳譌之説,略有其途徑可尋,所以其説易於還原。一經還原,即可見古説的真相。(其未曾傳譌的,自然更不必説。)古文家言,則各人憑臆

---

① 《吕思勉讀史札記》,上海:上海古籍出版社,2005年,722—727頁。

② 參見《吕思勉論學叢稿》,上海:上海古籍出版社,2006年,484頁。

爲説,其根原無可捉摸。所以把經學當作古史的材料看,亦以今文家言價值較高。①

此論今古文經的異同在經説而不在經文,以及經書文字異同頗多無關宏旨者,均可與本輯刊發的信函參照。20世紀40年代出版的《秦漢史》,在此問題上大意略同而文字加詳;而另述孔壁遺書之不可信云(1925年作《西漢哲學思想》已言之,第不若《秦漢史》敘述之有條理):

得古文經之事,見於《漢書·藝文志》、《楚元王傳》、《景十三王傳》。……三説似相符會。然共王以孝景三年徙王魯,二十六年卒。(《史記·五宗世家》)時在武帝元光五年,早於麟止者尚八年。《史記》言王好治宫室、苑囿、狗馬,下云季年好音,則其好治宫室,尚非季年事,距麟止更遠。《孔子世家》云:"魯世世相傳,以歲時奉祠孔子冢,而諸儒亦講禮、鄉飲、大射於孔子冢。孔子冢大一頃。故所居堂,弟子内,後世因廟,藏孔子衣冠、琴、車、書。至於漢,二百餘年不絶。高皇帝過魯,以大牢祠焉。諸侯卿相至,嘗先謁然後從政。"聲靈赫濯如此,共王即好土木,安敢遽壞其宅?孔子宅果見壞,史公安得不及?而《漢書》除此三處外,亦更無一語及之乎?其可疑一也。《孔子世家》曰:安國爲今皇帝博士,遷臨淮太守,早卒。《漢書·兒寬傳》:寬詣博士受業,受業孔安國,補廷尉史,廷尉張湯薦之。《百官公卿表》:湯遷廷尉,在元朔三年。是安國爲博士在元朔三年以前。使其年甫二十,至巫蠱禍作,亦已過五十。安得云早卒?(據崔適《史記探原》。崔氏又云:荀悦《漢紀》云:安國家獻之,此家字亦知安國之年不及天漢而增。案漢世博士之選,必年過五十,已見第一節,此法雖不知其起於何時,然武帝時,博士之年亦必不能甚少也。)其可疑二也。孔子冢大一頃,非宅大一頃也。一頃之地,而弟子及魯人往從冢而家者百有餘室,蓋室不逮一畝矣。孔子故居即少大,亦必不能甚大。淹中是否孔壁,姑措弗論,而《漢志》言《書》凡百篇,合《論語》、《孝經》,已二百篇矣,簡策繁重,安能容之?其可疑三也。《史記·六國表》言:《詩》、《書》所以復見者,多藏人家,則知焚書之令,行之實不甚嚴。(即謂甚嚴,亦無天下之書無不焚燒之理。)《漢書·藝文志》所載之書,凡五百九十六家,三千二百九十六卷。雖有漢人著述,究以先秦所遺爲多。固非盡藏之屋壁,亦豈皆出於記誦?挾書律之除,在孝惠帝四年,然漢高帝五年滅項羽至魯,已聞絃歌之音矣。(見《儒林傳》)可見鄒、魯之間絃誦實未嘗絶。即自孝惠四年上溯,距秦焚書,亦僅二十二歲。壁藏非一人一家所能爲。更謂惟孔氏爲之,而孔襄爲惠帝博士,當孔氏藏書時,亦必已有知識,何至遷延不發,寖至失傳,而待共王無意中得之乎?此可疑四也。此尚僅就其大者言之,若深求之,可疑之端,實尚

① 《中國通史》,上海:華東師範大學出版社,1992年,274頁。

不止此,其不足信甚明。①

又吕氏詳説漢儒傳授源流之不可盡信及今、古文經學之利弊優劣,亦可補此信之未逮。若以家法論,吕氏自不免受晚清今文家之影響,頗同情於今文經,而惟其以史家言,尚能作持平之論。在1946年1月出版的《月刊》第3期中,有吕先生的一篇《從章太炎説到康長素梁任公》,更總結道:

> 漢朝今古學的争辯,其是非非一言可定。概括言之,則(一)爲傳授源流問題。此在古學,較諸今學,彌不可信。今學所言傳授源流,固非一無傳僞,一無假托,然以大體言,其學固傳之自古,觀其同一學派,遺説存者,率皆重規叠矩,如出一口可知。古文則各以意説,賈既不同於馬,服又大異於鄭,安得謂其同一師承?如此,則謂其説本出孔門,寧非子虚烏有?(二)爲研究方法問題。此當以古學爲優,今學的重規叠矩,不過能作留聲機器,其能以意發揮,如《韓詩》之有"外傳"者甚少。其好以新奇立異,則又牽引讖緯,如塗塗附。古文家於此,則迷信的色彩較淡,且能博徵典籍,互相鉤考,各抒心得,不襲前人。雖其立説不必皆是,然以研究方法而論,循此自是正路。(三)爲經説優劣問題。此則仍以今學爲優。古學家研究的方法雖正,然其成績,仍未能突過前人,而且不逮。……總而言之,要作一部正確的經學史,使古代學術史的一部分,焕然大明,非真有現代科學家的頭腦,運用精密的方法,不能勝任愉快。②

在同一篇文章中,吕先生提到了他對康有爲經學的認識:

> 康長素其實算不得經學家,他不過以意立説,而以經説爲之佐證,如陸子静所謂"六經皆我注脚"而已。他有名的著作,是《孔子改制考》、《新學僞經考》。都不是他自己所作,他不過發凡起例,其材料的收集、排比,實皆其門弟子所爲,其元刻本,每卷之末,尚都附有這些人的名字,這兩部書,影響於學術界頗大,然站在經學的立場上説,則其書實在是無足取的。因爲古來的史事,傳者本不翔實,古人主客觀觀念,又不甚分明,所以其書中敘述史事,往往以意爲之。自己的理想,固然和前代的事實,混合爲一。如康長素所云"古人爲實行其理想,怕其無徵不信,乃硬説前人是如此"者,故不免於或有,然恐實居少數。其大多數例是出於别種原因的。近人楊寬正云:"古事之不實,由於無意傳僞者多,由於有意造作者少",可謂一語破的。③

這裏所提及的僞書的成因,亦可與吕氏答覆湯志鈞先生的信函中所言互參。

---

① 《秦漢史》下册,上海:上海古籍出版社,1983年,747—748頁。

② 《吕思勉論學叢稿》,401—402頁。

③ 《吕思勉論學叢稿》,400頁。

坐跪通釋

——從甲骨文、金文的一些象形文字説古人的坐

沈文倬

内容提要 《儀禮》中的坐、拜等儀節以及相關的跪的動作，甚難釐清，而甲骨文、金文中的許多象形文字則對我們系統地梳理坐、跪等在古代社會生活中常見的動作大有助益。衹有弄懂古人坐、跪、拜的動作形狀以及它們的區别和相互關係，才能對《儀禮》記載的動作順序以及相關的文化現象有更深一步的理解。

關鍵詞 古禮節 《儀禮》 跪 坐 拜

古人的坐，古文字中似尚無專用字發現。小篆的“坐”，在《説文》裹隸《土部》，訓“止也，从畱省，从土。”從字的結構上看，不像是坐的本字，段注云：“引申爲席地而坐。”①孫詒讓曰：“坐本訓止，引申之，凡坐地坐席並謂之坐。”《説文》又附有“[illegible]，古文坐”，但“坐”不應以兩人對坐爲特徵來表意，故此字恐亦屬於錢大昕所説的晚周“古文别體”。在甲骨文、金文的許多象形字裹，作爲其字的一個偏旁，有近似今人跪的形狀，繁複一些如[illegible]，簡單一些如[illegible]，羅振玉等均釋爲人的跽形，也有人釋爲跪形。關於坐、跪、跽等字的區别，清代訓詁學家段玉裁、朱駿聲等雖已作了詳盡的剖析，但缺乏實物材料的印證，仍不免有所曲解，而羅氏等人釋[illegible]、[illegible]爲跽形，如果吸收前人的研究成果來全面考核，也許能糾正謬誤，作成定説；可是由於既没有具體的指陳，更未作綜合性的探討，即使本來可能解決的問題仍然懸而未決。爲此，本文試就這些方面的論述，作進一步的考釋。

在殷代的鼎彝銘文中有如下這些字：

[illegible]（《[illegible]父辛卣》） [illegible]（《且戊卣》） [illegible]（《[illegible]觚》） [illegible]（《子[illegible]（圖）卣》）

---

① 〔清〕段玉裁《説文解字注》，上海：上海古籍出版社影印經韻樓原刻本，1988年，687頁。

(《戈爵》)　(《觚》)　(《且丁斝》)　(《卣》)①

雖都難以辨識,但其爲一人或二人跽着(或跪着)有所作爲之狀是宛然可見的。在甲骨文和周代鼎彝銘文的一些可辨識的字裏,其形狀所顯示的意義尚可理解,試檢幾文加以推斷:

(《前》六·三)　(《前》七·三一)　(《前》七·一六)

(《前》四·一八)　(《大祝禽鼎》)

羅振玉氏釋云:"从,象下拜形。"②商承祚先生釋云:"其作者,殆亦視之變體,象跽於神前而灌酒也。"③郭沫若先生釋云:"祝象跪而有所禱告。"④祝是祭祀中的祝官,代祭主向神申告和代神向祭主嘏福的,察其字形,實是跪(或跽)而申告或降福,這是主要意義;二者都通過灌酒和拜來表達,這是派生的意義。《儀禮·少牢饋食禮》陰厭節云:"主人西面,祝在左,主人再拜稽首,祝祝曰……主人又再拜稽首。"此乃代祭主申告。又,命祝致嘏節云:"……尸執以命祝。卒命祝,祝受以東,北面於户西,以嘏于主人曰……主人坐奠爵,興,再拜稽首,興,受黍。"此乃代尸(神)降福。申告時祭主與主並西面,主人再拜稽首不言興,見跪亦坐祝;嘏福主人再拜稽首後言興,見祝亦立嘏。祝字側重在向神申告,故字形象跪。古人没有桌子,祭品放在地上,祭主和祝官都兩膝着地就物而動作,故其字形象跽形,而其特徵表意則在與神交接,即主要意義在於跽祝。

甲骨文有:

(《前》六·一四)　(《後》下·一一)

羅釋云:"象兩手執事形。"着重在以兩手表意,所以小篆省變作,《説文》訓"持也,象手有所丮據也",僅僅以手來表意了。從其字所象的全形來看,實是跽的執事。而從甲骨文到小篆,是在這一意義下嬗變的,不應如羅釋所説"篆文作,誤。"

從這個字衍伸出去,如:

---

① 併見《三代吉金文存》卷十二至十五。

② 以下簡稱"羅釋",見《增訂殷墟書契考釋》卷中,以下簡稱卷中。

③ 以下簡稱"商釋",見《殷墟文字類編》第一。

④ 以下簡稱"郭釋",見《甲骨文字研究·釋祖妣》。

（《前》六・一五、一六）

又如：

（《父辛簋》）

小篆有䎩，《説文・丮部》云："穜也。从丮（丮字據段注補）坴，丮持穜之。"這是樹藝的藝字。商釋云："此象手持木之形，殆即埶字。石鼓作，尚存古意，逮至許書，形益失矣。其从屮與木同，蓋埶之言不專謂木也。《詩・小雅》'埶我黍稷'一樣。種木與種黍稷一樣，故均稱爲埶，其全形象人跽着種植屮木於土，也着重在以兩手表意。所以到小篆省變作丮了。"再如《前》六・二九、五三，郭釋云："疑即工字，古工功攻本係一字，《詩》'肇敏戎功'，《齊侯鎛鐘》作'肇敏于戎攻'，《不𡢁敦》作'肇敏于戎工'。作作者，當亦攻伐或攻作之攻，又有从口作者，當係一字，金文之《子圖卣》亦然。亦有从手作者，其一作。又其一作，要當爲一字。""周以後人之作工者，當即若形之變。此事與壬字之變遷，恰成互異。卜辭及殷彝壬字作工，與周金之工字形近；而周金壬字通作，《鬲攸从鼎》更作，此與形僅在空筆作與肥筆作之差異而已。……工壬古當爲一字，字乃器物之象形，蓋古錐鑽之類，兩端作鏃而付柄於中，以備運作，使爲之柄者，必易朽之物，則此器除於此圖形文字外，其原物恐已無再見於世之日。……蓋壬本工作之器，而工乃工作之事，形上之事，必借形下之器以爲表徵，故工之初文必係等形，尚未脱圖畫之畛域。逮後壬器廢，而等省作，或竟省作，故讀爲工音而原義具失，固而巩攻諸字，化而爲形聲。"（《甲骨文字研究》初版上册《釋工》）按郭釋巩爲工之初文，信而有徵。而其字實象人跪着工作，即跪着運使壬器，具體的事物轉化爲抽象的意義，遂成爲工作之工字。甲骨文又省作、（《前》六・一七），《毛公鼎》作，就器工作，器大則立，器小則跪，各由其便，故字形所象有異。而工作用手，着重在以手表意，故其字又嬗變作作（字旁加又，亦猶此意）。到小篆裏就省變作从丮而成爲巩了。

上列諸文，從其全形來看，除其特徵部分表現各自不同意義之外，都有跽形這共同部分。此外，如：

《丁未角》　《戈丮簋》　《㝬史甗》　《佚》七七九

象人跽而執戈，也有立着的，着重在以手執戈以表意。又如：

《珥鼎》　《丁珥鼎》　《珥簋》

象人跽而執玉,也有立着的,着重在以手執玉以表意。這些字都是象人跽而有所作爲,也有立着的;發展到小篆,就省變作从丮,僅僅以象手來表意了。

人字本有象立形,但甲骨文中也有象跽形的,如、(《前》五·一八、三九)。有些字即以象跽形的人字作偏旁。如(《鐵》八·一)、(《前》四·八)。羅釋云:"此象以按跽人,與印(从爪从卪)同意"(卷中),即小篆之。而、(《前》五·一七、六·五,金文多作)、、(《前》七·一八、八·十,金文《夭尊》、《大鼎》同)均象人跽而就食形,就食爲即,食已爲既。、(《前》一·四四、一·四九,金文《父辛卣》、《矢尊》同),羅釋云:"从亼人,集衆人而命令之,故古令與命爲一字一誼"(卷中)。、(《前》四·四、十五,金文《公違簋》、《色尊》同)。羅釋云:"象人跽形,邑爲人所居,故从口从人。"(卷中)合二跽人形即爲(《餘》二),羅釋云:"从二人相嚮,鄉字从此,亦从,知即矣。此爲嚮背之嚮字,卯象二人相向,猶北象二人相背。"由此孳乳,、(《前》四·二一、二二),金文《仲爯簋》、《伯者父簋》亦有作),羅釋云:"皆象饗食賓主相嚮之狀,即饗字也。"此本相對而食,食具放在地上,食時必跽,故作跽形。貴族禮儀中的饗食,賓主東西行禮,雖非共席,實亦跽而相嚮的。在朝廷,王饗群臣(卿大夫)爲重要典禮;在地方,鄉黨飲射爲最大典禮。所以公卿之卿、鄉黨之鄉、都是饗食之饗的引申之義。至於公卿之卿,羅釋云:"《白虎通》言'卿之言嚮也',爲人所歸嚮,始悟公卿之卿與饗食之饗古爲一字。"羅釋以饗、卿、鄉爲一字是正確的。這些跽形,在小篆裏都變作了卪,許書概釋爲卪。羅釋云:"凡許書所謂卪字,考之卜辭及古金文,皆作,象人跽形。"

女字在甲骨文、金文亦象跽形,如、(《前》四·二五、八·九)、(《婦卣》)。如果以(母)字"象人乳形"表意來推比,女字一方面象人跽形,而其特徵表意亦在上部。但女字區別於男字的从力田(,從商釋),正反映當時社會生產的主要擔當者是男子,女子以家居勞作爲主,是以象跽形爲特徵的。

還有個字(《後》下·一二),羅釋云:"此象人散髮就皿灑面之狀。魯伯愈父匜作,亦象人就皿水擢髮形。今隸作頮,从廾,與卜辭从同意,尚存古文遺意矣。"(卷中)此字的特徵表意雖着重在以手洗髮,但從所象全形來看,也象人之跽;而卜辭所從頁,雖着重象頭部和頭髮之形,也附帶象人之跽形。

古文字中象人的跽形的字很多,諸家考釋都已指明,毋須再作更詳備的引證。由上述已能看出:這些象形字的象跽,固然不一定是其字的特徵表意部分,而往往是所象全形的從屬部分，但跽狀部分爲許多字所共有。故此，這就向我們提出一個問題：如果承認象形字是反映古代社會的事物情狀的話，那末古代人們生活中這種跽(跪)動作爲什麽具有普遍性呢?

要回答這個問題，似先應弄清楚𠃜、𠃜等形既是象人的跪或跽，那末跪和跽的區別何在? 它們與坐的關係怎樣? 與立和拜的關係又怎樣? 從這些關係裏探索古人生活中這個跪的動作究竟具有什麽意義?

爲論述方便，先説坐。古人不使用凳子，這坐即指席地而坐，在堂室中地上鋪有席子，則坐在席上；不鋪席子處，則坐在地上。關於坐的形狀，江永云："兩膝著席而坐於足。"(《鄉黨圖考》)段玉裁云："厀著於席，下其脾。"朱駿聲云："膝其席而下其臀曰坐。"《釋名·釋形體》云："腳，卻也。以其坐時卻在後也。"就是兩膝着地，腳卻在身後，臀加於踵的樣子。這種坐法，《説文》稱之爲尻。《几部》云："尻，処也。从尸几，尸得几而止也。《孝經》曰：'仲尼尻'，尻，謂閒居如此。"(今本尻作居，処作處，依段改)段氏"坐"字注："《小雅》'不遑啓処'，傳曰：'啓，跪；處，居也。'古謂跪爲啓，謂坐爲尻爲處。""不遑啓処"是《小雅·四牡》文，《采薇》、《出車》二詩均有"不遑啓居"句，可見処即是居，而尻処即是坐。《説文》所引《孝經》見《開宗明義》章，其文爲："仲尼居，曾子侍。子曰……曾子避席曰……子曰：'……復坐，吾語汝。'"這種格式，亦見於《禮記·仲尼燕居》："仲尼燕居，子張、子貢、言遊侍。……子曰：'居，女三人者，吾語女禮。'"(鄭注："居女三人者，女三人且坐也。使之坐，凡與尊者言，更端則起。")《禮記·樂記》云："賓牟賈侍坐於孔子……賓牟賈起，免席而請……，子曰：'居！吾語女。'"《孟子·公孫醜下》："孟子去齊，宿於晝，有欲爲王留行者。坐而言……曰：'坐，我明語子。'"可見，這是當時師弟(或後進對尊長)問難的一般情況。侍本可作侍坐解，亦可作侍立解。但在以上引文所述的這種場合下，侍是指侍坐。不僅《樂記》明言"賓牟賈侍坐"，《禮記·曲禮上》亦有"侍坐於先生"，"侍坐於長者"；此外，《禮記·少儀》有"侍坐於君子"，《禮記·哀公問》有"孔子侍坐於哀公"，《儀禮·士相見禮》有"凡侍坐于君子"等等均可類比。往往是：師弟二人對作，弟子起立請業(所謂"更端則起")，師讓其坐，於是詳爲講述。這就是弟子的侍坐。侍即侍坐，上述"居，吾語女"的居和"仲尼居"的居都是指坐。居字本來釋尸(即人)得几而止。在《儀禮》裏，几是優禮尊者，用的機會較少，但這是禮儀上分別等級，自然有此限制；在一般的主客對坐，几作憑倚用，使用的機會自應較多，燕居、閒居顯然是憑几而坐。《爾雅·釋詁》云："妥、安，止也。""妥、安，坐也。"《説文》坐訓止，段玉裁以爲"《爾雅》妥安坐止四字互訓。"《儀禮》的《士虞禮》、《特牲饋食禮》、《少牢饋食禮》都有妥尸節。鄭注："妥，安坐也。""拜妥尸，拜之使安坐也。"憑几的坐，自是安坐。有人(如郝懿行、孫詒讓)認爲這安坐是相對跪的危坐而言,其實不然。坐本身也應有謹飭和鬆散兩種。鄭玄《禮記》注:"退朝而居曰燕居"就是平時(包括師生問難)的憑几而坐。飲酒禮(《鄉飲》、《鄉射》、《燕禮》、《大射》同)正禮畢有"請安於賓",然後脱屨坐燕,就是鬆散的安坐,正如《釋名・釋姿容》所云:"坐,挫也,骨節挫屈也。"但在行禮時的坐,則較爲謹飭,如賈誼《新書・容經》坐容節云:"坐以經立之容,胻不差而足不跌。"所謂"經立",即同篇立容節所云:"端股整足,體不摇肘,曰經立。"這雖是坐,但股足身軀都謹飭,與鬆散的安坐有所不同。然而這僅表現在體態容儀上,至於坐的形狀並無兩樣。因此,安坐是對謹飭的坐而言,而不是對危坐而言。前人既有這樣的混淆,則在此不避煩瑣,嚴加區别。而既已澄清,則下文談到坐時,衹是指膝着於席(地),下其臀着踵的動作,而不再作謹飭和鬆散之區分。

次説跽和跪。《説文・足部》云:"跽,長跪也。""跪,拜也。"按照《説文・手部》"𢷎,手至地(段改地爲手)也"來看,則跪訓爲拜有可疑之處。段注云:"拜與跪二事,不當一之,疑當云所以拜也。"他的懷疑是對的,但加"所以"二字仍不能疏通,下文再予論説。跽訓"長跪",段氏亦以爲有誤,改爲"長跽",他説:"長跽乃古語,長俗作跟,人安坐則形弛,小跪聳體若加長焉,故曰長跽。"《小雅》毛傳、《爾雅・釋言》、《左傳・襄公八年》杜注均云:"啓,跪也。"《爾雅》郭注:"啓,小跽。"而《左傳・襄公八年》、《襄公二十九年》疏引李巡注云:"小跪。"二注當以李説爲長。啓,實跽之假借,《釋名・釋姿容》云:"跽,忌也,見所敬忌不敢自安也。""跪,危也,兩膝隱地,體危倪也。"跽對跪而言是小跪,對坐而言釋聳體若加長,故曰長跽,毛傳等訓啓爲跪,《玉篇・足部》和《文選・月賦》注引《聲類》:"跪,跽也。"跪、跽二字互訓。分析言之,二者都是聳其體,而聳體有高下之别。諸家對這二字有含混的理解,在此同樣有必要不避煩瑣,予以澄清;但論及與坐的區别時,二字自可不必分别,都是指膝着於席(地)而聳其體。

照此説來,坐是兩膝着於席(地)而下臀着踵(並非盤膝而坐),其形狀在戰國和兩漢的畫像裏經常看得到,而洛陽金村古墓出土的銅人最爲明晰。跪、跽是兩膝着於席(地)而臀不着踵,其形狀,有河南汲縣山彪鎮出土的戰國《水陸攻伐紋鑒》[①]所刻最爲完善。坐與跪、跽合起來看,後者即是前者的聳其體而已。

① 郭寶鈞《山彪鎮與琉璃閣》,北京:科學出版社,1959年,圖版四十八(1)。

再進而考查坐與跪(跽)的關係。坐與跪在形狀上本有着明顯的差異。但在活動中,跪既然不過是坐的聳其體,以至於二字在使用上有時多混同,在記録這些活動情狀的文獻裹難免不能嚴格區分。如《禮記·曲禮上》云:"主人跪正席,客跪撫席而辭,客撤重席,主人固辭,客踐席,乃坐。"又云:"卒食,客自前跪,撤飯齊,以授相者。主人興,辭於客,然後客坐。"席既是鋪在地上,盛飯的敦或簠也放在地上,那麽,主客交往中的正席、撫席、撤席、撤飯、授相者,就衹能是跪着做,不是兩膝着地而聳其體就無法進行,待這些活動完了才能從聳其體到下臀着踵——坐。在此等記載裏,使用坐跪二字,截然分明。但就在《曲禮上》裏,卻又有這樣的記載:"先生書策琴瑟在前,坐而遷之,戒勿越。虚坐盡後,食坐盡前。"這裏都用坐字,虚坐釋没有動作,指下其臀着踵,但食坐和坐而遷書策琴瑟,則與跪正席、撤飯的跪一樣,不是聳其體也就無法進行了。又如《禮記·玉藻》云:"退則坐取屨,隱辟而後屨,坐左納右,坐右納左。"這三個坐字都應是聳其體的跪,跪左(或右)而納右(或左)的履更爲形象,如果解作下其臀着踵的坐,那又怎樣去納屨呢?看來,在這些記載裏坐、跪不分,同用坐字,易於誤解;當然,若細心推究還是能夠明白的。同時還須指出:坐跪本來有着難以截然分割的關係存在,文獻記載上的某些混同可以理解。關於這一點,在《儀禮》的記載裏更爲突出。

《儀禮》一書記載貴族禮儀活動,除了名物制度外,在揖讓周旋之中,藴藏着古人的許多生活情狀,有不少是人與人交往的動作形態,爲其他先秦文獻以至實物資料所罕見。全書記載主客的活動,有立、拜、坐、興,而没有一個跪字。朱熹《儀禮經傳通解》云:"古人坐法,以膝著地,兩蹠向後,如今之跪。經凡言坐皆然。"説古人之坐即今人之跪,當係誤解;把《儀禮》全書的坐概作跪解,也未免辨析不精,不足盡信。但《儀禮》裏確有許多坐字作跪解時纔説得通;爲了便於理解坐、跪的關係,自當對其作比較詳盡的引證。

首先,考查一下與上引《曲禮上》相類似的記載。《士冠禮》初加節云:"將冠者即筵坐,贊者坐,櫛,設纚;……賓筵前坐,正纚。"成年加冠禮中,主持儀式的是賓,襄助賓執行具體事務的是贊者。筵即席,纚是裹在髮髻上的一塊黑繒。這時將冠者坐在席上,没有任何動作,自是下其臀着踵的。而贊者替將冠者理髮,在頭髮上包裹黑繒成纚,賓又象徵性地正一下纚。贊和賓都衹能聳其體而爲,若非一坐一跪是無法進行這些工作的。與《曲禮》的記載一樣,有些坐字要作跪解才能説得通;即同用坐字,有作下其臀着踵者表示静止的狀態,也有作聳其體,也就是跪着以適應活動的狀態。

其次,再舉《鄉射禮》和《鄉飲酒禮》的記載爲例(《大射儀》、《燕禮》略同),説明在某些場合,所謂的坐,其實都是非常明顯的跪。《鄉射禮》三耦拾取矢節云:"上射東面,下射西面。上射揖進,坐,横弓,卻手自弓下取一个,兼諸弣,順羽,且興,執弦而左還,退反位,東面揖。下射進,坐,横弓,覆手自弓上取一个,興,其他如上射。”射禮中,上下射兩人構成一耦,射者取矢而後射,矢放在盛矢之器——楅上,楅設於中庭。把横弓、卻手(或覆手)、順羽一類的禮儀去掉,就是兩人相對,左手執横弓,右手在楅上取矢。據《鄉射禮記》“楅,長如笴,博三寸,厚寸有半”,放在地上,自不便立取,衹能膝着地而聳其體的。這裏所説的坐自然就是跪。這種兩人取矢的形狀與《[illegible]觚》的[illegible]字頗爲相像,衹不過所取的東西不同而已,字中的兩人正是象跪形。又《鄉飲酒禮》徹俎坐燕節云:“司正升自西階,受命于主人。主人曰:‘請坐于賓。’……脱屨,揖讓如初,升,坐。乃羞。無算爵,無算樂。”這是飲酒正禮已畢,主人請賓歡燕,不再有獻酢拜飲的儀節。把鞋子脱在堂下,登堂安坐,飲酒聽樂。這時的坐自然釋下其臀着踵的坐,而且是所謂的“安坐”,所以這一節禮儀叫作“請坐于賓”。

禮儀進行過程中的執事人員,其執行事務都是跪着做的,而《儀禮》的記録者都用“坐”字。《鄉射禮》(《大射儀》略同)三耦釋獲節云:“釋獲者坐取中之八算,改實八算于中,興,執而俟。乃射。若中,則釋獲者坐而釋獲,每一個,釋一算,上射於右,下射于左,若有餘算,則反委之。又取中之八算,改實八算於中,興,執而俟。”射禮計算射中次數謂之釋獲,計算的執事人員即爲釋獲者。算是籌子,中是盛算籌的器皿。把籌子丢在地上叫委。一耦兩人,一人射四矢,計算一耦的射中次數需用八根籌子,故中裏盛着八算。釋獲者跪取八算而四射,射時則依射中者委於中器的左右(北南),即上射射中則丢一根籌子於中器之右(南),下射射中則丢一根籌子於中器之左(北);未中之籌子爲餘算,委於中器之西。一耦射後俟次耦射。等到射畢即由釋獲者根據籌子計算雙方射中的多少以定勝負。數獲節云:“釋獲者東面于中西坐,先數右獲,二算爲純,一純以取,實于左手,十純則縮而委之,每委異之;有餘純,則横于下;一算爲奇,奇則又縮諸純下。興,自前適左,東面,坐,兼斂算,實于左手,一純以委,十則異之;其餘如右獲。”上射組成右獲,下射組成左獲。計算右獲和左獲有所不同。右獲則右手每二根籌子一取,放到左手,每取滿二十根便直縱委於地,二十根一組,最後不滿二十根的雙數横委於直委之下(西),若再餘一根又直委於横委之下(南)。左獲則右手全部取來放到左手,二根一數即委於地,委法相同。中器有一定高度,放在地上,釋獲者釋獲時取算於中和委算於地,數獲時取算於中器左右的地上又委於中器西面的地上,不便立取立委,衹能兩膝着地;取委則須擺動,又衹能聳其體,所以這裏所説的坐,也衹能作跪解纔説得通。[illegible]父辛卣的[illegible],[illegible]卣的[illegible],子[illegible]圖的[illegible]、[illegible]卣的[illegible],甲骨文的[illegible]、[illegible]等字,都象一人跪在器前有所作爲,雖所作的事不同,還是都可以用來取證的。

《聘禮》聘享節云:“賈人東面坐啓櫝,取圭,垂繅,不起而授上介;上介不襲,執圭,屈繅,授賓;賓襲,執圭。”垂繅與屈繅,襲與不襲,坐授(賈人授上介)與立授(上介授賓)，都是體現不同身份的尊卑之别，這些禮儀不必在本文論説。這裏衹提及賈人是管理圭璧的官吏，他從櫝中取圭，當没有使用桌子時，自然也衹能把那個櫝放在地上，故此也不便立取，而衹得跪着取，這坐字亦當作跪解。“不起而授”的形狀，與《珥鼎》和甲骨文中的[illegible]字更是十分相像。

《鄉射禮》(《大射儀》略同)司馬命張侯倚旌節云：“司馬命張侯，……又命獲者，倚旌于侯中。獲者由西方，坐取旌，倚于侯中。”又，三耦節云：“司馬命獲者執旌以負侯，獲者適侯，執旌負侯而俟。……獲者執旌許諾，聲不絶，以至于乏。坐，東面偃旌，興而俟。……乃射……獲者坐而獲，舉旌以宫，偃旌以商。”射時舉起旌旗以示射中，擔任執旌之事的是獲者。乏是屏風，用以躲避流矢。獲者先把旌倚於侯中(箭靶子)，射時執而俟於乏後。射中，舉起旌來，口中唱獲。唱獲聲有高有低，律中宫商。偃旌即偃於地。獲者取旌、偃旌、唱獲都是跪着的，也是不聳其體就無法進行這些工作；即這裏的坐也須作跪解。這種取偃旌的形狀，與盜婦鼎的[illegible]，戈[illegible]爵的[illegible]有相似之處。

從以上種種闡述裏，可得出結論：兩膝着地而下其臀的坐都是没有動作的狀態，而有所動作、進行某種活動，就衹能聳其體，即是跪。無論如撤席取矢一類的簡單動作，或者如禮儀中執事人員的數算、執旌一類較複雜的動作，之所以都不能立着進行，是由於没有使用桌子，器物都放在地上，衹能兩膝着地，並聳其體。其實，跪着衹是爲圖方便。數算、執旌等實際上是工作，就是説，工作也是跪着進行的。甲骨文、金文的[illegible]字，正是象人之跪着工作狀，上引郭釋是合適的。

基於上面的解釋，再來看《儀禮》裏某些最複雜的記載，更能獲得確切的理解。《鄉飲酒禮》主人獻賓節云：“賓坐，左執爵，祭脯醢，奠爵于薦西，興；右手取肺，卻左手執本；坐，弗繚，右絶末以祭；尚左手，嚌之，興，加於俎；坐捝手，遂祭酒；興，席末坐，啐酒；降席，坐奠爵；拜，告旨；執爵興。主人阼階上答拜。賓西階上北面坐，卒爵，興；坐奠爵，遂拜，執爵興。主人阼階上答拜。”飲酒禮中的獻酢酬，都有着相同的儀式，故此引文帶有普遍性。從這裏或許會發出疑問：爲什麽賓坐下興起，興起又坐下呢？飲酒禮中無論酒或菜(脯、醢、肺)都要先用來祭始爲飲之神，而主客自己飲食，也有先嘗(啐、嚌)後食(卒爵)的儀式。禮儀本身的繁縟是存在的。但還有一個原因，即酒菜都放在地上，祭、嘗、飲、食都須跪下，因此顯得複雜。就上引之文而言，所有坐字當然都應作跪解。第一次跪爲祭脯醢(祭者，取少許丢在地上)，第二次跪爲祭肺(左手執肺本弗繚，右手撕斷肺末)，第三次跪爲祭酒，第四次跪爲了在席末嘗酒，第五次跪爲了降席(離開席位)、拜而贊美主人所具之酒的甘美，第六次跪着爲了到西階上盡飲爵之酒，第七次跪着爲拜謝主人的獻酒。七次跪，或者因爲這些食物放在地上，取來方便，或者因爲把手中之爵放在地上，便於拱手而拜。如果器物放在桌子上，有些跪自然就没有必要了。

《儀禮》裏還有一些"不坐"的記載,可以反過來證明上面的説法。《既夕記》云:"襚者委衣於床,不坐。"這是禮儀的記録者補充解釋《士喪禮》君使人襚節、小斂後改襚節等所云委衣時不坐的原因。襚是死者的親近所贈送助斂的衣服,送來時都立着放在尸東床上。尸用夷床,床總有相當的高度,不必跪下去放東西是可想而知的,所以鄭注云:"床高由便。"還有《特牲饋食禮》筮日節云:"筮者許諾,還即席,西面坐,卦者在左。卒筮,寫卦。"注:"士之筮者坐,蓍短,由便。"(《士冠禮》筮日之儀同)《少牢饋食禮》筮日節云:"史朝服,左執筮,右取上韇,兼與筮執之,……乃釋韇立筮。卦者在左坐,卦以木。卒筮,乃書卦於木。"注:"卿大夫之蓍長五尺,立筮,由便。"《特牲》是士禮,《少牢》是卿大夫禮,固然等級不同,儀節有異,比如蓍的長短不一;但有些差異,並非尊卑關係所引起。《特牲禮》中,筮者寫卦者都要坐(跪)的;而《少牢禮》中,則筮者是立的,寫卦者是將筮所得陰陽爻畫在地上,不跪則無法進行這項工作。而筮者筮日,士禮所用之蓍三尺,較短,跪着筮較便;卿大夫禮所用之蓍五尺,較長,立着筮較便。可見,筮者或立或跪,乃取決於動作上的方便而已。

君尊而臣卑,那麼,君是否會顧及尊卑有别而不跪呢?《士喪禮》有馮尸的儀注,君臨視大斂節云:"君坐撫當心。主人拜稽顙,成踊。"凡馮尸必成踊,君尊不踊,由主人代踊,這是表示等級尊卑。但在馮尸時君也跪着,這完全是由於撫尸方便。又,《燕禮》或《大射儀》乃描述君與臣歡飲或習射。君尊,即以宰夫代爲主人,此亦表現等級尊卑。主人獻公節云:"公祭如賓禮。膳宰(《大射》爲庶子)贊授肺,不釋酒,立卒爵,坐奠爵,拜,執爵興。"所謂"如賓禮",即是賓坐祭脯醢、祭肺、嚌肺等,與上引《鄉飲酒禮》獻賓的儀注盡同。而本節"坐奠爵,拜",要拜,必須跪而放下爵。這可證君也跪的,跪是爲了奠爵方便。此外,《士昏禮》婦至成禮節云:"(壻)揖婦即對筵,皆坐,皆祭,祭薦、黍稷、肺。"同牢合巹時,夫婦相對食時,都是跪的。婦見舅姑節云:"舅即席……姑即席。婦執笲棗栗,……進拜,奠于席。舅坐撫之……(婦)受笲腶修,……奠于席。姑坐舉以興。"其中,舅亦跪之。《儀禮》也很講究男女,尊卑有别處皆然,但做一些動作時,衹要方便,都一樣跪的。由此看來,儘管君尊臣卑、男尊女卑,在須跪、即跪而方便行事的場合,並無誰不跪的例外。

據上所述,可以理解:坐與跪的區别,僅在於無動作和有動作、安逸而無活動和有所活動(包括工作);二者是有關係的,從其關係而言,後者是前者的延續,也就是説,跪不過是坐的聳其體而已。禮家説:"坐亦跪也,坐通名跪,跪名不通坐也。"(《禮記·曲禮上》孔穎達疏)理解坐與跪的關係,則就可認爲孔氏的説法是有道理的。

坐與跪的關係已明，再進而考查其與立、拜的關係。

關於立，毋需多説。關於拜，《周禮・春官・大祝》有九拜之文，分別各種禮儀參與者的不同等級身份所採取的不同拜法，至爲明晰。但這些區分對本文關係不大，不必具論。在此衹需説明通常的拜法。段玉裁《釋拜》一文有云："《説文・手部》曰：'𢷎，頭至手也'，故經謂拜手。凡經或言拜手，或單言拜，一也。頭俯至手，與心平，是之謂頭至手，荀卿又曰：'平衡曰拜。'是也。"[①]這就是兩膝着地，兩手作拱狀，頭俯至手。（把頭和手再下至地，則就是所謂的稽首。）《儀禮》述及這種拜法有兩種方式，一種是由立而拜，另一種是由跪（坐）而拜。這兩種方式，幾乎每篇裏都有述及，在此姑且以《鄉飲酒禮》爲例證。速賓迎賓節云："主人一相，迎於門外，再拜賓，賓答拜；拜介，介答拜。"賓和介（次賓）到門，主人出迎。雙方本是立着，自然是由立而拜，而其間經過什麼動作，文中並没有交代。賓酢主人節云："主人……自席前適阼階上，北面坐，卒爵，興，坐奠爵，逆拜，執爵興。"這裏所言坐者也都應作跪解。其中"興，坐奠爵，遂拜"六字，亦正是由立而拜的過程。固然這一跪是爲了放下爵，但放下爵本是爲了拜（不放下爵就不能拱手而拜了）。如果不是爲了奠爵而跪，那就如迎賓節所云一樣的由立而拜，不提及中間動作了；但這裏爲了奠爵而跪，由跪而"遂拜"。顯見之，這"由立而拜"是必須經過跪的中間動作的；不管文字中是否提及跪的動作。下圖畫出了此"由立而拜"過程的動作順序：

甲圖

段玉裁《釋拜》云"凡拜必用跪"，如果衹是按照甲圖的意義來理解，那是對的。可是，他在《説文》"跪"字的注裏把許氏原文"跪，拜也"改訂爲"跪，所以拜也"，並云："係於拜曰跪，不係於拜曰跽"，很明顯，"凡拜必用跪"實際上是"係於跪而拜"的意思，把跪這個動作當作拜的準備，爲拜而存在，改訂許書仍未改變原來的意義。跽是小跪，跽和跪的不同僅在於聳體的高下，没有實際性的區别；跪係於拜，跽不係於拜的説法無可信據。而跪是否僅僅是拜的準備，僅僅是係於拜呢？如上文説過的，跪是坐的聳其體，坐是跪的下其臀着踵，那麼可以想像，由立而坐的動作順序必然這樣：

① 〔清〕段玉裁《釋拜》，收入《經韻樓集》卷三。

乙圖

從甲圖來看,固然可以得出“拜必用跪”的結論,而從乙圖來看,又可以得出“坐必用跪”的結論。顯而易見,跪不僅是由立而拜的必經動作,也是由立而坐的必經動作;它不是專係於拜。於此可證,段説不能成立。

上面是以立爲起點來論證的。如果反過來看,則以坐或拜爲起點來論證。拜是短暫的動作形態。甲圖的由立而拜,不言而喻,隨即由拜回到立。上引速賓迎賓節“再拜賓,賓答拜”,説明由立而拜,自然也包含由拜回到立,根本不須提及;賓酢主人節“遂拜”下有“執爵興”,則明言由拜回到立。可見,拜不必作爲一個動作順序的起點來説明的,所以下文衹以坐爲起點立論證。《燕禮》安賓節(《大射儀》同)云:“賓反入,及卿大夫皆脱屨,升就席,公以賓及卿大夫皆坐,乃安。羞庶羞。大夫祭薦。司正升受命,皆命,君曰‘無不醉’,賓及卿大夫皆興對曰:‘諾,敢不醉!’皆反坐。”這是坐燕開始了。“皆坐”、“反坐”,均是坐燕的坐,當是下其臀着踵的坐,而不是跪。以後雖還有媵觚和士旅酬等儀節,都衹是個别人有活動,而堂上的人都脱屨安坐的。最後,燕畢節云:“宵,……賓醉,北面坐取其薦脯以降。”取薦的坐自然是跪,從安坐到跪、取薦,到起立、降堂,就是由坐到立的過程,其動作順序當是這樣:

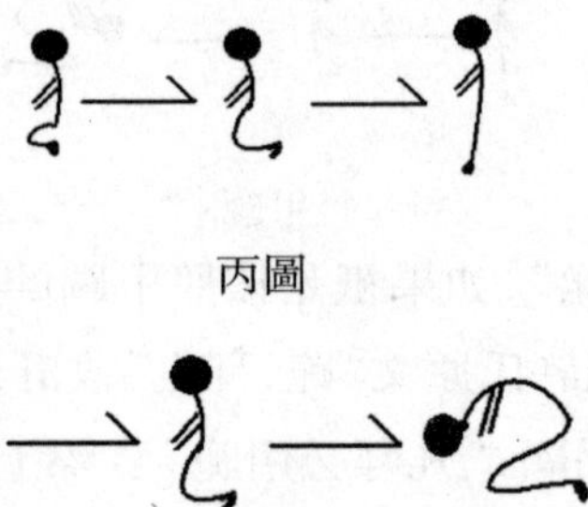

丙圖

丁圖

丙圖實際上是乙圖的回復,由坐而立也要經過跪的動作,而丁圖是由坐到拜的動作順序,《儀禮》裹雖没有這樣的記載,但事實上是會有的,未必純屬想像。當然,拜,往往是由立而拜。上面這些順序圖合起來看,無疑可證:跪這個動作是立、坐、拜之間的必經動作形狀,不能説專係於拜。

綜合起來講,首先,從坐與跪的關係上看,兩膝着地,下其臀着踵的坐是無動作的,要有所動作就得聳其體而成跪,因此應該認爲跪是坐的延續,就此而論,跪可謂是係於坐的。其次,從跪與立、拜、坐一起來看,它又是三者之間的必經動作,不能説它是專係於哪一個的。由此可見,跪與立、拜的關係是由此到彼、必經動作的關係;而跪與坐的關係既爲由此到彼的關係,又爲從有動作到無動作,前者專屬於後者的關係,即跪與坐有着二重關係。爲什麼跪會成爲二者之間的必經動作?爲什麼跪與坐有二重關係呢?如上面所論述的,其一,由於原先没有使用凳子,都是席地而坐,既然如此,由立而坐、由坐而立,自然必須經過跪的動作;其二,由於没有使用桌子,有的器物放在地上,人們的一些活動和工作與之相適應就須跪着做。後世使用了凳子和桌子,脱離了席地而坐,脱離了在地上做某些工作的活動,那麼情況就完全變了:由立而坐、由坐而立,不再經過跪的動作,某些工作和活動憑藉於桌子,不需要跪着做了。至此,經過跪的動作,需要跪下的,便衹有由立而拜和由拜而立,即衹有甲圖的動作順序存在,其他圖都不存在了。於是,可清楚地認識到,最本質的和起決定作用的就是使用凳子和桌子與否這件事。在古人那裏,上述各種動作順序都有,跪既是適應活動和工作的一種形態,又是坐、立、拜之間的必經動作,主要是坐的延伸,係屬於坐的;它與拜的關係,正和與立、坐的關係一樣,本身是不包含拜的意義在内的。無論從文獻記載,還是從其關係來推斷,都表明了這一點。後世衹有甲圖的動作順序,即跪衹作爲立、拜之間的必經動作,主要爲拜而存在,自然就成爲拜的準備,因而與拜的係屬上就作爲其組成部分了,以至於被説成是拜。段玉裁所謂"係於拜曰跪",乃純係用後世的觀點來理解的。東漢人尚未完全脱離席地而坐,《説文》"跪,拜也"之訓可能出於後人的竄改;從這些動作的演變過程來看,"拜也"不可能是東漢人的訓釋,於《釋名》不訓拜,連魏人的《聲類》還訓爲"跽也"可予證明。

古文字取象於物的形狀,都近乎模寫,非常逼真;其有關人事的字都取象於人的動作形狀,同樣是逼真的。就説這立、坐、跪、拜。拜是短暫的動作形狀,古文字中偶有出現。兩膝着地下其臀着踵的坐,因無所動作,所以在象形文字中没有反映。至於象人立形的字可説是大量的;而既然使用桌子、凳子以前人們跪着活動和工作,象人跪(跽)形的字也很多。有些工作立着、跪着都可以做,有些動作立着、跪着都有的,因此便有一字而象立形、象跪形的不同寫法。但由於跪着不過是爲了便於動作或工作,所以如上文所述,象跪形並非其字的特徵部分,而是全形中的從屬部分,故而在文字演變過程中會失去,在後來的文字裏不再以一個偏旁出現。

最後,説明一下本文作這些考釋的用意。第一,復原古人坐、跪、拜的動作形狀以及它們的區别和相互關係,特别是從闡述跪係屬於坐而又是立、拜、坐之間的必經動作中探索,跪是適應於使用桌子、凳子之前,人們必須在地上活動和工作而採取的一種重要形態,這是它的本來意義,應予明確。第二,闡明古人的跪與立、拜、坐之關係以及在使用桌子、凳子以後發生的變革,以證明一直被當代人稱之爲屈膝而跪的跪,從前係屬於坐,以後係屬於拜,因而使人們在觀念上産生甚爲不同的理解。第三,要指明一點,從不同的觀念理解出發,解釋考古成果和歷史事實,不應籠統處之,以免混淆其義。例如,有人看到文獻記載古代王與臣下坐而論事,既不辨别某些坐應作跪解,又不理解跪的本來意義,就認爲古人尊卑上下區分不嚴格,甚而有平等意識。這種附會成説是十分錯誤的。它們往往不明白席地而坐時,尊卑上下其實並不取決於跪,對人致敬而表示自己卑賤的僅僅在於拜(比如朝會時王南面而立、臣下北面而拜)或拜的不同上(飲酒禮中王衹拜手,群臣堂上再拜稽首,再到堂下成拜)。又有人解釋古文字時,看到(邑)字像人跽形,便以爲邑爲奴隸所居,理由在於奴隸是跪着的。殊不知邑字衹表明人平居時跪着勞作,貴賤上下並不表現在跪與不跪上。如果是奴隸特徵,那麼公卿的字就無法理解了。這也是不理解跪字原意的附會。還有人看到女字和从女字的跽形,就説是女子屈膝於男子。殊不知女字象跽形是表明女子不是社會生産的主要承擔者,像跽形即像家居跪着勞作。這亦是不理解跪字原意的附會。凡此種種,都是起因於從後世已變化了的事物導致觀念上的轉變,去曲解古人的事物的意義。恢復了它們的本來意義,這些錯誤理解也就可以廓清了。

作者簡介:

沈文倬,字鳳笙,號菿闇,1917 年生,江蘇吴江縣人。現任浙江大學古籍研究所教授。點校有《儀禮正義》、《禮記訓纂》、《孟子正義》、《蘇舜欽集》、《王令集》等。論著多篇,收入《宗周禮樂文明考論》(杭州:浙江大學出版社,1999 年;2006 年增補本)、《菿闇文存》(北京:商務印書館,2006 年)。最近發表有《征福補釋》(《中國經學》第 3 輯,2008 年)。

《仲虺之志》與薛國史氏

李學勤

内容提要 古文《尚書》内的《仲虺之誥》所載仲虺之言,與《左傳》中與仲虺有關的話,應皆源於古本《仲虺之志》。《左傳》以仲虺、史佚並稱,《仲虺之志》是和《史佚之志》同類的歷史性質的文獻。因此,仲虺很可能曾爲史官。仲虺又爲薛國先祖,前掌大薛國公族墓地出土的不少青銅器銘文都有族氏"史",正是由於仲虺曾任史官的緣故。

關鍵詞 仲虺 史 山東滕州前掌大墓地 薛國

《尚書序》載,伊尹相湯伐夏,與桀戰於鳴條之野,夏師敗績,遂伐三朡,"湯歸自夏,至于大坰,仲虺作誥"。與序文相應,孔傳本《商書》第二篇即《仲虺之誥》。

《仲虺之誥》篇内有這樣幾句:"兼弱攻昧,取亂侮亡,推亡固存,邦乃其昌。"考證《尚書》的學者已指出係本於《左傳》。查《左傳》有三處引有仲虺有關的話。

第一處見《左傳·宣公十二年》,晉隨武子提到:"仲虺有言曰:取亂侮亡,兼弱也。"第二處在《襄公十四年》,晉中行獻子云:"仲虺有言曰:亡者侮之,亂者取之,推亡固存,國之道也。"第三處見《襄公三十年》,鄭子皮云:"《仲虺之志》云:亂者取之,亡者侮之,推亡固存,國之利也。"互相比較,不難看出仲虺的話出自當時還存在的《仲虺之志》,中行獻子和子皮所引,雖有一些差異,可能是傳本不同。至於隨武子所説,顯然是作了概括,特别是"兼弱"乃爲隨武子的解釋,並非《仲虺之志》原文。楊伯峻先生《春秋左傳注》據《尚書序》,稱"古《尚書》本有《仲虺之誥》,《左傳》所引或從之出。《尚書》疏引鄭玄注云'《仲虺之誥》亡',今《尚書·仲虺之誥》乃僞古文,説詳閻若璩《尚書古文疏證》及王鳴盛《尚書後案》"①。實際上,《仲虺之誥》應即《仲虺之志》。

① 楊伯峻《春秋左傳注》,北京:中華書局,1990年,725頁。

值得注意的是,《襄公十四年》傳中行獻子除了引用仲虺之外,前面還引及"史佚有言曰:因重而撫之",他是以仲虺、史佚並稱。我們看《左傳》徵引史佚的話,還有五處:

《僖公十五年》:"史佚有言曰:無始禍,無怙亂,無重怒。"

《文公十五年》:"史佚有言曰:兄弟致美,救乏、賀善、弔災、祭敬、喪哀,情雖不同,毋絶其愛,親之道也。"

《宣公十二年》:"史佚所謂'毋怙亂'者。"(此條參上《僖公十五年》)

《成公四年》:"《史佚之志》有之曰:非我族類,其心必異。"

《昭公元年》:"史佚有言曰:非羈何忌。"

楊注認爲"史佚之言"均據《史佚之志》①,是正確的。可以看到,《仲虺之志》和《史佚之志》是性質相似的。

"志"是古代文獻的一個特殊類别,並且被用於教育。《國語・楚語上》楚莊王命士亹爲太子傅,士亹問申叔時,申叔時給他關於教學的建議,就有"教之故志,使知廢興者而戒懼焉",韋昭注云:"故志,謂所記前世成敗之書。"這是狹義的"志"。《逸周書》有《史記》一篇,《周書序》稱"穆王思保位惟難,恐貽世羞,欲自警悟,作《史記》",就是專記歷史上成敗教訓的。

《周禮・小史》"掌邦國之志",鄭玄注引鄭衆云:"志,謂記也,《春秋傳》所謂《周志》、《國語》所謂《鄭書》之屬是也。"《周志》見《左傳・文公二年》,其語今見《逸周書・大匡》;《鄭書》見《左傳・襄公三十年》、《昭公二十八年》,杜預注"鄭國史書",鄭衆講《國語》是記錯了。這裏説的"志",涵義要略廣一些。

無論如何,《仲虺之志》、《史佚之志》都是歷史性質的書。史佚即西周初年史官,《尚書・洛誥》稱"作册逸",《逸周書・克殷》稱"尹逸"。《漢書・藝文志》記有"《尹佚》二篇",在《諸子略》墨家,不知是否與《史佚之志》有關。史官作"志",理所當然,至於仲虺,他既然和史佚一樣作"志",應當有類似的身份,很可能任過史官。

《左傳・定公元年》,宋仲幾與薛宰因城成周事争論,"薛宰曰:'薛之皇祖奚仲居薛,以爲夏車正。奚仲遷於邳,仲虺居薛,以爲湯左相'"。由此知道仲虺乃奚仲後裔,

---

① 楊伯峻《春秋左傳注》,369頁。

爲商湯左相,和伊尹並列。[①] 以上關於仲虺可能曾任史官的訊息,是過去没有人知道的。

如果仲虺爲史官的推測不錯,我們便能解答一個最近困惑學術界的重要問題。

山東滕州前掌大1981至1998年發掘的報告已在2005年出版。[②] 這是一處殷商晚期到西周早期的重要墓葬群,不少墓中出土的青銅器銘文有族氏"史"。報告已提到當地爲薛國所封,有的學者更明確以之與薛國聯繫起來。[③]

早在1983年,山東的王恩田先生即曾撰文論述"史"與薛國的關係。[④] 他引用了先收入《殷周金文集成》2377的鼎,銘文是"薛侯戚作父乙鼎彝。史。"其年代爲西周早期,薛國同"史"族氏的關係由之證明。

王恩田先生還講到薛城遺址内出過銘文爲"史"的有銎戈,以及薛城附近的同銘器物。近期又有學者就"史"字銘文青銅器的出土地點做了進一步統計,[⑤]也可看出主要是在這個區域。至於較遠地方所出,當如王文所説,爲周初戰事中流散之物。

我在前些年討論過,商周的族氏銘文性質和文獻中的氏基本相同。那麽,按照春秋以下已知的得氏規則,薛國的國君應稱薛氏,就像《左傳》裏晉文公自稱"晉重"那樣,薛侯何以綴以"史"這一族氏?若無特殊原因是不可能的。現在我們可以通過推論,知道薛君先祖仲虺可能任過史官,其後嗣自可以"史"爲氏。這樣,滕州前掌大墓葬群就能判定是當時薛國公族的墓地了。

這種情形和近年陝西扶風莊白發現的史牆一家相似。後者自商代本用族氏"木羊",在青銅器銘文中綴於文後。到西周中期,就改用"微"爲氏。任姓薛國大約也是如此,在商代習用"史"這一族氏,周初仍然沿用,後來逐漸捨棄,薛公室稱"史"於是被人們遺忘。

---

① 陳邦福、周祖謨兩先生曾讀殷墟卜辭的"蚰"爲"虺",認爲是仲虺,參看蔡哲茂《説殷卜辭中的"蚰"字》,《古文字與古代史》第1輯,臺北:"中央研究院"歷史語言研究所,2007年,75頁。但從卜辭祀典性質看,"蚰"恐同伊尹等舊臣有異。

② 中國社會科學院考古研究所編《滕州前掌大墓地》,北京:文物出版社,2005年。

③ 馮時《殷代史氏考》,《黄盛璋先生八秩華誕紀念文集》,中國教育文化出版社,2005年。

④ 王恩田《陝西岐山新出薛器考釋》,《考古與文物叢刊》第2號《古文字論集》(一),1983年。文中以"奇"字爲"薛",則待商榷。

⑤ 嚴志斌《商代青銅器銘文研究》,北京:中國社會科學院研究生院博士學位論文,2006年,176頁。

作者簡介:

李學勤,1933 年生於北京。現任清華大學人文社會科學學院歷史系教授,國際漢學研究所所長,國際歐亞科學院院士。代表論著有《周易經傳溯源》(長春:長春出版社,1992 年;修訂本《周易溯源》,成都:巴蜀書社,2006 年)、《簡帛佚籍與學術史》(南昌:江西教育出版社,2001 年)、《〈尚書·金縢〉與楚簡禱祠》(《中國經學》第 1 輯,2005 年)、《國學與經學的幾個問題》(《湖南大學學報》2006 年第 2 期)等。

由《緇衣》探討先秦與西漢儒家觀點之異同
——以簡本第二至四章爲中心

郭静云

内容提要

本文從出土的先秦文本探討儒家經典形成問題。在目前所發現的先秦文本中，《緇衣》因爲有郭店出土的簡本、上海博物館收藏的簡本及《禮記》内文的經本等三種不同時代的版本，在探索"儒家經典形成"之問題上，其資料是最爲豐富完整的。是故，作者選擇《緇衣》這篇文章，試圖以出土之"楚墓簡本"與傳世之"天下經本"的對讀，來探索先秦儒家政治思想之原貌，及漢代儒家政治思想的正統化。本文探討範圍限於簡本第二至四章，對其進行全盤考證，包含文本對照、文字考釋、思想詮釋等三個部分。

經由此種比較研究，本文證明，《緇衣》的"楚墓簡本"前五章的思路明顯貫通一致，具有内在邏輯，完整揭示了先秦儒家政治思想的原貌及其所論的命題。其中第二至四章接續首章所確定之"誠心純德"主題，呼籲王侯固守樸素之純德，明確區分"媺惡"，且讓臣民看清媺惡之别，不至迷惑，並能以此來效法王侯之德行；循此基本思路，此段亦强調君臣坦誠相對、彼此信任，以達成同一德性。這一思路即是從王侯治國的基本原則到君與民的互相作用；作者順着這一思路，在第五章便提出了"君民爲一體"儒家政治理想的中心概念。經本把第五章移至第十六章的位置，但其内容實與前四章的關係至爲密切。

《禮記》内傳世的"天下經本"之結構亦有清楚的思想目標，但其目標與先秦思想不一致，所以牽涉到主題與結構的更换。《禮記》内的"天下經本"揭示出漢代儒家的正統化，配合漢帝國的正統思想需求，文官重新排版，但新作的結構必然缺乏上下文的通順連結與一貫性。

關鍵詞　先秦思想　儒家經典形成　郭店簡　上博簡　《緇衣》

前　言

儒家經典源於先秦,編輯於兩漢,以文物言,今日可見的古本,極少是早於宋代的版本。因此可以説,中國經籍的形成經過了不同歷史階段,這些歷史階段在經典文本上疊加了不同時代的層層痕跡。這些痕跡往往難以區分,尤其在溯源的問題上,原始的思想觀點常常令人難以探索。不過,最近幾十年來的考古發掘,終於提供了第一手的簡帛文獻資料。儘管出土文獻資料仍有局限,卻使經典思想的溯源研究有了可靠的證據。因此,簡帛研究爲經學帶來了新的生機,産生了"經典形成"之學。

出土文獻一方面證明了所謂的"先秦古籍"確是先秦版本,且其思想源自先秦社會之中;另一方面則顯示了先秦版本與傳世版本之不同。由此,既可探索先秦思想之原貌,也可考證文獻從先秦至漢代之演變過程。兩千餘年來,我們所讀的先秦典籍,都經過漢人之手,而今,我們不僅可以取徑於漢代人,而且能從先秦第一手文獻來探究先秦人的觀念,並且經過將簡本與經典版本詳細校讐之後,還可明白"本意"和"演變"的問題。出土的先秦古本之核心價值即在於此。

在目前所發現的先秦文本中,《緇衣》因爲有郭店出土的簡本、上海博物館收藏的簡本及《禮記》内文的經本等三種不同時代的版本,在探索"儒家經典形成"之問題上,其資料可以説是最爲豐富完整的。因此,筆者特别選擇《緇衣》這篇文章,試圖以出土之"楚墓簡本"與傳世之"天下經本"的互相校讐,來探索先秦儒家政治思想之原貌,及漢代儒家政治思想的正統化。

在 2007 年 11 月中國經學研究會與臺灣政治大學中國文學系舉辦"第五届中國經學國際學術研討會"時,筆者已開始着手探討先秦與漢代《緇衣》主題的異同,並進行了三種版本的首章校讐。[①] 今筆者將繼續探索先秦《緇衣》之本意,及西漢經典形成過程中所牽涉之《緇衣》文意之變化。

目前,關於《緇衣》全篇結構問題,學者的看法仍不一致。有些學者認爲,簡本與經本的章次都不帶有任何意義;另一些學者則認爲,經本纔有通順的結構,而"簡本之章節排列雖顯出一定的類,但衹是部分類聚,除以類相從的章節之外,其他略顯淩亂"[②]。筆者根據對資料的認識與理解,傾向於第三種説法,即簡本《緇衣》的結構連貫

---

① 參見拙文《由簡本與經本〈緇衣〉主題的異同論儒家經典的形成》,《第五届中國經學國際學術研討會論文集》,臺北:政治大學,2008 年。

② 虞萬里《〈緇衣〉簡本與傳本章次文字錯簡異同考徵》,《中國經學》第 1 輯,桂林:廣西師範大學出版社,2005 年,145 頁。

一致,非常清楚;文本散亂,論述缺乏對主題逐步展開的過程,反而是經本對章次的移動所造成的結果。

根據兩種出土版本章次完全相同的事實,可推知先秦《緇衣》的結構應如出土版本所示。關於經本的結構,李零先生早已發現,但經典的整理者並沒有對全篇進行重新編排。他認爲:

> 簡本和今本表面上差距很大,但實際上,它有五組簡文有對應關係,即:簡本第二至四章爲一組(A),相當今文第十至十二章(C);簡本的第六至八章爲一組(B),相當今本的第四至六章(A);簡本的第十和十一章爲一組(C),相當今本的第十四和十五章(D);簡本第十四章爲一組(D),相當今本的第七和八章(B)(簡本第十五章的"子曰",今本没有,故今本只有兩章);簡本第十七至二十三章爲一組(E),相當今本第十九至二十五章(E)。這五組簡文雖然位置不同(指在所有各章的順序上位置不同,前者的A、B、C、D、E相當後者的C、A、D、B、E),順序也略有差異(指在這一組中的順序略有差異),但彼此對應。可見他們的差異,主要還是屬於"板塊移動"。①

李零先生的比較,闡明了經典整理者所見的先秦抄本中,第二至四、六至八、十至十三、十四至十六、十七至二十三章都爲連續的"板塊"。②

經過全盤的研考,筆者得出了如下結論:這些"板塊"必須根據簡本的順序來讀,纔可見到全篇的連續性關係。在對簡本與經本進行仔細的章句校讐後,筆者對三種版本的看法如下:

第一,郭店的簡本應是最接近作者"原本"的版本。

第二,上博簡本係戰國中晚期原本的抄本,因此已可見到一些變動,包括字形的簡化、筆誤以及細微的修訂。

第三,《禮記》中的經本乃基於戰國晚期抄本而重新編排的版本。

本文將着重於探討第二至四章的"板塊",在這三章中將可見到上述之結論。關於簡本的第二章在經本被移至十一章的位置,韓碧琴先生論曰:

> 此章爲經本第十一章,簡本則爲第二章,與首章意同旨近,"好嬍"與"章好",

① 李零《上博楚簡三篇校讀記》,臺北:萬卷樓圖書股份有限公司,2002年,111頁。

② 關於第十二章移至第三章的位置,筆者以爲這是很明顯的有意地移動。第十二與十三章的關係密切不可分開,但是因經典整理者要確定新的主題,所以特意採用了第十二章的移動。此一問題筆者在拙文《由簡本與經本〈緇衣〉主題的異同論儒家經典的形成》中已探討。

"惡惡"與"章惡"銜接得宜,而今本《緇衣》第三章論"民教之以德,齊之以禮",治民重在尊德抑刑,與"好𡟅惡惡"所論顯然有别,簡本以"章好章惡"接"好𡟅惡惡"章,似較爲合理。①

筆者贊同此説,並將透過下文的考證來進一步肯定此段在經本上所處之第十至十二章的位置,不如其在簡本上之位置更有意義。其在簡本之位置正好使其能接續首章所確定之"誠心純德"主題,呼籲王侯固守樸素之純德,明確區分"𡟅惡",且讓臣民看清𡟅惡之别,不至迷惑,並能以此來效法王侯之德行;循此基本思路,此段亦强調君臣坦誠相對、彼此信任,以達成同一德性。《緇衣》從首章至第四章的論述逐步連貫,有内在邏輯、明顯的方向及目的,這一思路即是從王侯治國的基本原則到君與民的互相作用。《緇衣》作者順着這一思路,在第五章便提出了"君民爲一體"儒家政治理想的中心概念。經本把第五章移至第十六章的位置,但其内容實與前四章的關係至爲密切。簡本第一至五章,以其通貫的敘述方法,表達了一個完整的思想。由此可見,前五章的論述不僅不亂,反而很通順,且切合主題。另外,經本中這三章的次序是:第二章相當於第十一章,第三章相當於第十章,第四章相當於第十二章,筆者以爲,此種排序也不如竹簡上原本的排序。

除上述版本之間的問題外,本文對第二至四章的校讐與詮釋,自然也牽連了許多關於文本學與思想史兩方面的問題。以文本學而言,其中最關鍵的可能是出土《緇衣》引《詩》與傳世的《毛詩》有所不同,因此在本文中,除了要討論《緇衣》本書的形成,還會涉及到對《詩》本義的討論與比較。以思想史而言,依筆者淺見,這一段很明顯地揭示了戰國中期儒與法之間的辯論。

换言之,拙文的目標是對《緇衣》的第二至四章進行全盤的探討。文中章節次序是按照簡本的章次,排列原文的順序是根據版本的斷代先後,先列郭店楚墓出土的簡本(後稱爲"郭店簡本")②,次列上海博物館收藏的楚國簡本(後稱爲"上博簡本")③,後列傳世《禮記》中的經本(後稱爲"禮記經本",且不用書名號)④。在《緇衣》引《詩》

---

① 韓碧琴《〈禮記·緇衣〉與郭店楚簡〈緇衣〉之比較》,《興大人文學報》第33期,2003年,86頁。韓碧琴先生用"美"字,筆者根據原文復改爲"𡟅"。關於此問題參見拙文《論"𢼸"、"𢼸"、"微"、"𡟅"、"美"字的關係》,《第五届國際中國古文字學研討會論文集》,合肥:安徽大學出版社,2008年。

② 釋文據荆門市博物館編《郭店楚墓竹簡》,北京:文物出版社,1998年。

③ 釋文據陳佩芬説,見馬承源主編《上海博物館藏戰國楚竹書(一)》,上海:上海古籍出版社,2001年。

④ 文字據《禮記注疏》,《十三經注疏》本,臺北:新文豐出版有限公司影印,2001年。

和《書》之部分,除了"禮記經本"之外,筆者僅列出《毛詩》與《商書》中的相關部分(後稱爲"毛詩經本"和"商書經本",且不用書名號)①。章辭的文意與文本的異同考證共包含文本對照、文字考釋、思想詮釋三個部分。總結全章的比較研究,筆者擬對先秦原本的本意和漢代思想變化的趨向加以釐清。除探討每章的文字與思想之外,還將進一步闡述前五章之間一貫的思想。

一、簡本第二章與經本第十一章的比較研究

(一)文本對照

郭店第二章: 子曰:又邨者,章好章亞,以見民厚,鼎民青不紙。《寺》員:

上博第二章: 子曰:又國者,章玶章惡,以眡民厚,則民情不弋。《告》員:

禮記第十一章:子曰:有國者,章善癉惡,以示民厚,則民情不貳。《詩》云:

情共尒立,好氏貞植。■

静龏尒立,玶是正植。▬

靖共爾位,好是正直。

毛詩經本(小雅·小明):靖恭爾位,好是正直。

(二)文字考釋

1. 兩種簡本皆作"章好章亞",禮記經本作"章善癉惡"。

簡本作"又",而經本作"有";郭店簡本作"邨",而上博簡本與禮記經本作"國"都是普通的異文,無可討論,但是簡本作"章好章亞"而經本作"章善癉惡"的區别,雖然用字皆相近,但兩種文句之涵義卻差異很大。

(1)首先,簡本對"好"與"惡"都同樣使用"章"作動詞,由此可知,簡本的"章"不帶有任何正負評價的色彩。簡本的"章"字,大部分學者都通假作"彰",釋爲彰顯的意義。② 然而以筆者淺見,"章"字本身的用意更能突顯出此句的意義,因爲除了近於

① 文字據《毛詩正義》、《尚書正義》,《十三經注疏》本,臺北:新文豐出版有限公司影印,2001 年。

② 如劉信芳《郭店簡〈緇衣〉解詁》,《郭店楚簡國際學術研討會論文集》,武漢:湖北人民出版社,2000 年,167 頁;劉釗《郭店楚簡校釋》,福州:福建人民出版社,2003 年,52 頁;季旭昇主編,陳霖慶、鄭玉姍、鄒濬智合撰《上海博物館藏戰國楚竹書(一)讀本》,臺北:萬卷樓圖書股份有限公司,2003 年,83 頁。

"彰"的"章顯"、"昭示"[①]等意義之外,"章"字另能表達"辨别"、"區分"等涵義,如《孔子家語・曲禮子貢問》:"孔子曰:'季氏之婦可謂知禮矣！愛而無私,上下有章。'"王肅注:"章,别也。"[②]筆者以爲,在"章好章惡"之文句中,"章"作爲動詞,正好帶有"區别"的意味,表達出"王侯明確地昭示善惡之别"等觀點。因此在這裏直接用"章"比釋爲"彰"更加通順。

其次,從文法來説,在簡本首章言"好媺如好緇衣,惡惡如惡巷伯",將"惡"既作動詞,亦作名詞來用。當作動詞時,"惡"與"好"組成相對的涵義;當作名詞時,則與"媺"組成相對的涵義。第二章"章好章惡"之句中即可見到類似的"好/惡"相對,由此推論,可能與首章相同,應視爲動詞的相對。也就是"好"非指"好的情形",而是指"所愛好的情形","惡"非指"惡的情形",而是指"所憎惡的情形",由此簡本此句之意思是:明確地區分所愛好和所憎惡的情形。

(2)此文句兩種簡本均相同,但是經本中此文句與簡本不同。

首先,經本對"好"與"惡"分别使用了"章"與"癉"兩個不同的動詞。"癉"與"瘅"同,鄭玄注曰:"章,明也。癉,病也。""瘅"無疑有負面批駁的意味,而"章"在這裏應是"瘅"的反義詞,帶有贊美的意味。筆者推論經本"章"字的用意應與《商君書・説民》"章善則過匿"相近,即有"彰揚"的意味。换言之,經本中對"善"與"惡"並非用同一個"章"字,而是用了"章"與"瘅"這對反義詞,便有了簡本所無之"章/瘅"兩種相反動作的對立:"章"是指對於"善"的動作,即彰揚善性;"癉"是指對於"惡"的動作,即控制惡性。古僞《書・畢命》恰好有完全相同的文句,曰"彰善瘅惡",孔傳:"明其爲善,病其爲惡。"但是原本《緇衣》的意思並非如此。

其次,從文法來説,以筆者淺見,此句之文義,經本與簡本可能也有不同。經本中把"好/惡"改成"善/惡",此對立的内容在本質上已有差異。也就是説,簡本的"好"字是指"所愛好",而經本的"善"字是指"善性";簡本的"惡"字是指"所憎惡",而經本的"惡"字是指"惡性",即指説客觀的"善性"與"惡性",而不强調君王對媺惡之判斷。

---

① 如《書・堯典》:"九族既睦,平章百姓。"孔穎達疏:"教之以禮法,章顯之使之明著。"《國語・周語中》:"且夫兄弟之怨,不徵於他,徵於他,利乃外矣。章怨外利,不義。"韋昭注:"章,明也。"

② 楊朝明主編《孔子家語通解——附出土資料與相關研究》,臺北:萬卷樓圖書股份有限公司,2005年,525—526頁。雖然《孔子家語》成書的時代較晚,但三十年前在安徽阜陽雙古堆西漢墓出土的木牘上發現了《孔子家語》的資料,此證明了《孔子家語》來源于西漢甚至先秦。所以《孔子家語》的字義應可用作考證資料。或許《孔子家語》的這一句恰恰保留了先秦"章"字的用意。

2. 郭店簡本作"以見民厚",上博簡本作"以眂民厚",禮記經本作"以示民厚"。

郭店簡"見"係"視"的本字,所以郭店簡的"見"應讀"視"。

上博簡"眂"字从目,氏聲,應也認定爲"視",所以兩個簡本相同,均用"視"字。

由於禮記經本用"示",所以許多學者將簡本的字也解釋爲"示"[1];另一些學者雖將簡本的字解釋爲"視",卻仍以"示"標義[2]。"視"與"示"讀音相同,再加上《詩·小雅·鹿鳴》云"視民不恌",鄭玄注爲"視,古示字也",所以簡本的"視"讀爲"示"好像毫無疑問。但從整個文句的意義來看,前文的"章"字已帶有"昭示"的意思,如果"視"讀爲"示",則"章"與"視"的用意幾乎相同,而此文句則會被理解爲:"昭示所愛好,昭示所憎惡,以昭示民厚。"[3]但這種説法好像並不深刻,没有任何進一步的意義,另外,在理解"民厚"之義上亦產生了問題。季旭昇先生的釋讀爲:"掌有國家政權的人,要讓自己的好惡都明白呈顯,以向人民顯示自己的厚實正直的德性。"虞萬里先生的釋讀爲:"長民者表彰正義,憎恨邪惡,以向民衆昭示政教的純厚。"[4]但在此種釋讀中,"民厚"二字的文法關係不夠通順,二字之中間似乎缺少一字。

以筆者淺見,在這裏的"厚"既可讀爲"純厚",亦可讀爲"敦厚",但表達的不是統治者的純樸誠心,而是要指出臣民之"敦厚"。《緇衣》此句可與下列文句相對照。《書·君陳》:"惟民生厚,因物有遷。"孔傳:"言人自然之性敦厚。"《論語·學而》:"曾子曰:'慎終,追遠,民德歸厚矣。'"[5]《緇衣》中的"民厚"應與《論語·學而》的意義相同。是故,"視"字也不宜釋爲"昭示"的意思,更不宜通假爲"示",此處之"視"應用以表達"養視"、"看待"、"關注"等先秦文獻所見的涵義。[6] 而"視民厚"的意義則可譯爲"養視國民敦厚",即教導臣民之德歸於敦厚。

經本中,"章"被改成"章/癉"之對立,"視"被改成"示",所以"厚"之義已近於"優

---

① 參見劉信芳《郭店簡〈緇衣〉解詁》,166頁;劉釗《郭店楚簡校釋》,52頁;季旭昇主編《上海博物館藏戰國楚竹書(一)讀本》,83頁;韓碧琴《〈禮記·緇衣〉與郭店楚簡〈緇衣〉之比較》,69—113頁;李零《上博楚簡三篇·校讀記》,49、89頁。

② 涂宗流、劉祖信《郭店楚簡〈緇衣〉通釋》,《郭店楚簡國際學術研討會論文集》,武漢:湖北人民出版社,2000年,183頁;黄人二《上海博物館藏戰國楚竹書(一)研究》,臺北:高文出版社,2002年,116頁。

③ 簡本"厚"字的字形是異體字,參見鄒濬智的考證,《上海博物館藏戰國楚竹書(一)讀本》,83頁。

④ 虞萬里《儒家經典〈緇衣〉的形成》,臺北:"中央研究院"中國文哲研究所"儒家經典之形成"計劃專題演講稿,2006年11月,18頁。

⑤ "厚"字寫法是金文所出現的異體字,參見季旭昇主編《上海博物館藏戰國楚竹書(一)讀本》,84頁。

⑥ 如《國語·晉語》:"是虎目而豕喙,鳶肩而牛腹,谿壑可盈,是不可饜也,必以賄死。遂不視。"韋昭注:"不自養視。"《左傳·成公三年》:"賈人如晉,荀罃視之。"

勝”,因此整個文句的意義便被改變了。

3. 郭店簡本作“県民青不紑”,上博簡本作“則民情不弋”,禮記經本作“則民情不貳”(或有的版本作“忒”)。

關於“則”字,楚文均作“[illegible]”,在郭店簡本的第一章也如此,然而後文不用从“刀”的“則”字,而“[illegible]”下面加了“火”偏旁,因而此種“則”的異體字筆者隸定爲“[illegible]”或“県”。

關於“忒”與“弎”之區分,二字的形、義皆相近,筆者雖然贊同將該字解釋爲“忒”,不過仍要指出,先秦文獻中“忒”字主要有以下三種涵義:

(1)差忒、差錯或混淆,如《詩・大雅・抑》:“取譬不遠,昊天不忒。”《詩・魯頌・閟宫》:“春秋匪解,享祀不忒。”《易・豫》:“故日月不過,而四時不忒。”

(2)邪惡,如《書・洪範》:“人用側頗僻,民用僭忒。”陸德明釋文:“忒,馬融云:‘惡也。’”

(3)疑貳、變更,如《詩・大雅・瞻卬》:“鞠人忮忒,譖始竟背。”毛傳:“忒,變也。”《詩・曹風・鳲鳩》:“淑人君子,其儀不忒。”孔穎達疏:“執義如一,無疑貳之心。”

筆者以爲,在這裏若用“忒”,則其用意或許帶有“違背忠信”、“有疑貳之心”的意味,因而近於第三種在《詩》中通用的涵義,且與“弎”的字義較相近。所以不同的經典版本中,作“弎”或作“忒”,皆同。若進一步來看,郭店第三章有“弋”字,而此處禮記經本與毛詩經本皆用“忒”字。或許郭店簡的“紑”與“弋”之别恰好表達了“弎”與“忒”之區分,所以,雖然二字難以區分:上博簡本兩處都作“弋”,禮記經本不同的版本既有作“忒”亦有作“貳”,但筆者還是建議在這裏讀爲“弎”較爲允當。

4. 郭店簡本作“情共尒立”,上博簡本作“静龏尒立”,禮記經本作“靖共爾位”,毛詩經本作“靖恭爾位”。

(1)“情”、“静”、“靖”三字在古代皆通,表達穩恒不轉變的意思。《論語・雍也》曰:“知者樂水,仁者樂山。知者動,仁者静。知者樂,仁者壽。”《詩・周頌・我將》云:“儀式刑文王之典,日靖四方。”筆者以爲在《緇衣》此字的用意與《論語》的“静”和《我將》的“靖”皆相同,“情”用爲“静”和“靖”的假借字。

(2)“龏”係“龔”,即古代的“恭”字,而“恭”與“共”通常混用。原本是“共”或“恭”乃經學專家所辯論的問題。原來在《詩》毛公本中此字作“恭”,然而後來鄭玄箋改成“共”並訓爲“具”,高亨注爲“共,奉也”,因此後來的經本都改成“共”。今見上博簡本在此處用“龔”字,不得不令我們重新思考這一問題。黄人二先生已提出,在這裏

“共”、“龔”應都要讀爲“恭”[①],筆者表示同意,並再引以下傳世文獻作爲補充例證:《書·堯典》:“允恭克讓,光被四表,格于上下。”孔穎達疏引鄭玄曰:“不懈於位曰恭(龔)。”張衡《思玄賦》:“恭夙夜而不貳兮,固終始之所服。”張衡用“恭”的意思也正好是“不懈於位”的意思。換言之,出土與傳世資料皆顯示了毛公用“恭”的文本纔是合乎本意的,所以其他版本用“共”衹不過是“恭”的假借字。“静(靖)恭爾位”的意思是:“堅定不移,不懈於位。”[②]

5. 郭店簡本作“好氏貞植”,上博簡本作“毌是正植”,禮記經本作“好是正直”。

(1)郭店簡本的“氏”是語音假借字,應讀“是”,所以兩種簡本皆作“是”。

巫雪如注意到楚簡的《緇衣》都用“此”當作指代詞,而禮記經本全改成“是”。但是在第二章裏,楚墓簡本也有使用“是”字[③],所以筆者推論,此處之“是”字原來並非用來作代詞,而應當作名詞來讀,即指“真理”的意思,猶如《淮南子·修務》所言“立是廢非”矣。

對於經本的“好是正直”,孔穎達疏:“愛好正直之人,然後事之也。引之者證上民情不二,爲正直之行。”也就是説,從文法上説,這是“動詞——指代詞——形容詞——用代名詞的形容詞”,但筆者由出土版本推知,此句原來的文法結構應爲“動詞——名詞,動詞——名詞”,即動賓結構。“好是,貞植”,“好是”實係呼籲統治者“愛好真理”的意思。

(2)郭店簡本所用的“貞”字與“正”相同。孔安國《尚書傳》曰:“貞,正也。”古代“貞”與“正”確實是同義字,衹是“貞”用作動詞較多,而“正”則用作名詞或形容詞較多。傳世文獻中所見“貞”字的用意和定義正好與《緇衣》的意義相近,如《禮記·檀弓下》:“昔者衛國有難,夫子以死衛寡人,不亦貞乎!”《論語·衛靈公》:“子曰:‘君子貞而不諒。’”《賈子·道術》:“言行抱一謂之貞。”《逸周書·謚法》:“不隱無屈曰貞。”《逸周書·謚法》將“貞”定義爲“不隱無屈”的意思,與《緇衣》的觀點非常切合,即強調不隱無屈者對善惡之區分。清代潘振《周書解義》:“反身循理,故氣有伸,而無曲。此御世之貞。”朱右曾《周書集訓校釋》釋《謚法》這一句云:“不隱無曲者堅守其正,外内用情者内外如一。”[④]這些話就好像是專門對《緇衣》而言之,《緇衣》的寫作目的正

① 黄人二《上海博物館藏戰國楚竹書(一)研究》,116—117頁。

② 簡本皆作“尒”而經本皆作“爾”,簡本皆作“立”而經本皆作“位”,都衹是簡本用古字而已。

③ 巫雪如《由先秦指代詞用法探討郭店、上博及今本〈禮記·緇衣〉之相關問題——兼探三本〈緇衣〉之流傳》,《2007中國簡帛學國際論壇論文集》,臺北:臺灣大學,2007年11月。

④ 黄懷信、張懋鎔、田旭東《逸周書彙校集注》,上海:上海古籍出版社,2007年,662頁。

好是教導統治者"堅守其正"、"内外如一"等倫常。

郭店簡本係目前可見最早的版本,所以應是最接近於作者原本的版本,其用"貞"應是有其意義,無須全改成"正"。郭店簡"貞"字的用意猶如上述文獻所表達出的"不隱無屈"之意,且當作動詞來用,而"植"字是"貞"的賓語。

關於兩種簡本皆用"植"字的情況,一般學者都根據經本所録,將"植"改成"直",然而鄙見以爲,簡本的"植"字不必視爲"直"的假借字,將"植"讀如字,意思纔會清晰。在傳世文獻中"植"字用指"根本"、"倚靠"、"基礎"、"主幹"、"首領者"等涵意[①],其中也有與《緇衣》的意思完全相同的例子,如《管子・法法》:"上無固植,下有疑心,國無常經,民力必竭,數也。"此即是言,如果上位者不依靠固定的倫常,則下位者將會有疑心,這正與《緇衣》第二章所論的重點相同!雖然尹知章注:"植,志。"然而"固植"同時也意指堅定不移的根本、基礎,或謂"幹植"。《孔子家語・六本》亦有相近的説法:"孔子曰:貞以干之,敬以輔之,施仁無倦。見君子則舉之,見小人則退之。"王肅注:"貞正以爲干植。"[②]

在"好是,貞植"之句中,"好"字無出此篇之例,是用來表達"愛好"的動詞;"貞"字也如常當作動詞,其義猶如《孔子家語・六本》所言"貞以幹之",雖然上博簡本將"貞"改成"正",但因"貞"就是"正",其用法亦相同。"是"和"植"即兩個與"好"和"貞"連接而被用來當作賓語的名詞。"是"應指"真理",猶如《淮南子・修務》所言"立是廢非";而"植"是指根本、幹植、幹主,猶如《管子・法法》所言"上無固植,下有疑心,國無常經"。"好是"的意義是呼籲王侯"愛好真理"、"立是廢非";"貞植"的意義是呼籲王侯"遵守'不隱無屈'的'固植'"、忠貞而不二、堅定根本等。

這樣的解讀不僅呼應《緇衣》的内容,更能與《詩》的原義相合。《詩・小雅・小明》經本云:"嗟爾君子,無恒安息,靖共爾位,好是正直,神之聽之,介爾景福。"楚簡的發現不僅有助於釐清《緇衣》的本旨,更可進一步討論《小明》詩的原義。

(三)思想詮釋

經過對文字之考釋,得出第二章的釋文如下:

---

① 如《論語・微子》:"植其杖而芸。"《淮南子・兵略》:"神莫貴於天,勢莫便於地,動莫急於時,用莫利於人。凡此四者,兵之幹植也,然必待道而後行,可一用也。"《左傳・宣公二年》:"宋城,華元爲植,巡功。"杜預注:"植,將主也。"

② "干植",或作"幹植",《淮南子・兵略》亦言"兵之幹植",同樣用以表達"根本"的意思。

子曰:"有國者,章好章惡,以視民厚,則民情不貳。"《詩》云:"静(靖)恭爾位,好是貞植。"■

據上述分析,該章所引用的《詩》應譯爲:"堅定不移而不懈於位,愛好真理且在這方面'不隱無屈'堅固其根本。"這樣的解讀方能使詩義明晰,且使簡本文順義通。由本文(以下用"本文"來表達章辭不包括引文的部分)與引文相應、互補而闡述貫徹之觀點,可得譯文如下:

子曰:"既然統治者明確地區分所好和所憎,以培養臣民之敦厚,於是臣民不疑心亦不背棄。"是故,《詩》曰:"穩定地不懈於位,愛好真理,堅固根本。"

在此章本文中,經典文本有三字做了修改:首先,同一個"章"字改成"章/癉"的相對;其次,"好/惡"原表達君王"所好/所惡"之相對的態度,改成"善/惡"後,衹表達了相反性質上的相對;其三,"視"改作"示"。這些看起來雖然都衹是輕微的修改,但在意義上均造成了嚴重的變化。簡本"章好章惡,以視民厚"與經本"章善癉惡,以示民厚"意義的差距很大。前者言"章顯愛憎之别,以培養臣民之敦厚",而後者言"揚善而懲惡,以顯示臣民之優良"。由此可見,簡本論及君王的教導作用,統治者宣揚倫常價值觀,讓臣民守之無誤,以照涵養民之德性;而經本所用的"章/癉"相對,實與"爵/刑"相對的意義接近,於是此章的意義又意味着對刑賞制度的討論,即呼應經本《緇衣》之開頭所宣告的"爵刑"主題。孔穎達也指出了這一點:"言爲國者有善以賞章明之,有惡則以刑癉病之也。"因此可以説,簡本的涵義表達了純粹的社會倫理思想,這是儒家對統治者的倫常要求;而經本並不對統治者提出倫理上的要求,反而爲統治者論及培養忠臣的問題。經本以先秦原本爲依據卻改變了原本的主題,故其論述失去了原本的内在邏輯和一貫性。

筆者以爲,簡本不僅是章内的意義通順,第一、二章所論述的觀點亦爲一致。兩章共同的重點是,王侯所好應有樸素純德的性質,同時要排斥任何巧飾的僞裝,而且王侯應該明確區分愛憎的對象。如果王侯固守此原則,則臣民皆順服地效法君的德行,民情亦不會疑貳,不會違背忠信。是故,有君位者必須愛好真理,以正定國家的主幹。

我們可以想像,簡本的章次順序安排,正仿佛一位名儒爲統治者之教育所準備的課程安排,此課程的教學順序正是逐步地朝着一個統一的教學目標來安排的。在第一堂課强調媺惡之區分,且解釋何種情形宜視爲"媺",何種宜視爲"惡"。由此觀點出發,在第二堂課儒師進一步對統治者説:您既必須自己"貞植",亦必須將自己的態度明確表達給臣民知道,以養視臣民之敦厚,讓民情無疑貳,這纔是治國愛民的途徑。從

第三章來看,先秦《緇衣》這門"課"仍繼續一貫地圍繞這一主題展開。

由上述分析可見,該章實際上最適合放在第二章的位置。然而在經本中,此章卻被移至十一章的位置,因此首章與此章之間的關係就被斷開而不明了。不過在經本上,首章亦被移至次章,且配合經本新主題而有了改寫,所以經本的整個意義就變得更加複雜了。

據筆者對於《緇衣》主題的考證,簡本的主題,乃以《詩》文的譬喻呼籲王侯遵守樸實的正道,祛除浮華之飾,由這點出發,全文逐步地敘述早期儒家的政治理想。先秦《緇衣》寫作目的是教導王侯成爲君子,在此目的之上,當然要否定爵刑制度,但直至第十二章纔提出刑措的觀點。由此可見,雖然刑措是《緇衣》原本已有的觀點之一,但先秦的《緇衣》明顯不是專門爲否定爵刑制度所寫的文章。至於漢代《禮記》版本的經典《緇衣》,其開頭的修改就足以表明,漢代《緇衣》是針對爵刑制度與培養賢臣所寫的文章。爲了讓先秦的《緇衣》符合漢代政治思想的需求,漢代編輯者首先在簡本的第一章上竄入了簡本所無的"爵不瀆而民作愿,刑不試而民咸服"的新文;其次,把簡本提及"教之以政,齊之以刑,則民有遯心"的第十二章附於第一章之後;第三,由於僅用原文還是不足以明確變更主題,所以另外又增入了新的首章。經本不僅以前三章的組合與編輯來強調"爵刑"之主題,同時亦基於此主題作了全篇的竄改。當然漢代文官在編輯經籍時,也受到了許多方面的限制,其中最大的限制即來自於經典文本本身的限制。由於先秦儒家著作被選爲經典,因此他們的編修材料被限制於衹能使用這些文獻,且不能隨意修改;但同時透過這些文獻的編輯,他們又必須滿足當時社會與政治上的需求。因此漢代文官衹是採用細微的編輯手段,如單字的更改或通假、文法的調整等,但這些輕微的修訂,還是牽動了意義的嚴重變化,且從這些變化中可以看出其一致的修訂趨向。①

經本對此章所作的竄改與新主題明顯相關:

首先,簡本的"章好章惡"衹是説"章顯愛憎之別",而經本的"章善癉惡"則説"揚善而懲惡","章/癉"相對已帶有"爵/刑"之意味,利於討論善臣以賞彰明、惡臣以刑癉病等問題。其實在這方面可以發現經本之矛盾:第二章説"爵不瀆……刑不試",但在這裏説"章善癉惡",雖然不成刑虐,但還是意味着對善惡用賞刑的趨勢。

其次,經本的第二章(即簡本的首章)將"好媺如好緇衣"改成"好賢如緇衣,惡惡如巷伯"(愛好如《緇衣》中的賢人,厭惡如《巷伯》中的奸佞),由此把重點從對善惡倫

① 詳細的論述參見拙文《由簡本與經本〈緇衣〉主題的異同論儒家經典的形成》。

常之態度轉爲對合乎此一倫常的忠臣、有德性的賢臣之態度，即變成討論統治者用人、選官的準則。在我們所探討的這一章中，經本對於《詩・小雅・小明》的詮釋方法亦是相同的模式：孔穎達把“好是正直”解釋爲“愛好正直的人”，這恰好呼應於經本第二章所言的“好賢”！由此可見，孔穎達對《小明》的理解實需放在經本結構中來理解，纔可看出其前後互補與相應。而且若進一步從此章引文所更動的意義範圍來理解，此“章/癉”的涵義亦必然趨向於表達“彰賞賢臣、刑病奸佞”的意思，因爲衹有這樣理解，纔能貫串此章本文與引文的文義。或許因爲在帝國正統思想中，天子合乎倫理的問題早已被論證不能被懷疑，所以重點轉到對賢臣的討論上。

然而先秦《緇衣》的重點乃在於嚴格要求統治者合乎倫理，所以在簡本上，此章並不論及“正直的人”，而把重點放在呼籲統治者明確區分媺惡上，是故此種對引文的理解與子所曰的“本文”就已有落差。但若依簡本的結構，孔穎達對引文的解釋，就很明顯地並不合乎該章的本文，亦與前章没有相應。

關於《小明》本詩的原義，此問題可能還可以進一步研究。

二、簡本第三章與經本第十章的比較研究

（一）文本對照

郭店第三章：子曰：爲上可贎而智也，爲下可頪而箸也，㝵君不悹其臣，臣不惑於君。

上博第三章：子曰：爲上可乔而䇮也，爲下可槓而齿也，則君不㤌其臣，臣不或於君。

禮記第十章：子曰：爲上可望而知也，爲下可述而志也，則君不疑於其臣，而臣不惑於其君矣。

《旹》員：䛐人君子，其義不弋。《尹㝵》員：隹尹夋及湯，咸又一悳。■

《旹》員：䛐人君子，其義不弋。《尹㝵》員：隹尹夋及康，咸又一悳。▁

《尹吉》曰：惟尹躬及湯，咸有壹德。《詩》云：淑人君子，其儀不忒。

毛詩經本（曹風・鳲鳩）：淑人君子，其儀不忒。

尚書經本（商書・咸有一德）：　　　　惟尹躬暨湯，咸有一德。

（二）文字考釋

1. 郭店簡本作“可頪而箸”，上博簡本作“可槓而齿”，禮記經本作“可述而志”。

第一句之字形差異不牽涉到文字之别[①],然而在第二句上三種版本皆不同。

大部分學者認爲,郭店簡的"頪"係"類",而上博簡的"梖"係"述",[②]然而筆者贊同黄人二的觀點,認爲兩個都是"類"的異體字,[③]最明顯的例子即是賈誼《新書·等齊》引此句時寫作"可類而志",揭示了漢代此句仍使用"類"字。關於禮記經本把"類"改成"述"的情況,劉信芳認爲:"按'述'古讀如'遂',與'類'音近;'等'字从竹寺,而'寺'與'志'音近,'述而志也'當是傳鈔之訛。"[④]不過上博簡的字體可以闡明,自郭店至《禮記》的變化並非一次發生,而是經過戰國晚期抄本中"類"字的異化,況且自"類"至"述"的演變不一定是因爲讀音的緣故,而可能是基於字形的相似。雖然郭店簡本的"頪"與"述"不相似,但上博簡本所用的"梖"字寫从"朮",而"朮"與"述"字的"朮"寫法確實相近而容易誤認。

至於"等"與"𠯑"字的問題,有些學者認爲兩個都是"志"的異體字,[⑤]但是郭店簡本在第六、十八章有"志"字,寫法均爲:"[illegible]"。从心、止聲的"𢖵",即普通的"志"的古字,而在這裏所用的"等"寫法是从口、[illegible](等)的"[illegible]",與包山簡第2.9簡上所見的"等"字的寫法相同。由此可見,郭店簡的"[illegible]"(等)不可能是"[illegible]"(志)字的異文。所以筆者贊同裘錫圭所言:"簡文讀爲'可類而等之'於義可通,似不必從今本改讀。"[⑥]然

---

① 關於郭店簡本作"𧡪"、上博簡本作"㝐"、禮記經本作"望"的解釋如下。郭店簡的"𧡪"是从見,𦣠聲,上博簡的"㝐"是从介,亡聲,二字都是"望見"的"望"。李零先生認爲下面不一定是"介"字(見《上博楚簡三篇校讀記》,50頁),不過這還是"介"的字形。筆者贊同趙平安的觀點,認爲上博簡本的"㝐"係"𦣠"的異體字(參見《上博藏〈緇衣〉簡字詁四篇》,《上博館藏戰國楚竹書研究》,上海:上海書店出版社,2002年,440頁)。在甲骨文中"望"字常見且寫成从臣、壬的"[illegible]",金文續用此一字形:"[illegible]"(保卣,《集成》5415),《説文》中"望"的古字亦雷同:"[illegible]"。另外,金文加"月"作[illegible]、[illegible]、[illegible]等(《集成》9454、9094、4089),都是"朢"的正字;但同時在金文中,"臣"偏旁被簡化成"亡"且開始被當成聲符來用:[illegible]、[illegible]、[illegible](《集成》5316、2814、10170)。郭店"𧡪"的𦣠偏旁以"[illegible]"爲本字,且加了"見"偏旁以强調"望見"之義。上博的"㝐"字也以"[illegible]"爲本字,故是𦣠、𦣠的異體字。

關於郭店簡本的"智"與上博簡本的"𥁒"字形,則西周銘文中,"[illegible]"乃"智"字的普遍寫法,與郭店簡的字形相同。《汗簡》:"𥁒,智,天台碑文。"(見《汗簡箋正》,臺北:藝文印書館,1991年,199頁)"𥁒"正是从"皿"的"智"字,與上博簡的字形相同。

"智"通常用作"知"義。這些字形無疑問,與經本無别。

② 李零《上博楚簡三篇校讀記》,50頁;季旭昇主編《上海博物館藏戰國楚竹書(一)讀本》,86頁;陳偉《郭店竹書别釋》,武漢:湖北教育出版社,2002年,33—34頁;等等。

③ 黄人二《上海博物館藏戰國楚竹書(一)研究》,118頁。

④ 劉信芳《郭店簡〈緇衣〉解詁》,167頁。

⑤ 如黄人二《上海博物館藏戰國楚竹書(一)研究》,118—119頁。

⑥ 荆門市博物館編《郭店楚墓竹簡》,131頁。劉信芳、涂宗流、劉祖信先生的看法亦如此。

而在上博簡本上第六、十八章有“⿱止心”（从心，止聲），是楚文通用的“志”字寫法；第十八章有“𥄉”字，从目，止聲；第三章有“⿱止因”，从因，止聲，共三種从“止”得聲的字體，應都是“志”的異文。由此可見，在這裏兩種簡本的用字不同，應可以採用劉信芳的解釋將“志”視爲“等”的訛字。郭店版本的時代較早，漢代整理者所見的版本應大部分是類似上博簡本等戰國晚期的抄本，遂順着這些抄本亦寫爲“志”。

不過由於三種版本的用字不同，這就造成三種版本的意思也不相同。①

2. 兩種簡本皆作“義”，禮記經本皆作“儀”。

雖然學者都認爲，簡本與經本同樣應讀作“儀”，然而筆者卻有不同理解。在第一章“儀型文王”之句中，禮記經本作“儀”，郭店簡本作“⿱我心”，上博簡本作“⿱我土”。由於從意思上來説，“儀型文王”之句中的字祇能讀爲“儀”，因此可見，郭店簡的“⿱我心”、上博簡的“⿱我土”爲“儀”字的寫法，而在這裏兩個簡本皆用“義”字形，而且從意義上來説，在這裏讀爲“義”較爲通順。當然完全有可能，郭店“⿱我心”與“義”、上博“⿱我土”與“義”祇是同字的異文，但也有可能兩處字形不同牽涉到字義不同，筆者的理解即如此。或許在此處不必改作“儀”，而要直接讀爲“義”。雖然“義”與“儀”的意義經常被混淆，但是確切而言，“義不忒”是指君子的内在原則、價值觀、倫常，都一致而無疑二；而“儀不忒”則指君子行爲、儀制、法度的一致性。換言之，“儀”字接近於表達統治者的儀則，而用“義”則近於表達君子内在的倫常、價值觀。若讀爲“義”，則先秦《緇衣》所表達的觀點恰好與《論語・里仁》相近：“君子喻於義，小人喻於利。”由此，鄙見以爲，在這理表達内在倫理的“義”概念更合乎原本的觀點。在第三章上，簡本不用第一章的“⿱我心”（或“⿱我土”）字的原因，恰好因爲此字與第一章非同一字，第一章的“⿱我心”（⿱我土）係“儀”的異文，而“義”則用其本身，無須改。此種理解更能合乎先秦《緇衣》的理念，至於《鳲鳩》的原義，則應進一步研究。

3. 兩種簡本皆作“弋”，禮記經本皆作“忒”。

從意義來説，讀爲“忒”或讀爲“弍”的意思皆同。但因爲在第二章郭店簡本用“⿰糹弋”，或許郭店版本中“⿰糹弋”與“弋”之別表達了“弍”與“忒”之區分，所以在這裏要讀爲“忒”。不過，上博簡本兩處都作“弋”，禮記經本不同的版本既有作“忒”亦有作“貳”，所以這兩個字還是難以區分。筆者以爲在第二章讀爲“貳”較合適，因此在這裏祇是爲了保留郭店簡的“⿰糹弋”與“弋”之區分，而第三章的“弋”字應定爲與經本相同的

---

① 下文“⿰忄矣”與“疑”、“惑”與“或”字形之别不牽涉到文字之别。《詩》中的“⿱弔口”字也祇是“淑”的異體字，對此學術界看法是一致的。

“忒”字。

4. 兩種簡本皆作“𢍰”，禮記經本作“吉”。

簡本“𢍰”从共、言，即是“誥”的古字，金文“誥”，西周早期的史𩛥簋寫作“[illegible]”(《集成》4030)①，西周早期的𣏟尊作“[illegible]”(《集成》6014)。關於經本的“吉”字，鄭玄注：“吉當爲告。告，古文誥字之誤也。尹告，伊尹之告也。《書序》以爲咸有壹德，今亡。咸，皆也。君臣皆有壹德不貳則無疑惑也。”伊尹是商朝成湯的著名輔臣，傳說曾輔助成湯滅夏。《尹誥》屬於《尚書》的古文逸篇，其内容屬於古僞《尚書・咸有一德》篇所記載。《緇衣》所引的文句恰好出現在《咸有一德》篇中。《緇衣》簡本一面證明了經本的《尹吉》確實爲《尹誥》之筆誤，鄭玄注是對的；另一面則揭示了所謂之古僞《尚書・咸有一德》篇此句在先秦時確實爲《尹誥》之内文。楚簡的發現不僅有助於釐清《緇衣》的本旨，更有助於進一步討論古文《尚書》的來源。②

5. 兩種簡本皆作“夋”，禮記經本皆作“躬”。

筆者以爲簡本的“夋”事實上是“俊”，猶“俊士”之美稱。但由於楚文“夋”字的寫法似乎从“身”與“厶”的結構，而“厶”與“弓”自古以來經常混用，於是在經本中，“夋”被訛誤作“躬”。③

(三)思想詮釋

經過上述分析，筆者將郭店簡本視爲原本，得出第三章的釋文如下：

子曰：“爲上可望而知也，爲下可類而等也，則君不疑其臣，臣不惑於君。”《詩》云：“淑人君子，其義不忒。”《尹告》云：“惟尹俊及湯，咸有一德。”■

不過因要得出可用的譯文，筆者擬先詳細地考證三種版本的文意。

1. 子曰：爲上可望而知也

此句三個版本皆同。孔穎達疏：“貌不藏情，可望見其貌，則知其情。”準確闡明了其文義。由此可見，第三章《緇衣》着重於探討政權之透明性。

---

① 《集成》指中國社會科學院考古研究所編《殷周金文集成》，北京：中華書局，1984—1994年。下文凡引此書皆僅標注簡稱。

② 楚簡被發掘後學界開始重新討論古僞《尚書》的問題，例如根據出土資料，姜光輝先生準備專門重新作《尚書的考證》。

③ 上博簡本的“康”字是“唐”的異文，“湯”的訛字；簡本的“悳”是“德”字的異文。這都無必討論之處。

從整個思想歷史背景來説,政權之隱密性或透明性,乃是戰國中期政治思想争論的熱門命題。韓昭侯時爲相的政治思想家申不害,著有《申子六篇》,儘管《漢書·藝文志》所言《申子六篇》全部亡佚了,但幸有韓非子的抄録,我們仍能知道其大概内容。申子認爲,政權之隱密性,纔是治理天下的聰明之法。《韓非子·外儲説右上》録:

申子曰:"上明見,人備之;其不明見,人惑之。其知見,人惑之;不知見,人匿之。其無欲見,人司之;其有欲見,人餌之。故曰:吾無從知之,惟無爲可以規之。"一曰,申子曰:"慎而言也,人且知女;慎而行也,人且隨女。而有知見也,人且匿女;而無知見也,人且意女。女有知也,人且臧女;女無知也,人且行女。故曰:惟無爲可以規之。"

筆者比較《申子》和《緇衣》的内容後,感覺到《緇衣》與《申子》這兩篇文章針鋒相對,《緇衣》這一儒家學派的文章彷彿是專門爲批駁申不害的理論而寫的,或可反過來説,《申子》是專門爲否定儒家學派觀點而寫的。

其實,申不害的活動年代約在公元前 385 至前 337 年之間,恰恰與郭店《緇衣》的版本同時。我們没有充足的證據來推論《緇衣》與《申子》之關係,但其意義的相關性,或許能夠間接地揭示戰國中期這場争議的情形與命題,即包含了政權之"隱密"與"透明"等關鍵的問題。從這一争議,或許亦可推論《緇衣》成書之年代應與郭店版本相近,大約是公元前 4 世紀,《緇衣》參與了儒家與法家之間的争議。

儒家觀點認爲,爲了實現彼此信任以及君臣同德的理想,王侯心中的所思所想與行爲必須透明、易知,甚至不許王侯隱藏其過失,對此《孟子·公孫丑下》云:"古之君子,其過也,如日月之食,民皆見之;及其更也,民皆仰之。"《孟子》的觀點與《緇衣》相同,衹是比《緇衣》晚成,這兩本書均表達了儒家思孟學派的觀點。同時,由韓非之記載可知,時代接近的《申子》反而强調,即使知道君主有過失,也絶對不許傳爲流言,《韓非子·定法》載:"申子言:'治不踰官,雖知弗言。'"

在戰國思想中,思孟學派與申子間的争議後,荀、韓接續了此命題的論辯。韓非子遵從申子,而荀況則在《正論》篇中詳細地論證"主道莫惡乎難知"的概念:

世俗之爲説者曰:"主道利周。"是不然。主者,民之唱也;上者,下之儀也。彼將聽唱而應,視儀而動;唱默則民無應也,儀隱則下無動也;不應不動,則上下無以相有也。若是,則與無上同也!不祥莫大焉。故上者,下之本也。上宣明,則下治辨矣;上端誠,則下愿慤矣;上公正,則下易直矣。治辨則易一,愿慤則易使,易直則易知。易一則彊,易使則功,易知則明,是治之所由生也。上周密,則下疑玄矣;上幽險,則下漸詐矣;上偏曲,則下比周矣。疑玄則難一,漸詐則難使,比周則難知。難一則不彊,難使則不功,難知則不明,是亂之所由作也。故主道利明不利幽,利宣不利周。故主道明則下安,主道幽則下危。故下安則貴上,下危則賤上。故上易知,則下親上矣;上難知,則下畏上矣。下親上則上安,下畏上則上危。故主道莫惡乎難知,莫危乎使下畏己。

上述文獻比較啓發筆者,《緇衣》所提出"可望而知"的理想,乃是一頗爲關鍵的先秦儒家社會思想觀點,亦是儒、法之間的重要論戰議題。①

2. 郭店簡本作"爲下可類而等也",上博簡本作"爲下可類而志也",禮記經本作"爲下可述而志也"。

三個版本之不同引起了學者的争論,筆者的看法如下:

(1)兩種簡本都用"類"字,且據文獻可知,先秦時"類"字表達一種社會思想概念,此概念雖多在荀學研究中討論②,但據其他文獻,"類"概念實係先秦思想中關鍵概念之一,如:

《孟子·告子上》:"心不若人,則不知惡,此之謂不知類也。"

《禮記·緇衣》:"下之事上也,身不正,言不信,則義不壹,行無類也。"(簡本所無)鄭玄注:"類,謂比式。"孔穎達疏:"行無有比類,言之行之無恒,不可比類也。"陳澔集説:行無類,或善或否也。

《禮記·樂記》:"是故君子反情以和其志,比類以成其行。"孔穎達疏:"比謂比擬善類,以成己身之美行。"

《國語·周語下》:"其後伯禹念前之非度,釐改制量,象物天地,比類百則,儀之于

① 學術界早已論及儒法關於權勢透明性與隱密性的争論,其中較早是20世紀60年代年代陸彬(1923—1981)詳細探討此問題。參見B. Рубин. *Идеология и культура древнего Китая* (*четыре силуэта*) М.: Наука, 1970 (Vitaly A. Rubin. *Individual and state in ancient China*: *essays on four Chinese philosophers* / translated by Steven I. Levine. New York: Columbia University Press, 1976);В. Рубин. Проблема секретности в древнекитайской мысли. *Научная конференция* "*Общество и государство в Китае*", вып. 2, М.: Наука, 1970。近來出土文獻能夠更好地顯示此種儒法争論的情形。

② 參見陳大齊《荀子學説》,臺北:中華文化出版事業委員會,1954年,第五章第二節"統類與分";韋政通《荀子與古代哲學》,臺北:商務印書館,1966年,第一章第四節"統與類";李哲賢《荀子名學析論》,臺北:文津出版社,2005年;陳平伸《荀子的"類"觀念及其通類之道》,《國立臺灣大學哲學論評》第31期(2005年);眞崎清博《荀子の"類"》,《史學研究》第134期(1976年);森川重昭《荀子思想における"類"概念について》,《椙山女學園大學研究紀要》第26期(1995年);鄭宰相《荀子の"類"の概念について》,《立命館東洋史學》24號(2001年);Masayuki Sato, *The Confucian Quest for Order*. Leiden: Brill Academic Publishers, 2003;等等。

民,而度之于群生。"韋昭注:"類,亦象也。"

《楚辭·九章·懷沙》:"明告君子,吾將以爲類兮。"王逸注:"類,法也。"

《荀子·勸學》:"禮者法之大分,類之綱紀。"楊倞注:"類,謂禮法所無,觸類而長者。"

《荀子·非十二子》:"僻違而無類。"王先謙集解:"僻違無類,謂乘僻違戾而不知善類也。"

《荀子·性惡》:"齊給便敏而無類,雜能旁魄而無用。"楊倞注:"無類,首尾乖戾。"

《韓詩外傳》卷五:"孔子曰:……無類之説,不形之行,不贊之辭,君子慎之。"

這些文例令人深思,先秦"類"應非一簡單詞彙,而是代表了一深刻的思想概念。一方面"類"是指比較或分別高低、善惡之不同種類,由此"比類以成其行";如據《緇衣》所言,如果統治者對"媺"與"惡"之態度明顯、易知,則臣民"可類"。另一方面,"類"係表達名與實之一致性,故可視爲仁義、道德實現的標準,"有類"是指合乎倫常,"無類"是指違背倫理。如在荀子的思想中,"類"進一步被定義爲"禮"的功用[①],所以可説"類"帶有"教化"之意味;又如《緇衣》所言,臣民既可分類媺惡以知倫理,亦可深受教化,遵守倫常而應變。此外,"類"又有效法標準的意味;如據《緇衣》所言,若王侯之行爲可以明顯地望見而知之,則臣民就有了可以比類而效法的標準,所以"類"的概念,與先秦《緇衣》首章所提及"型"之概念相應。[②] 由此可知,先秦版本對"類"字之使用牽涉到一完整概念的表達。

郭店簡的"等"概念與"類"相接,一邊進一步表達媺惡之"分等",一邊指出下者與上者"等同"概念,因此"下可類而等之"之句涵蓋了兩個層次的意思。一、若從君貌可知君心,則臣民便由辨别君的行爲來分等媺惡;二、此句更進一步的意思是,臣民由比較而知其德行與君之德行應爲同類(比類),故臣效法君,因而上下達成同德。針對這一概念,該章的引文正好也强調"咸有一德"的理想。

在這裏筆者要强調,此種等同一德的狀態是來自於君臣共同對道德的追求,而這追求是透過君臣的彼此調整與相互適應來進行的,並非是要臣民單方面盲從王侯之令,因此古代思想中明顯强調"同類相從"、"同類相應"、"同類相求"概念,如《莊子·漁父》:"同類相從,同聲相應,固天之理也。"《史記·伯夷列傳》:"同明相照,同類相求。"

---

① 陳大齊《荀子學説》將"類"定義爲"道的公用"、"條理之所在"。

② 關於簡本首章"型"概念參見拙文《由簡本與經本〈緇衣〉主題的異同論儒家經典的形成》。

(2)戰國晚期"等"字被改作"志",而再後來"類"被改作"述",由此經本便失去了先秦文本所表達的這一深刻概念。對於經本的用字鄭玄注曰:"志猶知也。"孔穎達疏言:"志,知也。爲臣下率誠奉上,其行可述敘而知。"將"述"釋爲"述敘",而"志"視爲"知"。古代"志"與"識"讀音相同,字詞通用,因此"志"本身蘊含了"識"之義,釋爲"知"亦可通,此意指臣民清楚地了解君的行爲。然而此種意思比先秦的"類"與"等"概念相比還是淺了一層。

除了孔穎達的理解之外,《尚書・五子之歌》所云"五子咸怨,述大禹之戒以作歌",孔安國傳"述,循也",讓我們把"述"視爲"循從"之義。由於"類"蘊含了應變的概念,即荀子所言的"應變不窮",故亦能涵蓋"循"義。陳偉先生論證"述"與"類"的通用時引用了《國語・楚語上》所言"心類得音,以德有國。"王引之指出:"類之言率。率,循也。言其心常循乎德音也。"透過此例證,陳偉作出以下的結論:"雖然用字有異,涵義確實相通的。"[①]衹不過此種釋讀不僅把"類"的涵義變淺,同時完全失去了"相互"之義。"循"衹是表達臣民遵從王侯,其他"比類"而知媺惡之别、遵守倫常之應變、君臣同類相從等"類"概念所含有的思想根本就消失了。於是,下面引文所言"咸有一德"在經本的本文中就無以相應了。

此外,由於這些變化,該章所提出的政權透明之理想亦變弱了。或許此種變化亦基於社會思想的演變。先秦儒家追求臣民公開評論王侯,以協助改正統治者的錯誤;然而戰國晚期法家認爲,人民評論君主不合乎"忠誠",《韓非子・有度》特別強調這一點:"詐説逆法,倍主強諫,臣不謂忠。"秦漢帝國社會思想,更否定了臣民評論君主的資格。秦始皇有言:"子議父,臣議君也,甚無謂,朕弗取焉。"(《史記・秦始皇本紀》)漢帝國意識形態,雖然否定了秦的天命,卻繼承了許多秦帝國意識形態的觀點。坦白説,漢亦是帝國形態,因此漢代社會觀念同樣強調凡人無資格評論天子。對漢人而言,"下可述"、"下可遵循"比"下可類"更合乎他們對君臣關係的理解,再加上古代"類"與"述"字的寫法相似,因此漢人閱讀古文獻時,便有意無意地把"類"字誤認爲"述"了。

3. 第三章文意總結

由於在後面兩句上三個版本相同,意義也明確,則經由上述探討,得出譯文如下:

子曰:"如果王侯的心思透明,臣民可以比類而等同,則君臣彼此相信,君不疑於其臣,而臣不惑於其君。"

① 陳偉《郭店竹書别釋》,33—34頁。

文獻揭示了戰國中期社會思想中,思孟學派的目的在於證明衹有君臣互相透明,纔能保證上下互相信任的狀況,上下互相信任不疑,纔是社會興盛的條件。所以,思孟學派呼籲王侯遵守"緇衣"的純樸,好讓臣民無疑惑。在同時代法家的思想中,申不害反而強調政權必須隱密,並且輕視"信"的重要性,認爲政權之"數"纔是關鍵,此"數"即是"權術"、"策略"等概念,如《韓非子·難三》載申子曰:"失之數而求之信則疑矣。"由此中可以比較出戰國中期儒、法明顯對立的態度。《緇衣》的作者說,沒有互相信任,就會有疑惑;而申不害則建議不以誠信,而以"數"治理天下,若無政權之"數"而求誠信,衹會徒生猜疑。

這些文獻都表達了當時所爭議的關鍵命題,加上其時代也應相近,因此我們應能推測《緇衣》與《申子》有相當密切的相關性。後來《孟子》繼續發展《緇衣》的觀點,故政權透明性應視爲思孟學派的主張之一。

4. 本文與引文的關係

該章將"淑人君子,其義不忒"當作探討的依據,以此構成與前章之間的連結。第二章指出,透明的治理方法讓民情不貳,於是呼籲王侯正定根幹、固守志義;而第三章補充說明,有德性的統治者(君子)的志義無忒,是因君子一定懷有"無疑忒之心"。

從第二個引文來說,孔穎達對此句的理解爲:"言惟尹躬身與成湯皆有純一之德。引者證上君臣不相疑惑。"但依鄙見,重點可能不在"純一"的德性,而在"同一"的德性,即言君臣德性達成同一性的理想,可見《尚書》的文本實際上亦強調君民之一德以及君民不相疑惑的互動。

先秦儒家主張,在理想的社會中,既然君的德性猶如"緇衣"純樸,而臣民"比類"而效法其君,於是君臣互有一德。該章中的"類"與"等"概念正好與此觀點有關。

《緇衣》的"上下同德"理想又與法家相反。《韓非子·外儲說右上》載申子曰:"獨視者謂明,獨聽者謂聰。能獨斷者,故可以爲天下主。"強調的是君主的獨立性。由此亦可見,《緇衣》與《申子》討論的問題相近,但主張相反。這或許可以表達戰國中期政治思想的爭論狀況。

5. 第三章在全篇結構中的位置

從全篇的意義發展來說,在第一至二章這兩堂"課"上,儒師已讓統治者理解,君子必須愛好樸實的純德、憎惡假裝,且需要固植於爋惡之區分;君對爋惡之態度應無疑貳,以便讓臣民亦無疑貳,而明確看到正道的方向。來到第三章,在這第三堂"課"上,儒師繼續發展這一教導思路,進一步陳述德政的原理,建立了"君臣相互透明"核心概念。如果君臣相知,則彼此就不會有疑惑,臣民辨清爋惡,深受教化,效法君而共同達成同一德性。在何種條件下,臣民會順服地效法其君而達成與其等同的德性?第一章已闡明了這些條件:若君守持像"緇衣"那樣的樸素純德,此將不難;第二和三章也補充説明了:君應該明顯表達他的心思,讓臣知其君而不懷疑。①

由此可見,從第一至三章,簡本的敘述是一體的。

從簡本與經本的比較來説,則在引文的部分,簡本先引《詩》後引《書》,而經本先引《書》後引《詩》,此問題在學界已有較多討論。②

三、簡本第四章與經本第十二章的比較研究

(一)文本對照

郭店第四章:子曰:上人恷,㝵百眚䫉;下難智,㝵君倀袋。古君民者,章好以見民谷,

上博第四章:子曰:上人悷,則百眚惑;下難𥁰,則君長□。□□□□ □□□□□□谷,

禮記第十二章:子曰:上人疑,則百姓惑;下難知,則君長勞。故君民者,章好以示民俗,

慬亞以洣民　淫,㝵民不䫉;　臣事君,言其所不能,不訂其所能,　　　　　㝵君不袋。

歎惡以𠙴民　淫,則民不惑;　臣事君,言其所不能,不訂其所能,　　　　　則君不袋。

慎惡以御民之淫,則民不惑矣;臣儀行,不重辭,不援其所不及,不煩其所不知,則君不勞矣。

《大頙》員:上帝板二,下民𡚁担。

《大頙》員:上帝板二,□□□□。

《詩》　云:上帝板板,下民卒癉。

毛詩經本(大雅·板):上帝板板,下民卒癉。

《少頙》員:非其𡳿之,共唯王　恭。■

□□□　□□□□　隹王之功。▬

《小雅》曰:匪其止　共,惟王之邛。

毛詩經本(小雅·巧言):匪其止　共,維王之邛。

---

① 在這裏筆者贊同涂宗流與劉祖信先生的解釋:"君之待臣,表裏如一,可望而知,臣自然無惑。"見《郭店楚簡〈緇衣〉通釋》,184頁。

② 如黄人二《上海博物館藏戰國楚竹書(一)研究》,119、161—171頁等。學界對於《緇衣》的"子"到底是指哪一位思想家之討論相當熱烈,有些學者認爲,這是子思子;另有些認爲,這就是孔子。筆者認爲,此論辯雙方的證據均仍薄弱,因此暫時迴避此難題。見邢文《楚簡〈緇衣〉與先秦禮學》,《郭店楚簡國際學術研討會論文集》,武漢:湖北人民出版社,2000年;廖名春《郭店楚簡〈緇衣〉篇引〈詩〉考》,《華學》第4期,北京:紫禁城出版社,2000年。

(二)文字考釋

1. 郭店簡本作"百眚覞",上博簡本作"百眚惑",禮記經本作"百姓惑"。

關於"眚"與"姓",則二字同,《汗簡·生部》:"眚,姓。""姓"字的本字是"生",古代"姓"並没有固定从"女"字偏旁。

關於"覞"與"惑"字,則其形有别,字義表達亦可能不相同。

郭店簡本在第三章"臣不惑於君"之文句上,用从"心"的"惑"字,而上博簡本用"或";在這裏郭店簡本兩次用从"見"的"覞",而上博簡本則兩次用从"心"的"惑";第二十一章情況亦同,郭店簡用"覞",而上博簡用"惑"。雖然在這些地方禮記經本都用"惑"字,但是兩種簡本系統性的差異或許能夠闡明,第三章的"惑"(或)以及第四和二十一章的"覞"(惑)具有若干差異性。

對於《禮記》經本的"上人疑,則百姓惑",孔穎達疏:"在上者君多有疑二,則在下百姓有疑惑也。"此種理解應該毫無疑問,但若看簡文則有所不足。關於郭店簡本選用从"見"的"覞"字,虞萬里先生提出如下見解:"郭店簡作'覞'从見。此字不見字韻書。竊謂疑惑固從心生,然見之不真,慌惚其物,疑亦生矣,故亦从'見'。"[①]鄙見以爲,虞萬里先生的推論很有價值,且適合原文本旨。確實,如果將本章與前文連結,則可以發現,前章正好已説了"爲上可覞而知也"來強調"貌不藏情"的理想,見到君王的表現足以了解他對媺惡的區分如何;在繼續討論此觀點的過程中,該章補充説明:如果君王讓人疑惑,則百姓不能清楚地看到媺惡之異,便會因此而恍惚、失去標準、迷惑是非。

如果在這裏的"覞"(惑)字解釋爲疑惑,則"上人疑"與"百姓惑"的意思完全相同,"君讓民疑惑,則民疑惑"此句確實没有任何思想内容![②] 該文句的意思應更加準確地表達出以下觀點:如果君對媺惡的態度不確定、"有忒"而讓人疑惑,則百姓無法掌握價值觀的標準;對君王的懷疑會進一步造成民衆的迷惑,百姓對是非分辨不清,便會不知愛憎的方向。此即《管子·任法》所説的:"百姓迷惑而國家不治。"《緇衣》在這一文句中所表達的意思應與《管子·任法》相同。

因此可以説,从見的"覞"有看得模糊之意味,而从心的"惑"則表達人心裏的疑惑。在第三章的"臣不惑於君"之文句中,"惑"是心裏疑惑的"惑",而在這裏的"覞"

---

① 虞萬里《上海簡、郭店簡〈緇衣〉與傳本合校補證》(上),《史林》2002年第2期,8頁。

② 其實現代學者也都有内涵的解釋,如季旭昇語譯:"居上位的君侯讓人疑惑,下頭的臣民就會迷惘而手足無措。"《上海博物館藏戰國楚竹書(一)讀本》,90頁。

是迷惑的"惑",並非是心裏疑惑,而是實際上看不清楚標準的情形。簡本以不同的字體來表達不同的義涵。將此章與前章比較,虞萬里先生的推論證據就更加充分,尤其是前文中,郭店簡本"望"字也寫从"見"的"䀍"。或許在戰國中期的歷史語言中"惑"與"䁢"是兩個不同字彙,祇是後來合併成今文的"惑"字;並且極有可能,在戰國晚期的歷史語言中已不用"䁢"字了,因此上博簡本用"或"與"惑"的差異祇在於要保留原來兩字的區分,但在字義上已失去了其確切的分別。閱讀戰國晚期版本的人們,从"或"與"惑"的字形無法理解二字區分的理由,於是將兩種寫法統一爲"惑"。這應該視爲因歷史語言變化而作的修改。

2. 郭店簡本作"倀裳",禮記經本作"長勞"。

《緇衣》第六、九章把君稱爲"長民者",第十二章作"長者",在這些詞彙上郭店簡本都用"倀"字,因此郭店簡本的"倀"應是"長"的異體字。不過全篇並没有把君稱爲"君長",所以也有可能在這裏"倀"字是用來形容動詞"勞"的副詞,而不一定是"長"的異文,因此可直接以"倀"之文義來理解。古代文獻中"倀"的文義恰好適合該章主旨,如《禮記・仲尼燕居》:"治國而無禮,譬猶瞽之無相與,倀倀乎其何之。"《荀子・修身》:"人無法則倀倀然。"楊倞注:"倀倀,無所適貌,言不知所措履。"如果統治者不知其民之心,則民確實將無所適從,自然就祇是白努力了!

關於《禮記》經本的"下難知,則君長勞",孔穎達疏:"若在下之人心懷欺詐,難知其心,則在上君長治之苦勞。"不過若郭店簡本的"倀"字不通假爲"長",則該文句的意思應是:"民心難知,君則無所適從而徒勞。"①

上博簡作"長"也許是"倀"字的省文,由此便在漢代文本中都是寫"長"。

3. 郭店簡本作"章好以見民忩",禮記經本作"章好以示民俗"。

上博簡本此處殘缺,僅保留了"谷"字。

郭店簡本此處"見"是"視"的本字,與第二章的"以見(視)民厚"相同,用以表達"看待"、"養視"等涵義。而且在這裏"視"字相對於"泶"(渫),更加證明了在此被用來表達"養視"之意。經本與第二章同樣將"視"訛爲"示"。

郭店的"忩",慾也,指臣民的"慾望",且其意義是正面的,在這裏正面的"民慾"正相對於負面的"民淫"。上博的"谷"乃"欲"或"慾"的簡體字。然而由於"谷"也是

---

① 關於从"衣"的"裳"字,則在甲骨、金文都有,爲"褮"字的本字,不過金文也有"裳"假借作"勞"的例子,如春秋中晚期的齊侯鎛銘文曰:"鮑叔又成裳(勞)于齊邦。"(《集成》271);在春秋晚期(齊靈公)叔尸鐘銘文上也出現此種假借例字(《集成》273)。依此可以無疑地肯定,在這裏簡本的"裳"與經本的"勞"是同一字。

“俗”的本字,是以經本訛爲“俗”。

兩個簡本所言“故君民者,章好以視民慾”之意是:“所以君民者,必須章揚其所愛,以修養臣民的慾望。”經本的意思没有簡本那麼明確。

4. 郭店簡本作“慬亞以洜民淫”,上博簡本作“懃惡以慮民淫”,禮記經本作“慎惡以御民之淫”。

學界目前將郭店簡的“慬”與上博簡的“懃”都釋爲“謹”,基本上没有疑議,因而正可與經本的“慎”字連結;上博簡的“慮”視爲“御”的假借字。雖然此種解釋有其基本之道理,但筆者還是想從簡本的字體來重新探究其確切意義。

(1)釋郭店簡本的“慬亞以洜民淫”之句

郭店簡本所用的“慬”字本身有“勇敢”之義,此即《列子·説符》所言:“吾不侵犯之,而乃辱我以腐鼠,此而不報,無以立慬於天下。”張湛注:“慬,勇。”

關於郭店簡的“洜”字,學術界均贊同裘錫圭先生將其釋讀爲“渫”。儘管裘先生後來自己對此説法提出懷疑,但筆者仍以爲,“洜”無疑就是“渫”,二字的結構完全相同,上面的“止”與“世”聲符經常被混用。根據《説文》:“渫,除去也。”“渫”即掃除的意思。因此在郭店簡本上“慬亞以洜民淫”可譯爲:“勇敢地反對和嚴防可憎之現象,以掃除民衆之淫蕩。”

(2)釋上博簡本的“懃惡以慮民淫”之句

上博簡本的“懃”字是《説文》所無的,可是由於“攵”偏旁通常與“又”和“手”混用,因此“懃”與“擹”應是同一字,在包山楚簡第2.133簡上,“擹”就是寫成“懃”的。對於“擹”字,《説文》曰:“擹,拭也。”由此可見,“懃”與“章”是反義字,“章”是指宣揚、呼籲,而“懃”是指揩擦、擦淨、掃除。

關於上博簡的“慮”,廖名春與裘錫圭均曾提出,由於“慮”从“魚”,而“御”係魚部字,故讀爲“御”,[①]此意見學界多贊同。另外,陳偉與虞萬里補充其假借的綫索,是由於“‘慮’戰國文字多用作‘吾’,此不争之事實。銘文及經傳‘吾’多假作‘御’”,如毛公鼎銘文即爲例證。[②]

據筆者的考證,“慮”字從甲骨文已可見(𩵋),如在《合集》18356-18358中即有,然而卜辭殘缺,因此其義不可知。但從金文可見,“慮”確實用作“吾”,如春秋中晚期

① 廖名春《新出楚簡試論》,臺北:臺灣古籍出版社,2001年,277頁;裘錫圭:《談談上博簡和郭店簡中的錯别字》,《新出楚簡與儒學思想國際學術研討會論文集》,清華大學思想文化研究所、臺灣輔仁大學,2002年,26—32頁。

② 陳偉《郭店竹書别釋》,35頁;虞萬里《上海簡、郭店簡〈緇衣〉與傳本合校補證(上)》,9頁。

齊侯鎛銘文記載“僳(保)𥁍(𪊨=吾)子姓”(《集成》271)。春秋晚期沇兒鎛加了“攴”字偏旁作“𢾊”(𢿡)亦作“吾”:“𢿡(吾)以匽(宴)以喜以樂嘉賓”(《集成》203)。因此雖然《玉篇・魚部》:“𢿡,語居切,捕魚也。”《𩰫部》:“瀫,語居切,捕魚也,與漁、𢿡同。”[①]但這應是在表達更後期的字彙通假情形,先秦時,“𪊨”、“𢿡”都是“吾”的繁體字。另外尚可見他種“吾”从“虍”的寫法,包括上海博物館楚簡《孔子詩論》第六簡在“吾敬之”之句上寫从虍、壬之“虘”[②]。同時在傳世文獻中亦可見“吾”與“魚”之混用,如《史記・河渠書》“吾山平兮鉅野溢”,裴駰《集解》引晉徐廣曰“東阿有魚山”,吾山和魚山正是同一座山(在今山東東阿縣)[③]。換言之,“𪊨”作爲第一人稱代詞的“吾”乃毋庸置疑。筆者甚至推論,甲骨文没有發現“吾”字,或許正是因爲“𪊨”就是“吾”的古字。

至於“吾”多假作“御”的説法,則從出土文獻所表現之二字發展的脈絡來看,此説法難以肯定。首先,在簡本《緇衣》第十一章另有“御”字,而上博簡與郭店簡的寫法相同,皆爲楚文通用“御”字的寫法“𢓊”,此已讓我們懷疑,在這裏的“𪊨”不宜認定爲“御”。

筆者從銘文中得到另一種綫索,西周晚期宣王時代的兮甲盤記載:“王初各(格)伐厰(玁)䜌(狁)于䍐𪊨。”(《集成》10174)王起初出擊征伐玁狁在䍐𪊨。玁狁係周時代的北方遊牧民族之一,䍐𪊨係地名,據學者考證應是指彭衙(今陝西西白水縣東北,古代爲秦地)[④]。由此可見,在這裏“𪊨”爲“衙”字,不過“衙”亦从“吾”,因此“𪊨”與“吾”之等同仍被保留不變。

關於將“吾”視爲“御”的假借字,虞萬里先生認爲,西周宣王時代之毛公鼎的“吾”就是“御”的假借字,銘文曰“以乃族干吾王身”(《集成》2841);因“干吾”可釋爲“扞禦”,所以此可視爲“吾”等於“御”的假借例子,然而筆者贊同古文字學家較保守的態度,將此處的“吾”釋爲“敔”[⑤]。東漢劉熙在《釋名・釋樂器》曰:“敔狀如伏虎。敔,衙也。衙,止也。所以止樂也。”《尚書・益稷謨》亦言“合止柷敔”,鄭玄注爲“敔,

---

① 〔梁〕顧野王《大廣益會玉篇》卷二十四,北京:中華書局,1987年,40—41頁。

② 馬承源主編《上海博物館藏戰國楚竹書(一)》。亦有从吾的寫法爲“𪊨”或“虐”、“唐”等簡化字。

③ 臧勵龢等編《中國古今地名大辭典》,臺北:臺灣商務印書館,1993年,870頁。

④ 此考證較可靠,因此學界都從之,參見于省吾主編、姚孝遂按語編撰《甲骨文字詁林》,北京:中華書局,1996年,1756—1757頁;周法高主編《金文詁林》,香港:香港中文大學出版社,1974—1975年,184頁;馬承源主編《商周青銅器銘文選》,北京:文物出版社,1986年,第3册,306頁。

⑤ 如馬承源主編《商周青銅器銘文選》,317頁。

狀如伏虎,背有刻,鉏鋙,以物擽之,所以止樂”,亦注爲“敔,木虎也”。“敔”是種敲擊樂器,劉熙爲此樂器的解釋提供了綫索,首先“敔”從形狀就是从“虍”,《三禮圖》敔之圖案圖如①,今狀爲:,據文獻可知,从虍乃是原始的形狀。雖然考古未曾發現夏商時代的敔,但基本上可以推論,“⿱虍魚”字或許爲从虍魚聲的會意字,而此字的原義即是指“敔”這種敲擊樂器,其作爲第一人稱代詞乃是假借後的用意。此外,“敔”之義就是“衙”(止也),所以“衙”、“敔”、“吾”都可繁寫爲“⿱虍魚”或“⿰⿱虍魚攴”。⿱虍魚、⿰⿱虍魚攴與敔、吾、衙本來是同一字,从“虍”和从“吾”的寫法間應有古今字的關係。

由傳世文獻亦可知,不僅在西周金文,在先秦古籍上“吾”字亦有抵禦的用意,如《墨子·公孟》:“厚攻則厚吾,薄攻則薄吾。”孫詒讓《閒詁》:“吾,當爲圄之省。”古代⿱虍魚、吾、衙、敔、圄都是同一字。《説文·囗部》:“圄,守之也。”文獻中用以表達抵禦、遏止、攔阻以及囚禁之義,如《左傳·宣公四年》:“乃以若敖氏之族,圄伯嬴於轑陽而殺之。”杜預注:“圄,囚也。”

質言之,上博簡本的“⿱虍魚”實係敔、圄、衙、衙的古字,亦可簡化爲“吾”。此字的涵義在表達此句主旨上非常恰當。

兩種簡本的“慬”和“擭”、“渫”和“圄”之意義不同,因此在上博簡本上“擭惡以圄民淫”此句確切的意思與郭店本亦不同,可譯爲:“嚴防並掃除所值得憎惡的現象,以遏止臣民的淫蕩”。

不過,雖然文句不同,所表達意義還是相同的。

(3)釋禮記經本的“慎惡以御民之淫”之句

雖然簡本二字可以視爲“謹”的假借字,卻不宜釋爲“謹慎”的意思。先秦兩漢文獻中“慎”一般有正面的意思,用以表達慎重的態度,與本文文義不合。在這裏的“慎”衹能釋爲“嚴防”的意思,如《詩·大雅·民勞》:“無縱詭隨,以謹無良。”《荀子·王制》:“易道路,謹盜賊。”楊倞注:“謹,嚴禁也。”②

不過以筆者淺見,雖然經本用“慎”字,應也是在表達嚴防之義,但因“謹慎”還是含有尊敬的意味,故儘管筆者能夠接受郭店的“慬”與上博的“懃”讀爲“謹”,但卻認爲若把“慬”與“懃”字的本義也一起考慮進去,對文本涵義的探討將會更到位。

---

① 〔宋〕聶崇義《三禮圖集注》卷五,《景印文淵閣四庫全書》本,129 册,25 頁。

② 此外在《晏子春秋·内雜上二六》“恐慎而不能言”之句中“慎”字用來表達恐懼之義。但這更加不是《緇衣》所想表達的涵義。其實,清末張純一《晏子春秋校註》提出:“黄云‘慎’當作‘懼’。李本作‘思’,古‘懼’字,今據改。”所以在《晏子春秋》中“慎”可能祇是“懼”的訛字。參見王更生校注《新編晏子春秋》,臺北:臺灣古籍出版社,2001 年,478 頁。銀雀山漢墓出土的《晏子春秋》簡本上無此篇。

經本用“御”字,是因爲其基於類似上博簡本等戰國晚期的版本,且因歷史語言的變化而作了合乎當時語文的修訂。不過從“御”和“𠪚”字的關係來説,原來的“𠪚”字,非“御”,而是“吾”(衙、敔)的古字,因此“𠪚”恐怕亦不能視爲“御”的假借字。相反地,因“御”與“𠪚”音同,故在語文之發展過程中,“御”便成爲“𠪚”(吾、衙、敔、圄)的假借字,因此在《緇衣》的經本上,“𠪚”就被换成了“御”。筆者認爲,這是因歷史語言變化的修訂而形成的同義字,但若從溯源之角度而言,“𠪚”和“御”字二者雖音同,但各有自己的發展脈絡,在甲骨、金文中也尚未見此二者的通用情況。

甲骨文“御”和“禦”的本字乃“[illegible]”(卸),从“午”得聲,共出現了上千次,其中少數寫爲从“示”的[illegible](御)。在金文中“御”和“禦”共有[illegible](御)①,[illegible](鉬)②,[illegible]、[illegible]、[illegible](御)③,[illegible]、[illegible]、[illegible](御)④等寫法,亦从“午”得聲,均是常用的字彙,在銘文上共出現了近百次,其有以下幾種用意:

第一,“卸”都被用來當作動詞,在上千條卜辭上“卸”字往往用來描述祭祀之事,這些卜辭均有類似這樣的結構:“卸某祭祀對象。”⑤《説文》:“禦,祀也,从示,御聲。”不過以甲骨文來説,原本不从“示”的字體其本意就已爲“祀”,故應視爲从“[illegible]”(卩),“[illegible]”(午)聲形聲字,“[illegible]”係人跪之形,因此自然爲“卸”之義符。在金文中,“祀”義亦爲“御”最常見的涵義,其中从“示”的御(禦)字形幾乎都爲祭名,如西周早期禦父辛觶、西周早期我方鼎“御鼎”(祭用之鼎),西周中期剌鼎“王禘,用牡于大室,禘昭王,剌御,王賜剌貝三十朋”,作册益卣“大禦于厥祖”,西周晚期虢叔旅鐘“御于天子”(《集成》238—244),叔䟒父簋“叔䟒父御于君”,㝬簋“朕多禦”,春秋魯正叔盤“御盤”(《集成》10124)(祭用之盤),春秋晚期吴王夫差鑑“御鑑”(《集成》10294)(祭用之鑑),等等。

由此已可知,“𠪚”和“卸”之字形來源無關,前者是从“虍”,“魚”聲,其象形意義來源可能源自“敔”木虎之樂器形狀;後者是从“卩”,“午”聲,與人跪祭神之形象有關。從本意來説,“𠪚”和“卸”本來亦無關連。

將“御”視爲从人跪之形、从午得聲的形聲字,以及將“祀”視爲“御”之本意乃最

---

① 如西周早期山御作父乙器,《集成》10568;西周早期麥盉,《集成》9415;西周中期洎御事罍,《集成》9824;西周早期御正衛簋,《集成》4044;西周早期御史兢簋,《集成》4134;西周中期剌鼎,《集成》2776 等等。

② 西周晚期叔䟒父簋蓋,《集成》4068—4070。

③ 如西周早期御簋,《集成》3468;春秋邾伯御戎鼎,《集成》2525;春秋洹子孟姜壺,《集成》9729。

④ 如西周早期我方鼎,《集成》2763;西周早期禦父辛觶,《集成》6472;西周中期作册益卣,《集成》5427;西周晚期厲王㝬簋,《集成》4317。

⑤ 姚孝遂主編《殷墟甲骨刻辭類纂》,北京:中華書局,1998 年,143—156 頁。

近學界的共同看法。關於"御"字所表達的祭祀之義,學界主流的看法是贊同裘錫圭先生的意見,認爲"御"是指除災之祭①。不過,許進雄先生早已更進一步探討了"御"的字源,推論"御"可能是會意兼形聲字。《説文》訓"午啎也"、"啎屰也"、"屰不順也",午有不順之意,而此祭爲祓除不詳之祭,故以"卩"象人跪坐以祈禱狀,而以午聲明所禱者乃有關不順之事。② 以筆者淺見,許進雄先生的見解極有價值,可從之。也就是説"御"之祭具有除災以求護之目標。

第二,夏含夷先生贊同許進雄先生的見解,且認爲"御"字"以此本義從鬼神世引申到人間世,祓除人間世之不詳當指鎮定和遏抑敵人之反抗,即舉行'掃蕩性'征伐"③。夏含夷先生並從此角度來解釋甲骨文中出現"御方"之卜辭。

"御方"即是卜辭中第二種"ㄗ"字之義,不過相對而言,在用"ㄗ"字的上千卜辭中,"御方"之用法衹出現在十幾條上。雖然學界原本均認爲,"御方"是指方國,然而進一步對其用法的考證讓學界都承認,在此處"ㄗ"依然爲動詞,表達出對方國的某動作,而此應與抵禦方國之事有關,可釋爲抵禦之義。筆者亦贊同此釋讀,然而不贊同夏含夷先生認爲這是"從鬼神世引申到人間世"。甲骨文中有非常多"伐某方國"或"征某方國"之卜辭,而"御方"之卜辭應與其不同,依然離不開其祭祀之義,接近於祈禱對本國的保護,既可指對於别族的"狄鬼"除災去邪之祭,亦能包含對方國戰死者的鬼氣祓除。

從金文來説,在目前所見的近百用"御"字的銘文上亦有一條接近其義,即西周中期㦰方鼎"王用肈使乃子㦰率虎臣御淮戎"(《集成》2824)。傳世文獻中《國語·周語中》亦言:"國有郊牧,疆有寓望,藪有圃草,囿有林池,所以禦災也。"韋昭注:"禦,備也"。也就是説,"御"義之重點並不在指出"掃蕩",而在"禦災"而保護之範圍内。

西周晚期五祀㝬鐘"保大命……御大福"(《集成》538)明顯揭示了"御"與"保"之相關性,"御"在各處之用法帶有祈禱祭福之意味。姚孝遂與肖丁先生將甲骨文"御"之義定爲"祈福禳災,求神祖之祐護"④,正可應證先秦時"御"字之所有用意均是從此本義所衍生而來的。如果我們將此銘文的意義與後期的"禦福"用意作比較,則《莊子·徐無鬼》:"今夫子聞之而泣,是禦福也。"陸德明《釋文》:"禦,距也,逆也。"此處用來表達拒絶福佑的意思,反與原來銘文上的意義相反。此現象頗爲有趣,前後時代

① 裘錫圭《讀安陽新出土的牛胛骨及其刻辭》,《考古》1972年第5期,43—45頁。
② 許進雄《釋御》,《中國文字》,臺北:藝文印書館,1963年,3頁。
③ 夏含夷《釋"御方"》,《古文字研究》第9輯,北京:中華書局,1984年,97—101頁。
④ 姚孝遂、肖丁《小屯南地甲骨考釋》,北京:中華書局,1985年,35頁。

的用意根本無法連接。《莊子・徐無鬼》時代不明,其文本的流傳難以表達先秦的用字情況,故從此文例中衹能看出,在漢代以後的語文中,"御"義複雜,導致其本義變得模糊不清。若將此處"禦"改成"敔",則"敔福"(止福)之義將比"禦福"更加清楚,或許,此處與《緇衣》相同,亦顯示了後期的語文將"敔"假借爲"御"的情況。

據上述的文例可見,先秦時"御"與"禦"、"圉"之涵義實際上差距很大:"禦"、"圉"純粹而肯定地表達負面、否定、排拒、遏止等意思;而"御"基本上是正面的涵義,主要是表達除災而保護之意思,故把古代"御"視爲排拒之義並不恰當。

第三,銘文上"御"不僅不適合視爲排拒之義,甚至有與之相反的"迎接"之義,如春秋晚期簷大史甲鼎記載"御賓客"(《集成》2732)。傳世文獻亦保留了此種用意,如《逸周書・謚法》:"執禮御賓曰恭。"孔晁注:"御賓,迎待賓也。"[①]王貴民先生認爲,在甲骨卜辭上"御"實有"迎迓"之義,其中用於祭祀之例即紀録了迎神之祭。[②] 雖然筆者贊同前引之許進雄、姚孝遂、肖丁等學者對"御"字的定義,但從青銅器銘文與傳世文獻來看,王貴民先生的説法並非無理[③]。一方面,祭拜神祖必有迎神之意味,另一方面接待賓客亦帶有對賓客保護之意味。因此"御"字字義横跨、包含了"保護"與"迎接"這兩義。

第四,王貴民先生從"迎接"之義來解釋甲骨文中的"御史"一詞。因甲骨文"史"與"事"通,故"御史"均釋爲"御事"並無疑問,卜辭中"御事"用作動詞。因"御事"後有"王弗悔"、"王受有祐"等吉祥紀録,則可見"御事"應是在表達某除災之動作。王貴民先生將"御事"解釋爲"接事",即接受王事、迎接事務、管事、治事等含義,基本可通,且包含"護事"之義,治事亦是保障事務順利之義。

金文上亦有"御事"一詞,用來指治事之事務,如西周早期麥盉、西周中期大盂鼎(《集成》9415、9824、2837)等。其中,西周早期叔趯父卣記載:"叔趯父曰:'余老不克御事。'"(《集成》5428)春秋洹子孟姜壺亦云:"齊侯洹子孟姜喪其人民都邑,瑾宴無用從爾大樂,用鑄爾羞銅,用御天子之事。"(《集成》9729—9730)傳世文獻用意相同的如《尚書・顧命》:"乃同召太保奭、芮伯、彤伯、畢公、衛侯、毛公、師氏、虎臣、百尹、御

① 在明代版本中"御賓"或作"敔賓",然而清代盧文弨、潘振、陳逢衡、丁宗洛、朱右曾,皆主張作"御賓"。雖然黄懷信等選擇作"敔賓",但從春秋時期的金文來看,"御賓"纔是準確的古代用詞,參見《逸周書彙校集注》,第641頁。

② 王貴民《説印史》,《甲骨探史録》,北京:生活・讀書・新知三聯書店,1982年,303—323頁。

③ 此種釋讀與清代陳逢衡《周書補註》所言"御,當讀如'迓'"相同,説明從甲骨文、金文、周代傳世文獻都可以看出此種"御"的意味。參見《逸周書彙校集注》,641頁。

事。"孔傳:"諸御治事者。"《左傳·昭公十二年》:"跋涉山林以事天子,唯是桃弧棘矢,以共御王事。"《廣雅·釋詁》:"供,奉獻;御,進也。供御與奉獻同。"《國語·周語上》:"百官御事,各即其齋三日。"銘文上亦可見治事者的官名,如西周中期㳄御事罍等。[①]

第五,以上所述應是"御"字的原義,然而《説文》:"御,使馬也。从彳、从卸。馭,古文御,从又、从馬。"雖然許慎把"御"之義定爲使馬,但同時亦説明了古代是以"馭"字表達馭馬之義,然而在"御"義的範圍中,馭馬之義是從"馭"字假借過來的。早期"御"和"馭"並不混用,因此大盂鼎銘文上二字各自表達其義涵。但後來因爲音同,在意義上亦可連接,因此"御"字幾乎取代了"馭"字的使用。此現象最早可見於西周晚期頌鼎、頌簋、頌壺(《集成》2827—2829、4332—4339、9731—9732)、春秋吴王御士叔緐簠(《集成》4527)[②]以及西周晚期不嬰簋(《集成》4329)[③]等銘文上。

從上述"御"字的字源、本義、發展、先秦時的用意,都可見"御"字的正面涵義是與"敔"字基本上不同的。"御"之本意是祈禱保護之祭,而遏止、攔阻等纔是"敔"(衙、圄)字之原義。是故,毛公鼎所用的"扞吾"一詞不宜視爲"扞禦"假借的用法,"扞衙"纔是其本字。

不過,在後期語文的發展中,因爲"御"字的保護之義自然帶有袚除之義,則在"御"之信仰内涵減弱之後便發生了"御"與"敔"字的交錯。"御"與"敔"本來是同音字,意義確有交疊之處,因此漢代後,"御"基本取代了"敔"字的作用。换言之,秦漢以後的"御"(禦)實際上涵蓋了"御"、"馭"、"敔"三字之義。"御"即成爲"馭"和"敔"(衙、圄)之假借字,秦漢以後,衙、圄便罕見而不再爲人所用了。

上博簡本的"慮"係"敔"(衙、圄)之古字,"慮民淫"準確地表達了遏止民淫之意思,絲毫不帶有"御"字除災而保護的意味。然而因漢代時"敔"(衙、圄)已罕用,所以爲了讓文本合乎當時歷史語言的用字習慣,整理者便依當時的假借方法,將其改成"御"。當時"御"字因已涵蓋了"敔"義,故在此處亦不帶有其原來除災保護之意味。

---

① "御史"自殷商以來爲國君親近之職,既掌文書及記事,亦職使臣等任務。早期"御史"、"御使"、"御事"任務不區分,"御事"乃爲治事者官名。參見俞鹿年《中國官制大辭典》,哈爾濱:黑龍江人民出版社,1992年,282—283頁。

② 御士此官名在傳世文獻見於《左傳·襄公二十二年》:"子南之子棄疾爲王御士。"杜預注:"御王車者。"《左傳·僖公二十四年》:"以狄師攻王,王御士將禦之。"杜預注:"王有二十二御士。"楊伯峻注:"御士,蓋王侍御之士",認爲"御士"係近衛之士,具有護王之作用。參見楊伯峻《春秋左傳注》,北京:中華書局,1990年,426頁。由此可見,"御"能作"馭"之假借字依然與"御"的本意相關。

③ 此外在金文上"御"用爲人名,如西周早期御簋、山御作父乙器、御史兢簋、御正良爵、西周早期御正衛簋、春秋郳伯御戎鼎、戰國晚期御司馬戈(《集成》11059)、郾王職戈(《集成》11236)、郾王喜戈(《集成》11278)等等。

5. 郭店簡本作“非其止之,共唯王恙(功)”,上博簡有缺,祇存後句爲“隹王之功”,禮記經本作“匪其止共,惟王之卭”,毛詩經本作“匪其止共,惟王之邛”。

因爲本文的後段以及第一首引文都在學界已有較多探討[①],所以郭店簡本引《詩・小雅・巧言》的用字和文法都引起了學界的争論。

從個别的字體之差異來説,郭店簡本作“止”,而上博簡本殘缺。郭店簡本在第十五、十六章上“止”字皆作“止”,而“止”字被用如“之”,因此在這裏亦可直接釋爲“止”。不過同時,“止”應也可釋爲“歨”,而“歨”即是“蹔”或“澀”的本字,其義爲“阻斷”,所以與“止”義相同,可能原本是同一字。

郭店簡本的“恙”,劉信芳釋爲“恭”[②],廖名春釋爲“恐”[③],而上博簡本則提供了讀爲“功”的綫索。“恙”字的寫法接近“恭”字,然而郭店簡本第二章的“恭”字寫作“共”,故在此處應非“恭”。值得注意的是四個版本的字體皆从“工”,釋爲“恐”或“功”皆有根據,但兩種讀法的意義差異很大。從經本來看,禮記經本的“卭”字,鄭玄注:“卭,勞也。”關於毛詩經本的“邛”字,鄭玄箋云:“邛,病也。”“功”、“卭”、“邛”皆从“工”得聲,寫法也相近,但“卭”、“邛”之義與“功”義完全不同,與“恐”較近,因此若經本用來當作證據,廖名春的見解較可取。不過簡本與經本在意義上的不同不是僅僅因爲此字之差異所造成的,而是因爲整個文句的結構不同。因此筆者擬從詩句的結構來溯源。

郭店簡本與其他版本最關鍵的不同是把“之”字放在“共”字之前,在其他版本中,“之”在“王”之後。大部分學者都認爲這是郭店簡的筆誤,如廖名春先生認爲:“‘之’

---

① 關於簡本的“訂”字學者都同意該字應讀爲“詞”,而釋爲“頌辭”的意思,由此該章所言的“詞能”即是“誇能”。

關於第一首引文《詩・大雅・板》云:“上帝板板,下民卒癉,出話不然,爲猶不遠。”毛傳:“板板,反也。上帝,以稱王者也……王爲政反先王與天之道,天下之民盡病,其出言而不行之也。”郭店簡本的“𠦃”與禮記經本的“卒”字爲同一字。包山楚簡已發現過“𠦃”爲“卒”的異體字。在此引文上,簡本與經本皆相同。然而在《韓詩外傳》中“卒”作“瘁”,即勞累及病的意思,古代“卒”、“瘁”二字爲同一字。筆者贊同廖名春先生所言:“‘卒瘽’結構當與‘板板’同,‘板板’是複詞同義,‘卒瘽’也當是同義複詞。”参見廖名春《郭店楚簡〈緇衣〉篇引〈詩〉考》,63頁。《詩・小雅・北山》亦言:“或燕燕居息,或盡瘁事國。”鄭玄箋:“盡力勞病。”故在此處“卒”訓爲“瘁”的本字。

關於郭店簡本作“担”,禮記經本作“瘽”,毛詩經本作“癉”的字形差異。因古代文字中,旦、亶、單偏旁完全通用,所以担、瘽,都爲“癉”字的異文。

關於“頣”字,楚文中所見的“頣”是“夏”的異體字。“夏”與“雅”音同,均被釋爲語音假借。因此“少頣”即是“小雅”的異文。這些問題都爲學界所共認。

② 劉信芳《郭店簡〈緇衣〉解詁》,169頁。

③ 廖名春《郭店楚簡〈緇衣〉篇引〈詩〉考》,64頁。

字爲抄手誤'乙',當屬下句。"[①]黄人二先生亦認爲:"郭店簡本《緇衣》似乎有文字錯抄的現象,多一'之'字。"[②]但劉信芳先生的理解卻與此相反:"若變成'小人爲王作病'則與上文'子曰上人疑則百姓惑'失卻聯繫,是知《巧言》此二句,當依竹簡所引爲是。"夏含夷先生亦將經本的意義視爲無誤的古本之義。[③] 筆者贊同後兩位學者的觀點,認爲郭店簡本的斷句更適合表達出《緇衣》文本的原意。

爲了理解郭店簡本此句的文法,需要特别關注"唯"字的用法。

四個版本中有"唯"、"隹"、"惟"、"維"四個字,若放在文句之首,則爲虚詞,但若放在文句中間,則可讀爲"爲",其中"唯"在先秦文獻中用以表達因果關係,如《左傳·僖公二年》所言:"冀之既病,則亦唯君故。"筆者以爲,郭店簡本的"共唯王恭"的文句結構與《左傳》的"亦唯君故"相同,"唯"亦不是語氣詞,而有"因爲"的意思,全句意爲:國家之亂"都是因爲國君所造成的後果",或者可以説"都是國君的責任"。[④] 整句"非其止之,共唯王恭"之解讀如下:"没有將它(指'長亂'的趨向)阻止這件事情,都是由王所造成的後果。"[⑤]筆者以爲此種理解更加合乎《詩·小雅·巧言》的原意。簡本的意思是:"君子信盜,没有阻止讒佞的甜言蜜語,故國家長亂。這一没有阻止長亂的情形,都是因爲君王行爲而造成的後果。"《巧言》之旨亦指亂之初生,實與君的行爲有關,這與簡本文意正相合。

從此涵義來説,郭店簡本的"恭"應釋爲"功"較佳,在這一點上,筆者贊同夏含夷先生的見解。[⑥]

在上博簡本中,"唯"、"惟"、"誰"、"雖"通作"隹"。抄録者將"隹"均當作虚詞,放在文句之首。是故,爲了保留四言詩的結構,便將"之"字移至"王"字之後。若把"唯"視爲虚詞,"功"的意思將不通。於是,經典整理者再進一步作了修訂。不過經本的修訂可能不祇是基於對古本之誤解,應同時與漢代思想變化有關,在作該章思想之

---

① 廖名春《郭店楚簡〈緇衣〉篇引〈詩〉考》,64頁。

② 黄人二《上海博物館藏戰國楚竹書(一)研究》,122頁。

③ 劉信芳《郭店簡〈緇衣〉解詁》,169頁。E. Shaugnessy. *Rewriting Early Chinese Texts*. N. Y.: State University of New York Press, 2006, pp. 98-100. 衹不過兩位學者對"恭"字的理解不同,前者釋爲"恭",而後者釋爲"功"。

④ 郭店簡本在第三、五、十二章上,"隹"字用作"惟",虚詞;在第五章上用作"誰"義;在第二十一章上"唯"用作虚詞;在第二十二章上用作"雖"義。由此可見,郭店簡本數次用"隹"作虚詞,而在這裏的"唯"應不是虚詞,而表達因果關係。

⑤ 衹是夏含夷先生的譯文省略了"之"字:"They do not uphold this, It is the king's result."原本的意思應不是"没有阻止他們",而是"没有阻止他們所造成的亂此一情況"乃是王的責任。

⑥ E. Shaugnessy. *Rewriting Early Chinese Texts*, pp. 98—100.

詮釋時,筆者將討論此問題。

(三)思想詮釋

經過上述對文字之考釋,得出釋文如下(以郭店簡本爲原本):

> 子曰:"上人疑,則百姓賊;下難知,則君倀勞。"故君民者,章好以視民慾,慬惡以渫民淫,則民不賊;臣事君,言其所不能,不詞其所能,則君不勞。《大雅》云:"上帝板板,下民痒癉。"《小雅》云:"非其止之,共唯王功。"■

1. 子曰:"上人疑,則百姓賊;下難知,則君倀勞。"

根據虞萬里先生的考證,"故"之前的部分是孔子所言,"故"後乃《緇衣》作者基於孔子所言的補充解説與發揮。因此筆者的標點引號即如此。根據《緇衣》簡本,孔子所言之意是:"如果君讓人疑惑,則百姓將因無法辨清孅惡而迷惑;同樣的,如果百姓讓君難以知曉,則君將無所適從而徒勞。"也就是説,王侯治國徒勞無功是因爲難知百姓,然而君難知百姓的原因,是因爲君的行爲不明確、不一致,亦即他的"根本"不正(既隱亦屈),所以君自己的行爲不當使其無法成爲可靠的標準,這使百姓迷惑。換言之,儒師要説明:你的國家難治乃僅僅是因爲你本身的做法不對。

在該章中,儒師繼續教導讓政治透明化的方法,且進一步説道:若君子有"疑貳之心"、"其義有忒",則臣民觀君將無法清楚地見到其價值觀的標準,就會因此迷惑。同時,儒師亦從反面的角度來説:若君不知民心,其政法也會没有明確的方向,則君亦會因此而白白勞碌。

從這一文句的結構上來看,可發現上下文有互文關係。也就是説:若君對孅惡之態度不清楚而讓人疑惑,則民將會無所適從而迷惑不知是非價值的標準;同樣,若民情不明而讓君疑惑,則君亦將無所適從而徒勞。何以民情會讓君疑惑難知?此即是因君心曖昧不明,行爲不一致,模糊了標準而使人民迷惑所致。這一觀點確與《管子・任法》所言"百姓迷惑而國家不治"的意義相同。該章完整表達了君臣行爲互爲因果的關係,此即與前章所言的"一德"概念有相關性。不過同時該章也説明了,雖有相互因果關係,但所有的責任還是主要在君王的身上。若君的"義有忒",那麼就算其非常努力治國,到最後也祇是白辛苦一場,因爲這樣是必定治不了天下的!

2.《緇衣》作者的發揮

根據郭店簡本《緇衣》作者的發揮是:"**故君民者,章好以視民慾,慬惡以渫民淫,則民不賊;臣事君,言其所不能,不詞其所能,則君不勞。**"可作譯文如下:

因此，君民者必須章揚其所愛，以培養臣民有德性的慾望，同時必須嚴防所憎惡的現象，以清除民淫。如果君的治國方法如此，則民將不會迷惑，而君臣之間也能互相信任。若能互相信任，那麼臣民在侍奉君王時，就能坦白說出自己所不能之事，而不必誇耀自己所能之事，那麼君王治民將不會勞累。

儒師用這些話來教導統治者：如果你認真給百姓指出正確的慾望方向，以嚴防、掃除淫亂，那麼百姓就不會迷惑；如果百姓不迷惑，則君知民心亦不難，治國就輕鬆了。也就是說，在此種君臣循環互補的關係上，所有的責任還是在君王的身上。《緇衣》作者要給君王強調的是：你不能說國家無法治理都是因爲是臣民姦心、讒佞所導致的，事實上，這都是你本身不勸善、不除惡的結果。

上博簡本"擢惡以圉民淫"之文句與郭店簡不同，可作譯文如下："是故，君民者，必須章揚其所愛，以培養臣民的慾望方向，同時必須掃除所值得憎惡的現象，遏止民衆之淫蕩，那麼民將不迷惑。"雖然說法有差異，但其意思完全相同。

該章的結構很明確，先描述國家難治的情況，之後說明國家良治的條件，而這些問題都以君民的互補關係來回應。所引詩頗爲準確地配合了該章的論題。

3. 第四章的引據

儒師以《大雅・板》來引證其觀點："上帝板板，王反先王之道；則天下亂而民衆勞累痛苦。"此引文所言之"上帝板板，王反先王之道"，正好是本文所說的"上人疑"的狀況。若"上帝板板"，民則迷惑，故天下亂而民盡病。這一條引文與本文的意義相同，因此被用來引證本文觀點。

接下來以《小雅・巧言》再繼續引證如下："非其止之，共唯王功。"王没有阻止讒佞的甜言蜜語，故國家長亂，這都是王所造成的。從本章的重點"在治國的情形中，君臣具有互爲因果的循環關係，衹不過關鍵的責任還是在君的身上"來看，《巧言》用作引據實是該章的完美總結。

4. 第四章的重點

儒師給統治者上的第四堂課的内容，延續前幾章對政權透明性的論述，進一步説明了如果統治者的態度不一致或被隱藏，則臣民將會迷惑而使國家難治。在此基礎上，儒師更進一步提出，君臣行爲的相互因果關係以及君王的"責任"概念。君臣的"相互"與君王的"責任"乃是第四章不可或缺的兩項主題。

5. 經本中的文義變化

經本在該章亦有意義上的調整。首先將"臣事君，言其所不能，不詞其所能"的部分改作："臣儀行，不重辭，不援其所不及，不煩其所不知"。此句的變化非常大，原來的意思已失落,已没有"不能"和"所能"的相對,衹是從單方面説臣民"所不及"和"所不知"的情形,此正表達了帝國的思維模式。

接下來,在引文中原本與經本的意思也不相同。關於禮記經本的"卬"字鄭玄注:"卬,勞也。言臣不止於恭敬其職,惟使王之勞,此臣使君勞之詩也。"關於毛詩經本的"邛"字,鄭玄箋云:"邛,病也。小人好爲讒佞,即不恭其職事,又爲王作病。"經過這些修改,《詩》的此句文義已没有説到君王的責任,這應該也不僅是字體的上誤解而已,還同時表達了帝國意識形態的需求。對漢代帝國思想而言,國家禍亂不可能是受天命的天子所造成的事情,根據帝國的意識形態,應該衹是僭僞之君,纔能造亂,因此《毛詩》和《禮記》經本皆失去了此種對王的嚴格批判。這一改變最關鍵的原因當然是因爲戰國晚期已産生了斷句上的不同,在新的斷句上"唯"衹能讀爲虚詞,因此文句便失去了君臣互爲因果的意義。

另外,從經本的修改亦可看出,漢代整理者在編輯經本時受到了限制,不能憑空改字,必須採取智巧的方法。如"功"、"邛"、"卬"不僅是从"工"得聲的同音字,其字形也頗爲接近,此外據《漢書·薛宣傳》可知,漢代"功"有一種與"邛"義相近的特殊意義:"況首爲惡,明手傷,功意俱惡,皆大不敬。"顔師古注引孟康曰:"手傷人爲功,使人行傷人者爲意。"或許因爲"功"的這一用意,經本纔能將"功"字改成音、形相近的"邛"字。不過,若把"功"字讀爲此種涵義,則該句本應理解爲:"這都是由王所造就的傷害",卻也可反過來讀爲"小人害王"的意義。由於經本是統治者本身的學説,其教導對象不是統治者,而是佞臣,所以"天子造成對國家的傷害"之言不符合其旨意,因此相反的釋讀就被確定下來了。我們明顯可見,此種修改與第一章將"𡠄"改作"賢"、第二章將"愛是,貞植"改成"愛好正臣"的意義都是一致的,都把焦點從君王本身的德行轉到直臣與佞臣的問題上來。

除了上述有意識的竄改之外,第四章另有因歷史語言變動所作的更改,如心裏疑惑的"惑"與因看不出正道標準而迷惑的"慝"被統一成一字,雖然這種修改衹是代表語言的自然發展,但古代文本還是因此而失去了一些字彙的確切用意。

結　語

經由上述各方面文本的比較,筆者主要産生兩種感想。一、出土的"楚墓簡本"其文本思路有内在邏輯,明顯貫通一致,由此論述脈絡來看,第二至四章的位置衹能放在第一與五章之間。從首章起,作者的思路清晰,漸次開展。前兩章先對君王指出基本的德政原則,即樸素純德、善惡之區分等。前兩章的文章結構很單純——君如何行爲,則有如何對臣民的效果。第三章則由單方面講求君王的責任,轉到討論君臣雙方的互相配合,從政權的透明性、彼此的信任以及追求"君臣同德"等重點深入討論君臣的關係。第三章的文章結構,因爲要討論君臣雙方的互動,就必須列出雙方條件——君如何;民能回應如何,則有何種君臣互補的效果。第四章接續第三章的討論,更進一步討論君臣互不可缺的關係。因此第四章的文章結構亦再多一層敘述——君如何則民如何,若民這樣則君又如何;是故,君應該如何纔有對民的善果,民要怎樣回應纔有對君的善果;每一章最後都加有引據。此種從君王治國基本原則直至君臣之間互動的一貫思路,是遞進而持續的,爲第五章所提出的"民以君爲心,君以民爲體"核心概念作了很好的鋪墊。

因此筆者無法同意有些學者認爲楚墓簡本結構淩亂的説法。簡本實際上自有其連貫的論述思路和目標,前後章辭,皆有連結。兩種簡本中,郭店出土的"楚墓簡本"完整揭示了先秦儒家政治思想的原貌及其所論的命題。

《禮記》内傳世的"天下經本"之結構實際上亦不散亂,且有很清楚的目標,但由於此目標牽涉到主題的更换,因此新作的結構必然缺乏上下文的通順連結與一貫性。《緇衣》的"郭店簡本"、"上博簡本"、"禮記經本",都是不同時代的版本,但從郭店簡本與上博簡本的比較來説,兩者的差異性不大,基本上是在屢次抄録的過程中所積累的筆誤、字形簡化以及細微的修訂。但兩種簡本與經本之比較,其間的變化卻是多面向的。這是因爲簡本與經本中間除了時代上的差異之外,還有立場的差異。先秦《緇衣》、《詩》都不是國家的經本,所以先秦儒家並非從統治者的立場闡發其政治理念,但到了漢代,儒家學説就變味了,開始從皇帝的立場闡發經典思想,因此修改文本主旨便有其必要性。换言之,《禮記》内的"天下經本"揭示出漢代儒家的正統化及其修正思想的範圍。

從具體文本的校讐中可以看出:首章(經本的第二章)"好媺"的倫常觀點被改爲"好賢";第二章在引用《詩》時,從呼籲統治者愛好真理與固正根本的意思轉到"愛好正直的人",即愛好賢臣,從第二章的本文亦能看出"彰賞賢臣、刑病奸佞"的意味。第三章把"類"概念改成"述"概念,表達出臣民衹能遵循王侯的意思,抹去了先秦文本中那種君臣互補相應、君民同德的理想色彩,所以其對政權透明性的論述亦變弱了。或許因爲在帝國正統思想中,天子合不合乎倫理的問題是不被討論的,凡人無資格評論天子,所以文章的重點便轉到賢臣與奸佞的問題上了。第四章在引文上的變動,同樣讓我們發現,經本中具有源自法家的"王不被論"的觀點。由此發現,便能看出漢代儒法合一的趨勢。漢代儒法合一的趨勢在學界早已被論及,先秦與漢代《緇衣》的比較在這方面正讓我們能具體觀察到此現象的某些側面。

作者簡介:

郭静云,1965年出生於莫斯科。俄羅斯國家科學院東方學研究所博士。現任中山大學歷史系教授。代表作有《春秋戰國歷史過程中"人"概念的變化》(博士論文),近幾年發表論文有《甲骨文中"神"字的雛型及其用義》(《古文字研究》第26輯,2006年)、《由禮器紋飾、神話記載及文字論夏商雙嘴龍神信仰》(臺灣《漢學研究》2007第2期)、《論中西古代個人像藝術及其觀念》(《考古學報》2007第3期)、《先秦易學的"神明"概念與荀子的"神明"觀》(《周易研究》2008年2期)等。

天子好逑
——漢代儒教的皇后論[①]

[日]保科季子著　石立善譯

内容提要　本文擬通過與經學議論相聯結的儒教式皇后觀之變遷的視點，對迄今僅以"外戚政權"之因素來把握的漢代皇后，進行全面考察。本文認爲：與皇帝相對偶的皇后，其權威被明確地定位於皇帝支配體制的構架中，則始於西漢武帝時代以後。在西漢末期，《儀禮》"夫妻一體"的思想亦被援用於皇帝與皇后。至東漢初期，皇后因獨佔"后"號而獲得了可與《禮記》所描述的"天子之后"相媲美的地位。作爲皇帝嫡妻的皇后權威之確立，從另一方面觀之，此亦皇帝權威本身發生變質而重塑形象的過程。衹是，以《儀禮》中所見普通夫婦的一體性亦套用於皇帝與皇后之間，並試圖令"至尊無敵"的天子與其一體之妻的皇后並存，這樣的儒教式皇后論原本就充滿了矛盾。鄭玄在《關雎》解釋中，使"后"成爲天子之對偶而調和天下之陰陽，"后"已超越天子一人之妻而位於更高的次元。雖然鄭玄的《關雎》解釋亦可謂牽強，而此亦試圖超越皇后注定要背負的矛盾而做出的努力之一。

關鍵詞　漢代儒教　皇后　《詩經·關雎》　《五經異義》　《駁五經異義》　鄭玄

緒　言

關關雎鳩，在河之洲。
窈窕淑女，君子好逑。

位於《詩》三百篇之首的《周南·關雎》，《大序》稱其爲"后妃之德"[②]，歷來亦被視

① 本文原載日本《東洋史研究》第61卷第2號，京都：東洋史研究會，2002年9月，171—200頁。翻譯之際，所使用的是著者的修訂稿。又，本翻譯得到了日本文部科學省"21世紀COE研究計劃"的資助。

② 本文依從《孔疏》，將《關雎》之《序》的整體作爲《大序》來處理。《毛詩大序》云："《關雎》，后妃之德也，風之始也，所以風天下而正夫婦也。"又，關於《關雎》的解釋，筆者參考了岡村繁《毛詩正義譯注》第1册（福岡：中國書店，1986年10月）、高田真治《詩經》上（《漢詩大系》一，東京：集英社，1966年2月）、村山吉廣《關雎篇の詩旨——解釋學史の見地から——》（《詩經研究》第11號，東京：早稻田大學詩經學會，1986年12月）、黄焯《毛詩鄭箋平議》及《詩疏平議》（上海：上海古籍出版社，1985年6月、11月）等。

爲歌頌文王與太姒的作品。關於《詩序》,議論頗多①,如《史記》卷四十九《外戚世家》所述:

故《易》基《乾》、《坤》,《詩》始《關雎》,《書》美"釐降",《春秋》譏"不親迎"。夫婦之際,人道之大倫也。禮之用,唯婚姻爲兢兢。夫樂調而四時和,陰陽之變,萬物之統也。可不慎與?人能弘道,無如命何。甚哉,妃匹之愛,君不能得之於臣,父不能得之於子,況卑下乎!

將《關雎》作爲后妃之歌的解釋,在西漢中期就已固定。西漢以來,内容涉及以皇后爲首的後宫妃嬪的奏文中經常引用《關雎》,亦緣於此。②

盛行於漢代的魯、齊、韓今文三家詩雖已亡佚,然《毛傳》在現存的經書注釋中亦屬於最古之一,其書與東漢末鄭玄的《毛詩鄭箋》(以下簡稱《鄭箋》)同將漢代的《詩》解傳至今日。然而,就此兩種《關雎》的漢代注釋而言,儘管《鄭箋》理應是引申闡述《毛傳》的,但兩者的解釋頗有差異,此事已由清儒反復指出。③ 尤其是圍繞《關雎》"窈窕淑女,君子好逑"二句的解釋,存在着以下兩處大的齟齬:

其一,《毛傳》將詩中"淑女"解爲后妃自身,而《鄭箋》則將后妃與"淑女"視爲二人。

其二,《毛傳》將"好逑"釋爲"好匹(好伴侶)",而《鄭箋》則將"逑"解作"仇",釋作"爲君子和好衆妾之怨者"。

作爲此二句解釋的結論:《毛傳》簡單明快,解爲"后妃即淑女是君子的好伴侣",而《鄭箋》中卻做了複雜的解釋,解爲"后妃爲其夫即君子舉薦淑女,此淑女亦感化了其他抱有幽怨的衆妾,此皆由后妃之德"。鄭玄違背《毛傳》,特意採用這種牽強之解

---

① 關於《詩序》的議論,以皮錫瑞《經學通論・詩》爲詳。此外,近年的相關研究有白川靜《詩經研究通論篇》之《序説》(京都:朋友書店,1981年10月)、藪敏裕《〈毛序〉成立考——古文學との比較を中心として——》(《日本中國學會報》第40集,東京:日本中國學會,1988年10月)。

② 關於西漢末的"后妃論"與《詩經》的關係,參照薄井俊二《前漢成帝期の后妃論をめぐって——前漢末期における儒家的后妃像・後宮像の提案——》(《中國哲學論集》第24號,福岡:九州大學中國哲學研究會,1998年10月)、山崎純一《女訓書としての漢代の〈詩經〉——〈毛詩〉と〈古列女傳〉女訓詩の基礎的檢討——》(《村山吉廣教授古稀記念中國古典學論集》所收,東京:汲古書院,2000年3月)。

③ 例如陳澧《東塾讀書記》卷六謂:"鄭與毛大不同者,《關雎》《傳》云:'言后妃有關雎之德,是幽閒貞專之善女,宜爲君子之好匹。'《箋》云:'怨耦曰仇,言后妃之德和諧,則幽閒處深宫貞專之善女,能爲君子和好衆妾之怨者。'此毛以爲后妃是淑女,'是'字甚明。《孔疏》乃謂毛以爲后妃思得淑女,強毛從鄭。然《毛傳》'是'字,豈可強解乎!"又,《鄭箋》的解釋其實多依據三家詩,此説參照大川節尚《三家詩より見たる鄭玄の詩經學》(東京:關書院,1937年7月)、藪敏裕《三家詩と〈毛詩〉——〈關雎編〉を中心として——》(《斯文》第97號,東京:斯文會,1989年4月)、文幸福《詩經毛傳鄭箋辨異》(臺北:文史哲出版社,1989年10月)。

釋的理由背後,東漢時代的皇后論是否帶給了其某種影響呢?

關於漢代皇后的研究,其數量少得出人意料,而且大多數將研究重心置於皇太后與外戚上。其中,尤以谷口やすよ與渡邊義浩的研究頗有系统。據二者的研究,他們均認爲在漢代,皇后與皇帝同奉宗廟,作爲天下之母而君臨宇内,而皇后權則淵源於皇帝“嫡妻”之地位,亦常稱之爲“嫡妻權”。[①]正如在東漢時代册立皇后之際,朝廷頒發的詔書所云“皇后之尊,與帝齊體”[②],皇后被視作與皇帝齊體。此外,關於皇后的出身、選定的方法,藤川正數做有研究。[③] 關於後宫的后妃制度,則有鐮田重雄等人的研究。[④] 這些研究均以作爲天子“嫡妻”的皇后爲自明之前提。然而,《史記》不僅未記載統一以後的秦朝“皇后”,甚至對其後宫制度亦無隻字言及。有關“皇后”這一稱號始於秦朝之記述,實際上僅見於《漢書》卷九十七上《外戚傳上》:

> 漢興,因秦之稱號,帝母稱“皇太后”,祖母稱“太皇太后”,適稱“皇后”,妾皆稱“夫人”。

秦始皇究竟是否有過皇后,時至今日,已無法檢證。而自秦始皇制定“皇帝”號之初,是否同時設立了作爲皇帝一體之妻的“皇后”號? 皇后究竟是從何時起獲得作爲皇帝嫡妻的獨自權威的呢? 筆者認爲,既然我們不能從統一後的秦朝史料中發現“皇后”、“皇太后”的詞語,這些就是應該重新探討的問題。

迄今爲止,衹有谷口やすよ略微觸及了這個問題。谷口根據《儀禮》、《禮記》中所載夫婦一體的思想,因思想的成立早於書籍的成立,所以認爲在漢代初期視皇后與皇

---

① 谷口やすよ《漢代の皇后權》(《史學雜誌》第87卷第11號,東京:山川出版社,1978年11月)與《漢代の太后臨朝》(《歷史評論》第359號,東京:歷史科學協議會,1980年3月)、渡邊義浩《後漢國家の支配と儒教》第五章《外戚》(東京:雄山閣,1995年2月。原載《史峯》第5號,つくば:筑波大學東洋史談話會,1990年12月)均認爲皇太后在漢代的權力掌握是基於先帝皇后的“嫡妻權”。對此,岡安勇《漢魏時代の皇太后》認爲皇太后的權力基於皇帝之母這一身份(《法政史學》第35號,東京:法政大學史學會,1983年3月),富田健之《後漢前半期における皇帝支配と尚書體制》則認爲東漢的外戚政權僅依存於皇太后臨朝(《東洋學報》第81卷第4號,東京:東洋文庫,2000年3月)。歷來的研究,與其説是皇后研究,不如説均將重點置於皇太后與外戚上。關於東漢時代的外戚,參照東晉次《後漢時代の政治と社會》(名古屋:名古屋大學出版會,1995年11月)、下倉涉《漢代の母と子》(《東北大學東洋史論集》第8號,仙台:東北大學東洋史論集編集委員會,2001年1月)等。

② 〔西晉〕司馬彪《續漢書·禮儀志》劉昭《注補》引蔡質《立宋皇后儀》。

③ 參照藤川正數《漢代における禮學の研究》第九章《后妃選入の制度と問題點》、第十章《后妃の身上について》,東京:風間書房,1985年6月增訂版。

④ 關於漢代的後宫制度,參照鐮田重雄《秦漢政治制度の研究》第三篇第三章《漢代の後宫》(東京:日本學術振興會,1962年12月)、毛佩琦《中國后妃制度述論》(《中國人民大學學報》1990年第6期)。

帝爲一體的思想就已經成立了。[①] 但是,谷口所舉的吕后事例,不僅没有考慮到吕氏作爲劉邦的糟糠之妻的特殊地位與個性[②],而且將本非敘述天子之禮的《儀禮》原封不動地援用到皇帝夫妻身上,這是一個問題。再者,西漢的皇后是否已獲得可與《禮記》所云"天子之后"相比較的必要條件——與皇帝的對偶性,此點的探討亦不充分。

"天子之與后,猶日之與月,陰之與陽,相須而后成者也。"(《禮記·昏義》)正如天子與后被比作日月,在儒教的世界觀中,"后"作爲天子的對偶,象徵着世界的陰陽調和。在此意義上,皇后觀與皇帝觀具有表裏一體的關係。

本文的課題是:通過與經學議論相聯結的儒教式皇后觀之變遷的視點,對迄今僅以"外戚政權"之因素來把握的漢代皇后,進行全面考察。首先,在第一章對於"與帝齊體"的皇后觀念的形成過程進行追溯。出現在《禮記》中的儒教式"天子之后"的皇后觀,究竟確立於漢代的哪一個時段? 闡明這一點,是深入皇后與經學上的"天子之后"的問題之前不可或缺的手續。繼而在第二章,以《五經異義》等文獻中所載有關"天子親迎"之議論爲綫索,對經學上的"后"論與現實中漢王朝的皇后觀之關聯加以考察。通過這一議論,會令我們意識到作爲"天子之后"的皇后所處的複雜立場。

一、漢代的皇后

(一)皇后位的確立

"后"字本義爲"君",用作天子之妃的意思則始於《春秋》,顧炎武對此早有考證。[③] 而如筆者在《緒言》中所述,作爲秦朝皇帝之妻的皇后存在與否,我們無法從史料中進行求徵。在史料中,我們可以確認的第一位皇后乃漢高祖的吕皇后。但是,《史記》從未將高祖吕皇后與少帝吕皇后二人書作"皇后",衹記作"帝后"或"正后"而已。[④]

---

① 谷口やすよ《漢代の皇后權》,47頁。

② 關於吕后的特殊個性,則是與吕氏專權相關聯的,東晉次《後漢時代の政治と社會》(111頁)以及下倉涉《漢代の母と子》(注41)亦有指出。

③ 《日知録集釋》卷二十四"后"條:"《春秋》桓八年,祭公來,遂逆王后于紀。襄十五年,劉夏逆王后于齊。於是始稱后"。岡安勇《"皇太后"號成立以前の王母について》亦指出:"無論根據文獻史料還是金文史料,至西周後期,作爲對於王妃、王母的稱號,並未使用'王后'、'王太后'。"(《史觀》第112冊,東京:早稻田大學史學會,1985年3月)

④ 例如,"漢興,吕娥姁爲高祖正后,男爲太子"(《史記》卷四十九《外戚世家》)、"以吕禄女爲帝后"(《史記》卷九《吕太后本紀》)等。但後世史家不承認少帝吕皇后爲正統皇后,特别是由於《漢書》對少帝吕皇后置之不理,故將其作爲考察對象或許並不合適。

《史記》中所書“皇后”，則是以惠帝張皇后爲最初。張皇后卒於吕氏一族被誅之後，即文帝後元元年(前163)，死後與惠帝合葬於安陵。《史記》將張皇后一概稱作“孝惠皇后”，而此稱號亦可能是文帝時代追贈的謚號。因此，這一記載不能成爲張氏於惠帝在位中就已被稱作“皇后”的證據。文帝甫一即位就立竇氏爲皇后，而在竇皇后之前，西漢皇帝之妻是否被稱作“皇后”，今已無從考證。① 雖然“皇后”的確存在於文帝時代，但如《漢書》卷四十九《爰盎傳》所載：

> 上幸上林，皇后、慎夫人從。其在禁中，常同坐。及坐，郎署長布席，盎引卻慎夫人坐。慎夫人怒，不肯坐。上亦怒，起。盎因前説曰：“臣聞尊卑有序則上下和，今陛下既以立后，慎夫人乃妾，妾主豈可以同坐哉！且陛下幸之，則厚賜之。陛下所以爲慎夫人，適所以禍之也。獨不見‘人豕’乎？”於是上乃説，入語慎夫人。慎夫人賜盎金五十斤。

當爰盎“引卻”慎夫人的座位時，慎夫人怒，文帝亦怒。筆者認爲：這一事件表明，在漢初的宫中席次方面，皇后與其他嬪妃之間尚未産生儼然的等級之差。

《史記》對皇后的記述不甚熱心，其《本紀》中有關册立皇后的記載僅有兩處，即文帝竇皇后與景帝王皇后。與此形成對照的是，《漢書・本紀》除了景帝薄皇后與武帝陳皇后以外，記載了所有的立后事蹟。總之，《漢書》儘管補充了高祖吕皇后與惠帝張皇后的立后，卻未增補景帝薄皇后與武帝陳皇后的立后記載。而且《漢書》衹記載了薄、陳二后的廢后，這種記述方式的確很不自然。而我們卻無法想象班固在記述上犯了兩次同樣性的錯誤，因此筆者不得不認爲：此二后的立后日期，在班固編撰《漢書》之時就已不爲人所知。

薄皇后與陳皇后均做過皇太子妃，即自皇太子時代的正妻被册立爲皇后。與此相反，就《史記・本紀》所載的兩例立后即文帝竇皇后與景帝王皇后的事例而言，二人立后之時均不存在正妻，而是由妾立爲皇后。筆者認爲：從以上事例觀之，自漢初至武帝

---

① 因爲兩位少帝在表面上均爲張皇后所生，所以惠帝駕崩之後，張氏應稱皇太后，吕氏應稱太皇太后，但是我們在史料上卻看不到這樣的跡象。筆者認爲，漢朝的皇后、皇太后、太皇太后這一整然有序的稱號系統，並非是承自秦朝。衹是由於文帝以前的相關文獻史料有限，俟考。作爲考古文物，1968 年冬在陝西省咸陽市韓家灣狼家溝發現了彫有“皇后之璽”字樣的玉印，秦波《西漢皇后玉璽和甘露二年方銅爐的發現》(《文物》1973 年第 5 期)認爲此玉印是“吕后陵旁便殿内的供祭之物”，楊鴻年《我對吕后玉璽的一點看法》(《考古與文物》1981 年第 6 期)則認爲是“吕后棺内的殉葬東西”，即吕后生前日常生活中實際佩帶過的玉璽。但是，王人聰《論咸陽出土“皇后之璽”的年代》則認爲：“没有任何考古學上的證據可以説明它和吕后‘必有一定的關係’”，而從西漢璽印印文的書法風格的演變過程推斷，“玉璽的年代，其上限不會早於西漢文、景時期，下限當在武帝前後”(《香港中文大學中國文化研究所學報》第 15 期，香港：香港中文大學中國文化研究所，1984 年，242 頁)。

前期爲止,皇太子繼承大統的同時,其妻太子妃可隨之升爲皇后,而且似乎不需要隆重的立后儀式。即便當時就已存在皇太子妃升級爲皇后的儀式,漢代人亦不認爲這種儀式是應當特别加以記載的國家大事,此點是筆者想强調的。[①] 總之,這意味着在漢初,人們尚未充分地認識到"皇后"的獨自權威。

因爲在漢武帝後期改革了後宮制度[②],很可能以此時爲界而皇后地位亦發生了大的變化。昭帝以後,皇后的立后記載都被記録在《漢書》本紀之中。其中,儘管宣帝許皇后與元帝王皇后、成帝許皇后、哀帝傅皇后均爲即位之前的正妻,但她們無一例外地都被重新立后。我們應該注意到《漢書》卷九十八《元后傳》中記載的元帝王皇后的事例,因爲她是隨着元帝即位而從皇太子妃升爲婕妤,並於三日後被立爲皇后的:

> 後三年,宣帝崩,太子即位,是爲孝元帝。立太孫爲太子,以母王妃爲婕妤,封父禁爲陽平侯。後三日,婕妤立爲皇后。

同樣,成帝許皇后與哀帝傅皇后亦是從皇太子妃直接被立爲皇后,所以不存在非經倢伃之位而不能立爲皇后的規定。可是,元帝王皇后爲何被立爲倢伃僅僅三日呢?坦言之,這個問題目前無法解釋。[③] 至少,由此事例可以明顯看出:至西漢後期,新皇帝即位之際,皇太子妃不可能同時升爲皇后。再者,宣帝許皇后——她是宣帝民間時代的髮妻,同樣亦是先成爲倢伃之後再立爲皇后的。合此二例考之,亦可明顯發現:在西漢後期,成爲皇后必須要經歷立后之儀禮,即於此生成了獨自的"皇后"權威。

武帝後期所制定的"倢伃"以下十三等(元帝將"昭儀"置於"倢伃"之上,凡十四等)的後宮位階制度,所有的後宮妻妾均被對應於丞相、諸侯王以下的爵位。《漢書》卷九十七上《外戚傳上》:

> 至武帝制倢伃、娙娥、傛華、充依,各有爵位,而元帝加昭儀之號,凡十四等云。昭儀位視丞相,爵比諸侯王。倢伃視上卿,比列侯。娙娥視中二千石,比關内侯。傛華視真二千石,比大上造。美人視二千石,比少上造。八子視千石,比中更。充依視千石,比左更。七子視八百石,比右庶長。良人視八百石,比左庶長。長使視

① 《續漢書·禮儀志》並未記載漢朝皇后的册封儀禮,僅有劉昭《注補》引用蔡質《立宋皇后儀》所作補充而已。據此記載,皇后册封儀禮是以授予皇后璽綬爲中心的。而廢后之時則收回所授璽綬,此已見於武帝陳皇后廢后的事例。

② 鎌田重雄《秦漢政治制度の研究》,第三篇第三章《漢代の後宮》,548頁。

③ 關於元帝王皇后的立后,《漢書》卷二十七中之上《五行志》曰:"至元帝初元元年,將立王皇后,先以爲婕妤。三月癸卯制書曰:'其封婕妤父丞相少史王禁爲陽平侯,位特進。'丙午,立王婕妤爲皇后。明年正月,立皇后子爲太子。"與《元后傳》相比,立太子(王氏之子,後之成帝)與立后先後順序不同。

六百石，比五大夫。少使視四百石，比公乘。五官視三百石。順常視二百石。無涓、共和、娛靈、保林、良使、夜者皆視百石。

亦如鐮田重雄所指出，後宮妻妾的號位對應於男性官僚的爵制，構成了與官僚的金字塔式等級組織相對應的後宮等級組織。① 然皇后在此等級組織內不佔據位置，正如皇帝不屬於丞相以下的官僚組織而位於其上，皇后則被視爲位於以倢伃（元帝以後是昭儀）爲首的後宮等級組織之上的特殊存在。

《漢書·外戚傳》的記述包括元帝時代創設的"昭儀"號在内，因此後宮嬪妃是否在武帝時代就已對應於男性官僚的爵位，則令人懷疑。可能在元帝時代以後，或者更晚一些的時期，後宮等級組織開始對應於男性官僚組織。而武帝時代以後，人們明確地意識到"皇后"權威，並賦以"皇后"同皇帝相對應的位置。

（二）"后"的獨佔

東漢中興之後，光武帝對於西漢末期臃腫化的後宮制度，進行了大刀闊斧的簡化改革，僅設立皇后、貴人及美人、宫人、采女三等。② 在東漢時代，皇后的出身門第開始受到重視③，她們大多是從貴人册立爲皇后④，並且與從夫謚號的西漢皇后不同，每人均擁有自己的獨立謚號等等。從這些變化可以看出，皇后的地位比以前更加權威化了，而形式方面亦得到了整備。即，皇后權威超越後宮内的序列而波及於後宮之外，以致西漢時代稱爲"王后"的諸侯王嫡妻之位號⑤，進入東漢則降爲"王妃"。

《續漢書·百官志五》"皇子封王"條劉昭《注補》引胡廣《漢官解詁》曰：

後漢妾數無限别，乃制設正適曰"妃"，取小夫人不得過四十人。

如其所述，東漢諸侯王的嫡妻稱之爲"妃"。而且實際上，安帝之父即清河孝王的嫡妻則稱"清河孝王妃"⑥，質帝生母陳夫人贈"渤海孝王妃"（《後漢書》卷十下《皇后紀下》），廢帝弘農王的唐姬拜"弘農王妃"（同上）等等，即《後漢書》中所見諸侯王妻的

① 鐮田重雄《秦漢政治制度の研究》第三篇第三章《漢代の後宫》，550—551頁。

② 但於《續漢書·禮儀志中》，《注補》引蔡質《立宋皇后儀》云："女史授婕妤，婕妤長跪受，以授昭儀，昭儀受，長跪以帶皇后"，"婕妤"與"昭儀"似乎又重新設置於靈帝時代。

③ 關於西漢皇后多出身卑賤，參照趙翼《廿二史劄記》卷三《漢初妃后多出卑賤》。關於東漢對皇后出身門第的重視，參照渡邊義浩《後漢國家の支配と儒教》（283—286頁）、孟華《淺議兩漢皇室婚姻的變遷》（《西北大學學報》2001年第1期，99頁）。

④ 鐮田重雄《秦漢政治制度の研究》第三篇第三章《漢代の後宫》，554頁。

⑤ 例如在《漢書》卷八十《宣元六王傳》中，可見哀帝時期東平王的"后謁"棄市的記載。

⑥ 《後漢書》列傳九《耿寶傳》："寶女弟爲清河孝王妃。"

最高位乃"王妃"。如《續漢書・輿服志上》所云"大貴人、貴人、公主、王妃、封君油畫輧車",於此亦可見"王妃"一詞。又同書《百官志三》"小黄門"條云"諸公主及王太妃等有疾苦,則使問之",由此可知諸侯王之母似被稱作"王太妃"。[①] 從"王后"到"王妃",清楚地反映了皇后觀念的變化。

如《禮記・曲禮下》所云:

天子之妃曰"后",諸侯曰"夫人",大夫曰"孺人",士曰"婦人",庶人曰"妻"。

此記述以"后"號衹限用於天子之妃。《白虎通・嫁娶》篇[②]亦曰:

天子之妃謂之"后"何?"后"者,君也。天子妃至尊,故謂"后"也。明配至尊,爲海内小君,天下尊之。故繫王言之,曰"王后"也。

筆者認爲,隨着儒教禮説的滲透,產生了這樣一種認識:"后"號應僅限於皇后一人,而諸侯王之妻若稱"王后"則爲僭號。因此,諸侯王嫡妻的稱號必須要被降級。

"后"號權威化的趨勢已出現在西漢末期。而西漢前期,有關景帝王皇后的立后記載見《史記・孝景本紀》"景帝七年"條:

立膠東王太后爲皇后。

據此可知,儘管景帝在世時,膠東王徹(後之武帝)因尚年幼而未就藩,母子均住在宫中,卻稱其母爲"膠東王太后"。可是,元帝爲了優待生子的倢伃而新制定了"昭儀"號。《漢書・外戚傳下》曰:

元帝既重傅倢伃,及馮倢伃亦幸,生中山孝王,上欲殊之於後宫,以二人皆有子爲王,上尚在,未得稱太后,乃更號曰"昭儀",賜以印綬,在倢伃上。昭其儀,尊之也。至成、哀時,趙昭儀、董昭儀皆無子,猶稱焉。

從此條記載可知,在元帝時期,因爲天子尚在世,即使倢伃所生皇子被封爲諸侯王,而其夫(皇帝)在世中,倢伃亦不可稱爲"太后"。總之,原則上在宫中内部,"后"號僅限用於皇后、皇太后與太皇太后。

其後,即使是在哀帝即位之後,帝祖母元帝傅昭儀亦拒絶接受"定陶太后"(意味

---

① 光武帝的郭皇后被廢之後稱作"中山王太后",又明帝之兄楚王英母許氏則稱作"楚太后",這些事例皆爲皇帝的妻妾。筆者認爲:皇帝的妻妾由於所生皇子封王而獲賜"太后"號,諸侯王妃於其夫死後稱爲"王太妃",兩者在當時已有明確的區分。又,順帝漢安中,皇帝使光禄大夫贈沛王之祖母太夫人周氏以妃印綬(《後漢書》列傳三十二《光武十王傳》),或因太夫人周氏並非嫡妻,故不得稱爲"妃",於是皇帝才追贈"妃"號。總之,通過這些事例可知,"妃"乃諸侯王妻妾中的最高位號。

② 本文所用《白虎通》之文本乃陳立《白虎通疏證》。

着“定陶王的母太后”）之封號，哀帝遂賜予傅昭儀“皇太太后”之尊號。但哀帝死後，王莽剥奪了這一尊號。[①] 這一事件之後，“皇太后”的稱號爲先帝皇后所獨佔，從而決定了先帝皇后之權威優於皇帝生母。

正如谷口やすよ所指出，“皇太后”是附帶於先帝皇后地位的次要性稱號。[②] 西漢宣帝以後，將本是皇母稱號的“皇太后”用於先帝皇后，這一做法遂成爲慣例。因此，東漢的正位皇太后皆爲先帝皇后。在東漢時代，皇后生母並非被追尊爲“皇太后”，而是追尊爲“皇后”。永元九年（97），和帝追尊其生母梁貴人爲“恭懷皇后”，《後漢書》卷四《和帝紀》與《後漢紀》卷十四《和帝紀》有相關記載如下：

> （九月）甲子，追尊皇妣梁貴人爲皇太后。冬十月乙酉，改葬恭懷梁皇后于西陵。甲子，改殯梁貴人于承光宫，追尊爲皇太后，謚曰“恭懷”，葬於西陵。

又，靈帝生母“孝仁皇后”董氏生前亦被稱爲“董太后”。[③] 從這些事例觀之，筆者亦可斷言：東漢追尊“某某皇后”，實際上與追尊皇太后的性質相同。[④] 儘管王莽後來剥奪了傅昭儀的“皇太太后”這一尊號，但傅昭儀死後最初仍以“孝元傅皇后”的身份合葬於元帝渭陵。此事表明：西漢末期以後，産生了皇太后即等同於皇后的認識。由於東漢時代諸侯王之嫡妻稱作“王妃”，故於東漢稱“后”，即指“皇后”而言。[⑤]

在東漢初期被否定的“王后”號，由於建安二十四年（219）魏王曹操夫人卞氏升爲王后而被恢復。在司馬氏簒奪曹魏天下之前夜的咸熙二年（265），魏元帝特賜晉王司馬昭享有與天子同等的待遇，並進升晉王妃爲王后。《三國志》卷四《魏書·三少帝紀》：

> 又命晉王冕十有二旒，建天子旌旗，出警入蹕，乘金根車、六馬，備五時副車，置旄頭雲罕，樂舞八佾，設鐘虡宫縣。進王妃爲王后，世子爲太子，王子、王女、王

① 關於哀帝時期尊號問題的詳細經過，參照拙稿《前漢後半期における儒家禮制の受容——漢的傳統との對立と皇帝觀の變貌》（歷史と方法編集委員會編《歷史と方法3 方法としての丸山真男》，東京：青木書店，1998年11月）。

② 谷口やすよ《漢代の皇后權》，43頁。

③ 《後漢書》卷十下《皇后紀下》“靈思何皇后”條曰：“董太后自養協，號曰‘董侯’。”

④ 桓帝生母匽氏，本初元年（146）十月封爲孝崇博園貴人，而和平元年（150）二月梁太后（順帝梁皇后）駕崩，同年五月被立爲孝崇皇后。《後漢書》卷十下《皇后紀下》：“宫曰‘永樂’，置太僕、少府以下，皆如長樂宫故事。”“長樂宫”如《注》引《漢官儀》所云“帝母稱‘長樂宫’”，乃指皇太后而言。由此可知，匽氏的尊號雖爲“皇后”，而其待遇則等同於皇太后。又如匽氏與董氏儘管生前被授與“皇后”尊號，但在與正位皇后的對比上，筆者姑且按“追尊”的事例來處理。關於追尊皇后，參照藤川正數《漢代における禮學の研究》第十章《后妃の身上について》，462—470頁。

⑤ 追尊皇后，雖有時書作“敬陰后”、“恭懷后”，但如《後漢書·祭祀志下》所云：“和帝追尊其母梁貴人曰‘恭懷皇后’，陵曰‘西陵’。以竇后配食章帝，恭懷后别就陵寢祭之。”“后”即“皇后”之略稱。

孫,爵命之號如舊儀。

於此可知,在當時,“后”號本身明顯地被意識爲天子嫡妻之稱。總之,在東漢初期,自“后”號爲皇后一人獨佔之時起,漢代皇后才終於獲得了作爲天子嫡妻的地位。

(三)祭祀與皇后

如上所述,以武帝後期的後宮制度改革爲契機,漢人逐漸意識到了皇后作爲皇帝嫡妻的獨自權威。東漢初期,皇后由於獨佔“后”號,遂獲得與《禮記》所謂“天子之后”相比美的地位。武帝時代以後,正是西漢準備改良各種國家制度之時,而在漢朝皇帝支配的框架中,皇后處於與皇帝相對稱的位置而增加了自身的比重。根據《漢書》卷八十一《匡衡傳》記載,西漢成帝時,丞相匡衡曾上奏云:

> 臣又聞之師曰:“‘妃匹之際,生民之始,萬福之原。’婚姻之禮正,然後品物遂而天命全。孔子論《詩》以《關雎》爲始,言太上者民之父母,后夫人之行不侔乎天地,則無以奉神靈之統而理萬物之宜。故《詩》曰‘窈窕淑女,君子好仇’,言能致其貞淑,不貳其操,情欲之感無介乎容儀,宴私之意不形乎動静,夫然後可以配至尊而爲宗廟主。此綱紀之首,王教之端也。自上世已來,三代興廢,未有不由此者也。願陛下詳覽得失盛衰之效,以定大基,采有德,戒聲色,近嚴敬,遠技能。”

匡衡在這篇奏文中,論述了皇帝與皇后夫婦調和陰陽而成爲萬物之淵源。如上一節所指出,皇后權威在武帝後期才得以確立,而這一動向與基於陰陽二元論的郊祀制度之形成,大約處於同一時期。譬如武帝元鼎四年(前113),爲了對應於祭“天”而創始了祭“地”的后土祠等祭祀。[①]《史記》卷二十八《封禪書》云:

> 其明年(元鼎四年)冬,天子郊雍,議曰:“今上帝朕親郊,而后土無祀,則禮不答也。”

陰陽二元論式的祭祀觀不僅祭天,亦須祭地。由此可見天“帝”與“后”土的對應性。其後,在成帝初期,丞相匡衡等人建議罷甘泉泰畤、汾陰后土祠,提議實行基於陰陽觀念的南北郊祀制度。《漢書》卷二十五下《郊祀志下》云:

> 祭天於南郊,就陽之義也。瘞地於北郊,即陰之象也。

---

① 關於郊祀制度的變遷,參照金子修一《古代中國と皇帝祭祀》(東京:汲古書院,2001年1月)、小島毅《郊祀制度の變遷》(《東洋文化研究所紀要》第108册,東京:東京大學東洋文化研究所,1989年2月)、拙文《前漢後半期における儒家禮制の受容》。

如有人早已指出,實際上經書中並無關於祭地於北郊的明文,此類記載最早見於匡衡的奏文中。[①] 如上所述,主張基於陰陽觀念的皇后論的匡衡,其本人同時亦爲提倡南北郊祀的主導者。此事表明:西漢後期以後,皇后觀與陰陽二元論的祭祀觀密切地合而爲一。正因爲如此,才以皇帝無嗣爲由,郊祀制度必須再三地發生變遷。平帝元始五年(5),朝廷終於決定舉行南北郊祀,並且此時還開始實施所謂"祭地配后"的儀禮,即祭天配高祖,祭地配吕后。[②]《漢書》卷二十五下《郊祀志下》云:

> 天地合祭,先祖配天,先妣配墜,其誼一也。天墜合精,夫婦判合。祭天南郊,則以墜配,一體之誼也。

此處引用了《儀禮·喪服》"夫妻一體"、"夫婦判合"之語,[③]必須引起注意的是:上述引用並非出現在宗廟祭祀的相關文獻,而是於有關郊祀的記述中言及高祖與吕皇后作爲夫婦的一體性,此至關重要。

平帝元始四年(4),王莽之女被選爲皇后之時,大司徒司直陳崇在稱頌王莽功德的奏文中謂"皇后之尊,侔於天子"(《漢書》卷九十九上《王莽傳》),此乃首次言及皇后的尊嚴等同於皇帝的記述。西漢晚期,《儀禮》中所見一般夫婦的"一體"之原理,亦開始適用於皇帝與皇后之間。[④]

編於東漢初期的《白虎通》,更明確地道出了天子與后的一體性。其《嫁娶》篇與《王者不臣》篇分别有云:

> 妻者,齊也。與夫齊體,自天子下至庶人,其義一也。
>
> 王者所以不臣者三,何也?謂二王之后,妻之父母,夷狄也。……不臣妻父母何?妻者與己一體,恭承宗廟,欲得其歡心,上承先祖,下繼萬世,傳于無窮,故不臣也。

---

① 小島毅《郊祀制度の變遷》,198頁。

② 小島毅《郊祀制度の變遷》,139—140頁。

③ 《儀禮·喪服》子夏傳:"父子一體也,夫妻一體也,昆弟一體也。故父子首足也,夫妻牉合也,昆弟四體也。"又,關於《喪服》的《傳》,西漢末至東漢初期似被稱爲《服傳》,與《經》、《記》别行,而《服傳》無疑已受到了與《經》、《記》同等的待遇或重視。因此本文依從通行本,記作《儀禮》。詳參《武威漢簡》所收陳夢家《敘論》(北京:文物出版社,1964年9月)以及沈文倬《漢簡〈服傳〉考》(見《宗周禮樂文明考論》,杭州:浙江大學出版社,2006年7月增補本。原載《文史》第24、25輯,北京:中華書局,1985年4月、10月)。

④ 關於將《儀禮》適用於天子而引發的問題,當另行探討,筆者擬以爲今後的課題。有關今文《禮經》的局限性,王葆玹《西漢經學源流》亦有指出,臺北:東大圖書公司,1994年6月。

東漢末期的蔡邕雖亦有云:"帝后一體,禮亦宜同。"[①]而與皇帝一體的皇后之尊嚴則確立於東漢初期,這在《白虎通》中已有明文記載。這種皇后觀念至東漢末爲止,一直得到公認。

將皇帝與皇后作爲一體之夫婦而比擬爲天地、陰陽的思維方式,乃基於漢代盛行的陰陽二元論思想。與皇帝權威構成對偶,皇后權威的確立則體現於將帝、后二人比擬爲"天地"、"陰陽"、"日月"的修辭上。從另一方面觀之,此正是漢代的皇帝權威獲得更加立體化形象的過程。

二、東漢的經學議論與皇后

(一) 天子親迎論

皇后的尊嚴自西漢武帝前後開始逐漸上升,至東漢初期,諸侯王嫡妻的稱號則從"王后"降爲"王妃",而"后"號僅由皇后一人所獨佔。此時,皇后鞏固了作爲天子嫡妻的地位。由於將《儀禮》所明言"夫妻一體"之思想亦援用於皇帝夫妻,遂形成"帝后一體"。然而,此結果卻引發了一大矛盾,即皇后作爲天子之妻,成了與天下獨尊之皇帝唯一相匹敵的存在。

東漢許慎的《五經異義》(以下簡稱《異義》)所收關於"天子親迎"的議論,正可謂集中地論述了相對於"后"的天子尊嚴的問題。"親迎",乃婚姻之際的六禮(納采、問名、納吉、納徵、請期、親迎)之一,即由新郎本人迎接新婦的儀禮。[②] 總之,"天子親迎論"不過是天子亦當親迎與否的議論而已,然其核心部分卻蘊藏着深刻的問題。《禮記・曲禮下》疏、《春秋穀梁傳・桓公八年》疏等引許慎之說:

> 異義:《禮》戴説,天子親迎。《春秋》公羊説,自天子至庶人,娶皆當親迎。左氏説,天子至尊無敵,故無親迎之禮。祭公逆王后,未致京師而稱后,知天子不行

---

① 《後漢書》卷十下《皇后紀下》注引《蔡邕集・謚議》:"漢世母氏無謚,至于明帝始建光烈之稱,是後轉因帝號加之以德,上下優劣,混而爲一,違《禮》'大行受大名,小行受小名'之制。《謚法》'有功安人曰熹'。帝后一體,禮亦宜同。大行皇太后謚宜爲和熹。"

② 楊樹達《漢代婚喪禮俗考》第一章第二節(上海:商務印書館,1933 年 10 月;上海:上海古籍出版社,2000 年 12 月再版);錢玄《三禮通論》(南京:南京師範大學出版社,1996 年 10 月,576 頁);蘇冰、魏林《中國婚姻史》第二章第二節(臺北:文津出版社,1994 年 4 月)。

而禮成也。[①]

《禮》戴説與《春秋》公羊説認爲,自天子以至庶人毫無例外地均當親迎,而《春秋》左氏説則認爲天子至尊無敵,即使是"后"亦無法與天子相匹敵,故不親迎。親迎説乃今文説,論調與此相反的不親迎説則是古文説。[②] 許慎以高祖時代叔孫通曾爲皇太子大婚制禮爲依據,表明贊同古文説的"無親迎",《禮記·哀公問》疏中引許説:

> 謹案:高祖之時,皇太子納妃,叔孫通制禮,以爲天子無親迎。從左氏義。

許慎既然以叔孫通制禮之事爲據,則説明此議論並非紙上談兵,而是意識到了現實中存在的漢王朝儀禮。

對於許慎的論點,鄭玄撰著《駁五經異義》(以下簡稱《駁異義》),並作出以下反駁(《毛詩·大雅·大明》疏等引):

> 駁曰:太姒之家,"在洽之陽,在渭之涘。文王親迎於渭。"即天子親迎明文矣。天子雖至尊,其於后猶夫婦也。夫婦判合,禮同一體,所謂"無敵",豈施於此哉!《禮記·哀公問》曰:"'寡人願有言,然冕而親迎,不已重乎!'孔子愀然作色而對曰:'合二姓之好,以繼先聖之後,以爲天地宗廟社稷之主,君何謂已重乎?'"此言"親迎",繼先聖之後,爲天地宗廟主,非天子則誰乎?

鄭玄的駁論表明:此議論之關鍵,正是天子地位的超越性與皇帝夫婦的一體性之間的矛盾。如鄭玄所述"其於后猶夫婦",他將夫婦一體性把握爲適用於自天子至庶人的普遍真理,而天子亦當親迎的見解正是因爲重視這一普遍真理而產生的。親迎説的論據,乃"自天子至庶人"所體現的人倫之本——夫婦一體性,顯然是基於視天子與后爲一體的東漢"皇帝—皇后觀"。可是與此相反,左氏説卻認爲"天子至尊無敵",因天子無敵,故不親迎。换言之,左氏説認爲后不同於常人所謂"嫡妻"。

若天子亦須親迎,則雖是天子之身亦當如庶人爲禮制所約束。總而言之,尋求天子與后的一體性,必然會損害到天子的至尊性與絶對性。古文説主張的不親迎説,鋭利地指出了這一矛盾。

鄭玄於此,以《詩·大雅·大明》中的文王"親迎於渭"與《禮記·哀公問》中的孔

---

① 筆者所據文本爲皮錫瑞《駁五經異義疏證》。關於天子親迎論,日原利國《〈白虎通義〉研究緒論——とくに禮制を中心として——》(載《漢代思想の研究》,東京:研文出版,1986年2月,274—275頁。原載《日本中國學會報》第14集,1962年10月)亦曾言及。

② 關於今古文之對立,濱久雄《中國經學史における今古文學の思想對立》(《東洋研究》第129號,東京:大東文化大學東洋研究所,1998年11月)中有詳細的整理。

子之言作爲反駁的依據。然而,在《禮記・哀公問》疏與《左傳・桓公八年》疏中,鄭玄的這兩條引用都被批判爲不適合作爲天子之禮的依據。[①] 但是以《詩・大雅・大明》爲天子親迎之依據,並非是鄭玄的獨創,其不过是沿襲《白虎通・嫁娶》篇的舊説而已:

> 天子下至士,必親迎授綏者何?以陽下陰也。欲得其歡心,示親之心也。必親迎,御輪三周,下車曲顧者,防淫泆也。《詩》云:"文定厥祥,親迎於渭。造舟爲梁,不顯其光。"

自西漢末至東漢初期,主張天子亦當親迎的今文説佔據了上風。元始三年(3),於平帝王皇后(王莽之女)聘后之際,王莽令劉歆等人制定親迎之儀禮。其事《漢書》卷十二《平帝紀》記載如下:

> 三年春,詔有司爲皇帝納采安漢公莽女。語在《莽傳》。又詔光禄大夫劉歆等雜定婚姻禮。四輔、公卿、大夫、博士、郎、吏家屬皆以禮娶,親迎禮立軺併馬。[②]

王莽一般被視爲古文派,然而王莽即位之後,亦曾於自身的婚禮之際親迎皇后。《漢書》卷九十九下《王莽傳下》有載:

> (地皇四年)莽聞之愈恐,欲外視自安,乃染其鬚髮,進所徵天下淑女杜陵史氏女爲皇后,聘黄金三萬斤,車馬奴婢、雜帛珍寶以巨萬計。莽親迎於前殿兩階間,成同牢之禮於上西堂。

其親迎之禮,儘管僅至"前殿兩階間"而已,然此事表明親迎説普及於王莽時代。

一般認爲,許慎《異義》撰於章帝建初四年(79)白虎觀會議以後,和帝永元十二年(100)之前。[③] 許慎違背《白虎通》而贊成古文的不親迎説[④],而且在桓帝建和元年

---

① 《春秋左傳正義・桓公八年》,孔疏云:"文王之迎大姒,身爲公子,迎在殷世,未可據此以爲天子禮也。孔子之對哀公,自論魯國之法。魯周公之後,得郊祀上帝,故以先聖天地爲言耳,其意非説天子禮也。且鄭玄注《禮》,自以先聖爲周公,及《駁異義》則以爲天子,二三其德,自無定矣。"

② 楊樹達認爲,王莽之女平帝王皇后於聘后之際曾"奉乘輿法駕"(《漢書・外戚傳下》),此即言"親迎",見《漢代婚喪禮俗考》,上海古籍出版社再版,12頁。

③ 關於《五經異義》的成書年代並無明文可考,但根據《説文解字》之《敘》,可知《説文解字》撰成於永元十二年(100)。段玉裁《説文解字注》考證《異義》之成書早於《説文》,此已成定論。關於許慎,參照白川静《説文新義》卷十五(神户:白鶴美術館,1976年11月)。但是,張震澤《許慎年譜》以《異義》之成書繫於安帝永初五年(111),遲於通説約十年左右(瀋陽:遼寧大學出版社,1986年10月)。

④ 池田秀三《〈白虎通義〉と後漢の學術》認爲:許慎《五經異義》依據古文説,是對當時可謂"國憲"的《白虎通》的公然反駁(小南一郎編《中國古代禮制研究》所收,京都:京都大學人文科學研究所,1995年3月)。

(147),朝廷實施了懿獻梁皇后的聘后,此乃東漢時代惟一的一次聘后儀禮,然此時並無討論皇帝是否親迎的跡象。《後漢書》卷十下《皇后紀下・懿獻梁皇后傳》曰:

> 於是悉依孝惠皇帝納后故事,聘黄金二萬斤,納采雁、璧、乘馬、束帛,一如舊典。

既然《後漢書》云悉依惠帝張皇后之"故事"——此應是叔孫通所定之禮,可知當時皇帝並未親迎。[①] 王莽僅迎皇后於前殿兩階間,就已傳爲"親迎",而筆者認爲:桓帝連王莽那樣形式上的親迎儀禮亦未實施。

《駁異義》被推定成書於桓帝中期前後,大體上可以斷定這部著作於桓帝初年懿獻梁皇后聘后之後才得以殺青。[②] 儘管如此,鄭玄仍然堅持天子親迎説。而與鄭玄同時代的何休,則於《春秋公羊傳解詁・襄公十五年》注云:"禮,逆王后,當使三公。"何休認爲天子不親迎。以許慎撰述《異義》的和帝中期爲界,天子不親迎説轉佔上風,至東漢末期,甚至連今文公羊學亦傾向於不親迎説了。

(二)"妾母爲夫人"論與追尊皇后

與許慎撰述《異義》大約同一時期,即永元九年(97),和帝追尊其生母梁貴人爲"恭懷皇后"。自西漢哀帝時發生"尊號問題"之後,否定了對皇帝生母的追尊,因此東漢章帝爲尊重嫡母馬皇后(即明帝皇后),其生母賈貴人未能獲賜尊號。然而,和帝追尊生母爲"恭懷皇后"之後,歷代皇帝沿襲此例,視追尊生母爲理所當然。而且,如第一章所述,東漢時期追尊的不是"皇太后",而是"皇后"。在本節中,筆者特擬考察皇后之追尊以及與此相關的經學上的妾母與嫡母問題。因爲皇后親生的皇帝,東漢衹有明帝與少帝弘農王二人而已,所以在東漢時代,妾母與嫡母的問題亦是現實性問題。

在《異義》中可見如下議論,即關於妾所生皇子爲"君"(諸侯)之時,是否可以尊其生母爲夫人。公羊説、左氏説均以《春秋公羊傳》所云"母以子貴"爲論據,認爲妾母

---

① 關於聘后儀禮,參照藤川正數《漢代における禮學の研究》第九章《后妃選入の制度と問題點》,412—416頁。

② 鄭玄《駁五經異義》的著作年代亦無明文記載。大川節尚《三家詩より見たる鄭玄の詩經學》附録《鄭玄年譜》依據陶方琦《許君年表攷》,以爲鄭玄三十歲前後所撰。然而,藤堂明保《鄭玄研究》則認爲是鄭玄撰述《三禮注》之末期所作,即鄭玄五十歲前後的著述(蜂屋邦夫編《儀禮士昏疏》所收,東京:汲古書院,1986年3月)。但若《三禮注》與《駁異義》大致爲同一時期的著作,則如前注引《春秋左傳正義・桓公八年》所批評的那樣,對《禮記注》與《駁異義》不相一致的解釋難以合理地加以説明。一般認爲,早期鄭玄儘管是折衷今古文之説,然相比之下,其重心還是在今文學上,其中晚期以後才轉爲重視古文學,參照池田秀三《緯書鄭氏學研究序説》(《哲學研究》第548號,京都:京都哲學會,1983年10月)。因爲《駁異義》贊成今文説之處較多,所以筆者亦認爲其乃鄭玄早期的著作。

可以稱夫人,而穀梁説則認爲"子而爵母"與"以妾爲妻"均屬非禮,並以此爲由,主張不能稱夫人。[①] 要之,這一議論的重點是關於"母以子貴",即其子君主權威與"嫡妾之别"孰爲優先。但許慎以經文中無譏文爲根據,認爲妾母可爲夫人。[②] 在哀帝時期的"尊號問題"上,傅太后方面亦同樣以"母以子貴"爲由要求賜授尊號,而和帝追尊生母梁貴人爲"恭懷皇后"的理由亦爲"母以子貴"。《後漢書》列傳二十四《梁竦傳》:

> 酺對曰:"春秋之義,母以子貴。漢興以來,母氏莫不隆顯,臣愚以爲宜上尊號,追慰聖靈,存録諸舅,以明親親。"

"母以子貴"是打破嫡妻對於妾的絶對優越性,與作爲皇帝"一體之妻"的皇后尊嚴相對立的邏輯。對此,鄭玄反駁的根據是"無二嫡",《通典》卷七十二、《禮記・服問》疏等引鄭説:

> 駁曰:"《禮・喪服》'父爲長子三年',以將傳重故也。衆子則爲之期,明無二嫡也。女君卒,貴妾繼室,攝其事耳,不得復立夫人。魯僖公妾母爲夫人者,乃緣莊公夫人哀姜有殺子般、閔公之罪,應貶故也。近漢吕后殺戚夫人及庶子趙王,不仁,廢不得配食,文帝更尊其母薄后,非其比耶!妾子立者得尊其母,禮未之有也。"

鄭玄認爲,除非嫡妻有過失而遭廢黜,否則妾不得稱夫人。鄭玄的反駁很可能依據於《白虎通・嫁娶》篇中並記正反兩説的"或曰":

> 適夫人死,更立夫人者,不敢以卑賤承宗廟。……或曰:"嫡死不復更立,明嫡無二,防簒煞也。祭宗廟,攝而已。以禮不聘爲妾,明不升。"[③]

又,儘管這一議論關涉到諸侯及其夫人,但從鄭玄所引西漢吕后之例觀之,我們可知他認爲此説亦可適用於現實中的東漢皇帝。在上一節提到的"天子親迎"論中,許慎亦舉出叔孫通的禮制作爲天子不親迎的根據,既然皆依憑漢朝故事,至少在漢儒自身的意識中,這些經學議論無疑是與現實密切相關的。

---

① "異義:妾母之子爲君,得尊其母爲夫人不?《春秋》公羊説,妾子立爲君,母得稱夫人,故上堂稱妾,屈於嫡,下堂稱夫人,尊行國家。父母者,子之天也。子不得爵命父母,則士庶起爲人君,母亦不得夫人。至於妾子爲君,爵其母者,以妾本接事尊者有所因也。穀梁説,魯僖公立,妾母成風爲夫人入宗廟,是子而爵母也,以妾爲妻非禮也。古《春秋》左氏説,成風得立爲夫人,母以子貴,禮也。"(《通典》卷七十二等引)

② "謹案:《尚書》舜爲天子,瞽瞍爲士。明於匹庶者,子不得爵父母也。至於魯僖公,本妾子,尊母成風爲小君,經無譏文。公羊、左氏義是也。"(《通典》卷七十二引)

③ 衹是《白虎通》的這段議論是關於諸侯在世而夫人先亡的情況,並非是有關追尊生母的議論。

與鄭玄駁論中所引吕后之事例(其實廢止吕后配食的是東漢光武帝,而鄭玄誤以爲是文帝[1])相關,在和帝追尊生母梁貴人之前,群臣曾提案應貶去竇太后(章帝竇皇后)的尊號。《後漢書》卷十《皇后紀》:

> (永元)九年,太后崩,未及葬,而梁貴人姊嫕上書陳貴人枉殁之狀。太尉張酺、司徒劉方、司空張奮上奏,依光武黜吕太后故事,貶太后尊號,不宜合葬先帝。百官亦多上言者。帝手詔曰:"竇氏雖不遵法度,而太后常自減損。朕奉事十年,深惟大義,禮,臣子無貶尊上之文。恩不忍離,義不忍虧。"

據《後漢書·本紀》與《後漢紀》,君臣的議論似乎並非是以降貶竇太后的尊號爲追尊梁貴人之前提的。實際上,因爲遵從和帝的意向,竇太后的尊號並未遭貶。而鄭玄卻相信在嫡母被廢黜的條件下,才允許將尊號賜予妾母。筆者認爲,此源自張酺等人的議論,或者當時這種想法就已普遍存在。總之,鄭玄視"無二嫡"猶如金科玉律,站在不允許嫡妻並立的立場,將此原則應用於皇帝。此議論亦體現了鄭玄自庶人以至天子一貫地重視夫婦構造的思想。

如鄭玄所云"禮未之有也",他堅決反對妾母獲賜尊號。而現實中,追尊梁貴人之後,追尊生母這一做法爲歷代所繼承,這些事例都是身後的追尊。而和平元年(150),桓帝賜予生母匽氏"孝崇皇后"的尊號,從而開啓了於生前授予生母皇后尊號之先河。桓帝之後的靈帝生母"孝仁皇后",其尊號亦爲生前所賜。[2] 靈帝的生母乃解犢亭侯夫人,至於安帝與桓帝的生母皆非清河王與蠡吾侯的正妻,而不過是媵妾而已。不僅如此,由於天子封清河王妃(即清河王之正妻)耿氏爲"甘陵大貴人",封蠡吾侯夫人(蠡吾侯之正妻)馬氏爲"孝崇園貴人",因此連嫡妾之别亦發生了顛倒。即雖然本非皇帝妻妾,亦可追尊爲皇后。换言之,此乃皇后號賜發的汎濫,其所導致的皇后權威的相對性降低是無法避免的。

根據"母以子貴"之説追尊皇后,令正位皇后的尊嚴被相對化了。其實,與皇后權威相對立的,並非皇帝生母之權威,而是其子皇帝之權威。表面上是嫡妻與妾的問題,

---

① 《後漢書·光武帝紀》"建武中元元年冬十月"條云:"甲申,使司空告祠高廟曰:'高皇帝與群臣約,非劉氏不王。吕太后賊害三趙,專王吕氏,賴社稷之靈,禄、産伏誅,天命幾墜,危朝更安。吕太后不宜配食高廟,同祧至尊。薄太后母德慈仁,孝文皇帝賢明臨國,子孫賴福,延祚至今。其上薄太后尊號曰"高皇后",配食地祇。遷吕太后廟主于園,四時上祭。'"

② 此外,安帝生母左氏追尊爲"孝德皇后",其祖母章帝宋貴人追尊爲"敬隱皇后",順帝生母李宫人追尊爲"恭愍皇后",桓帝祖母趙氏追尊爲"孝穆皇后",靈帝祖母夏氏追尊爲"孝元皇后",獻帝生母王美人則追尊爲"靈懷皇后"。

實則爲當今皇帝與先帝皇后的問題。在東漢初期,作爲"帝后一體"的皇后尊嚴得以確立,然以和帝永元九年(97)爲標誌,皇后權威就已被迫處在低於皇帝的地位。

上一節所舉出的"天子親迎"論中,筆者指出在東漢初期親迎説佔據優勢,而中期以後,以天子至尊爲由傾向於不親迎説。這一變化,是以和帝以後的皇后號追尊之汎濫及因此導致的皇后權威低下之情勢爲背景的。不親迎説轉爲優勢與皇后號追尊之汎濫,並不是没有關聯的。

《白虎通》之後,皇后的權威逐漸低於皇帝,此事亦呈現於"后"字訓詁之中。《白虎通・嫁娶》篇曰:"天子之妃謂之'后'何?'后'者,君也。天子妃至尊,故謂'后'也。"於此,天子之妃稱作"后",因"后"即"君"之意。不過,撰於東漢後期的《禮記・曲禮下》鄭玄注與蔡邕《獨斷》均訓"后"爲"後"。這一變化體現了"后"這一地位的變化。即,從與天子同列而君臨宇内的"后",轉變爲謙讓於天子,退後一步而位於後面的"后"。

自西漢武帝以來,皇后逐漸獲得了作爲與皇帝一體之妻的權威,而在東漢初期,這一權威達到了頂峰。章帝爲尊重嫡母馬皇后而未能將尊號賜予生母賈貴人,此事象徵了皇后在當時的尊貴地位。然而,自和帝時代前後起,以"母以子貴"爲依據,導致追尊皇后號的汎濫,故同時正位皇后的權威被相對化了。"天子親迎"論,已經暴露出以普通夫婦的一體性延用於皇帝夫妻並非合適。當時,儒者面臨着須要重新提示超越於皇帝之"妻"的新的皇后形象。

(三)"君子好仇"

如上所述,大致與"天子不親迎"説轉爲優勢在同一時期,和帝於永元九年(97),追尊其生母爲皇后。而和平元年(150),桓帝終於開始於生母在世中賜授尊號。正位皇后的權威逐漸地屈服於皇帝權威而被迫相對降低。鄭玄《駁異義》違背由許慎所代表的承認皇帝絶對權威的時潮,而依據《白虎通》徹底主張天子與后的夫婦一體性,此頗有趣。然鄭玄本人在晚年亦轉向於折衷式的皇后論,如在《通典》卷六十七"皇后敬父母"中所見,其觀點反而受到了邴原的嚴厲批判。[①]

在本節,筆者將再次舉出《鄭箋》中歌頌"后妃之德"的《周南・關雎》進行考察。

① 《通典》卷六十七《皇后敬父母》。關於這一議論,參照藤川正數《魏晋時代における喪服禮の研究》餘論第一章《三 皇后敬父禮をめぐる論爭》,東京:敬文社,1960 年 3 月,402—406 頁。

《鄭箋》一書乃鄭玄《三禮注》之後的著作[1]，由於《鄭箋》於六朝以後的《詩經》學中發揮了巨大影響，所以其書中所描述的皇后論，作爲東漢時代皇后論的歸結之一而理應爲後世所繼承。在本文的《緒言》中，筆者亦已觸及此問題，特别是《關雎》一詩明顯地體現了異於《毛傳》的鄭玄解釋的獨自性。

在《關雎》的解釋中所呈現的《毛傳》與《鄭箋》的差異，一言以蔽之，則在於《大序》所云"是以《關雎》樂得淑女以配君子"之"淑女"是否即"后妃"[2]本人。結果圍繞着"窈窕淑女，君子好逑"二句的解釋，産生了如下的懸隔：

> 《毛傳》："'窈窕'，幽閒也。'淑'，善。'逑'，匹也。言后妃有關雎之德，是幽閒貞專之善女，宜爲君子之好匹。"
>
> 《鄭箋》："怨耦曰仇。言后妃之德和諧，則幽閒處深宫貞專之善女，能爲君子和好衆妾之怨者。言皆化后妃之德不嫉妒。謂三夫人以下。"

《毛傳》將淑女解爲君子之"好匹"（好伴侣），如陳澧亦曾指出，《毛傳》的作者無疑認爲后妃與淑女乃同一人物。[3] 然而，儘管《鄭箋》分明是以《毛傳》爲基礎的詩解，此處卻將后妃與淑女視作二人。鄭玄讀爲：后妃願爲君子薦舉淑女，而此淑女（三夫人、九嬪）則"和好"比其地位更低的衆妾。

首先，《鄭箋》"怨耦曰仇"一句令人感到唐突，因爲經文中並無"仇"字。在今文系的文本中"逑"字或本作"仇"[4]，雖然鄭玄所見《毛詩》文本亦有作"仇"的可能性[5]，但鄭玄最終還是引用《左傳·桓公二年》所云"嘉耦曰妃，怨耦曰仇"，以"仇"作爲"怨者"（仇敵）。[6] 因此，《鄭箋》的解釋與以"逑"爲"匹"（配偶）的《毛傳》是針鋒相對的。

《鄭箋》"能爲君子和好衆妾之怨者"的解釋，其實依據於劉向《列女傳》，而《列女

① 《鄭箋》當撰於解除黨禁的靈帝中平元年（184，鄭玄五十八歲）以後，參照王利器《鄭康成年譜》（濟南：齊魯書社，1983年3月）。

② 此處所言"后妃"，自《詩經大序》孔疏所云"天子之妻唯稱后耳。妃則上下通名，故以妃配后而言之"觀之，並非指"后"、"妃"二人，亦非指由她們所代表的宫女們，而如本文所述專指天子嫡妻即"后"一人。

③ 參照前引陳澧《東塾讀書記》。

④ 關於今文三家詩之遺説，筆者依據王先謙《詩三家義集疏》。但是三家詩遺説的分類存在着一個問題，即這些不過是所收集的遺説而已，並非三家詩之經文。參照渡邊末吾《"先儒の三家詩遺説分類"批判》（《東洋學報》第26卷2號，東京：東洋協會學術調查部，1939年2月）。

⑤ 臧琳《經義雜記》認爲《毛詩》本作"好仇"，而後人改爲"好逑"，但阮元《毛詩注疏校勘記》以臧説爲非。

⑥ 《詩·周南·兔罝》"赳赳武夫，公侯好仇"，《鄭箋》云："怨耦曰仇。"注釋《關雎》時，鄭玄很有可能意識到了此詩。

傳》則一貫被認爲是屬於魯詩説，其《母儀》篇“湯妃有㜪”有云：

> 有㜪之妃湯也，統領九嬪，後宫有序，咸無妒媢逆理之人，卒致王功。君子謂妃明而有序。《詩》云：“窈窕淑女，君子好逑①。”言賢女能爲君子和好衆妾。其有㜪之謂也。

然而《列女傳》所引《詩》中的淑女即指湯妃本人，而並非九嬪以下的衆妾。劉向亦同樣認爲后妃即是淑女。將淑女與后妃作爲不同的二人，且后妃爲君子尋找並舉薦淑女，筆者以爲《鄭箋》的這一注釋在東漢時代亦屬於相當特殊的解釋。②

《鄭箋》的另一個特點是將淑女解爲三夫人以下的嬪妃。此處所謂三夫人，顯然是意識到《禮記》與《周禮》所見總數多達一百二十人的周代後宫制度而發，此毋庸待言。《禮記・昏義》：

> 古者，天子后立六宫、三夫人、九嬪、二十七世婦、八十一御妻，以聽天下之内治，以明章婦順。

鄭玄的《詩》解依據於《三禮》，此乃通説。③ 而在《關雎》的解釋中，我們亦可明顯地看到《鄭箋》的這一特點。

將《毛傳》與《鄭箋》對比，則會發現《鄭箋》“幽閒處深宫貞專之善女”是於《毛傳》“幽閒貞專之善女”一句加上了“處深宫”三字。結果，詩中的舞臺被巧妙地置换到龐大的後宫。再者，劉向《列女傳》衹云“和好衆妾”，而《鄭箋》加“怨者”二字而成爲“和好衆妾之怨者”。换言之，在《列女傳》中僅有湯妃與衆妾的兩個等級而已，而在《鄭

---

① 對於今本作“逑”字，王先謙《詩三家義集疏》認爲此乃後人改字，本作“仇”。又，對於《列女傳》所引《詩》乃基於魯詩説這一定論，下見隆雄《劉向〈列女傳〉の研究》第三章《〈列女傳〉と三家詩の關係について——〈列女傳〉魯詩説への疑義——》曾做有批判，東京：東海大學出版會，1989年2月。

② 馬瑞辰《毛詩傳箋通釋》云：“后妃求賢之説，始于《鄭箋》誤會《詩序》‘憂在進賢’一語爲后妃求賢。不知《序》所謂‘進賢’者，亦進后妃之賢耳。《孔疏》不悟《序》及《毛傳》與《箋》異義，概以后妃求賢釋之，誤矣。”馬瑞辰指出，后妃爲君子尋求賢女之説始自《鄭箋》。而皮錫瑞《經學通論・詩》“論班固云關雎哀周道而不傷爲哀而不傷之確解”條則謂：“《序》言‘憂在進賢’，則已有后妃求賢女之意，《鄭箋》遂以爲后妃寤寐求賢女，其義亦本於三家詩。《列女傳・湯妃有㜪傳》引《詩》云：‘“窈窕淑女，君子好逑”，言賢女能爲君子和好衆妾。’《詩推度災》曰：‘《關雎》有原冀得賢妃正八嬪。’是魯、齊詩已與《鄭箋》意同。”皮錫瑞主張《鄭箋》“后妃求賢女”之説基於三家詩。然而，皮氏所引用的事例均無法證明后妃與淑女乃二人。如王先謙《詩三家義集疏》亦述云：“皆以淑女爲即聖配，不分‘后妃’、‘淑女’爲二人。”在現存的三家詩遺説之中，我們無法找到“后妃求賢女”之説。

③ 參照大川節尚《三家詩より見たる鄭玄の詩經學》。又，加賀榮治《中國古典解釋史 魏晉篇》第二章第三節亦指出：“（鄭玄）所注的《易》、《書》、《詩》三經之中，與禮相關聯的以《毛詩箋》爲最多。”東京：勁草書房，1964年3月，171頁。

箋》中則强調了“后妃”（嫡妻）——“三夫人”（貴妾）——“怨者”（賤妾）的三等級之差。后妃之德感化了“淑女”即三夫人以下的貴妾，而三夫人以下的貴妾又感化了衆妾中的“怨者”。通過“后妃→淑女→衆妾”這兩個層次的德化，結果后妃之德感化了三夫人、九嬪以下的整個後宫，此乃鄭玄《關雎》解釋的基本構架。“嫡妻—貴妾—賤妾”這三個等級，亦是構成漢朝後宫制度之根幹的區分，而此區分乃武帝時期整備改革後宫制度以前一貫繼承下來的。① 鄭玄的《關雎》解釋亦繼承了劉向《列女傳》②，無疑亦帶有批判後宫的含意。

然而，如果鄭玄衹是想描寫感化了後宫妻妾的后妃形象的話，則與《列女傳》一樣，即使以淑女作爲后妃亦無妨。在《鄭箋》中，通過將淑女轉爲三夫人、九嬪的貴妾，鄭玄暗示了多達一百二十人而有條不紊的後宫妻妾的等級性，而且他認爲此後宫内部的秩序由“后妃之德”來維持。總之，“和好衆妾之怨者”與“謂三夫人以下也”二句正是鄭玄《關雎》解釋的關鍵。

换言之，《毛傳》衹言及君子與后妃二人的横向關係，與此相反，《鄭箋》則注重《禮記》與《周禮》所謂“后——三夫人——九嬪——衆妾（世婦、御妻或女御）”的後宫妻妾的縱向關係，並在這一關係中爲后妃定位，而對於后妃與君子（天子）的關係並未直接論及。但是，從前在《駁異義》一書中，鄭玄以爲：“天子雖至尊，其於后猶夫婦也。”他當時的議論衹注目於天子與后的夫婦關係而已。《鄭箋》與《駁異義》相比，兩者的議論已大爲不同。

大概鄭玄不僅將《關雎》中所歌頌的“后妃”與《禮記》、《周禮》中的“后”一體化，甚至欲以《三禮》中所描寫的周代社會制度爲背景來解釋整部《詩》。因而筆者以爲，鄭玄爲此無論如何亦要於這首開篇詩中觸及三夫人、九嬪之制度。③ 如鄭玄在《禮記・昏義》中注云：

> 故曰：天子聽男教，后聽女順。天子理陽道，后治陰德。天子聽外治，后聽内治。

因此在鄭玄心中，天子與后的這種對偶關係已成爲自明之前提。鄭玄注《周禮・天官

---

① 参照鐮田重雄《秦漢政治制度の研究》第三篇第三章《漢代の後宫》。

② 關於劉向撰著《列女傳》的緣由，《漢書》卷三十六《劉向傳》云：“向睹俗彌奢淫，而趙、衛之屬起微賤，踰禮制。向以爲王教由内及外，自近者始，故採取《詩》、《書》所載賢妃貞婦，興國顯家可法則，及孽嬖亂亡者，序次爲《列女傳》，凡八篇，以戒天子。”

③ 邊土名朝邦《鄭玄の詩經解釋學》亦認爲：“於此我們可以理解，鄭玄採用魯詩説的理由是因爲想要涉及三夫人、九嬪的衆妾制度。”《中國哲學論集》第6號，福岡：九州大學中國哲學研究會，1980年12月，25頁。

冢宰・内宰》“凡建國,佐后立市,設其次,置其敘,正其肆,陳其貨賄,出其度量淳制,祭之以陰禮”一段,又云:

> 市朝者,君所以建國也。建國者必面朝後市。王立朝而后立市,陰陽相承之義。

此文認爲“市”屬陰而爲“后”所立。① 鄭玄的觀點是:后作爲天子之對偶而掌陰,不僅限於後宫之内,更是調和世界陰陽的存在。爲了將這一“后”觀念導入《詩》中的世界,鄭玄增添“謂三夫人以下也”一句,則必然地后妃與“淑女”須爲二人。

鄭玄放棄了《毛傳》“君子好匹”這一解釋,而試圖描寫作爲天子之對偶,即象徵世界陰陽調和的“后”的形象。故而,此時“后”已成爲超越了天子一人之妻的存在。

結語——《關雎》與皇后

作爲皇帝嫡妻的皇后,似從未受到懷疑。而其實在戰國末期,《荀子・君子》篇中已作有如下宣言:

> 天子無妻,告人無匹也。

荀子認爲:天子無人可以匹敵,故無妻。史乘中全然不載秦始皇的“皇后”,且其子亦不論嫡庶之别,此事是否暗示:至少在秦始皇首創的皇帝支配體制之中,作爲皇帝嫡妻的“皇后”之類並未被考慮在内。

與皇帝相對偶的皇后,其權威被明確地定位於皇帝支配體制的構架中,則始於西漢武帝時代以後。在西漢末,《儀禮》“夫妻一體”的思想亦被援用於皇帝與皇后之間。至東漢初期,皇后因獨佔“后”號而獲得了可與《禮記》所描述的“天子之后”相比美的地位。此時皇帝、皇后與普通夫婦一樣成爲一體,而婚禮之際,天子亦當親迎的觀點佔據優勢。然而,以東漢和帝前後爲界,天子的至尊性超越了帝后一體性,“天子不親迎”的看法反轉爲優。而在現實中,由於朝廷不斷地追尊皇帝生母與祖母等人而賜發“后”號,不可避免地引起了皇后權威的相對性降低。

作爲皇帝嫡妻的皇后權威之確立,其實從另一方面觀之,此亦皇帝權威自身發生

---

① 關於用陰陽的構造來考察“朝”與“市”,參照上田早苗《中國古代の都市》(藤岡謙二郎等編《講座考古地理學》第二卷《古代都市》所收,東京:學生社,1983 年 1 月,246 頁)、福山敏男《〈周禮〉考工記の“面朝後市”の説》(橿原考古學研究所編《橿原考古學研究所論集》第七[創立四十五周年記念],東京:吉川弘文館,1984 年 12 月)。

變質而重塑形象的過程——從不能擁有庶人所謂"妻"之類的超越性存在,發展到位於儒教的禮教世界頂點的天子。將皇帝比擬爲天地、日月等陰陽二元的世界之時,與皇帝形成對偶的皇后則獲得了必然性存在意義。衹是,以《儀禮》中所見普通夫婦的一體性亦套用於皇帝與皇后之間,並試圖令"至尊無敵"的天子與其一體之妻的皇后並存,這樣的儒教式皇后論原本就充滿了矛盾。

在撰述《駁五經異義》之時,鄭玄徹底堅持天子與后的一體性,而後《鄭箋》在對《關雎》的解釋中,僅僅論述了《禮記》、《周禮》中所見後宮妻妾的立體性等級而已,對於天子與后的關係並未直接言及。這意味着:鄭玄在《關雎》解釋中,使"后"成爲天子之對偶而調和天下之陰陽,"后"已超越天子一人之妻而位於更高的次元。雖然鄭玄的《關雎》解釋亦可謂牽強,但筆者認爲:此亦試圖超越皇后注定要背負的矛盾而做出的努力之一。

至少在三家詩之後,《周南·關雎》被視爲歌頌天子與后妃的作品,[①]而孔穎達《詩經正義》以後,則解爲歌頌文王與其妻太姒的作品。然而,此詩本非描寫天子夫婦,而衹是普通男女的戀歌。[②] 原詩中被比作一對水鳥的戀人們,在《毛傳》中主人公卻變爲"好匹"的天子與后,在《鄭箋》中則進一步演釋爲歌頌向天子進薦賢女的"后"的作品。這一變化過程,恰恰與漢代皇后屈從於皇帝的至尊權威的過程相一致。——由於將《儀禮》所述普通夫婦的一體性亦援用於皇帝夫妻,遂令皇后於東漢初期一時性地獲得了"與帝齊體"之權威,可是由於追尊皇后號的汎濫,導致正位皇后的權威被迫相對地降低了。

關於《關雎》一詩的經學解釋之變遷,不料竟折射出儒教式皇后論的變遷軌跡。

作者簡介:

保科季子(HOSHINA SUEKO),1974 年生,日本京都大學大學院文學研究科博士後期課程畢業(東洋史學專攻),文學博士。現任日本學術振興會特別研究員。研究領域爲漢代思想史,相關論文有《前漢後半期における儒家禮制の受容——漢的傳統

① 今文三家詩中,包括以《關雎》爲刺詩的解釋在内,均以此詩爲歌頌周王及其后的作品。

② 馬王堆漢墓出土的帛書《五行篇》,引用《關雎》第三章"求之不得,寤寐思服。悠哉悠哉,輾轉反側",認爲其乃"思色"之詩,即解爲男子思慕女子的情詩。此出土文獻表明,在西漢初將《關雎》作爲后妃之歌的解釋尚未固定。參照龐樸《竹帛〈五行〉篇校注及研究》(臺北:萬卷樓圖書有限公司,2000 年 6 月,25 頁及 82 頁)、池田知久《馬王堆漢墓帛書五行篇研究》(東京:汲古書院,1993 年 2 月,533—543 頁)。又,清人方玉潤《詩經原始》卷一批判了將《關雎》與文王、太姒相結合的解釋,認爲其乃民間的祝婚歌,謂:"此詩蓋周邑之詠初婚者,故以爲房中樂,用之鄉人、用之邦國而無不宜焉。"又,Marcel Granet 著、内田智雄日譯本《中國古代の祭禮と歌謠》以之爲民間戀歌,東京:東洋文庫,1989 年 5 月。

との對立と皇帝觀の變貌》(收入《歷史と方法3 方法としての丸山真男》,東京:青木書店,1998年11月)、《漢代における"道術"の展開——經學・讖緯・術數》(《史林》第83卷第5號,京都:史學研究會,2000年9月)、《漢代の女性秩序——命婦制度淵源考——》(《東方學》第108輯,東京:東方學會,2004年7月)、《受命の書——漢受命傳説の形成——》(《史林》第88卷5號,2005年9月)、《圖讖・太學・經典——漢代"儒教國教化"論争に對する新たな視座》(《中國史學》第16卷,京都:朋友書店,2006年10月)、《漢儒の外交構想——"夷狄不臣"論を中心に——》(收入夫馬進編《中國東アジア外交交流史の研究》,京都:京都大學學術出版會,2007年3月)等。

《尚書大傳》平議

王世舜

内容提要 《尚書大傳》是伏生解説《今文尚書》的專著,大約亡佚於元、明時期。今本雖爲清儒的輯佚本,但仍然具有很高的文獻價值與史料價值。通過對今本《尚書大傳》的研究,作者發現就思想内容而言,此書充分表達了以孔孟爲代表的原始儒家的民本思想。這些思想與伏生所傳的二十八篇《今文尚書》的思想不甚吻合,而與孔安國所傳的二十五篇《古文尚書》的思想頗爲吻合。作者認爲這兩部《尚書》在先秦應爲同一部書。伏生所傳的二十八篇《今文尚書》並非"壁藏"的殘本,而是伏生的選編本。《尚書大傳》在《尚書》學史上不僅具有開創之功,而且也是解决《尚書》流傳過程中諸多疑難問題的重要依據。

關鍵詞 《尚書》學史 《尚書大傳》 伏生 民本思想

《尚書大傳》是最早對《尚書》進行論述解説的一部專著。作者伏生爲秦漢之際人。《尚書》按傳統的説法爲孔子所編纂,孔子之後,秦漢之前《尚書》的授受源流,由於史闕有間,具體情況已難確考。秦始皇焚書坑儒之後《尚書》能夠流傳下來,這項功勞恐怕非歸諸伏生不可了。伏生所著的《尚書大傳》在《尚書》學史上具有開創之功。

然而到目前爲止研究《尚書》學史的學者對伏生尤其是《尚書大傳》,尚未進行深入地探討和研究。《尚書大傳》遭到學者們的冷遇,我想也是有原因的。《尚書大傳》自問世之後,流傳了一千四五百年,至元明時期便已亡佚。我們現在所見到的《尚書大傳》是清代學者的輯佚本,也許在學者們看來,這樣的輯佚本不能據爲典要,其中的記載難以相信,故而棄之不論。其實,《尚書大傳》雖是輯佚本,但它仍然具有很高的史料價值。伏生是一位享有高齡的學者,從現在所能看到的有關伏生的記載來看,可以想見伏生一生研究的重點就是《尚書》,《尚書大傳》應是伏生一生瘁心於《尚書》研究的結晶。從這部著作中,我們一方面可以窺見這位淡薄名利的學者的學術思想和心路歷程,另一方面也可以深入探討《尚書》在秦漢之際流傳中的若干問題,以期對《尚書》學史上若干重大的疑難問題的研究有所突破。

爲此,本文擬從以下幾個方面進行考證和論述:一、《尚書大傳》的流傳過程,通過對這個過程的考索以確定《尚書大傳》輯佚本的文獻價值與史料價值;二、通過分析《尚書大傳》所表達的思想内容考論伏生的學術思想;三、將《尚書大傳》所表達的思想與《今文尚書》二十八篇所表達的思想進行對比,考論伏生的解經方法;四、由上述考論引申出來的對《尚書》今古文本的一些思考。

一、《尚書大傳》的流傳過程

司馬遷在《史記・儒林傳》中,第一次記載了伏生傳授《尚書》一事,然而卻没有記載伏生曾爲《尚書》作傳。班固在《漢書・儒林傳》中,同樣記載了伏生傳授《尚書》之事,並對伏生之後《今文尚書》的流傳及師承授受詳加記載,可是依然没有記載伏生爲《尚書》作傳一事。《漢書・藝文志》云:"凡《書》九家,四百一十二篇。入劉向《稽疑》一篇。"其所列書目列在第一項的"《尚書古文經》四十六卷,爲五十七篇",指的即是孔安國所傳的《古文尚書》。列在第二項的"《經》二十九卷,大、小夏侯二家,《歐陽經》三十二卷",這裹所説的《經》二十九卷,即伏生所傳的《今文尚書》二十八篇。伏生之後,歐陽及大、小夏侯三家分别立於學官,而大、小夏侯的傳本爲二十九卷,歐陽的傳本爲三十二卷。故班固在這裹分别注明。列在第三項的"《傳》四十一篇",即伏生所著的《尚書大傳》。這一項列在《經》二十九卷之後,《歐陽章句》及《大、小夏侯章句》之前,其爲伏生所注的《尚書大傳》則是不言自明的。這是因爲無論歐陽或大、小夏侯均爲伏生《今文尚書》的傳承者。把伏生所著《尚書大傳》放在歐陽、大小夏侯三家章句之前自是情理中事。再者,班固《漢書・藝文志》的資料來源於劉向及其子劉歆所著的《七略》,可見《尚書大傳》一書,必然經過劉向、劉歆父子的校理。可以推想,這部書至少在西漢中期之後便已流行。

《漢書・藝文志》所列第八項"劉向《五行傳記》十一卷",即《〈洪範〉五行傳論》。《漢書・楚元王交傳(附劉向、劉歆)》贊説:"劉氏(舜按:指劉向)《洪範論》發明《大傳》,著天人之應。"便是證明。

《漢書》之後,范曄在編寫《後漢書》時,曾經設想"欲遍作諸志,《前漢》所有者悉令備"(見范曄《獄中與諸甥侄書》),就是説像《漢書》那樣也有《藝文志》記述東漢一代典籍流傳情況。但由於范曄被誣陷謀反被殺,未能實現這一願望。協助范曄撰寫《後漢書》的謝儼撰成十志,因范曄倉促遇難來不及裁定而散佚。後來,司馬彪《續漢書》雖有《八志》但仍缺《藝文》及《刑法》、《食貨》、《溝洫》等志。故東漢一代典籍流傳情況,便不得其詳。這不能不説是一大缺憾!《晉書·五行志上》:"漢興,承秦滅學之後,文帝時,虙生創紀《大傳》,其言五行庶徵備矣。"虙生即伏生。這裏明確指出《大傳》爲伏生"創紀",必當有所依據。《宋書·五行志一》:"逮至伏生創紀《大傳》,五行之體始詳。"此處作"伏生"不作"虙生",可證"虙生"即伏生。下文引《五行傳》:"田獵不宿,飲食不享,出入不節,奪民農時,及有姦謀,則木不曲直。謂木失其性而爲災也。"又曰:"貌之不恭,是謂不肅。厥咎狂,厥罰恒雨。厥極惡。時則有服妖,時則有龜孽,時則有雞禍,時則有下體生上之痾,時則有青眚青祥。惟金沴木。"需要指出的是"謂木失其性而爲災也"一句,顯係《宋書》作者撮述鄭玄注文語;而標點者卻將這句話當作《五行傳》正文,實誤。如果除去《宋書》標點者的誤竄,便可發現上述《宋書·五行志》的兩段引文,與《尚書大傳》輯本全同。這也證明《尚書大傳》在這一時期内雖不見著録,而仍在流傳。

《隋書·經籍志》:"《尚書大傳》三卷,鄭玄注。"又説:"伏生作《尚書傳》四十一篇。"這四十一篇的《尚書傳》即鄭玄所注三卷本《尚書大傳》。

《經典釋文·敘録》:"《尚書大傳》三卷,伏生作。"

《舊唐書·經籍志》:"《尚書暢訓》三卷,伏勝注。"《新唐書·藝文志一》:"伏勝注《大傳》三卷。"另起一行:"又《暢訓》一卷。"上述兩《唐書》所録頗有違誤,所謂《暢訓》是《尚書大傳》中的一部分。《舊唐書》作《尚書暢訓》固誤,而《新唐書》在《尚書大傳》三卷之外,另列《暢訓》一卷,亦誤。陳壽祺認爲《暢訓》當屬《尚書大傳》中之《略説》,此説可從。《略説》就其性質而言,當屬總論部分。

另外,唐徐堅等纂成於唐玄宗開元年間的《初學記》,該書卷二十一文部載:"伏生爲《尚書傳》四十一篇。歐陽、大小夏侯傳其學,各有能,名是曰《今文尚書》。劉向《五行傳》,蔡邕勒石經,皆其本。"這段記載也可參證新、舊《唐書》之誤。

纂成於北宋仁宗慶曆元年(1041)的《崇文總目·書類》記載:"《尚書大傳》三卷。"這條記載之後附有如下説明:"漢,濟南伏勝撰。後漢,大司農鄭玄注。伏生本秦博士,以章句授諸儒,故博引異言授受,援經而申證云。"

南宋晁公武纂成於紹興二十一年(1151)的《郡齋讀書志》亦載:"《尚書大傳》三卷。"此條下附有提要:"右,秦伏生勝撰,鄭康成注。勝至漢孝文時,年且百歲。歐陽生、張生從學焉。音聲猶有訛誤,先後猶有差舛,重以篆隸之殊,不能無失。勝終之後,數子各論所聞,以己意彌縫其闕。而别作章句,又特撰大義,因經屬指,名之曰《傳》,後劉向校書,得而上之。"淳熙五年(1178),陳騤等纂成《中興館閣書目》三十卷並上奏朝廷,嘉定十三年(1220)張攀等又纂成《中興館閣續書目》,這兩部書質量是不高的,特别是後一部質量更差。儘管如此,這兩部書的纂成畢竟是政府行爲,正如陳振孫所説的"網羅遺逸,中祕所藏,視前世獨無歉焉,殆且過之",其所依據的圖書資料之豐富是任何個人都無法與之相比的。因而這兩部書目的史料價值仍不可低估。所以當時學者對兩部書目仍然比較看重。著名學者王應麟,在對《尚書大傳》進行稽考時,不僅在所纂《玉海》卷三十七中稱引《中興館閣書目》中有關資料,而且以此爲據,在《漢藝文志考證》一書中,對《尚書大傳》作進一步考索,全文摘録《中興書目》中所記載的爲鄭玄所著的《尚書大傳序》。清儒嚴可均又將這份資料重加釐定,標題爲《尚書大傳・敘》録入《全後漢文》卷八十四鄭玄的著作中。全文如下:

> 蓋自伏生也。伏生爲秦博士,至孝文時,年且百歲。張生、歐陽生從其學而授之。音聲猶有訛誤,先後猶有差舛,重以篆隸之殊,不能無失。生終後,數子各論所聞,以己意彌縫其間,别作章句。又特撰大義,因經屬恉,名之曰《傳》。劉子政校書,得而上之。(一云奏此目數)凡四十一篇,至元(舜按:元當作玄,指鄭玄)始詮,次爲八十三篇。

嚴可均所釐定的這段文字與王應麟《漢藝文志考證》所録文字稍有不同,但無傷主旨,而兩者相較似以嚴本爲勝。

以上所述,是《尚書大傳》一書自纂成後由西漢至南宋時期流傳的大致情況。根據這些記載,大致可以推定以下兩點:

《尚書大傳》雖成於歐陽生、張生之手,但撰著者仍爲伏生,此書曾爲劉向所校定,是一個可以信據的傳本,不但可以據此研究伏生的思想,也可以據此考索《尚書》在秦漢之際的流傳情況,解決《尚書》流傳過程中的一些難題。

《尚書大傳》初爲四十一篇,至鄭玄始"次爲八十三篇"。從歷代著録的情況來看,流傳至南宋的《尚書大傳》本,即鄭玄所詮次的八十三篇本。

南宋末年,正值宋、元政權的更迭期。戰爭頻繁,破壞慘重,經籍又經歷了一次浩劫。此時,陳振孫《直齋書録解題》所著録的《尚書大傳》已是"印板刓缺"並非"完善"的全本了。[①] 王應麟稍後於陳振孫,由宋入元時。從上述王應麟對《尚書大傳》的著録、論述和考證情況来看,王應麟應該見過《尚書大傳》的全本。由此推測,《尚書大傳》大概亡佚於元、明之際。

---

① 〔宋〕陳振孫《直齋書録解題》,上海:上海古籍出版社,1987年,28頁。

《漢書·藝文志》著録《尚書大傳》時,衹標明四十一篇,未標明卷數。至《隋書·經籍志》及《經典釋文》的著録始標明三卷。後代的著録就卷數而言多爲三卷,就篇數而言則爲四十一篇或八十三篇。但由於原書已佚,三卷的内容如何劃分,四十一篇或八十三篇各篇的具體内容是什麼,已難確考。清代輯佚之風盛行,出現過多種《尚書大傳》的輯佚本。在這些輯佚本中,以清儒陳壽祺《尚書大傳定本》最爲詳核。陳壽祺《尚書大傳定本·序》:"近人編輯有仁和孫晴川本、德州盧雅雨本、曲阜孔叢伯本。孫、盧本多殽舛,孔氏善矣,而分篇強復《漢志》之舊,非也。其他訛漏猶不免焉。今覆加稽核,楬所據依,稍參愚管見而爲之。案三卷,首爲序録一卷,其所芟除,别爲訂誤一卷,末載《漢書·五行志》,綴以它書所引劉氏《五行傳論》三卷,總爲八卷。"

陳壽祺《尚書大傳》刊行本,有王先謙《皇清經解續編》本及《四部叢刊》影印本。王先謙將《尚書大傳定本》定名爲《尚書大傳輯校》收入《皇清經解續編》卷三五四中。王先謙删去《序録》及《訂誤》,將全書釐爲三卷:卷一爲《唐傳》、《虞夏傳》、《夏傳》、《殷傳》,卷二爲《周傳》,卷三爲《略説》。《四部叢刊》本首列陳壽祺《尚書大傳定本·序》,卷一爲《序録》、《唐傳》,卷二上爲《虞夏傳》,卷二下爲《殷傳》,卷三、卷四爲《周傳》,卷五爲《略説》、《辯僞》。兩本相較,當以《四部叢刊》本爲勝,因爲這個版本全部保存了陳壽祺的輯校成果,對全面而深入探討《尚書大傳》更有幫助,筆者研究即據此本。

清末經今文學家皮錫瑞著《尚書大傳疏證》七卷,對陳壽祺的輯佚本又"間加釐定",同時對《尚書大傳》鄭玄注多有駁正。因而,筆者在平議《尚書大傳》時,對皮著亦多有參考。

二、《尚書大傳》的内容

陳壽祺在《尚書大傳·序》中對伏生傳授《尚書》的功勞給予極高的評價,他説:"向微伏生,則唐、虞、三代典籍誥命之經,煙銷灰滅,萬古長夜。夫天爲斯文,篤生名德,期頤之壽,以昌大道,豈偶然哉!"這段話雖不無溢美之嫌,但《今文尚書》賴伏生而得以傳世,卻是不争的事實。尤其重要的是伏生還著作了一部解釋《尚書》的《大傳》。對《尚書大傳》陳壽祺也有一番中肯的分析和評價。他説:"伏生《大傳》條撰大義因經屬恉,其文詞爾雅深厚,最近大、小戴《記》七十子之徒所説,非漢諸儒傳訓之所能及也。"又説:"伏生之學,尤善於禮,其言……皆唐虞三代遺文,往往六經所不備,諸子百家所不詳。""伏生之學尤善於禮",這個分析是十分中肯的。這個"禮"當然是指以孔、孟爲代表的儒家所説的“禮”。這種“禮”,就其内涵而言,應該包括三個方面:一、典章制度,政府機構設置及職官;二、禮節儀式及人(包括君、臣、民)的行爲規範和人倫道德;三、上述兩方面的理論根據及指導思想。伏生就是通過《尚書》中的“禮”的闡釋來昌明儒家的“大道”的。

伏生的闡釋運用兩種方法:其一爲“因經屬恉”,對《尚書》原文的字句進行闡釋;其二爲博採三代遺文、遺説、遺事對經文加以補充或佐證。

首先,讓我們看一看伏生對《尚書》是怎樣“因經屬恉”的。

《尚書・堯典》:“乃命羲和,欽若昊天,曆象日月星辰,敬授民時。”《傳》:“故天子南面而視四星之中,知民之緩急。急則不賦籍,不舉力役。故曰‘敬授人時’,此之謂也。”(舜按:“人時”當作“民時”。《孔傳》本作“人時”,《史記》、《漢書》及《太平御覽》卷二六時序部引《尚書大傳》均作“民時”,當從。)《大傳》如此解釋經恉,充分反映了伏生的民本思想。

《尚書大傳》另一個重要内容並對後代産生重大影響的是五行。《今文尚書》關於五行的記載有兩處:一處在《甘誓》,一處在《洪範》。《甘誓》是商湯討伐夏桀的誓詞。在誓詞中,商湯列舉夏桀的罪行,其中之一便是“威侮五行”。至於五行的内容是什麽,誓詞中並未涉及,《大傳》亦未涉及。《洪範》中的五行便比較詳明了。《洪範》在《今文尚書》中,被列入《周書》,篇次在《牧誓》之後。《尚書大傳》未列《牧誓》而列《大誓》,《洪範》的篇次在《大誓》之後。《洪範》篇比較特殊,之所以被列入《周書》是因爲殷商滅亡的第二年,周武王訪問殷商遺老——箕子。這位箕子既是殷末賢人,又是殷紂王的叔父。武王向箕子請教治國之道,箕子回答説:“我聞在昔鯀堙洪水,汨陳其五行。帝乃震怒,不畀洪範九疇,彝倫攸斁。”(《尚書・洪範》)

按照箕子的説法,“洪範九疇”和“五行”之間有一定聯繫。禹的父親鯀“汨陳其五行”破壞了五行的規律,引起帝的“震怒”,便不把“洪範九疇”賜給鯀,以致“彝倫攸斁”。帝流放了鯀,使鯀在流放中死去。禹成功地治理了洪水,帝便把“洪範九疇”賜給禹。禹按照“洪範九疇”治理天下,“彝倫攸敘”——天下獲得大治。“洪範”指大法;“九疇”謂九類、九條。“洪範九疇”,指的是治國的九條大法。而九條大法的第一條便是“五行”。五行謂水、火、木、金、土。按《洪範》的安排,“水”爲五行之首。鯀治水時採取堵塞的辦法,違背了水的規律,導致失敗。“汨陳其五行”便是指此,“不畀洪範九疇”原因亦在此。這説明五行的重要。五行爲什麽如此重要呢?《大傳》解釋説:“水火者,百姓之所飲食也;金木者,百姓之所興作也;土者,萬物之所資生也。是爲人用。”按照伏生的説法,水、火、金、木、土這五行是百姓賴以生存的物質基礎,换句話説如果没有五行,百姓便喪失生存的物質基礎,而無法生存。由此可見五行對於百姓,對於國家而言該是多麽重要的事情!無論什麽時代,生存對於百姓和國家而言都是第一位的。通過伏生的解釋,"五行"在《洪範》中被放在"九疇"亦即九條大法的首位,也就不難理解了。

這裏有一個問題應當引起我們的注意,這就是五行的排列次序。《洪範》的排列次序是:水、火、木、金、土。這個排列次序應當是最初的最原始的排列次序,無論就五行本身而言,還是就排列的次序而言都是非常樸素的,並無神秘意味。《大傳》的解釋與五行及排列次序的本義是完全吻合的。水、火的作用爲人們提供"飲食";木、金的作用在於通過"興作"爲人們提供居處亦即棲息的場所;而土則是以水、火、木、金爲代表的萬物"之所資生"的源泉與依託。這不僅反映了《大傳》樸素的唯物主義思想,也反映了《大傳》以民爲本的思想。

經過漫長的歷史發展,到西周末年,五行的次序産生了新的變化。《國語·鄭語》記載了史伯回答桓公的一段話:"夫和實生物,同則不繼。以他平他謂之和,故能豐長而物歸之;若以同裨同,盡乃棄矣。故先王以土與金、木、水、火雜,以成百物。"在這個序列中,土的作用與地位和《洪範》序列中土的作用和地位大體相當,均起總其成的作用。因此,《洪範》將起着如此重要作用的"土"放五行序列的最後,既然如此,史伯序列中的土也應該放在最後。這樣,史伯的五行序列實際上應該是:金、木、水、火、土。在這個序列中,金取代了水的位置而列在首位,這反映了金在人類生活中的作用有了極大的提高。這種變化是符合歷史發展的實際的。目前,在夏文化遺存的考古發掘中尚無青銅禮器出現。鄭州商城,是20世紀70年代以後考古發現的商代文化遺址。此處遺址位於鄭州市區東南的二里崗,據^{14}C測定,距今3500年左右,屬於商代早期的文化遺存,被命名爲商代二里崗期。在這座商城中,發現了鑄銅作坊遺址。在鄭州出土的大量的二里崗期青銅禮器如方鼎、大圓鼎、扁足鼎、斝、爵、鬲、觚、盉、盤、罍、尊和鏟、钁、刀、鑿、鏃、戈等工具與武器都是這個作坊製造的。[①] 戰争和祭祀是先民政治生活中的兩件大事。上述出土文物中不僅有青銅工具,而且有大量的青銅兵器和禮器。這説明金在先民生活中已經佔據了極爲重要的地位。到了西周末年,經歷了八百年左右的歷史發展,金在五行中的序列取代了水而居於首位,也就成爲順理成章的事情了。

史伯之後,五行經歷了從春秋到戰國時期的發展,演變而成爲内容龐雜充滿神秘思想的五行説。戰國時期的鄒衍將陰陽和五行相結合,建立了一個"閎大不經"的思

① 安金槐主編《中國考古》,上海:上海古籍出版社,1992年,232—234頁。

想體系。陰陽五行説被廣泛用於解釋天文現象、四時季節的變化以及社會歷史的變遷,人體的生理現象、精神現象,甚至涉及政治及倫理道德領域,爲“天人感應”思想奠定了理論基礎。生活於秦漢之際的伏生很難不受這些思潮的影響。但是,我們應當看到在《洪範》的傳文中,伏生首先把“五行”解釋爲人類賴以生存的物質基礎,這種解釋應該説是難能可貴的。當然我們也應當看到伏生在《洪範五行傳》中也涉及到“天人感應”的思想,但必須指出這種思想是《洪範》原文本身就有的。“傳”既然是對“經”的解釋,這種解釋是不允許背離“經”文的。再者,如果和當時陰陽五行説大肆氾濫的情況相比較,伏生的《洪範五行傳》篇幅之小,涉及的範圍也僅限於經文而未作大事擴展,已屬難能可貴。不僅如此,就是在這樣的篇幅和範圍之内,伏生也是念念不忘告誡統治者不要“出入不節,奪民農時”而應該“除道路,守門閭,陳兵甲,戒百官,誅不法,除道成梁,以利農夫”。可見,伏生的解經始終恪守以孔孟爲代表的儒家“以民爲本”的信條。

伏生解經的第二種方法是博採三代遺文、遺説、遺事對經文加以補充或佐證。無論從篇幅還是從内容來看,這是伏生在解經時所使用的主要方法。從這一方法的使用中,更可以看出伏生的思想傾向。

《尚書大傳・殷傳》在《湯誓》篇的傳文中補充了如下史料:

> 夏人飲酒,醉者持不醉者,不醉者持醉者。相和而歌曰:“盍歸於亳! 盍歸於亳! 亳亦大矣!”故伊尹退而閒居,深聽歌聲。更曰:“覺兮、較兮,吾大命格兮。去不善而就善,何不樂兮!”伊尹入告於桀曰:“大命之亡有日矣!”桀僩然歎,啞然笑曰:“天亡有日,猶吾之有民也。日有亡哉? 日亡,吾乃亡矣。”是以伊尹去夏適湯。

這段史料寫得很生動。首先寫“夏人”對桀的離棄,對湯的擁護。亳爲湯都,“歸於亳”即歸於湯。次寫伊尹聽到“夏人”的歌聲便覺悟到夏桀行將滅亡。再寫伊尹對夏桀的諫正,而夏桀卻執迷不悟,自比於日,認爲日不會亡,自己也不會亡。最後寫伊尹“去不善而就善”,離開夏桀投奔商湯。

這段史料生動地表明夏桀的滅亡,就亡在失去人民的擁護上面。這就是説朝代的興廢起根本的作用的在民而不在君。下面的一則史料,對這一點表現得更加清楚:

> 湯放桀,居中野,士民皆奔湯。桀與其屬五百人南徙千里,止于不齊。不齊士民往奔湯。桀與其屬五百人徙于魯,魯士民復奔湯。桀曰:“國君之有也,吾聞海外有人。”與五百人俱去。

桀走到哪裹,就遭到哪裹士民的離棄,士民的態度非常鮮明:反對夏桀,擁護商湯。正如孟子所説:"桀紂之失天下也,失其民也;失其民者,失其心也。得天下有道:得其民,斯得天下矣。得其民有道:得其心,斯得民矣。"(《離婁上》)

尤其值得注意的是如下一段史料:

> 湯放桀而歸於亳,三千諸侯大會,湯取天子之璽置於天子之坐左,復而再拜,從諸侯之位。湯曰:"此天子之位,有道者可以處之矣。夫天下非一家之有也,唯有道者之有也,唯有道者宜處之。"湯以此三讓,三千諸侯莫敢即位。然後,湯即天子之位。

"天子之位",衹有"有道者"才"可以處之"。什麽是"道"呢?所謂"道"即孔子和孟子所大力宣揚的堯舜之"道"。莊子曾經將孔孟的這種學説歸納爲"内聖外王"之道(見《莊子·天下》),這是非常準確的。"有道者"就是"内聖","内聖"指的是思想修養達到了聖人的境界。所謂"内聖外王",是説衹有"内聖"者,才能夠並且有資格成爲"外王"。這與商湯所説衹有"有道者"才可以處天子之位是一個意思。

夏桀的滅亡,商湯的興起,證明了這一點。同樣,商紂的滅亡,周朝的興起,也證明了這一點。周王朝的興起經歷了太王、文王、武王三個階段。對這三個階段《尚書大傳》均提供了相應的史料。太王的史料收在《略説》中:

> 狄人將攻,太王亶甫召耆老而問焉。曰:"狄人何欲?"耆老對曰:"欲得菽粟財貨。"太王亶甫曰:"與之。"每與狄人至不止。太王亶甫贅其耆老而問之曰:"狄人又何欲乎?"耆老對曰:"又欲君土地。"太王亶甫曰:"與之。"耆老曰:"君不爲社稷乎?"太王亶甫曰:"社稷所以爲民也,不可以所爲民亡民也。"耆老對曰:"君縱不爲社稷,不爲宗廟乎?"太王亶甫曰:"宗廟吾私也,不可以私害民。"遂策杖而去,逾梁山邑岐山。周人奔而從之者三千乘,一止而成三千户之邑。

在太王的心目中,"社稷所以爲民"而"宗廟"則是"吾私"。既然社稷是爲民祈福而設,便不可因保存社稷而"亡民"。至於"宗廟"是祭祀自己的祖宗神祇的所在,因而是"吾私",其重要性顯然在社稷之下,便更加"不可以私害民"。這就是説無論社稷還是宗廟均不如民重要,爲了民,社稷和宗廟都可以犧牲。由此可見,太王把民擺在如此至高無上的地位。這既是太王的思想,也是原始儒家亦即孔孟的思想。伏生通過這段史料,將孔子、孟子的這一思想,十分清晰地表現出來。太王以這種治國理念來治理國家,因而獲得人民群衆由衷的擁護和愛戴,從而在岐山之下,奠定了周王朝興起的堅實基礎。

周王朝興起的第二階段在文王時期。伏生在《尚書大傳·殷傳》的《西伯戡黎》篇下,記録了大量有關文王的史料:

伯夷避紂居北海之濱,太公避紂居東海之濱。皆率其黨曰:"盍歸乎?吾聞西伯昌善養老。"此二人者蓋天下之大老也,往而歸之,是天下之父歸之也。天下之父歸之,其子曷往?周文王至磻溪見吕望,文王拜之。尚父曰:"望,釣得玉璜,刻曰:周受命,吕佐,檢德,合於今,昌來提。"

伯夷與太公吕望傾心擁戴文王,説明民心的歸向。之所以如此,是因爲文王在歧山境内推行的是仁政。請看下面的記載:

虞人與芮人質其成于文王。入文王之境,則見其人萌讓;爲士大夫入其國,則見士大夫讓爲公卿。二國相謂曰:"此其君亦讓以天下而不居也。"讓以所争爲閒田。

從百姓到士大夫禮讓成風。百姓相互禮讓財産,士大夫相互禮讓權位。由此可見,歧山地區在文王的治理下成爲一個人際關係高度和諧的社會。如此理想國的形成,在於"此其君亦讓以天下而不居也 。"這裏的君不是指文王而是指文王的祖父太王亶甫和文王的伯父吴太伯。太王亶甫讓其地與狄人,吴太伯讓王位與其弟季歷(文王之父)。禮讓之風本來是太王、太伯相沿成習的家風,至文王這種禮讓之風便成爲整個社會的風氣,而且這種風氣影響所及至於鄰國——虞、芮。應該説這其中寄寓着儒家的理想。孔子曾對太伯的行爲給予最高的禮贊,稱太伯"三以天下讓"爲"至德"(見《論語·泰伯》)。《尚書大傳》對太王、文王事蹟的記載,充分體現了原始儒家的理念。

武王時期是周王朝興起的第三階段。在這一階段中,武王在前輩辛苦經營的基礎上終於完成了消滅殷商王朝,建立周王朝的大業。《尚書大傳·周傳》除在《大誓》篇下補充了一些史料外,還補充了不在《今文尚書》之内的《大戰》篇。此文記載了武王滅殷的經過,也是一篇有重要歷史價值的文獻。其全文如下:

武王與紂之卒戰於牧之野。紂之卒,輻分紂之車,瓦裂紂之甲,魚鱗下賀乎武王。紂死,武王皇皇若天下之未定。召太公而問曰:"入殷奈何?"太公曰:"臣聞之也,愛人者兼其屋上之烏;不愛人者及其胥餘。何如?"武王曰:"不可!"召公趨而進曰:"臣聞之也,有罪者殺,無罪者活,咸劉厥敵,毋使有餘烈。何如?"武王曰:"不可!"周公趨而進曰:"臣聞之也 ,各安其宅,各田其田,毋故毋私,惟仁之親。何如?"武王曠乎若天下之已定。遂入殷,封比干之墓,表商容之閭,發鉅橋之粟,散鹿台之財,歸傾宫之女,而民知方。曰:"王之於仁人也,死者封其墓,況於生者乎？王之于賢人也，亡者表其閭，況於在者乎？王之於財也，聚者散之，況於復藉乎？王之於色也，在者歸其父母，況于復徵乎？"

開國之初，迫於時局的需要，武王向大臣們諮詢治國方略。太公、召公、周公各陳所見，武王否定了太公和召公的意見，採納了周公的意見。周公的意見體現了對堯舜禹湯治國方略的傳承和發展。"各安其宅，各田其田"是針對"民"的。民在擺脱紂的暴政後亟需休養生息，採取"各安其宅，各田其田"的政策對穩定農業經濟發展農業生産十分有利。《韓詩外傳》卷一所記載的史料反映出當時的社會盛況："百姓大悦，耕者倍力以勤，於是歲大稔，民給家足。"這則史料本是歌頌召伯的德政的。而召伯與武王、周公同時，恪守"先君文王之志"，不"以吾一身而勞百姓"，實行的正是"各安其宅，各田其田"的仁政。"民給家足"這種盛況的産生應是必然的結果。"毋故毋私，惟仁之親"是對君主的要求。"故"通"固"，謂固執拘泥。《論語・子罕》："子絶四：毋意、毋必、毋固、毋我。""毋故毋私"與"毋固、毋我"義近。私，指偏私。全句意謂不要固執偏私而要大公無私。這是君主必備的操守。衹有具備這樣的操守，才能夠"惟仁之親"。下面所述一系列舉措，説明武王不僅具備這些操守，而且能夠做到"惟仁之親"，正因爲如此，武王才獲得民衆的信任、擁護和愛戴。

《尚書大傳》的民本思想不僅通過朝代的興廢、帝王的作爲反映出來，而且還通過君主與大臣之間的關係反映出來。請看《尚書大傳・虞傳》在《臯陶謨》篇的傳文：

古者諸侯之于天子也，三年一貢士。天子命與諸侯輔助爲政，所以通賢共治，示不獨專，重民之至。大國舉三人，次國舉二人，小國舉一人。一適謂之攸好德，再適謂之賢賢，三適謂之有功。有功者天子賜以車服弓矢。再賜以秬鬯，三賜以虎賁百人，號曰命諸侯。命諸侯得專征者，鄰國有臣弑其君，孽伐其宗者，雖弗請于天子而征之，可也。征而歸其地于天子。有不貢士謂之不率正者，天子絀之。一不適，謂之過；再不適，謂之敖；三不適，謂之誣。誣者，天子絀之。一絀，少絀以爵；再絀，少絀以地；三絀而爵、地畢。

諸侯獻貢士之制，《禮記・射義》也有記載："是故古者天子之制：諸侯歲獻，貢士于天子，天子試之于射宫。"清儒孫希旦在注釋這段文字時，涉及上述《尚書大傳》的記載，他説："愚謂古者王國之人才，天子用之；侯國之人才，諸侯用之。蓋教化美而賢才多，則不必借才於境外，而無憂不足。而王者以公天下爲心，則才之在諸侯與在王朝，一也。豈必使諸侯悉貢其賢者於我，而獨與不賢者治其國乎？且三歲貢士，以千八百國每國二人通率計之，歲常至千餘人，加以成均之所教，鄉大夫之所興，用之必不能盡，必有壅滯失職之患矣。《詩》、《書》、《周禮》、《左傳》,初無貢士之事,獨《尚書大傳》言之,此書駁雜,不足信也。"①

孫希旦對《尚書大傳》的記載存在誤解。《尚書大傳》明言,對所貢之士"天子命與諸侯輔助爲政"並非將這些貢士集中到天子身邊,專供天子使用。所以,孫希旦所擔心的那些事情,根本就不會發生。再者,我們所探討的是《尚書大傳》的思想傾向,不是貢士制度在古史上之有無。《尚書大傳》所述的貢士制度,其基本精神在於"通賢共治,示不獨專,重民之至"。天子或國君無論有多大的才能,多高的智慧與品德,總不能靠一個人的力量去治理天下或國家,必須有大臣的輔佐。而幫助天子或國君治理天下國家的大臣,則必須是賢人。其實,"通賢共治"的思想遠不止這些,它的關鍵之處在"共治"。上述商湯所言"天下非一家之有",既然如此,可見無論天子或國君均不能"獨專"。從"重民之至"的原則出發,天子或國君必須與賢人共治。《尚書大傳》這些記載,可以看作是對民本思想的進一步發揮。

在"通賢共治"的管理集團中,天子並不是一個高高在上,爲所欲爲,令人畏懼的獨裁者,而是一個"惟仁之親"、"重民之至"善於聽取不同意見,以公天下爲心,深受民衆愛戴的領袖。《尚書大傳·虞夏傳》有兩段動人的描寫:

> 於時,卿雲聚,俊乂集,百工相和而歌《卿雲》。帝乃倡之曰:"卿雲爛兮,禮縵縵兮,日月光華,旦復旦兮。"八伯咸進,稽首曰:"明明上天,爛然星陳,宏於一人。"帝乃載歌,旋持衡曰:"日月有常,星辰有行,四時從經,萬姓允誠,於予論樂,配天之靈,遷于聖賢,莫不咸聽!鼚乎鼓之,軒乎舞之,菁華已竭,褰裳去之!"

這是舜將要把天子之位禪讓予禹時,君臣相和而歌的情形。"菁華已竭,褰裳去之",舜在禪讓時的表現是那樣的灑脱自然,這種灑脱自然與舜的思想境界密不可分。在這段文字之前,還有這樣一段文字:

> 維五祀,定鐘石,論人聲,乃及鳥獸,咸變於前。更著四時,推六律六吕,詢十有二變而道宏廣。五作十道,孝力爲右。秋養耆老,而春食孤子,乃渟然召樂,興於大麓之野。執事還歸二年,譈然乃作《大唐之歌》,樂曰:"舟張辟雍,鶬鶬相從,八風回回,鳳皇喈喈。"……維十有四祀,鐘石笙管變聲樂未罷,疾風發屋,天大雷雨。帝沈首而笑曰:"明哉!非一人之天下也,乃見於鐘石。"

正因爲舜具有"非一人之天下"的思想與情懷,所以,在讓出天子之位時,顯得那樣灑

① 孫希旦《禮記集解》,沈嘯寰、王星賢點校,北京:中華書局,1989年,1441頁。

脱而自然。這兩段文字,特别是第一段文字,寫得那樣富有詩意,其顯現出來的君臣之間的和諧,社會的和諧,是那樣令人神往! 而這種令人神往的社會局面,正是"通賢共治"的結果。從這個角度來説,"通賢共治"應是伏生在《尚書大傳》中所描述的二帝三王道統的重要内容。

以上所述是道統的重要内容,但並非道統的全部。陳壽祺説:"伏生之學尤善於禮,其言巡狩、朝覲、郊尸、迎日、廟祭、族燕、門塾、學校、養老、擇射、貢士、考績、郊遂、采地、房堂、路寢之制,后夫人入御、太子迎問諸侯之法,三正之統、五服之色、七始之素、八伯之樂,皆唐虞三代遺文,往往六經所不備,諸子百家所不詳。"(《尚書大傳定本·序》)應該説《尚書大傳》中有關禮的記述,也是道統的重要組成部分,禮涉及的方面非常廣泛,非本文所能容納。

三、《尚書大傳》與《今文尚書》之比較

衆所周知,伏生所傳的《今文尚書》爲二十八篇。《尚書大傳》既爲伏生所著,其疏解的對象,當然也應當是《今文尚書》二十八篇。如果我們把《尚書大傳》與二十八篇《今文尚書》放在一起比較的話,就會發現兩者之間存在着很大的差别。繼續深入研究這些差别,我們就會發現一些值得深思的問題,這些問題對於我們破解今、古文《尚書》傳承之謎是極有幫助的。

《今文尚書》二十八篇,開頭兩篇爲《虞書》,這兩篇是《堯典》和《皋陶謨》。《尚書大傳》這兩篇傳文的基本精神與思想,與經文本身大體上是吻合的。《夏書》兩篇爲《禹貢》和《甘誓》。《禹貢》是我國最早的歷史地理文獻,具有十分重要的史料價值。自宋代以來頗受學者重視,綿延至今幾成一門專門學問——"《禹貢》學"。然而,《大傳》關於《禹貢》的傳文並不多。衆所周知,禹最大的功績在於成功地治理洪水。大禹治水,在古代有許多神奇的傳説,傳文對這些傳説概未涉及。對禹的功勞衹有簡單概括的敘述:"夏成五服,外薄四海。""禹成五服,齒、革、羽、毛、器備。""大川相間,小川相屬,東歸於海。""大水、小水,東流歸海也。""百川趨於東海。"除此之外,對水的作用作了這樣的陳述:"非水無以準萬里之平;非水無以通遠道任重也。"人們衹能從傳文這些簡單的概括的陳述中,去想見禹的功績。對《夏書》的另一篇《甘誓》不僅無一字傳文,而且連篇題也未列出!《甘誓》文字雖短,但意義卻非同尋常,它標誌着禪讓制"公天下"的結束,以及傳子制"家天下"的開始。以堯舜爲代表的"大同"式的"公天下"和以"三代"爲代表的"小康"式的"家天下",儒家的創始人孔子也多有論及,這一

點伏生應當是瞭解的。然而,對如此重大的歷史事件,《尚書大傳》竟然未置一詞,不能不令人深思。是該篇傳文徹底亡佚,還是另有其他原因,由於史缺有間,我們衹好付諸"闕疑"了。

如果説《尚書》是一部史書,而且以《甘誓》篇爲界線的話,那麽我們不難看到《甘誓》篇前後的諸篇經文,所展現的竟是兩種不同的世界。《甘誓》之前如《堯典》和《皋陶謨》所展現的世界,朝野之間、君臣之間人際關係是那樣的和諧,社會氛圍是那樣的祥和。而在《甘誓》篇之後一些經文所展現的卻是另一種世界,人們所能看到的是非殺即罰的冷峻與嚴酷。

夏、商、周,史稱三代。夏是三代中的第一代,在中國歷史上也是奴隸社會的開始。《甘誓》一文表明夏代是以戰争的方式奪取政權的。同樣,殷、周兩代也是如此。緊接着《甘誓》之後的便是《湯誓》。《湯誓》是商湯討伐夏桀時的戰争動員令,正是通過這場戰争,商湯消滅了夏桀,從而結束了夏王朝,建立了殷商王朝。在《今文尚書》中反映殷商王朝歷史的共五篇,除《湯誓》外,尚有四篇,最後一篇是《微子》。《微子》之後,便是《牧誓》,《牧誓》是周武王討伐殷紂王時的戰争動員令。通過這場戰争周武王消滅了殷紂王,從而結束了殷商王朝,建立了周王朝。歷史竟是如此驚人的相似,夏、商、周三代均採用戰争的手段靠武力立國。而《尚書大傳》對於殷商王朝和周王朝,特别是對於殷商王朝和周王朝的建立經過,補充了許多史料。在這些史料中,商湯、古公亶甫、周文王甚至周武王,被描繪成愛民"重民"之至,深受民衆愛戴的領袖。和《尚書》三篇誓詞所表現的情形形成鮮明的對照,這不能不令人深思。

《商書》在《湯誓》之後,緊接着的便是《盤庚》,全文計 1380 字,在《尚書》中是文字最長的一篇,今、古文本均分作上、中、下三篇。盤庚,乃殷商王朝著名的一代國君,《盤庚》乃盤庚爲遷都所發表的誥文。根據《史記·殷本紀》記載,在盤庚之前"自中丁以來,廢適而更立諸弟子,弟子或争相代立,比九世亂,於是諸侯莫朝"。相互争奪帝位,經歷了九世的混亂,殷商王朝已呈衰敗之勢,形成"諸侯莫朝"的局面。盤庚繼位之後,經過五次遷都,"涉河南,治亳,行湯之政,然後百姓由寧,殷道復興。"盤庚之後"殷復衰,百姓思盤庚,乃作《盤庚》三篇。"盤庚能夠使殷商王朝復興,是因爲盤庚所推行的是"湯之政"。"湯之政"按儒家的説法也就是"仁政",那就讓我們通過《盤庚》三篇來研究一下盤庚的政見吧。

《盤庚》三篇,是盤庚的三篇誥文。盤庚談話的對象是兩類人:一類是邦伯、師長、百執事,這些人屬於統治集團,大約因其不在少數,盤庚又稱這些人爲"衆";另一類人是"民",這些人當然屬於被統治階級。前一類人屬於統治集團,所以盤庚對他們的談話是勸説的口吻。但假如他們執意阻撓遷都大計,盤庚便要"無有遠邇,用罪伐厥死",不分親疏遠近,按照罪名殺死他們。對"民"的談話,則更爲嚴厲,如果他們破壞遷都大計,"我乃劓殄滅之,無遺育,無俾易種於兹新邑"。不但施以殘酷的刑罰殺掉他們,而且連他們的後代也要統統殺掉,不讓他們的後代在新邑裏蕃衍。這是何等殘酷的懲罰!上述《尚書大傳》所描繪的商湯的德政,與此形成鮮明的對照。

《高宗肜日》是《商書》的第三篇。高宗名武丁,在殷商王朝中,是商湯之後最著名的一代君主。武丁爲太子時,曾長期拜甘盤爲師。武丁執政之初,甘盤曾輔佐武丁,但時間較短就去世了。而後便是起用傅説。這件事尤其值得關注。《史記·殷本紀》記載:

> 帝武丁即位,思復興殷,而未得其佐。三年不言,政事決於冢宰,以觀國風。武丁夜夢得聖人,名曰説。以夢所見視群臣百吏,皆非也。於是乃使百工營求之野,得説于傅險中。是時,説爲胥靡,築于傅險。見於武丁,武丁曰:"是也。"得而與之語,果聖人。舉以爲相,殷國大治。故遂以傅險姓之,號曰傅説。

應當説這段故事,富於傳奇色彩。《古文尚書》有《説命》上、中、下三篇對此事大加渲染。其實,如果我們能夠把武丁的經歷及其行事作風放在一起思考,就會覺得這段故事雖然傳奇色彩甚濃,但並非不可理解。如果説武丁在爲太子時,曾奉父命長期與下層民衆一起勞作的話,那麼,傅説很可能就是武丁在這段時期内所結識的"奇人異士"。大約通過長期觀察,武丁對這位"奇人異士"的才能與品德有了十分透徹的瞭解,因而即位之後,便大膽而果斷地起用他。試想,如果不是事先已經結識,那麼,"以夢所見"之人,與傅説實際相貌怎麼那樣吻合?一個從事建築勞作的奴隸,竟然是德才兼備的"聖人",如果不是事先已有透徹瞭解,這種巧合豈非不可思議!

不管傅説才德如何兼備,而他的身份卻是"胥靡"——一個因"犯法"而服勞役的囚徒,也可以説是一名卑賤的奴隸。殷商時代已是等級森嚴的階級社會。在這樣的社會裏,身份如此低賤的人,一下子被立爲相。地位反差如此之大,上層社會如何能夠接受?可以想見在任命傅説爲相之前,武丁不能不考慮到這樣一個極其嚴肅的問題,因而採取非常手段,用"以夢所見"的方式,將傅説提拔上來。殷商時代又是一個極其篤信鬼神的時代,正是因爲篤信鬼神,武丁採取這種方式,才能取信當時統治階段的上層,從而順利實現"舉以爲相,殷國大治"的願望。

國王將自己的兒子——太子,長期地放到民衆中去並長期地和民衆一起勞作,而太子即位後又將一名身份卑賤的"胥靡"一下子擢升爲相:這種特立獨行,不但在殷商王朝,就是在四千多年的中國歷史長河中,恐怕也僅此一見! 在這裏,我們不能不深思一下這種特立獨行背後的指導思想。這種指導思想應該就是"王司敬民,罔非天胤"。民之所以要"敬",就因爲他們也是上天的後代。有的學者認爲這是民本思想,而這種民本思想不是當時所能産生的,因而認爲《高宗肜日》一文也是不可信的。其實,這樣的觀點是錯誤的。儒家的民本思想是一個完整的思想體系,有着豐富的内涵。這種思想的形成有一個漸進的過程,並非一蹴而就。《甘誓》、《湯誓》,特别是《湯誓》都是在"弔民伐罪"。既是"弔民伐罪",就足以證明戰争的發動者對民在戰争中所起的重要作用有着清醒的認識。中華民族是一個善於總結歷史經驗的民族,在歷次王朝的興廢與更迭、社會的動亂與安寧中,統治階級中一些頭腦清醒之人對民的作用則更加有了清楚的認識。武丁父子便是其中的突出代表,他們的作爲没有"敬民"思想作基礎,那是無論如何也做不到的。所以,在武丁時代産生"王司敬民,罔非天胤"的思想,是完全可能的,毫不足怪!

然而,奇怪的是《尚書大傳》對武丁父子的事蹟没有提供任何史料,是《大傳》此處佚文未被發現,抑或另有原因,我們就不得而知了。

《西伯戡黎》爲殷書第五篇。此篇所記載是殷紂王時周文王討伐黎國一事,此時殷商王朝已瀕臨滅亡。《尚書大傳》在此篇傳文中,提供了有關文王的事蹟,上文已引述。《微子》爲殷書第五篇,也是殷書最後一篇,《尚書大傳》在此篇傳文中,提供的史料是微子朝周時,路過故都有所感而作《麥秀》一詩,與本文所論關係不大,故亦從略。

《周書》十九篇。按《尚書大傳》的編排第一篇爲《大誓》,《大誓》即《泰誓》,在《古文尚書》中,爲《周書》第一篇並分上、中、下三篇。《今文尚書》二十八篇中有無《泰誓》,也是古今學者争論未決的問題。而《尚書大傳》不但列有《泰誓》而且還有關於《泰誓》的傳文,這些傳文一些地方與《史記・周本紀》的記載近似。所以,關於《泰誓》的問題尚需進一步加以探討。

對於滅殷戰争,《今文尚書》與《尚書大傳》有三篇記載此事,這三篇是《泰誓》、《牧誓》、《大戰》。這三篇的情況有些特别:《泰誓》一篇,《尚書大傳》雖有文字不多的傳文,然而其經文卻不在《今文尚書》二十八篇之内,《牧誓》一文雖在《今文尚書》二十八篇之内,而《尚書大傳》不僅無一字傳文且連篇題亦未列出。《大戰》篇則爲《尚書大傳》録出全文,但在《今文尚書》二十八篇之中卻不見蹤影。爲什麽會出現這種情況,實在令人費解。

如果把這三篇放在一起研讀,我們不難發現這三篇將此次滅殷戰争的經過敘述得井然有序。《泰誓》所寫是戰前的準備。從《古文尚書》中的《泰誓》來看,不但八百諸侯盟於孟津,而且武王在誓詞中歷數殷紂的罪行,且天示異象:“武王渡河中流,白魚雙躍入舟,武王俯取以祭。”“武王伐紂,觀兵于孟津。有火流于王屋,化爲赤烏三足。”(見《尚書大傳》)《史記·殷本紀》的記載與此雖有小異而大體相近,並説:“諸侯皆曰:‘紂可伐矣。’”不僅如此,《尚書大傳》的傳文尚有如下記載:“武王伐紂,至於商郊,停止宿夜,士卒皆歡樂歌舞以待旦。”既取得八百諸侯的擁護,而士卒的戰鬥氣氛又如此昂揚。按理説戰鬥應該開始了,然而武王的看法卻不是這樣,據《史記·周本紀》記載,武王説:“汝未知天命,未可也。”没有立即發動戰鬥,而是“乃還師歸”。由此可見,《泰誓》所寫的,衹是戰前的準備。

《牧誓》一文是臨戰前的動員令,全文比《泰誓》簡短得多,在聲討商紂的罪狀時,開列三條罪名:一是聽信婦人的話,二是不祭祖宗和上帝,三是任用四方逃亡的奴隸而不任用同宗兄弟。這比《泰誓》所列的罪狀少得多,更没有《泰誓》所鋪陳的豐富的思想内容。接着是對參戰將士提出要求,要求是嚴酷的,倘不努力作戰,便要遭到殺戮。《泰誓》篇也一樣,“不迪有顯戮”。不同的是在《牧誓》中,武王一再鼓勵將士“勖哉夫子”,意即努力作戰,而未言及獎賞,《泰誓》篇則言及獎賞:“功多有厚賞”。《史記·周本紀》記録了《牧誓》的全文,文字雖小有不同但内容則完全相同。

《尚書大傳》所録《大戰》篇文字,首尾完具,應是全文,所寫也是武王滅殷的戰爭,但衹用很簡短的文字敘述戰爭的經過,緊接着便如上文所述是寫開國之後大政方針的確定以及處理戰後有關事宜,既與《牧誓》不同,也與《泰誓》不同。這其中所顯示的問題,也應加以探究。

《周書》十九篇,除上面提到的三篇外,尚有十六篇。其中十篇爲周公所發佈的誥文,《金滕》一篇,雖非周公的誥文,但所記之事與周公有關。可見《今文尚書》的編纂者對周公的重視。這一點與孔子的思想是吻合的。

周公雖參與了周王朝的建立,但他的功勞主要是表現在周王朝建立之後輔助周天子鞏固和發展政權上面。周王朝建立之後,面臨兩大挑戰:一、王室内部的紛爭;二、殷商王朝殘餘勢力的反抗。周朝建立不久,武王去世,成王尚幼,周公毅然代表成王行使天子的職權處理朝政。面對上述兩大挑戰,周公力排衆議大舉東征,成功地平定叛亂,平息了内部紛爭與殷商殘餘勢力的叛亂。從《今文尚書》的《大誥》到《立政》,幾乎概括了周公一生主要的政治活動。從這些政治活動中,我們不難看出周公的確是一位傑出的政治家,他非常善於總結歷史經驗。在總結歷史經驗的基礎上,否定了殷商統治者敬畏鬼神的觀念,在“天不可信”思想的指引下,轉變爲重視“人事”。從而明確地提出了“敬德保民”、“明德慎罰”的執政理念。儘管如此,我們也應當看到另一面,周公在向殷商遺民談話時,態度就變得十分嚴厲了,他明確地告訴殷民:衹要"臣我多遜",老老實實地服從統治,不但"尚有爾土",而且"尚寧幹止",即不但給予土地,而且可以過着和平安定的生活;如果"爾不克敬",不服從統治,那就要"致天之罰",嚴懲不貸(見《多士》)。在向康叔交代如何治理殷民時,則要求康叔:"蔽殷彝,用其義刑義殺。""元惡大憝……刑茲無赦。"(《康誥》)"群飲,汝勿佚,盡執拘以歸周,予其殺。"(《酒誥》)根據宣佈的律令,凡是觸犯律令的就一定要殺掉,甚至觸犯禁酒令,在一起喝酒的,也要殺掉,足見法令之嚴酷!

《尚書・吕刑》篇,應該説是一部最早的成文法典,文中明確指出要根據寬大的原則來制定刑法,即所謂"荒度作刑",荒,寬大,度,度量,"荒度"謂寬大的度量。然而,這部依據寬大的原則所制定的刑法,其五刑(墨刑、劓刑、刵刑、宫刑、大辟)的條款竟然多達三千條,刑法嚴酷到何等程度,也就不難想見了。

從某種程度上來看,《尚書・洪範》也是一部法典,當然這部法典並非刑法法典,而是治國的法典。這部法典第六條對君臣的地位作出明確規定:

> 惟辟作福,惟辟作威,惟辟玉食;臣無有作福作威玉食。臣之有作福作威玉食,其害於而家,凶于而國,人用側頗僻,民用僭忒。

衹有天子才可以給人以幸福或懲罰,衹有天子才可以享用美好的飯食;臣下没有權利給人以幸福或懲罰,也没有權利享用美好的飯食。不但集權於天子,而且規定了天子在生活方面所享受的特權。把這種規定和《尚書大傳》中所記載的堯舜禹湯文武的行事相比較,差異之大,實在令人驚詫!

《尚書・立政》篇,周公在總結夏、殷兩代經驗的基礎上提出"繼自今後王立政,其惟克用常人"。"常人"即賢人,"其惟克用常人"用今天的話來説,就是任人惟賢。但周公所説的任人惟賢與《尚書大傳》所説的"通賢共治"仍然存在着很大的差别。任人惟賢意在維護與加强周王朝的統治,而"通賢共治"意在"示不敢專,重民之至"。一在爲君,一在爲民,其間的差别是顯而易見的。

綜上所述,《今文尚書》二十八篇與《尚書大傳》在思想傾向上的差别如此巨大,這是無法回避的事實。

四、由上述考論引發的進一步思考

研究伏生,最大的問題是史料匱乏。除了《史記・儒林傳》載有極爲簡短的伏生傳記之外,極少有別的史料可資探尋;但這並不是説對伏生我們就無法展開深入的研究了。筆者由研究《尚書大傳》試對伏生傳授《尚書》的歷史過程中的幾個關鍵問題進行一些推論。

伏生所傳的《尚書》,實際上衹有二十八篇,按朝代可劃分爲虞書二篇、夏書二篇、商書五篇、周書十九篇。就篇數而論,殘存的篇章按朝代先後遞增,散佚的篇章則是按朝代先後遞減,無論遞增或遞減,都顯示出散佚或殘存的情況,似乎出於人爲的安排,並不是其自然狀態。從今天出土的典籍來看,情形與此大不相同。比如 1973 年出土的定州漢墓竹簡《論語》,是公元前 55 年以前的本子,距今已二千多年。在整理過程中,又遭到 1976 年唐山大地震的破壞,不僅竹簡又一次散亂,而且有一定的損毁。[①]經過學者們整理,因原簡未發現篇題,釋文篇題爲整理者據今本《論語》補加,篇章順序也是整理者據今本《論語》順序排列,與今本《論語》對照,就篇目而言簡本與今本均为二十篇,各篇均有,並無殘缺。就字數而言簡本爲 7576 字,簡本《論語》整理者認爲簡本《論語》的字數不足今本《論語》的二分之一,此説實誤。《論語》字數據南宋學者鄭耕老的統計爲 12700 字[②],鄭耕老爲紹興十五年(1145)進士,其年齡當長於朱熹,朱熹《四書集注》中的《論語》與今本《論語》無甚差異。所以,鄭耕老對《論語》所統計的字數與今本《論語》的總字數或稍有出入,但出入可能很小。如以鄭耕老的統計爲準,那麼,簡本《論語》的總字數佔今本《論語》總字數接近百分之六十而不是不足二分之一。簡本整理者在《凡例》中説:"原簡未發現篇題,釋文篇題係據今本《論語》補加。並參照今本分篇順序排列。"其實《論語》的篇題出自每篇首章開頭幾個字,爲後人所加,與其他古書不同。原簡未發現篇題不足爲怪。漢代《論語》有三種版本:《古論》、《魯論》、《齊論》。今本《論語》爲《張侯論》,乃漢成帝時張禹所編。張禹受《魯論》於夏侯建,又受《齊論》於庸生、王吉。所以,《張侯論》乃張禹據《魯論》、《齊論》擇善而從編成的。簡本《論語》是從漢中山懷王劉修墓中發現的,早於《張侯論》。簡本《論語》當是《魯論》。據《經典釋文·序録》記載《魯論》爲二十篇,《齊論》多出《問王》、《知道》兩篇爲二十二篇。而整理者將簡文按今本《論語》順序排列,這樣整理的結果,簡本《論語》的篇目數量與今本《論語》相同,均爲二十篇。可見簡本《論語》並無殘缺,殘缺的是篇中的章或章中字句。這種情況與當年伏生從壁中得到的《尚書》殘本大不相同。《尚書》殘本,就篇數而言"亡數十篇"。所"亡"的這"數十篇",不僅篇目

① 参見《定州漢墓竹簡〈論語〉》前言,北京:文物出版社,1997 年。

② 見《宋元學案》第 1 册,北京:中華書局,1986 年,219 頁。

盡亡,且無一字一句留存;"獨得二十九篇",這"獨得"的"二十九篇"(實爲二十八篇)不僅篇目具在,而且每篇首尾完具,少有字句殘缺。這難道是伏生所得殘本《尚書》的自然狀況嗎?這種情況不是非常值得懷疑嗎?所以,筆者認爲伏生所得的殘本《尚書》是人爲的"殘本"。倘是殘本自然狀態,決不會如此巧合。

再從内容上來看,虞、夏書四篇除《甘誓》爲發動戰争的誓詞外,其餘三篇涉及虞、夏兩代人物歷史、人文禮制以及曆法、地理諸方面。就《商書》而言,雖然篇數甚少,但從商朝立國至滅亡以及中興等史跡也都涉及到了,也很全面。《周書》十九篇更是全面地反映了周代立國之後至春秋初年的歷史。伏生殘本《尚書》,在内容上居然如此完備,也難以令人置信。

從上述情況觀察,筆者以爲《尚書》二十八篇不是殘本,而是經過伏生再一次整理與加工的選編本。《尚書大傳・略説》中有一則記載可資佐證。這則記載全文如下:

> 子夏讀《書》畢,孔子問曰:"吾子何爲於《書》?"子夏曰:"《書》之論事,昭昭然若日月焉,所受于夫子者弗敢忘。退而窮居河、濟之間,深山之中,壞室蓬户。彈琴瑟以歌先王之風,有人亦樂之,無人亦樂之。上見堯舜之道,下見三王之義,可以忘生死矣!"孔子愀然變容曰:"子殆可與言《書》矣!雖然,見其表未見其裏,闚其門未入其中。"顔回曰:"何謂也?"孔子曰:"丘常悉心盡志以入其中,前有高岸,後有大谿,填填正立而已。六《誓》可以觀義;五《誥》可以觀仁;《甫刑》可以觀誡;《洪範》可以觀度;《禹貢》可以觀事;《皋陶謨》可以觀治;《堯典》可以觀美。"

六《誓》指《甘誓》、《湯誓》、《牧誓》、《費誓》、《秦誓》。但以上衹有五篇,所缺的一篇,筆者以爲可能是《文侯之命》,也可能指《泰誓》。《泰誓》在《古文尚書》中,而《文侯之命》在伏生所傳的《今文尚書》中。對於《文侯之命》,筆者傾向鄭玄的説法,當指西周末年的宫廷政變中周平王向晉侯仇發佈的誓詞。① 該文分四段與誓詞文體十分吻合。五《誥》指《大誥》、《康誥》、《酒誥》、《召誥》、《洛誥》。其實,《多士》、《君奭》、《多方》篇題雖無"誥"字,但從其内容來看,亦屬誥體。《無逸》乃周公訓誡成王,與周公訓誡康叔(《康誥》)、召公奭(《召誥》)相同,亦應屬誥體。"五《誥》可以觀仁"。如果説從《酒誥》中可以觀出"仁"來,那麽,從《無逸》、《君奭》中更可以觀出"仁"來,即使《多士》、《多方》亦可觀出"仁"來。在上述孔子"七觀"中,除《湯誓》一文可以列入"六

---

① 詳見拙著《尚書譯注》,成都:四川人民出版社,1982年,282頁。

《誓》"外,《商書》其餘四篇均很難列入。《盤庚》一文與誥體近似,倘若列入誥體,似無不可。不知"七觀"中何以對《商書》如此輕視,這是一個值得研究的問題。

其實,《尚書》中的篇名,並非本來就有的,而是後人因事名篇添加上去的。孔子在删定《尚書》時是否已添加篇名,不得而知。至少在伏生時,各篇均已有固定的篇名,則是可以肯定的。

上述孔子與子夏、顏回的對話中,所引發的"七觀"之論,是否可靠,這也是一個值得研究的問題。陳壽祺曾對此作過考論。他説:"《外紀》引'子夏讀《書》畢'一條,未舉所徵。然《文選》注、《御覽》、《困學紀聞》分引數條並與此合,是爲《書傳》文無疑。薛季宣《書古文訓·序》亦有此文,末有'通斯七者,《書》之大義舉矣'二句。亦不稱所出。而末敘'七觀'云:'是故《帝典》可以觀美;《大禹謨》、《禹貢》可以觀事;《皋陶謨》、《益稷》可以觀政;《洪範》可以觀度;六《誓》可以觀義;五《誥》可以觀仁;《甫刑》可以觀戒。'其序次與《孔叢子》同,與《御覽》、《困學紀聞》所引《大傳》'七觀'異,則非《書大傳》之文明矣。《孔叢子》言《大禹謨》、《益稷》者蓋作僞者羼入,而不知真古文與今文皆無《大禹謨》,其《益稷》一篇,則統于《皋陶謨》中也。"清儒皮錫瑞認爲:"六《誓》者,《甘誓》、《湯誓》、《泰誓》三篇、《牧誓》也。五《誥》者,《大誥》、《康誥》、《酒誥》、《洛誥》、《召誥》也(舜案:後兩篇次序顛倒,誤),皆《今文尚書》文。伏生傳《書》,本無《太誓》,而此並數之,且分《太誓》爲三篇者,蓋歐陽、張生據後出篇數增之也。"①筆者認爲皮氏的意見值得商榷,如果説《文侯之命》篇題無"誓"字,不算在六《誓》之中,還有一定道理。而《費誓》、《秦誓》篇題均有"誓"字,卻被皮氏排斥在六《誓》之外,這是無論如何也説不通的。其實,這段話是孔子在傳授《尚書》時,從某一方面對《尚書》内容的撮要論述。這個論述被七十子後學口耳相傳,最後被伏生記録在《尚書大傳·略説》裏。這段話的真實性,尚需作進一步研究才能確定。

子夏一生淡泊名利,以傳經授徒爲業,這一點與伏生十分相似。孔子一生所編纂或撰述的經典,絶大部分是由子夏傳授下來的。所以,筆者認爲《尚書大傳》借助子夏表述孔子"七觀"之議,是伏生重新編纂《尚書》所要依循的總綱。伏生所傳《今文尚書》與孔子"七觀"之議如此吻合,就證明了這一點。

《史記》雖記載伏生爲秦始皇博士,但並未確指爲何種博士。七十博士,成分甚雜。可能儒家人數居多,除儒家外尚有法家、諸子、詩賦、方伎等(參見王國維先生《漢魏博士考》)。而伏生無疑屬於儒家。從後半生行事來看,伏生在儒家中是專攻《尚

① 《尚書大傳疏證》,《續修四庫全書》影印本,791頁。

書》的博士。由秦入漢時,伏生當已四十餘歲,伏生既爲專攻《尚書》的博士,那麽他對《尚書》一定極爲熟悉。按南宋學者鄭耕老統計今、古文《尚書》加在一起,總字數不過25800字。《尚書》的先秦原本,目前已不可考,估計總字或與此相當。即便多一些,也不大可能多得太多。以伏生的才能記誦全書當非難事。即便後來所得的《尚書》是殘本,而伏生依據殘本再憑記憶恢復《尚書》的全貌也是完全可能的。秦始皇焚書的重點是《尚書》、《詩經》。《詩經》的總字數按鄭耕老的統計爲39224字,比《尚書》的字數多得多,何以《詩經》留存的幾近全本,而《尚書》的散佚竟如此之多?也許有人認爲《詩經》是詩歌,易於記誦,不像《尚書》那樣詰屈聱牙難以記誦,因而難以保存。其實,這個理由是難以成立的。在後代或現代學者中全文背誦十三經的大有人在,更不要説是五經或其中一經了。伏生幾乎用畢生精力精研《尚書》,僅有兩萬五千多字的《尚書》竟然記誦不下來,這是難以令人置信的。果真如此,那麽伏生爲什麽没有將《尚書》全書整理出來,而衹將其中二十八篇轉寫成漢代今文而加以傳授呢?

伏生是一位高齡學者,漢文帝時伏生傳授晁錯《尚書》時已九十餘歲,何時去世,史無明文。陳壽祺認爲伏生享有"期頤之壽",這是可能的。伏生不但經歷了秦始皇的暴政,而且經歷了秦、漢之際的大動亂,享壽如此之高,確是十分難得。秦始皇"焚書坑儒",郭沫若先生認爲:"照扶蘇的話來看,所阬的儒實在是不折不扣的孔子之徒。"[①]伏生就是這樣一位"不折不扣的孔子之徒",又是怎樣躲過這場"焚書坑儒"的災難的呢?伏生是孔子及門弟子伏不齊的後裔,由於家風的影響以及儒家學説的陶冶,在伏生身上我們看到了君子儒的人格與氣節。秦始皇自以爲功過三皇五帝,其傲視古今真是達到了瘋狂的程度,對於儒生的態度,豈止是"傲",簡直是視之如草芥,稍不如意或絀或殺。這些暴行都是伏生所耳聞目睹的。以伏生的品格,決不會爲這類暴君服務。既不爲其服務又要避免受到傷害,這是伏生在其所處的境遇下所要思考的問題。可以想見伏生當時行事不但十分謹慎,而且十分低調。在秦始皇東巡時,伏生在當時的學術界當已有相當成就和聲望,所以被召爲秦始皇的博士。但爲秦始皇的博士,當非伏生的心願。然而,爲了避禍又不得不從。從《史記》的記載中,我們一點也看不到伏生在秦時的影蹤或言行,足見其行事之低調。因而,雖爲博士但並未引起秦始皇甚至李斯等人的注意。在封禪活動中,儒生們的意見因不合秦始皇的心意而被"絀"(見《史記・封禪書》),很可能此時伏生已借機遁去。後來秦始皇坑儒時,伏生能夠躲過這場災難,其原因大概在此。入漢以後,劉邦曾將儒生的帽子拿來作便盆向

---

① 《十批判書》,《郭沫若全集・歷史編》第2卷,北京:人民出版社,1982年,445頁。

其中撒尿,以此羞辱儒生(見《酈生陸賈列傳》)。此事伏生不會不知。作爲一位有人格尊嚴的學者,伏生還會象叔孫通等人那樣主動依附嗎?漢定之後,經過一番經營,社會已趨於穩定。此時,伏生大概已絶意仕途,僅以《尚書》"教于齊、魯之間",不再涉足是非叢生的官場了。陳壽祺在《尚書大傳定本·序》中説:"漢始定天下,庶事草創。獨一叔孫通略定制度,雜以秦儀,若乃正朔、服色、郊望、宗廟之事,數世猶未張焉。假令當高帝時,伏生年未篤老,尊其高節,安車禮徵,與張蒼等考舊章、立經制、議禮樂,則魯兩生息面諛違古之誚,絳、灌諸臣泯年少紛更之譏,規橅粗定。然後,繼之以賈誼、董仲舒、河間獻王、王吉、劉向之倫,先後討論法象,明備成康之治,何必不復見西京?"陳壽祺這番話不免有些迂腐。他假設劉邦尊重伏生的"高節",便會對伏生"安車禮徵",然後再讓伏生與張蒼等議定制度朝儀就會如何如何。其實,這樣的假設没有多少根據可言。以劉邦的秉性不對儒生加以污辱就很不錯了,怎麼可能因伏生的"高節"而對他"安車禮徵"?即便"安車禮徵",以伏生的"高節"是否應徵也是問題。再説張蒼雖有大才,但卻是一個妒賢嫉能之人,賈誼、公孫臣等人均遭到他的罷絀(見《張丞相列傳》),怎能與伏生共事。伏生一生歷盡滄桑。從伏生入漢以後的行事來看,他所要考慮的恐怕衹是如何將孔子的學説及其編纂或撰述的經典傳授下來,至於功名利禄恐怕不在他的考慮範圍之内。他一直平静地在家鄉設帳授徒,直至九十餘歲。從這番作爲中便可以推想他的人生旨趣了。

衆所周知,漢代《尚書》兩個重要版本:其一爲伏生所傳的《今文尚書》二十八篇;其二爲孔安國所傳的《古文尚書》二十五篇。這兩部《尚書》在先秦時應是一部,均爲古文。漢初伏生傳授《尚書》時,將所傳二十八篇由先秦時古文改寫成漢代今文。因而,後人將伏生所傳的二十八篇稱爲《今文尚書》。未被傳授的二十五篇,在伏生時仍爲古文。至孔安國時,才由孔安國將這批《古文尚書》轉寫成漢代的今文。其時,伏生所傳的《今文尚書》已立於學官。而孔安國所傳的《尚書》未被立於學官,衹是私下傳授。所以,這批《尚書》雖經孔安國改寫爲漢代的今文,但仍被稱爲《古文尚書》。伏生在傳授《尚書》時爲什麼要捨棄二十五篇《古文尚書》,衹傳授二十八篇《今文尚書》呢?筆者認爲要回答這個問題,必須考慮以下幾點:

首先,伏生對《尚書》的取捨,當是考慮到今、古文《尚書》在内容方面的不同。《今文尚書》的内容,上面已作了概括的分析和敘述。此處不贅。下面讓我們概括地分析和敘述《古文尚書》的内容。

《古文尚書》二十五篇,篇目如下:

虞書(1篇):《大禹謨》。

夏書(2篇):《五子之歌》,《胤征》。

商書(10篇):《仲虺之誥》,《湯誥》,《伊訓》,《太甲》上、中、下,《咸有一德》,《説命》上、中、下。

周書(12篇):《泰誓》上、中、下,《武成》,《旅獒》,《微子之命》,《蔡仲之命》,《周官》,《君陳》,《畢命》,《君牙》,《冏命》。

《古文尚書》的思想内容,其主要方面就是宣揚民本思想。《商書》十篇,着重記載了兩個人的事蹟。其一爲伊尹,其二爲傅説。這兩個人,特别是伊尹,被描寫成大臣的最高典範。通過這兩個人的事蹟,《古文尚書》進一步宣揚了民本思想。記載伊尹事蹟的有《伊訓》,《太甲》上、中、下,《咸有一德》共五篇,占《商書》一半,足見其分量之重。記載傅説事蹟的有《説命》上、中、下三篇。

《伊訓》的"訓",《説文》:"訓,説教也。"段注:"説教者,説釋而教之,必順其理。"《書序》:"成湯既没,太甲元年,伊尹作《伊訓》、《肆命》、《徂后》。"而《肆命》、《徂后》兩篇俱亡佚,惟《伊訓》尚存。《尚書》孔安國傳:"作訓以教道太甲。"教訓也好,教導也好,都是上對下而言。然而,伊尹所教導的對象,卻不是對下,而是對一國之君太甲。伊尹本是夏桀的大臣,後來拋棄夏桀,投奔商湯。在商湯消滅夏桀,建立商王朝的過程中建立殊勳而成爲商湯的重臣。商湯在建立商王朝之後不久去世,他的兒子太丁又未立而卒。太甲是太丁的兒子,太丁死後,太甲繼承王位。《伊訓》就是伊尹在太甲即位之初,對太甲進行的教導。教導的主旨是如何做好一個國君。對此,伊尹要求太甲以成湯爲榜樣,然後提出五點要求。第一,"今王嗣厥德,罔不在初。"就是説要在執政開始,便應當省察自己是否繼承了成湯的德政。成湯的德政是什麼呢?伊尹用這樣一句話加以概括:"代虐以寬,兆民允懷。""虐"指夏桀虐待百姓的暴政;"寬"指的是造福百姓的德政。第二,"立愛惟親,立敬惟長,始於家邦,終於四海。"這四句話有内在的聯繫,衹有着眼於這種内在聯繫,才能獲得正確的解釋。"立愛惟親"是説"立愛"應從自己的親人開始;"立敬惟長"是説"立敬"應從自己的長者開始。然後,將這種"愛"和"敬"推而廣之,從"家"至"邦";從"邦"至"四海"。通俗地説就是由家至國,由國至天下。這種思想,其實就是孟子所説的"老吾老,以及人之老;幼吾幼,以及人之幼。天下可運於掌"(《孟子・梁惠王上》)。一個國王能夠做到這一點,治理好國家便是一件很容易做到的事情了。第三,"先王肇修人紀,從諫弗咈,先民時若;居上克明,爲下克忠;與人不求備,檢身若不及,以至於有萬邦,兹惟艱哉!"在這裏伊尹提到了"人紀",而且明確指出這個"人紀"是由"先王肇修"的。"先王"當然指的是商湯,"肇修"謂開始建立,那麼商湯開始建立的"人紀",意義何在呢?"人紀"孔傳解釋謂"爲人紀綱”,用今天的話來説,就是做人應當遵守的道德規範。做人的道德規範,既有因地位的不同而不同;也有地位雖不同而要求則相同。從不同方面講,做國君的應該“從諫弗咈”(“咈”,違逆,“從諫弗咈”即從諫如流),還應該“居上克明”。孔穎達疏:“見下之謂明。言其以理恕物,照察下情,是能明也。”衹有“照察下情”才能處理好政務。“從諫”及“克明”是國君必備的操守。“爲下克忠”:“下”指臣民而言,作爲臣民對於國君,應該做到的是“忠”。這是臣民應該具備的操守。“與人不求備,檢身若不及”這是君、臣、民都應當具備的操守。衹有君、臣、民都嚴格地履行這些“人紀”,才能使整個國家長治久安。第四,“敷求哲人,俾輔於爾後嗣。”廣泛地尋求才德兼備的賢哲之人,讓他們輔助國王治理國家,這個要求和《尚書大傳》的“通賢共治”的思想是相通的。第五,“制官刑,儆於有位。”“有位”指官吏而言。“制官刑”即制定懲罰貪官污吏的刑法。用這樣的刑法來儆戒所有在位的官吏。不僅如此,還要“具訓于蒙士”。蘇軾《書傳》:“蒙童也,士自童幼即以此訓之也。”蔡沈《書集傳》:“童蒙始學之士,則詳悉以是訓之,欲其入官而知所以正諫也。”學生從少年時代就進行反腐防腐教育,真是一種創舉!不僅如此,伊尹還對腐敗加以細化,分成“三風”、“十愆”。蔡沈《書集傳》:“三風,愆之綱也;十愆,風之目也。”孔穎達疏:“巫風二,淫風四,亂風四也。”愆,謂過失或罪過。“十愆”,指十種過失或罪過。這十種過失或罪過,“巫風”占兩種:其一爲“恒舞于宫”(在宫中經常舉行歌舞);其二爲“酣歌於室”(在家中酗酒高歌)。淫風占四種:其一、二爲“殉於貨色”(過於貪圖財貨、過於貪圖女色);其三、四爲“恒於遊畋”(貪於遊玩、貪於畋獵)。亂風占四種:其一爲“侮聖言”(侮慢聖人的言論);其二爲“逆忠言”(違逆忠直之言);其三爲“遠耆德”(疏遠年老德高望重之人);其四爲“比頑童”(親近無知無識的小人)。不僅如此,伊尹還特别强調三風十愆的危害:“卿士有一於身,家必喪;邦君有一于身,國必亡。”於此可見三風十愆的危害到了何種程度。因而伊尹極其嚴肅的提出:“臣下不匡,其刑墨。”臣下見到國君上述過失不加諫正,便要受到墨刑懲罰。伊尹的用心可謂良苦,然而這些良苦用心在太甲身上並没有起到作用。太甲仍然走上了敗德縱欲的道路。面對這種情況,伊尹採取了果斷措施,將太甲從天子之位上拉下來,將他流放到桐宫(桐宫爲離宫名,在河南偃師西南湯塚附近),並要求他在桐宫反省,時間長達三年。在這三年之中,“伊尹攝行政當國,以朝諸侯”,居然代替太甲行使天子職權。“帝太甲居桐宫三年,悔過自責,反善。於是伊尹乃迎帝太甲而授之政,帝太甲修德,諸侯咸歸殷,百姓以寧。伊尹嘉之,迺作《太甲訓》三篇,褒帝太甲,稱太宗。”(《史記·殷本紀》)《太甲訓》三篇應當即是《古文尚書》中《太甲》上、中、下三篇。這三篇記載了太甲由流放到復位的全過程。其中既有伊尹對太甲的訓戒勸勉之詞,也有太甲自我檢討表示悔過自新之詞。還政太甲之後,伊尹便告老還鄉。

在告老還鄉時,伊尹又作《咸有一德》進一步告戒太甲。文中伊尹要求"惟新厥德,終始惟一,時乃日新",即始終如一地保持着"德"。這樣的"德",它的内容是什麼呢? 首先是:"任官惟賢才,左右惟其人。臣爲上爲德,爲下爲民;其難其慎,惟和惟一。德無常師,主善爲師;善無常主,協於克一。"在這裏,伊尹把"德"和"一"緊緊地聯繫在一起,意思仍然是始終如一地保持着"德"。這種"德"對君主而言,便是"任官惟賢才,左右惟其人。"對臣而言,則是"爲上爲德,爲下爲民。""上"指君主而言,"爲上爲德"是説臣下應當幫助君主保持住德。"爲下爲民"是説對下應當順從民願教導民衆。"其難其慎"是對"任官惟賢"來説的。"惟和惟一"是説君臣上下和衷共濟始終如一地保持住"德"。要求雖是始終如一,但决不能過於拘泥。"德無常師,主善爲師;善無常主,協於克一"是説培養品格没有固定的老師,衹要是注重善行的,便可以作爲老師;善行不固定於某一個人身上,能夠始終如一合乎純正之德的才能保持住善行。伊尹這些話既深刻又辯證,稱之爲千古名言,似非過譽。其次是"無自廣以狹人",不要自高自大,輕視别人。"狹人"的人,當指百姓而言。緊接着下面兩句話便是佐證:"匹夫匹婦,不獲自盡,民主罔與成厥功。""匹夫匹婦"指的就是百姓。"不獲自盡"的"自",指的也是百姓,"盡",謂盡力。意思是説不能獲得百姓盡心盡力。這是假設句,必須與下面反詰句聯繫起來才能確切地理解其含義。"民主",謂民的君主,和上文假設句聯繫在一起,是説如果不是老百姓盡心盡力地擁戴,那麼君主和誰一起去成就他的功業? 這句話看似簡單,其實不然,試問幾千年來,有幾位君主能夠有這樣的認識? 這裏所表達的依然是"重民"思想,同時也是民本思想的延伸。

記載傅説的事蹟在《説命》上、中、下三篇。《説命》上記載了商王武丁尋求傅説的經過,詳見前述。值得一提的是傅説與武丁的關係。武丁求得傅説後便"爰立作相"而且"置諸其左右"。然後向傅説表示:"朝夕納誨,以輔台德! 若金,用汝作礪;若濟巨川,用汝作舟楫;若歲大旱,用汝作霖雨;啟乃心,沃朕心。若藥弗瞑眩,厥疾弗瘳;若跣弗視地,厥足用傷。惟暨乃僚,罔不同心以匡乃辟,俾率先王,迪我高后,以康兆民。"這些披肝瀝膽推心置腹的話語,千載之後讀來仍然令人感動不已! 尤其值得稱道的是武丁把傅説的諫正居然稱作教誨,君對臣如此尊重可以説到了無以復加的程度。然後又通過一系列比喻,表達了武丁對傅説全心全意的倚重。而這一切最終着眼點卻放在"以康兆民"上。

傅説没有辜負武丁的期望,上任伊始,首先肯定武丁"明王奉若天道……不惟逸豫,惟以亂民"(《説命》中)。亂,治理。稱武丁爲"明王",認爲武丁順從"天道",不貪圖安逸,而用心於治理百姓。並坦率地向武丁提出如下建議:一,慎言慎行:"惟口起羞,惟甲胄起戎,惟衣裳在笥,惟干戈省厥功,王惟戒兹。允兹克明,乃罔不休。"(《説命》)國王的言語乃政令之所從出。因而國王説話一定要慎重,否則便會招致恥辱。干戈用於討罰;標誌官爵的禮服,用於賞賜。慎重行使賞罰,才能使賞罰得當,而不致引起禍端。能夠做到慎言慎行,才能有美好的結果。二,整肅吏治:"惟治亂在庶官。官不及私昵,惟其能;爵罔及惡德,惟其賢。慮善以動,動惟厥時。有其善,喪厥善;矜其能,喪厥功。惟事事,乃其有備,有備無患。無啟寵納侮,無恥過作非。惟善攸居,政事惟醇。"(《説命》)傅説認爲治亂的關鍵在於"庶官"。對於"庶官"的任命要"惟其能"、"惟其賢",而不要任命那些"私昵"及"惡德"之人。不要自矜其"能"其"善";否則不僅會喪失其美德,而且也會喪失其功業成就。做每件事情都要有備無患。不要寵信小人而招致輕侮;不要羞於認錯而文過飾非以致釀成大錯。衹有居於正道,政務才能純正不雜。對傅説的建議,武丁予以充分肯定:"旨哉! 説。乃言惟服。乃不良於言,予罔聞於行。"(《説命》)武丁不但認爲這些話説得好,而且認爲這些話都是可以實行的。正是由於武丁和傅説君臣之間如此和衷共濟,才使得"殷國大治"(《史記·殷本紀》)。武丁和傅説的事蹟是"通賢共治,示不獨專,重民之至"的又一生動寫照,在中國歷史上也同樣是絶無僅有的。

以上的介紹與分析涉及虞書一篇、夏書一篇、商書八篇,一共十篇。剩下夏書一篇、商書二篇以及周書十二篇(見上文)共十五篇。這十五篇在内容方面同樣也是高揚民本思想,和上述十篇的基調是一致的,但無論從深度還是從廣度而言似未超出上述十篇的範圍。由於篇幅所限,對剩下的十五篇本文就略而不論了。

從以上的介紹和分析中,我們可以清楚地看出《古文尚書》和《今文尚書》在内容上的巨大差别。《尚書大傳》本是伏生用以解釋《今文尚書》的專著,而其思想内容卻與《今文尚書》的思想内容存在着十分明顯的矛盾,而與《古文尚書》的思想内容卻十分吻合。應當怎樣來解釋這一現象呢? 這個問題我們衹能從伏生由秦入漢的種種經歷和伏生的爲人處世以及與此相關的心路歷程來尋求答案。

作一個孔子信徒,一種使命感和責任感促使伏生必須將自己畢生精研的《尚書》傳授下去。但是面對如此嚴酷的現實,伏生不能不考慮到如果將高揚民本思想的《古文尚書》傳授下來,可以預見的後果將是:一,像秦始皇坑殺儒生那樣,給傳授者帶來殺身之禍;二,像秦始皇焚書那樣再次使《尚書》遭到禁毁而失傳。當然,也可以想見後代的君主不會個個都像秦始皇那樣暴虐,不過即便比秦始皇好上一百倍,但他們畢竟是專制帝王,長期以來養成的專制思想,要他們接受《古文尚書》所表達的理念,幾乎是不可能的。特别是商書中伊尹和傅説的事蹟及其所表達的觀念,即便是開明的君主,恐怕也難以容忍。高揚民本思想的孟子曾給伊尹以極高的評價:"伊尹,聖之任者也。"(《孟子・萬章下》)對伊尹放逐太甲津津樂道。在孟子心目中伊尹是一位能夠"格君心之非"(《孟子・離婁上》)的理想的大臣形象。然而,這樣的大臣,三千多年來哪一個專制君主能夠容納!顯而易見傳授載有這些事蹟和思想的典籍,無異於玩火。所以,爲了自身的安危,更爲了使《尚書》長期留存世間而不致失傳,伏生不得不忍痛割愛將《古文尚書》删去,對《尚書》重新加以編選,衹將其中二十八篇改寫成漢代的今文而加以傳授,古文《尚書》則一仍其舊束之高閣。筆者認爲《古文尚書》在伏生那裏似未失傳,至少在伏生的頭腦中仍然留存着。伏生所傳授的《今文尚書》,雖可以爲當道者所容納,但在所表達的思想方面,不免顯得蒼白無力。爲了補偏救弊,伏生在《尚書大傳》中,本着以孔孟爲代表的傳統理念,着力宣揚民本思想,用以彌補《今文尚書》所存在的缺陷。這就是《尚書大傳》與所傳二十八篇《今文尚書》在思想上如此矛盾,而與《古文尚書》又如此吻合的原因所在。

也許有人要問,伏生既然有那麼大的勇氣敢於在《尚書大傳》中那樣宣揚民本思想,爲什麼還要忍痛割愛將《古文尚書》删去?在《尚書大傳》中那樣宣揚民本思想,不也同樣會招致禍端嗎?這個問題其實並不難回答。經和傳是有很大區别的,經的文本在傳授時應當公開,而傳卻不必如此,衹在入門弟子中口口相授,無須形成文字公開流布。《尚書大傳》在伏生生前並未形成文字便是證明。後來雖由伏生弟子形諸文字,恐怕也衹是在本門弟子中傳閱。可以想見它的流傳範圍遠不如經文文本那樣廣泛,引起禍端可能性極小。

有一個問題需要指出,漢代的今、古文之分,開始衹是文字的區别並無學派之分。在伏生以及孔安國時代是如此,學派之分,甚至學派之間勢同水火,那是西漢後期,特别東漢時代的事情。伏生再傳弟子兒寬,既從歐陽生那裏,受伏生所傳的《今文尚書》,又從孔安國那裏受《古文尚書》,便是明顯的一例。兒寬距伏生甚近,是否見過伏生不得而知。但可以推想兒寬在從歐陽生那裏受《今文尚書》時,也可能對《古文尚書》有所耳聞。據《史記》記載,兒寬是在"詣博士"之後,又從孔安國受業。如果不是對《古文尚書》有興趣,兒寬又有什麼必要再從孔安國那裏"受業"呢?兒寬出身於貧窮之家,是一個從社會底層,通過個人的艱苦奮鬥而掙扎出來的知識分子,通過推薦與考試做了廷尉史,之後便得到了張湯的賞識。張湯雖然是一個長於深文周納、善於羅織罪名的酷吏,但自奉卻甚爲廉潔,而兒寬也是"有廉智,自持"。由於張湯的賞識並引薦,兒寬又得到了漢武帝的賞識。張湯死後六年,兒寬官至御史大夫。但是"寬在三公位,以和良承意從容得久,然無有所匡諫"。因而遭到"官屬"的輕視,可見兒寬並不是一個品節高尚的人。但他卻是一位"善著書"而"敏于文"的學者。《漢書・藝文志》曾著録《兒寬》九篇,而這九篇僅有《議封禪對》及《改正朔議》兩篇傳世,餘皆散佚無考。這兩篇文章除了歌功頌德之外,並没有什麼高明的見解。《尚書大傳》按鄭玄的説法,是伏生口授予弟子。伏生死後,由其弟子張生、歐陽生等"數子"整理而成。兒寬是否參與整理不得而知,但他對《尚書大傳》一定十分熟悉,則是可以肯定的。然而兒寬的作爲與《尚書大傳》所表達的意恉相去甚遠。從這一點來看,兒寬應是伏生的一位不甚理想的再傳弟子。儘管如此,但兒寬卻是一位將《今文尚書》與《古文尚書》相關聯的人物。也許這件事能夠給我們提供一些綫索或啓示。

東漢時代,是經古文盛行的時代。即便如此,《古文尚書》依然未被立於學官,衹能私相傳授。《後漢書・杜林傳》:"林前於西州得漆書《古文尚書》一卷,常寶愛之,雖遭難困,握持不離身。出以示宏等曰:'林流離兵亂,常恐斯經將絶。何意東海衛子、濟南徐生復能傳之,是道竟不墜於地也。古文雖不合時務,然願諸生勿悔所學。'宏、巡益重之,於是古文遂行。"根據本傳記載,杜林不僅"博學多聞,時稱通儒",而且頗有志節,在隗囂面前不爲權勢、利誘、威脅所動。隗囂稱他爲"天子所不能臣,諸侯所不能友"。由於杜林有如此"名德",所以深受漢光武帝的尊重和賞識。杜林被光武帝任用後,官位不斷高升,在代王良爲大司徒司直以及代丁恭爲少府,復爲光禄勳之後,不久又代朱浮爲大司空。死時,光武帝親自臨喪送葬。就是這樣一位地位高而又德高望重的大儒,雖然對漆書《古文尚書》情有獨鍾,仍不能公開傳授,衹能在私下傳授給衛宏和徐巡。以杜林的威望和高節,雖在重位仍不能爲"不合時務"的《古文尚書》争一席地位,使《古文尚書》得以公開傳授,何況身處亂世之後,經歷了焚書坑儒的浩劫而餘悸猶存的一介平民——伏生呢?可見伏生没有傳授《古文尚書》乃情勢使然。儘管伏生没有傳授《古文尚書》卻傳授了思想傾向與《古文尚書》息息相關的《尚書大傳》,同樣功不可没。東漢末年著名的經學大師鄭玄爲《尚書大傳》作注。鄭玄雖是一位今、古文兼容的經學大師,但畢竟偏重於經古文。鄭玄爲《尚書大傳》作注,一方面反映了鄭玄治經的特點,另一方面也反映了《尚書大傳》不容忽視的文獻價值與史料價值。

總之,《尚書大傳》是一部思想内容豐富、文獻價值與史料價值很高的著作。在《尚書》學史上具有不容忽視的開創之功。通過對《尚書大傳》的深入研究,不但可以深入探討伏生治經的特點及其思想,更重要的是可以幫助我們解開《尚書》流傳過程中諸多難點並對漢代經今文、經古文重新加以審視,從而使經學研究更加深入。爲此,筆者熱切希望更多的學者參與到這樣的討論中來!

作者簡介:

王世舜,1935年生,安徽靈璧人。現任聊城大學教授。代表作有《尚書譯注》(成都:四川人民出版社,1982年),曾主編《莊子注譯》、《先秦要籍辭典》等。近幾年發表的論文有《略論〈尚書〉的整理與研究》(《聊城師範學院學報》2000年第1期)、《〈春秋〉〈左傳〉平議》(《聊城師範學院學報》2004年第6期)等。

劉向與《禮記》關係辨正

丁　進

内容提要　劉向收集到古文禮類《記》多達二百零四篇,他將其中能確定作者的篇目歸入專書之中,例如《曾子》、《孔子三朝記》;剩下的部分不能肯定作者的則合爲一編,這就是《禮古文記》一百三十一篇。由於篇幅龐大,劉向爲這一百三十一篇《記》作了分類,這種分類是鄭玄《三禮目録》所述《禮記》各篇在《别録》中類屬的依據。劉向還根據所掌握的材料,校勘了大、小戴《禮記》,編成定本。由于他對《小戴禮記》原書作了比較明顯的變動,因此陸德明認爲這個本子的《禮記》不能被稱爲《小戴禮記》。劉向還爲《禮古經》五十六篇作了分類,這就是鄭玄《三禮目録》中有"吉事"又有"吉禮"的原因。武内義雄説今本《禮記》是劉向的本子,這是錯誤的。

關鍵詞　漢代禮學　劉向　《禮記》

大、小戴《禮記》分别由戴德、戴聖編輯而成,傳授門人弟子。從西漢中後期到隋唐之際對这种表述没有人提出疑問。自徐堅《初學記》開始,學者對於《兩戴記》時有懷疑,《两戴记》编者、《两戴记》之间关系和《两戴记》篇目等都成了问题。這些問題或多或少牽涉到劉向,例如劉向是否編過四十九篇本《禮記》?是否校勘过《两戴记》?古文《記》二百四篇以及劉向所編一百三十一篇古文《記》與大、小戴《禮記》關係如何……這些都可以歸結爲劉向與《兩戴記》關係問題。到目前爲止,這些問題尚未得到全面清理,也没有人就這些問題做過綜合性研究,它們困擾着一代學人,因此有必要對劉向與大、小戴《禮記》關係作一次綜合性的考察。

一、古文《記》百三十一篇與大、小戴《禮記》的關係

要解決劉向與大、小戴《禮記》關係問題,首先要搞清楚古文《記》百三十一篇與大、小戴《禮記》關係。在此,有必要先考察一下劉向校書情況。《漢書・藝文志》説:

> 至成帝時，以書頗散亡，使謁者陳農求遺書於天下。詔光禄大夫劉向校經傳、諸子、詩賦，步兵校尉任宏校兵書，太史令尹咸校數術，侍醫李柱國校方技。每一書已，向輒條其篇目，撮其指意，録而奏之。①

據此，劉向每校定一部著作，就要寫一篇簡單的提要上奏漢成帝。提要的内容主要是條陳該書篇目，揭示該書大旨。這些單篇提要合起來就是《别録》。由此可見，《别録》衹是一部書目提要。劉向的《别録》現在早已失傳，衹有幾篇單部書的《敘録》還有所殘存。例如《列子敘録》：

> 《天瑞》第一
> 《黄帝》第二
> 《周穆王》第三
> 《仲尼》第四（一曰極智）
> 《湯問》第五
> 《力命》第六
> 《楊朱》第七（一曰達生）
> 《説符》第八
>
> 右新書定著八章。護左都水使者光禄大夫臣向言：所校中書《列子》五篇，臣向謹與長社尉臣參校讎太常書三篇，太史書四篇，臣向書六篇，臣參書二篇，内外書凡二十篇以校，除復重十二篇，定著八篇。中書多，外書少，章亂布在諸篇中，或字誤，以"盡"爲"進"，以"賢"爲"形"，如此者衆。在新書有棧，校讎從中書，已定，皆以殺青，書可繕寫。
>
> 列子者鄭人也，與鄭繆公同時，蓋有道者也。其學本于黄帝、老子，號曰道家。道家者秉要執本，清虚無爲，及其治身接物，務崇不競，合於六經，而《穆王》、《湯問》二篇迂誕恢詭，非君子之言也。至於《力命》篇一推分命，《楊子》之篇唯貴放逸，二義乖背，不似一家之書。然各有所明，亦有可觀者。孝景皇帝時貴黄老術，此書頗行於世，及後遺落，散在民間，未有傳者，且多寓言，與莊周相類，故太史公司馬遷不爲列傳，謹第録。臣向昧死上。護左都水使者光禄大夫臣向所校《列子書録》。永始三年八月壬寅上。②

這篇文獻透露出劉向校書的消息。劉向的工作一是定篇數，二是介紹作者和各篇的主

① 《漢書》，北京：中華書局，1962 年，1701 頁。
② 〔東晉〕張湛《列子注》，《諸子集成》本，1—2 頁。

旨，三是辨别真僞，四是校勘字詞錯訛。本篇中有中書、太常書、太史書、臣向書、臣參書共二十篇，除掉重複篇數，得八篇，這八篇《列子》就是劉向的定本。從"右新書定著八章"看，單部著作的《敘録》是書寫在定本後面，隨定本而存的。後人彙集單部著作的《敘録》而成的《别録》是不收原作品内容的。對於劉向的工作，近人吴承仕所説比較準確：

> 劉向校書，既列傳記之相傳舊本（如《記》百三十一篇及《樂記》二十三篇之等），繼復解散舊本，除去復重，别撰目録，自爲部居，使篇義相從，各有分序，即鄭《目録》所稱"《别録》屬某者"是也。以近世書部相況，則《記》百三十一篇者猶稍古之叢書，其中篇目容與他單行書、他叢書有復重者。二戴之《記》則猶晚出之叢書，其所采會即本之稍古之叢書，並删取各家單行之書，以自成一部，而二家所録自不嫌互有異同也。劉向之撰《别録》，正猶今人之爲書目提要，别爲凡最，分攝各家。二戴《記》既皆有所本，今爲總目，不煩兩見，故《録》《略》不著二戴之名，而班《志》因之，以其足以相攝故也。聊作此通，庶幾與事狀相應乎。[1]

《漢書·藝文志》禮類收有《記》百三十一篇。陸德明引《别録》説《禮古文記》有二百四篇，[2]這二百四篇後來到哪里去了？它們與《記》百三十一篇是什麽關係？又與大、小戴《禮記》有何聯繫？從劉向殘存的幾篇校書記録看，這二百四篇《禮古文記》必定屬於兩種情況中的一種，一是劉向當時所能收集到的古文《記》的總和，其中包括重複的篇數；或者是當時收集到的《記》的總和，但不包括重複篇數。如果是第一種情況，則删去重複篇目之後，就是百三十一篇《記》；如果是第二種情況，那麽劉向在校勘時從中分出七十三篇，歸入了其他門類。後一種可能性大一些。無論屬於哪種情況，二百四篇的《記》經過劉向校訂，其主體部分變成了一百三十一篇的《記》，其餘部分可能歸入《王史氏記》、《孔子三朝記》等專集中。

就目前傳世文獻看，西晉人陳邵是第一個將大、小戴《禮記》與古文《記》的關係作爲問題提出來的人。他在《周禮論序》中説：

> 戴德删古禮二百四篇爲八十五篇，謂之《大戴禮記》；戴聖删《大戴禮》爲四十九篇，是爲《小戴禮》。後漢馬融、盧植考諸家異同，附戴聖篇章，去其繁重及所敘略而行於世，即今之《禮記》是也。鄭玄亦依盧、馬之本而注焉。[3]

---

① 吴承仕《經典釋文敘録疏證》，北京：中華書局，1984 年，104 頁。

② 見〔唐〕陸德明《經典釋文敘録》所加按语，上海：上海古籍出版社，1984 年，11 页。

③ 見〔唐〕陸德明《經典釋文敘録》，11 頁。

陳邵説小戴删大戴,這是錯誤的,這裏暫且不管。他説戴德删古禮二百四篇,也是出於臆測。所謂"删",乃是就一部書而言,將其中的一部分從原本中排除掉。如果這二百四篇曾經被人彙集成一部完整的著作,那麼"删"才是成立的,可是我們得不到關於這部龐大著作的任何消息。《漢書·藝文志》説:"武帝末,魯共王壞孔子宅,欲以廣其宫而得古文《尚書》及《禮記》、《論語》、《孝經》凡數十篇,皆古字也。"《漢書·景十三王傳》説:"獻王所得書,皆古文先秦舊書,《周官》、《尚書》、《禮》、《禮記》、《孟子》、《老子》之屬,皆經傳説記,七十子之徒所論。"班固行文,《禮》、《禮記》是有嚴格區分的,那麼《禮古文記》百三十一篇恐怕大多數來自河間獻王,少量來自孔子壁中書,因爲孔壁古文書四類祇有數十篇,其中《尚書》就有四十多篇。這不同来源的古文《禮記》,没有聽説誰曾經予以合編。

這個問題到了《隋書·經籍志》裏面錯誤就更明顯了:

> 漢興,河間獻王又得仲尼弟子及其後學者所記一百三十一篇獻之,時亦無傳之者。至劉向校考經籍,檢得一百三十篇,向因第而敘之,而又得《明堂陰陽記》三十三篇,《孔子三朝記》七篇,《王史氏記》二十一篇,《樂記》二十三篇,凡五種,合二百十四篇。戴德删其繁重,合而記之,爲八十五篇,謂之《大戴禮記》,而戴聖又删大戴之書爲四十六篇,謂之《小戴記》。漢末馬融遂傳小戴之學,融又定《月令》一篇、《明堂位》一篇、《樂記》一篇,合四十九篇,而玄受業於融,又爲之注。①

該説除了堅持陳邵説外,還说馬融補足《樂記》等三篇,孔穎達在《禮記·樂記》篇正義中已經指出,《樂記》編入《禮記》在劉向之前。② 如果説陳邵提出戴德删古禮二百四篇還有理論上的可能,那麼,《隋書·經籍志》明確提出戴德删的是劉向所校二百四篇,則完全不可能了,戴德是劉向的前輩,前人是不可能删後人著作的。③

清錢大昕認爲《漢書·藝文志》所載古文《記》百三十一篇是大、小戴《禮記》之和:

> 此云百三十一篇者,合大、小戴所傳而言。《小戴記》四十九篇,《曲禮》、《檀弓》、《雜記》皆以簡策重多,分爲上下,實止四十六篇,合大戴之八十五篇,正協百

① 《隋書》,北京:中華書局,1965年,920頁。

② 見孔穎達注疏《樂記》大題下所引《别録》資料。

③ 據王鍔考證,戴德爲信都王太傅時間是從公元前37年到公元前23年,漢代學者做官一般在學術有成就之後,他的《大戴禮記》這時候已經完成,而劉向校書在公元前27年。見王鍔《禮記成書年代考》,西北師範大學博士論文,188—189頁。

卅一之數。①

這也是誤解。大、小戴《禮記》取材遠遠超過了《記》百三十一篇,取自《禮古經》五十六篇的有《投壺》、《奔喪》、《諸侯遷廟》、《諸侯釁廟》、《公冠》;取自儒家類的有《孔子三朝記》七篇;取自《曾子》的有十篇;取自二十三篇《樂記》的有十一篇合爲一篇的《樂記》;取自《子思子》的有《中庸》等。這些情況錢氏之前,學者已經指出。《漢書》在"經"、"記"同出的語境中,"經"和"記"有嚴格的區分。《藝文志》中禮類先說"《禮古經》五十六卷,《經》七十篇,后氏、戴氏,《記》百三十一篇,七十子後學所記也。"而收入大、小戴《禮記》的《投壺》等五篇屬於"禮古經",劉向或者班固絶對不會自亂體例,將它們歸在"記"類著作中。至於大、小戴將它們選在自己附《禮經》傳習的資料中,是因爲《禮古經》五十六篇無師説傳授,屬於"逸禮",拿來作參考資料就不奇怪了。

當代學者依然有堅持錢大昕説法的:

> 清錢大昕有一個非常重要的看法,他指出"小戴《記》四十九篇,《曲禮》、《檀弓》、《雜記》皆以簡策重多,分爲上下,實止四十六篇;合大戴之八十五篇,正協百三十一篇之數。"這很可能是對的。《經典釋文敘録》引《别録》曾説古文《記》有二百四篇,《漢志》爲什麼只作一百三十一篇?看來《漢志》衹是將大小戴《記》合計在一起,也没有仔細考慮其間復重的問題。因此,有學者懷疑《漢志》何以未見二戴《禮記》,也就有了答案。②

该文認爲錢大昕説有可能,實際上没有可能。第一,《樂記》在《禮記》中排列在《曲禮》上下篇、《檀弓》上下篇後面,爲第十九篇,如果將《曲禮》、《檀弓》上下篇各合爲一篇,那麼《樂記》在《禮記》中的篇次就會變動,就是第十七篇了,而孔穎達在給《樂記》作解題時候,引用劉向《别録》説:"案《别録》,《禮記》四十九篇,《樂記》第十九。"那麼《别録》中的《曲禮》、《檀弓》依然分上、下篇無疑。第二,如果百三十一篇《記》真是四十六篇《小戴禮記》與八十五篇《大戴禮記》相加,就目前殘存的《大戴禮記》來説,《小戴禮記》中的《投壺》、《哀公問》與《大戴禮記》中的《投壺》、《哀公問於孔子》實際上相同,衹少量的字句有差别,那麼至少有《投壺》、《哀公問》兩篇重複,除掉這兩篇,則數量衹有一百二十九篇,不足一百三十一篇。

至於説《漢志》將大、小戴《禮記》合在一起,目前没有充分的證據可以支撑。《漢

① 〔清〕錢大昕《二十二史考異》卷七,《嘉定錢大昕全集》第2册,南京:江蘇古籍出版社,1997年,175頁。

② 李學勤《郭店簡與〈禮記〉》,《中國哲學史》1998年第4期。

書·藝文志》説:

> 哀帝復使向子侍中奉車都尉歆卒夫業,歆於是總群書而奏其《七略》,故有《輯略》,有《六藝略》,有《諸子略》,有《詩賦略》,有《兵書略》,有《術數略》,有《方技略》。今删其要,以備籍篇。①

可見班固作《藝文志》,主要是删節劉歆《七略》,其中有所調整處,都注明出入,自己不作大變更。

劉向這部《記》百三十一篇,大部分來自河間獻王所獻古文《記》以及孔壁之書,其中一部分與大、小戴《禮記》重合,那是因爲它們有一部分取自相同的材料。然而二戴《禮記》取材比《記》百三十篇更廣;劉向校訂《記》百三十篇或許參考了二戴《禮記》。

二、劉向是否編過《禮記》四十九篇

劉向是否編過四十九篇《禮記》? 從現有的資料看,他做過這樣的工作。認爲劉向編輯過四十九篇《禮記》的學者用以推導的資料主要有兩條,第一條是唐孔穎達在《禮記·樂記》解題時説的話:

> 案:劉向《别録》,《禮記》四十九篇,《樂記》第十九。則《樂記》十一篇入《禮記》也在劉向前矣。②

孔穎達前面一句話是對《别録》中有關《禮記》信息的概述,不是直接引用《别録》原話,而是就自己所見《别録》中四十九篇《禮記》一書目録作的間接引用,但這段話透露出這樣的消息:即存在《别録·禮記書録》,而且《禮記書録》記載了四十九篇篇目,其中《樂記》是第十九篇。

主張劉向編有四十九篇《禮記》説的第二條證據就是孔穎達《禮記正義》在四十九篇每一篇解題中都引用了鄭玄《三禮目録》説"此於《别録》屬……",我們不妨將《禮記》四十九篇在《别録》中的歸屬作一次歸納:

制度類,有《曲禮》第一、二,《王制》第五,《禮器》第十,《少儀》第十七,《深衣》第三十九,共六篇。

通論類,有《檀弓》第三、第四,《禮運》第九,《玉藻》第十三,《大傳》第十六,《學記》第十八,《經解》第二十六,《哀公問》第二十七,《仲尼燕居》第二十八,《孔子閒居》

---

① 《漢書》,1701頁。

② 〔唐〕孔穎達《禮記正義》,《十三經注疏》本,北京:中華書局,1980年,1527頁。

第二十九,《坊記》第三十,《中庸》第三十一,《表記》第三十二,《緇衣》第三十三,《儒行》第四十一,《大學》第四十二,共十六篇。

明堂陰陽記類,有《月令》第六,《明堂位》第十四,共二篇。

喪服類,有《曾子問》第七,《喪服小記》第十五,《雜記》第二十、二十一,《喪大記》第二十二,《問喪》第三十五,《服問》第三十六,《間傳》第三十七,《三年問》第三十八,《喪服四制》第四十九,共十篇。

世子法類,有《文王世子》第八,一篇。

子法類,有《内則》第十二,一篇。

祭祀類,有《郊特牲》第十一,《祭法》第二十二,《祭義》第二十四,《祭統》第二十五,共四篇。

樂記類,有《樂記》第十九,一篇。

吉禮類,有《投壺》第四十,一篇。

吉事類,有《冠義》第四十三,《昏義》第四十四,《鄉飲酒義》第四十五,《射義》第四十六,《燕義》第四十七,《聘義》第四十八,共六篇。

喪服之禮類,有《奔喪》第三十四,一篇。

從以上歸納可以看出,所謂"劉向的分類",水平實在低下。第一,分類標準不統一;第二,類别多至十一類,各類篇目數量嚴重失衡,最多的有十六篇,最少的衹有一篇,並且衹有一篇的多达五類;第三,次序編排混亂。如果這些分類的確是劉向所爲,那麼劉向也太缺乏概括能力了,哪里像一個學術大師!如果對以上十一類作仔細考察就會發現,這些"類别"來自不同的著作。有"《樂記》类"是因为《樂記》第十九來自二十三篇《樂記》一書,但衹收入其中十一篇;《月令》、《明堂位》來自《明堂陰陽記》,即《漢書・藝文志》著録的三十三篇《明堂陰陽》。此外還有來自《禮古經》的《投壺》、《奔喪》等。《禮古經》有五十六篇,劉向在校書時候將它們作了分類,其中一個類别是"吉禮",另一個類别是"喪服禮",因爲是"經",因此用"禮"而不用"記"來命名。至於通論、制度、喪服、祭祀、世子法、子法、吉事七類,則是對古文《記》百三十一篇的分類,這樣,既有"吉事"又有"吉禮"就可以理解了。劉向分類没有按照吉、凶、賓、軍、嘉五禮來分,主要原因是《禮古記》本身比較複雜,它們對禮的闡述、補充、解釋並没有全部按照一定的次序和類别。由此可見,鄭玄所引劉向《别録》中的十一類,不是劉向對一部作品的分類,而是多部作品的分類。這樣,相當於今本《禮記》的篇目在《别録》中出現了兩種情況:第一種情況是《别録》收録了相當於《禮記》四十九篇的篇目,這是劉向根據自己所掌握的材料,爲《小戴禮記》所作的校勘成果,其定本雖然也叫《小戴禮記》,由於和小戴原本有一定的差别,陸德明認爲不能稱這個本子爲《小戴禮記》。第二種情況,相當於今本《禮記》的四十九篇又散見於《别録》其他著作中,這就是陸德明“名爲他家書拾撰所取”的由來。可見鄭玄《三禮目録》所説的確出自劉向《别録》,但不是出自劉向《别録》中的一部著作,而是出自數部著作。這個問題解決了,就可以推導出劉向《别録》有《小戴禮記敘録》,也就是説,劉向《别録》中既有四十九篇《禮記》,又收有一百三十一篇的《禮古文記》,而且《禮古文記》是按照類别排列的。

陸德明《經典釋文敘録》中引用了晉人陳邵《周禮論序》後加了一條按語説:

> 劉向《别録》有四十九篇,其篇次與今《禮記》同,名爲他家書拾撰所取,不可謂之《小戴禮》。①

這段話看起來的確令人費解。就目前筆者所見,學者對於這段引文的理解有比较大的分歧。例如楊天宇認爲這段話表明《别録》收録了《小戴禮記》:

> 《漢志》未載之書,不等於《七略》未載,更不等於《别録》亦無其書。且《釋文・序録》明云“漢劉向《别録》有四十九篇,其篇次與今《禮記》同”,復何可疑?②

黄彰健説:

> 此“小戴禮”三字在漢代指小戴所傳禮經十七篇,亦即晉以後所謂《儀禮》十七篇,不可用以指《小戴禮記》,故陸氏于陳邵《周禮論序》下特别注明,此四十九篇,不可謂之“小戴禮”。“名爲他家書,拾撰所取”,其意似説,劉向名此四十九篇爲“他家書,拾撰所取。”考《漢書・藝文志》:“凡禮十三家,五百五十五篇,入《司馬法》一家,百五十篇。”則劉向之意。似謂《小戴禮記》有取自他家書,有取自禮家以外之書。而劉歆《七略》則正將六藝、諸子、詩賦、兵書、數術、方伎,每類均分家。劉向《别録》雖著録《禮記》四十篇,其篇次與今本同,而劉歆《七略》則可能因其拾取他家書,而省略不予著録。”③

王鍔《禮記成書年代考》也提出與黄彰健相似的説法:

> 其意謂《别録》有四十九篇,篇次與當時流傳的《禮記》相同,但不能叫“小戴禮”,因爲“名”已經“爲他家書拾撰所取”,即《漢書・儒林傳》云:“由是禮有大戴、小戴、慶氏之學。”《後漢書・儒林列傳》云:“聖爲《小戴禮》。”則“小戴禮”是

---

① 〔唐〕陸德明《經典釋文》,11頁。

② 楊天宇《禮記譯注》,上海:上海古籍出版社,1997年,8頁。

③ 黄彰健《經今古文學問題新論・中篇之二》,《大陸雜志》69卷2期。

指戴聖所傳習的《士禮》,因此,再不能將其編選的"記"叫"小戴禮"了。①

楊天宇顯然認爲劉向《别録》中著録了《小戴禮記》。但是對於"爲他家書拾撰所取"没有解釋。黄彰健解釋"爲他家書拾撰所取"基本上是對的,但他將"名"從上斷,筆者不敢苟同,"篇次同名"説不通。筆者也不同意他將"不可謂之《小戴禮》"解釋爲"不可謂之小戴禮經"。筆者認爲,在陸德明時代,戴聖傳《士禮》十七篇,應當是常識,讀書人絶對不會將四十九篇的"記"與十七篇的"經"搞混的。《經典釋文》是一部學術著作,不是啓蒙讀物。陸德明的話題是接在介绍陳卲關於四十九篇《禮記》與八十五篇《大戴禮記》關係看法之后,怎麼會突然换話題?陸德明這個注解衹是想告訴讀者,雖然《别録》中有與《小戴禮記》相應的四十九篇,但是它們經過劉向的校勘,與真正的《小戴禮記》相對應的篇目還是有區别的。具體的區别陸德明没有指出來,但從前人的注疏中還是能夠尋找出蛛絲馬跡的。孔穎達爲《禮記・喪服四制》作解題説:

> 鄭《目録》云:"名曰'喪服四制'者,以其記喪服之制取于仁義禮知也。此與《别録》舊説屬喪服。"鄭云"舊説",案:《别録》無《喪服四制》之文,唯舊説稱此喪服之篇屬喪服。②

鄭玄説《喪服四制》"舊説"屬於喪服,孔穎達指出《别録》没有《喪服四制》,可是陸德明説《别録》有四十九篇,而且篇次與《禮記》同。這種矛盾表明,《别録》中有對應的四十九篇,篇名却有不一致的地方,例如在《小戴禮記》中叫《喪服四制》,而在《别録》中取的是别的名稱,即《别録》中有大致接近的一篇,衹是篇名不叫"喪服四制"而已。這就是對"名爲他家書拾撰所取"最好的注脚。這樣看來,劉向校勘的四十九篇《禮記》與《小戴禮記》差别還是比較大的,在這種意義上説,劉向本四十九篇《禮記》的確不能説就是《小戴禮記》。

同樣,劉向也校勘過《大戴禮記》,《史記・五帝本紀》司馬貞《索隱》引劉向《别録》説:

> 劉向《别録》云:"孔子見魯哀公問政,比三朝,退而爲此《記》,故曰'三朝',凡七篇,併入《大戴記》。"③

"併入《大戴禮記》"中的"併入"是劉向校勘用語,既可以看成將《三朝記》七篇一同收入《大戴禮記》,也可以看成這七篇既收在《孔子三朝記》中,又收在《大戴禮記》中。

① 王鍔《禮記成書年代考》,195—196 頁。
② 〔唐〕孔穎達《禮記正義》,1694 頁。
③ 《史記》,北京:中華書局,1959 年,4 頁。

爲什麼《漢書・藝文志》中没有出現大、小戴《禮記》呢？是劉歆在編《七略》的時候有意將這兩本著作拒之門外。我們可以從《三國志・蜀志・秦宓傳》裴松之注引用一條劉歆《七略》的材料看出來：

> 《七略》曰："孔子三見哀公，作《三朝記》七篇，今在《大戴禮》。"臣松之案：《中經簿》有《孔子三朝》八卷，一卷目録，餘者所謂七篇。①

劉歆不像他父親那樣説"併入《大戴禮》"，而是説"今在《大戴禮》"，這種微小的變化正好説明劉向《别録》將《三朝記》收在自己校勘的"大戴禮"中，但劉歆將《大戴禮記》從自己著作《七略》中排除出去，但指出了《三朝記》存佚狀況："今在《大戴禮》"，即收在社會上流行的《大戴禮記》中。

由此可見，劉向校勘过大、小戴《禮記》，並且形成新的大、小戴《禮記》的本子。那麽，今本《禮記》是否就是劉向的本子？

三、武内義雄"今本《禮記》爲劉向本"説辨正

今本《禮記》不是經過劉向校勘的本子。主張今本《禮記》爲劉向所編最爲典型的學者是日本人武内義雄。他作《兩戴記考》，根據《隋書・經籍志》、徐堅《初學記》、陳邵《周禮論序》等認爲，戴聖的《小戴禮記》原本是四十六篇，加上一篇《敘略》則爲四十七篇，劉向删掉《敘略》，加入《月令》、《明堂位》、《樂記》，爲四十九篇，鄭玄依據這個四十九篇本作注。② 他的論證牽強附會，誤讀嚴重，然而武内氏熟悉有關的研究成果，漢學知識面廣，在國際漢學界有一定的影響，因此有必要破除他的誤説。

他根據陳邵説認爲今本《禮記》由東漢儒者馬融、盧植改定而成，还進一步推導説：

> 迨劉向校理六藝諸子時，於《小戴記》中加《月令》、《明堂位》、《樂記》三篇而定《禮記》爲四十九篇。其後注《禮記》者皆依劉向新定本，橋仁著《禮記章句》四十九篇、曹充傳《禮記》四十九篇，皆從劉向本。當馬融注《禮記》時，亦據劉向本而改定補足小戴本。至鄭玄注《禮記》則據馬融本。

陳邵是這樣説的：

---

① 《三國志》，北京：中華書局，1982 年，935 頁。

② 見江俠庵編譯《先秦經籍考》上册，上海：上海文藝出版社，1990 年，154—161 頁。

後漢馬融、盧植考諸家異同，附戴聖篇章，去其繁重及所敘略而行於世，即今之《禮記》是也。鄭玄亦依盧、馬之本而注焉。①

這裏根本看不出馬融、盧植重新改動《小戴禮記》的痕迹。"考諸家異同"，乃是校勘工作，所謂"附戴聖篇章"，就是將校勘結果附在戴聖本子後面。"去其繁重及所敘略"，是就"諸家"而言，"敘略"指劉向各書的《敘録》和劉歆的"七略"中相關的話。至於鄭玄依據盧、馬的精校本作注，也是合情合理的。衹是鄭玄的注本没有完全保存盧、馬本的校勘成果而已。陳邵當時還能看到盧、馬校勘的本子，同時也看到了鄭玄的注本，這才有上面"即今之《禮記》是也。鄭玄亦依盧、馬之本而注焉"的説法。陳邵未能深究《兩戴記》關係，提出"删節説"，是錯誤的；他提出盧、馬考異同説，或許有證據。

武内義雄根據上一節所引陸德明對陳邵《周禮論序》關於大、小戴《禮記》關係的一則按語，認爲今本《禮記》不是戴聖的本子，而是劉向的本子，這是對陸德明按語的誤讀。如果僅僅就字面上看，的確容易産生武内義雄式的理解。武内氏的錯誤在於没有考慮到陸德明説這句話的具體環境。陸德明先引用陳邵的《周禮論序》，討論大、小戴《禮記》的關係，以及它們在後漢的傳播，然後加上這一條附注性的解釋，顯然，話題没有變，還是針對大、小戴《禮記》而發。陸德明這句話主語的限定詞是承前省的，就是前面的"四十九篇"。意思是説，在劉向《别録》中，可以看到《禮記》四十九篇的篇名以及它們在《小戴禮記》中的篇次。但是這四十九篇除了集合在一起的外，讀者可以從其他幾部書中找到它們，而且劉向在相關書的《敘録》中已經提到它們在《小戴禮記》中的篇次。後半句主語是"篇次"，"篇次與今《禮記》同，名爲他家書拾撰所取，不可謂之《小戴禮》"，就是説《别録》中有相當於《禮記》中的四十九篇，它們的篇次按照《别録》的介紹，在《小戴禮記》中的位置與陸德明見到的《禮記》各篇的篇次還是一致的，不能説經過劉向整理過的相當於《禮記》四十九篇的就是《小戴禮記》，因爲第一，劉向對相關各篇進行了校勘，因而文字與《小戴禮記》一定有差别；第二，四十九篇篇名與《小戴禮記》相對應的篇目不盡相同，如上一節所分析的《禮記・喪服四制》。

武内氏提出一個文獻上的證據：

通覽《禮記》全體，《月令》、《明堂位》、《樂記》自成一類，《樂記・樂化章》之前半與《祭義》篇重複；《明堂》一節，與《王制》一部重複。此節三篇已暗示後人所附益。又熟讀《樂記》孔疏，已有非小戴原本之證左。孔疏引鄭《目録》云鄭玄注《樂記》篇次，《樂本》第一，《樂論》第二，《樂施》第三，《樂言》第四，《樂禮》第

① 見陸德明《經典釋文》，11 頁。

五,《樂情》第六,《樂化》第七,《樂象》第八,《賓牟賈》第九,《師乙》第十,《魏文侯》第十一,與劉向校定本《樂記》二十三篇之前列十一篇同。疏又載熊安生之説,熊氏云:"十篇鄭可具詳,依《别録》十一篇,所有《賓牟賈》、有《師乙》、有《魏文侯》。今此《樂記》有《魏文侯》乃次《賓牟賈》,《師乙》爲末。"是今之《樂記》十一篇之次,與《别録》不同。是則熊安生所見《樂記》之篇次,第八篇已上與鄭《目録》及劉向《别録》本全同,僅第九、第十、第十一三篇次第與之異而已。然今本《樂記》,《樂本》第一,《樂論》第二,《樂禮》第三,《樂施》第四,《樂言》第五,《樂象》第六,《樂情》第七,《魏文侯》第八,《賓牟賈》第九,《樂化》第十,《師乙》第十一,其篇次與鄭《目録》不同。又與熊安生本不同,蓋今本《樂記》之篇次從皇侃定本者,自鄭玄至熊安生,又自熊安生至於皇侃,漸次而有改易,已非鄭玄以前之舊第。鄭玄以前之舊第,與劉向《别録》一致者也。褚少孫補《史記·樂書》之内容,雖與《禮記·樂記》篇同,其篇次則别爲一家,乃劉向未校本以前之次第。蓋鄭《目録》之次第不合于褚少孫,而與劉向之順序一致,則《樂記》篇乃在劉向校書之後,示從劉向新校本而截取者也。然而戴聖删定《小戴記》,在劉向校書以前,則既經劉向校過之《樂記》,絶無尚屬戴聖原本之理。《樂記》既非戴聖原本,則《明堂位》、《月令》二篇,亦由後儒所附加,自當首肯。要之《月令》、《明堂位》、《樂記》三篇非小戴所有,而爲後儒之所附益,《隋志》所記,實確當而不可易也。①

武内義雄這一段表述不是很清楚,大意是説,就《禮記》所收《樂記》十一篇次第來看,鄭玄的本子本來和劉向本子相同,衹是經過熊安生到皇侃,發生了一些變動,但大體上還是在劉向本子基礎上進行的變動,而褚少孫的本子與以上諸家不同,是未經劉向校勘的本子,也説明鄭玄依據的是劉向的本子,而今本《禮記》是從鄭玄一系傳下來的,那麽今本是劉向的本子。武内義雄之説存在嚴重的誤讀,第一,孔疏所引鄭玄《三禮目録》關於《樂記》的篇次,並没有説就是《禮記·樂記注》的篇次;第二,並不存在與今本《樂記》不一致的所謂熊安生本。孔穎達原話爲:

案《鄭目録》云:"名曰《樂記》者,以其記樂之義。此於《别録》屬《樂記》,蓋十一篇合爲一篇,謂有《樂本》、有《樂論》、有《樂施》、有《樂言》、有《樂禮》、有《樂情》、有《樂化》、有《樂象》、有《賓牟賈》、有《師乙》、有《魏文侯》。今雖合此,略有分焉。"②

① 見江俠庵編譯《先秦經籍考》上册,161—162頁。

② 〔唐〕孔穎達《禮記正義》,1527頁。

孔疏所引,是鄭玄《禮記目録》中的話,衹是對十一篇《樂記》篇名作一個大概的介紹,故用“蓋……”、“有……”等插入語。《禮記目録》不是《禮記注》,怎麼能説就是鄭玄注《樂記》的次序?

關於熊安生的話,孔疏是這樣引用的:

> 皇氏云:“從王道備矣以上爲《樂本》,從此以下爲《樂論》。”今依用焉。此十一篇之説事不分明,鄭《目録》十一篇略有分别,仔細不可悉知。
>
> 熊氏云:“十篇鄭可具詳。”依《别録》,十一篇所有《賓牟賈》,有《師乙》,有《魏文侯》。今此《樂記》有《魏文侯》,乃次《賓牟賈》,《師乙》爲末,則是今之《樂記》十一篇之次與《别録》不同。推此而言,其《樂本》以下亦雜亂。故鄭略有分别。案:熊氏此説不與皇氏同。[①]

這裏存在標點問題。如果將熊氏之語斷在“十篇鄭可具詳”,則“今此《樂記》……”以下爲孔氏説,無熊氏所見《樂記》問題;如果斷在“故鄭略有分别”,那麼所謂“今本《樂記》”最後三篇是《賓牟賈》、《魏文侯》、《師乙》,正與今天通行本相同,不存在一個與今本不同的“熊氏所見本”。武内義雄的誤説原因出在閲讀不精上。

張守節説:“以前劉向《别録》篇次與鄭《目録》同,而《樂記》篇次又不依《目録》。今此文篇次顛倒者,以褚先生升降,故今亂矣。今逐舊次第隨段記之,使後略知也。”[②]張守節心目中的“舊次第”,根據他逐段所記,當爲:《樂本》第一、《樂論》第二、《樂禮》第三、《樂施》第四、《樂言》第五、《樂象》第六、《樂情》第七、《魏文侯》第八、《賓牟賈》第九、《樂化》第十、《師乙》第十一。這個次序正是今本《禮記》的次序。

張守節《正義》在《樂書》大題下説:

> 《樂書》者,猶《樂記》也。鄭玄云:“以其記樂之義也。此於《别録》屬《樂記》,蓋十一篇合爲一篇。十一篇者,有《樂本》,有《樂論》,有《樂施》,有《樂言》,有《樂禮》,有《樂情》,有《樂化》,有《樂象》,有《賓牟賈》,有《師乙》,有《魏文侯》。今雖合此,亦略有分焉。”[③]

張守節見過劉向《别録》中的《樂記》以及鄭玄的《三禮目録》,因此説“以前劉向《别録》篇次與鄭《目録》同。”嚴格説,應當是鄭《目録》同《别録》,因劉向作《别録》在前。考慮到劉向校書情況,他校訂《樂記》的篇次不一定與《禮記·樂記》一致。就孔穎達、

① 〔唐〕孔穎達《禮記正義》,1529頁。

② 見《史記》,1234頁。

③ 見《史記》,1175頁。

張守節所引鄭《目録》篇次來説，劉向最大的變動是將《樂化》篇前移，這樣，前八篇在文體上是論述體，後三篇則爲問答體；《賓牟賈》放在《魏文侯》前面，是因爲該篇記録賓牟賈與孔子對話，人物時代早於魏文侯，這樣的編排反映了編者在編排時考慮到了文體和時間先後；反觀今本《樂記》和《史記・樂書》，的確比較雜亂，説明今本《禮記・樂記》的確在劉向之前就已經編入《小戴禮記》。

爲什麼鄭玄作《三禮目録》，不根據自己所注《樂記》篇次排列？其實這個問題鄭玄自己已經做了回答："蓋十一篇爲一篇……今雖合此，略有分焉。"也就是説因爲是十一篇合成一篇，現在衹能大致上作一點區分。"略有分焉"就是不作精確區分。這個問題還可以從《三禮目録》著作性質上看。《三禮目録》不是"三禮注"，衹是關於著作目録的提綱，其中《禮記目録》是按照《禮記》四十九篇來編排的，由於《樂記》是十一篇合成一篇，衹是四十九篇中的一篇，因此衹引用現成的《别録》作了簡要的介紹，而且鄭玄用語嚴謹，"有《樂言》"、"有《樂情》"的"有"字，表示衹是從中列舉，並不嚴格按照次序來。"今雖合此，略有分别"，不是指他的《禮記注》，而是説十一篇《樂記》被編入《禮記》的現狀，雖然是一篇，大致上各篇還是有所分别的。鄭玄在作《禮記・樂記注》的時候也是這樣，不再對十一篇原來的篇名作介紹，衹是將它們作爲一個整體，進行文字訓詁。

至於《禮記别録》篇次不同於《史記・樂書》，更是理所當然。如果《樂書》爲司馬遷編入《史記》，司馬遷依據的是太史所掌握的書，時間在劉向之前；如果爲褚少孫補入，則少孫在二戴之後，《禮記・樂記》更不可能抄褚少孫。當然，褚少孫補《史記・樂書》，當時《禮記・樂記》、劉向所校《樂記》三十一篇、河間獻王所獻《樂記》都在，他不一定就依據《禮記・樂記》補入。

總之，劉向與大、小戴《禮記》關係密切，但也不可誇大。他整理了《禮古文記》和其他與禮相關的文獻，在整理過程中參考和稱引了大、小戴《禮記》，並且對《禮古經》和《禮古文記》作了分類。他還爲大、小戴《禮記》做過校勘，變成新的大、小戴《禮記》，衹是劉歆在編《七略》時候未收入這兩本書。

作者簡介：

丁進，1962 年生，安徽青陽縣人。復旦大學中文系博士。現任安徽財經大學文學與藝術傳媒學院副教授，中文系主任兼經學與文學研究所所長。近幾年發表的論文有《春秋賦詩的真相》（《學術月刊》2006 年 3 期）、《周禮六官的宗教神話淵源》（首都師范大學宗教與文化研究中心《天問》丙戌卷）、《今本大、小戴禮記編者誤説清理》（《古籍整理研究學刊》2007 年 2 期）、《重續經學學術傳統》（《學術探索》2007 年 3 期）等。

唐代易學之盛世風範
——《周易正義》的撰述規模、綱領及論易宗旨考評

張善文

内容提要　本文通過對《周易正義》立名之視野、撰修之規模、綱領之整飭、綜論之藴蓄等四方面的考評,力圖揭示唐代易學的盛世風範。藉此推知,貞觀年間修撰的《周易正義》,由於當時國家最高領導者的極度重視,從立名、撰述到審定、頒行諸階段,均予以直接統籌指導,加之衆多高水準的撰修人員之集思廣益,終使一部久傳不衰的易學名著應運而生。這是開闢一代學術風氣的創舉。於是,《周易正義》的學術影響,不僅對唐代三百年間的易學産生了重大的衝擊與催化作用,甚至對宋代義理之學的興起也具有不可忽視的開創先聲之功。本文對前人的某些觀點或文獻資料,間有辨正。如指出清人皮錫瑞謂"穎達既卒,博士馬嘉運駁難義疏"之誤;又指出《新唐書·藝文志》於《周易正義》條下列"王談"之名,後世晁公武、馬端臨等皆沿之,而"談"當屬"琰"字之形訛等。

關鍵詞　唐代易學　《周易正義》　孔穎達　撰修

唐代,是中國歷史上空前强盛的王朝,"貞觀之治"又是這一王朝足以驕傲於後代的盛世象徵。當時,已經承傳了八百餘年的中國經學,也得到了前所未有的總結性的發展。其最傑出的成果,便是在朝廷直接組織下所編撰的影響了後世千餘載(至今仍具重大影響)的學術巨著《五經正義》。這是唐代經學的不朽之作,也是中國數千年學術史上的不朽之作。

唐太宗李世民登基後的貞觀時期,儘管衹有二十三年(627—649),卻在政治、經濟、文化等方面飛躍發展,奠定了唐代三百年基業的最重要的基礎。在文化學術領域,唐太宗作了三件意義深遠的大事:一是整理圖書,二是尊賢倡學,三是疏證經典。這三件事,直接導致唐代學術文化之輝煌,並一以貫之地推動着後代中國文化的發展。關乎此三件大事的基本資料,兹述如次:

《舊唐書・經籍志》曰:"貞觀中,令狐德棻、魏徵相次爲秘書監,上言經籍亡逸,請行購募,並奏引學士校定,羣書大備。"《新唐書・藝文志》亦曰:"貞觀中,魏徵、虞世南、顔師古繼爲秘書監,請購天下書,選五品以上子孫工書者爲書手,繕寫藏於内庫,以宫人掌之。"是爲第一大事也。凡此記述,均言貞觀年間以朝廷的名義徵書、購書、抄書、校書的盛舉。而且,這些措施不是短暫的,乃是一直延續。於是,到了唐玄宗開元時期,朝廷典藏的圖書遂稱繁富。① 作爲當年的國家行爲,能如此注重書籍整理,實屬社會之福、文化之福。

《舊唐書・儒學傳》載:唐太宗爲秦王時,即重視文學,於秦府開文學館,廣引文學之士,下詔以府屬杜如晦等十八人爲學士,"給五品珍膳,分爲三番,更直宿於閣下"。② "及即位,又於正殿之左,置弘文學館,精選天下文儒之士虞世南、褚亮、姚思廉等,各以本官兼署學士,令更日宿直。聽朝之暇,引入内殿,講論經義,商略政事,或至夜分乃罷。又召勳賢三品已上子孫,爲弘文館學士。貞觀二年,停以周公爲先聖,始立孔子廟堂於國學,以宣父爲先聖,顔子爲先師。大徵天下儒士,以爲學官。""是時四方儒士,多抱負典籍,雲會京師。俄而高麗及百濟、新羅、高昌、吐蕃等諸國酋長,亦遣子弟請入於國學之内。鼓篋而升講筵者,八千餘人,濟濟洋洋焉。儒學之盛,古昔未之有也。"是爲第二大事也。將孔子廟堂設在高等學府之内,蓋爲當時之首創。③ 身爲國家元首,能如此向學、敬賢、興學,文化教育自當欣欣向榮矣。

《舊唐書・儒學傳》續曰:"太宗又以經籍去聖久遠,文字多訛謬,詔前中書侍郎顔

---

① 《新唐書・藝文志》云:"玄宗命左散騎常侍、昭文館學士馬懷素爲修圖書使,與右散騎常侍、崇文館學士褚無量整比。""既而太府月給蜀郡麻紙五千番,季給上谷墨三百三十六丸,歲給河間、景城、清河、博平四郡兔千五百皮爲筆材。兩都各聚書四部,以甲、乙、丙、丁爲次,列經、史、子、集四庫。其本有正有副。軸帶帙籤皆異色以别之。"又云:"自漢以來,史官列其名氏篇第,以爲六藝、九種、七略;至唐始分爲四類,曰經、史、子、集。而藏書之盛,莫盛於開元,其著録者,五萬三千九百一十五卷,而唐之學者自爲之書者,又二萬八千四百六十九卷。嗚呼,可謂盛矣!"事實上,唐代確定的以經、史、子、集爲綱的圖書四部分類法,以及用四色籤帶識别四部的條例,至清乾隆間修撰《四庫全書》仍沿用之,甚或今天的古籍圖書整理也難以摒棄。

② 唐太宗彼時建文學館,以杜如晦、房玄齡、于志寧、蘇世長、薛收、褚亮、姚思廉、陸德明、孔穎達、李玄道、李守素、虞世南、蔡允恭、顔相時、許敬宗、薛元敬、蓋文達、蘇勖等十八人爲學士。及薛收卒,復徵劉孝孫入館補足十八之數。尋命閻立本圖其狀貌,命褚亮撰寫像贊,號《十八學士寫真圖》,"藏之書府,以彰禮賢之重也。諸學士並給珍膳,分爲三番,更直宿於閣下,每軍國務静,參謁歸休,即便引見,討論墳籍,商略前載。預入館者,時所傾慕,謂之登瀛洲"。(《舊唐書・褚亮傳》)

③ 貞觀年間,不僅高度表彰孔子、顔回,還將春秋以來的歷代學術先賢左丘明等二十一人配享於孔廟,以爲學子之典範。《舊唐書・儒學傳》:"(貞觀)二十一年詔,左丘明、卜子夏、公羊高、穀梁赤、伏勝、高堂生、戴聖、毛萇、孔安國、劉向、鄭衆、杜子春、馬融、盧植、鄭玄、服虔、何休、王肅、王弼、杜預、范寧二十一人,用其書,行其道,宜有以褒大之,自今並配享孔子廟廷。於是唐三百年之盛,稱貞觀,寧不其然!"

師古考定《五經》,頒於天下,命學者習焉。又以儒學多門,章句繁雜,詔國子祭酒孔穎達與諸儒撰定《五經》義疏,凡一百七十卷[①],名曰《五經正義》,令天下傳習。”是爲第三大事也。既整理歷代書籍,又能從中選出垂範千古的經典之作,以作爲當代學人重點研討的對象,這顯然是唐太宗的高瞻遠矚之處。更需注意的是,他既要求對《五經》本文作嚴格考校審定,又詔命碩儒重撰義疏,力求以獨超往古的《五經正義》頒行於世,津逮後學。此種精審的學術見識,允非一般的君主所能作到,無怪乎史家謂之“千載可稱,一人而已”[②]。

毋庸置疑,唐太宗於貞觀年間所作的這三件大事,是彼時極爲重要的文化學術舉措——往昔的學術傳統賴以總結承繼,當世的文人學子有所依循研討,來日的學統脈緒因之弘揚光大。在中國易學史上,具有承前啟後之重大價值的《周易正義》,便是基於這種文化學術的大背景中,在《五經》之學得以重新高舉旗旌的勵學氛圍中,集唐初學者之精英群力而修成的,展示出唐代易學之盛世風範的一部學術巨著。

那麼,《周易正義》如何體現有唐一代易學的盛世風範呢?

茲依筆者聞學所及的有關資料,略從立名之視野、撰修之規模、綱領之整飭、綜論之蘊蓄等四事,簡述譾陋之見如下:

一曰,立名之視野:正大宏偉。

此書以“正義”立名,不可謂不弘大矣。惟“正義”之旨,所寓者何?前賢頗有論述。《韓詩外傳》卷五曰:“耳不聞學,行無正義。”三國魏曹植《七啓》稱:“覽盈虛之正義,知頑素之迷惑。”可見,正義者,端正宏大而立身合宜之謂也。古人強調的爲人處世原須如此,而著書立説自然也應以此爲追求的至高境界。朱子《近思録》曾指出,明道先生(大程子)極力推崇董仲舒的一句話:“正其義不謀其利,明其道不計其功。”[③]其語意味深長,清人張伯行作過一番精闢的解説:

> 儒者之立心貴光大而不雜,而用心當專一而不紛。漢儒董仲舒有云:“正其義不謀其利,明其道不計其功。”蓋義者事理之所宜,利者人情之所欲,道者日用

① 案,一百七十卷,“七”疑當作“八”。檢《舊唐書·孔穎達傳》,正作“一百八十卷”。又依孔穎達撰《五經正義》各經之《序》,稱《周易正義》十四卷、《尚書正義》二十卷、《毛詩正義》四十卷、《禮記正義》七十卷、《春秋正義》三十六卷,統其卷數,適爲一百八十。似宜據改。

② 《舊唐書》卷三《太宗本紀》。

③ 詳參《近思録》卷二。董子此語,乃爲易王相時,對易王問而發。見《漢書》本傳。案《近思録》者,朱子編録、吕祖謙參訂,輯北宋周濂溪(敦頤)、二程(明道顥及伊川頤)、張橫渠(載)四子之語,以示學者修己治人之大要,實已略該濂、洛、關學之主旨。謂之“近思”者,蓋取切近易思之意。

> 之當行,功者效驗之自至。正其心以要乎義理之歸,絶無一毫私利自便之謀;致其知以求乎道理之當,總不敢有預期速效之計。此心何等磊落,何等光明!處則爲儒術之醇,出則爲王道之大。若董子所言,真邪正之大閑,而學者居心之要道也。①

他的解説,固然是針對君子修己治人之道而發。但若延伸而用於學術,其理實無二致。學者對群經之學的疏解,倘能"正其心以要乎義理之歸","致其知以求乎道理之當",立旨光明磊落,豈不是"處則爲儒術之醇,出則爲王道之大"嗎?《周易正義》題之曰"正義",非具備大視野者顯然無法立此佳名。

考之舊籍,最先把"五經"與"正義"合而言之的,蓋爲東漢初年的桓譚。他在上光武帝的疏中稱:"屏群小之曲説,述五經之正義。"②説者或未十分着意"正義"有多深的内涵,但唐代貞觀間的君臣卻頗用心於此二字的宏闊理藴。關於"正義"的定名,《新唐書》有一節簡約記載:"初,穎達與顔師古、司馬才章、王恭、王琰受詔撰《五經》義訓凡百餘篇,號《義贊》,詔改爲《正義》云。"③可見,孔穎達協同諸儒修撰《五經》義訓時,最初擬訂的書名是《五經義贊》,於《周易》即稱《周易義贊》,後來根據唐太宗之"詔"而改定爲"正義"名。這一改,確有點鐵成金之效,與原擬的"義贊",雖僅一字之别,其旨趣涵括面之寬窄深淺實不可同日而語——"義贊"衹是單純的疏解評述,"正義"則有揚榷衆説的集大成之旨;"義贊"衹是一般的闡析經意,"正義"則涵獨定一尊的學術權威性。

史稱"正義"命名因唐太宗之"詔"所定,或許與太宗身邊諸臣的見識也不無關係。但無論如何,此名確立,必具兩大意義:其一,體現了當時國家首腦對《五經正義》的命名親自過問的重視程度,從而也映襯出《五經正義》撰述的項目"級别"之無與倫比;其二,爲疏解群經的重大學術活動豎起一個崇高的學術標杆,其寓義蓋遠遠超乎擬定書名的簡單行爲之上。子曰:"必也使正名。名不正則言不順,言不順則事不成。"④於是,《五經正義》的總題便以朝廷最高統治者的名義一錘定音,而爲當時學者所普遍認可;《周易正義》之佳名,也因此一直沿稱至今。

---

① 〔清〕張伯行《近思録集解》卷二,清同治間福州刻《正誼堂全書》本,又民國五年(1916)福建經學會鉛印本。

② 此爲桓譚上光武帝疏語,論不宜爲圖讖之説所惑,見《後漢書》本傳。

③ 見《新唐書·儒學上》孔穎達本傳。

④ 見《論語·子路》,清阮元校刻《十三經注疏》本《論語注疏》。

惟《正義》後又稱《注疏》，則因其書最初以單疏本[①]撰成，與各書的單注本[②]分别行世；宋代學者則將"單疏本"與"單注本"合爲一本刊刻並行，遂有别稱"注疏"者[③]。又，後世刻本《周易正義》卷端，或題爲"周易兼義"，清《四庫全書》館臣曰"未喻其故"[④]，阮元《十三經校勘記》依盧文弨之説，以爲"兼義乃合刻注疏者所加，取兼併《正義》之意也"[⑤]。然鐵琴銅劍樓主人瞿鏞，則取陳鱣之説，認爲："他經音義附於每節注後疏前，獨《周易》總附於卷末之後，故題爲《周易兼義》而不稱'附音'，似説較長。"[⑥]本師六庵教授亦引柯紹忞曰："《兼義》謂合孔《正義》、陸《音義》合刻之，無他意也，《校勘記》失之。"並云"柯先生之説近是"。[⑦] 此説與陳氏説合。

由前述觀之，《周易正義》之立名，前有《義贊》之初擬，後有《注疏》、《兼義》之别稱。諸名之所從來，各有原委，學者宜當明晰體認，勿可混淆來歷。唯其貞觀間"御定"的《正義》之名，所寓學術視野之正大宏偉，尤應知悉，且當深加玩味而涵詠之也。

---

① 單疏本，屬《五經正義》之最初通行之本，即不録經、注全文，衹標明某段落或章節之起止字眼，而以"正義曰"帶出詳細的疏釋文字。如北京國家圖書館藏宋刻遞修《周易正義》十四卷（末附傅增湘題跋，今有《續修四庫全書》影印本及北京圖書館出版社2003年影印之"中華再造善本"），即爲單疏之本。

② 單注本，與"單疏本"相配合而通行，全録經文、注文。如《四部叢刊》據宋本影印之《周易》九卷，即爲單注之本。

③ 注疏本，將注與疏合爲一書通行。如北京國家圖書館藏宋本《周易注疏》十三卷（今有北京中華書局1988年8月影印本，及《續修四庫全書》影印本），即爲注疏合刻之本。案，關於群經注疏合刻本始於何時，歷來學人有不同見解。據近年學界對現存宋版諸經注疏的考論，較普遍的認識是，最早的注疏合刻本蓋始於南宋紹興間，詳參汪紹楹《阮氏重刻宋本十三經注疏考》，《文史》第3輯，北京：中華書局，1963年；李致忠《影印宋刻本周易注疏説明》，影印本《周易注疏》卷首，北京：中華書局，1988年。

④ 詳《四庫全書總目・周易正義提要》，影印清杭州書局據乾隆間武英殿本重刊本，北京：中華書局，1965年。

⑤ 盧説見其所著《抱經堂文集》卷七，清乾隆間《抱經堂叢書》刻本。

⑥ 瞿鏞（1794—1846），清代藏書家，江蘇常熟人，字子庸。著有《鐵琴銅劍樓藏書目録》二十四卷等。陳鱣（1753—1817），清乾嘉間學者，浙江海寧人，字仲魚，號簡莊，著述甚豐。其藏書頗重精本，深愛惜之。遇所心賞者，鈐以二章：一爲己像，上題"仲魚圖像"四字；一鐫十二字曰"得此書，費辛苦，後之人，其鑒我"。瞿説見《鐵琴銅劍樓藏書目録》。陳鱣之語則見其所藏宋八行本《周易注疏》卷首題記，詳參《續修四庫全書・經部・易類》所載。

⑦ 先師黄壽祺（1912—1990），號六庵，福建霞浦人。柯紹忞（1850—1933），字鳳蓀，號蓼園，山東膠縣人，清末民初學者，爲吴汝綸之姪女婿。著有《新元史》等。六庵師曰："《四庫提要》云：'《周易正義》卷端，又題曰兼義，未喻其故。'阮氏《校勘記》卷一標'周易兼義上經乾傳第一'，校語云：'兼義字，乃合刻注疏者所加，取兼併《正義》之意也，蓋其始無合一之本，南北宋之間，以疏附於經注者，謂之某經兼義，至其後則直謂之注疏，此變易之漸也。'膠西柯先生駁之云：'兼義，謂合孔《正義》，陸《音義》合刻之，無他意也，《校勘記》失之。'"見《六庵易話》，《周易研究論文集》第1輯，北京：北京師範大學出版社，1987年。按：柯説近是。

二曰，撰修之規模：集思廣益。

《周易正義》之修撰，雖以孔穎達領銜，但其間經過諸多學者的共同協作參訂，並歷太宗貞觀、高宗永徽兩個時期，至孔穎達逝世後若干年才定稿而頒行於天下。欲察其實，宜從三個階段細爲分析：

考正經文階段。即考證當時傳世的《五經》本文内容，釐定正確可靠的群經文字。這是修撰《五經正義》的基礎工作，於貞觀六年(632)前後展開，唐太宗指定南朝齊著名學者顔之推之孫、時任中書侍郎的顔師古①主持這一項目。《新唐書・顔師古傳》記曰：

> 帝嘗歎《五經》去聖遠，傳習浸訛，詔師古於秘書省考定，多所釐正。既成，悉詔諸儒議，於是各執所習，共非詰師古。師古輒引晉、宋舊文，隨方曉答，誼據該明，出其悟表，人人歎服。尋加通直郎、散騎常侍。帝因頒所定書於天下，學者賴之。

這是説顔師古奉詔對"去聖"久遠的群經文字作了全面考核，確立了一個定本，又經諸儒辯論質難，終使"人人歎服"，才得以頒行天下(《舊唐書・顔師古傳》記載與此略同②)。此項文本考訂的工作，歷時約一年左右，於貞觀七年(633)十一月正式頒行③，天下學子終於有了一套朝廷新頒發的《五經》原文正本。

自漢代經學復興至唐初，有關《五經》文字，學者屢有考訂，然文本蓋往往留存異同，未臻一致。雖漢魏間有王莽石經、熹平石經、正始石經之刻，皆從官方角度就各經文本作了多番校核訂正，但學界長期傳習的本子仍然存在"文字訛謬"現象，故唐太宗責成顔師古釐正《五經》文字，正是時代學術的需要。衹有考定了諸經文本，才能依舊注作疏，"正義"有以成矣。可以説，對後代經學影響至大、至今仍存於西安碑林的唐開成石經十二種，也是在貞觀年間校定的《五經》文本的基礎上重校並增刻的。④

修撰正義階段。即在《五經》本文考訂完畢的基礎上，修撰《五經正義》。這一修

---

① 《舊唐書・顔師古傳》："顔籀，字師古，雍州萬年人，齊黄門侍郎之推孫也。"

② 《舊唐書・顔師古傳》："太宗以經籍去聖久遠，文字訛謬，令師古於秘書省考定《五經》，師古多所釐正，既成，奏之。太宗復遣諸儒重加詳議。於時諸儒傳習已久，皆共非之。師古輒引晉、宋已來古今本，隨言曉答，援據詳明，皆出其意表，諸儒莫不歎服。於是兼通直郎、散騎常侍，頒其所定之書於天下，令學者習焉。"

③ 《舊唐書・本紀三・太宗下》於貞觀七年曰："十一月丁丑，頒新定《五經》。"

④ 開成石經，含《周易》、《尚書》、《毛詩》、《周禮》、《儀禮》、《禮記》、《春秋左氏傳》、《公羊傳》、《穀梁傳》、《孝經》，《論語》、《爾雅》十二種凡一百五十九卷，共二百二十七石。本文正書，標題隸書。唐文宗大和七年(833) 始刊，開成二年(837)告成。經石原立於長安務本坊國子監太學。後世亦稱唐石經。今仍存於西安碑林。清人皮錫瑞稱："漢熹平刊石經之後，越五百餘年，而有唐開成石經。此一代之盛舉，群經之遺則也。""而自熹平石經散亡之後，惟開成石經爲完備，以視兩宋刻本，尤爲近古。"見皮錫瑞著，周予同注釋《經學歷史》，北京：中華書局，1959 年，212 頁。

撰過程,由孔穎達主持,並與當時名聞天下的多位大儒互相配合、共同撰寫。《舊唐書·孔穎達傳》是這樣描述此事之始末的:

> 先是,(孔穎達)與顏師古、司馬才章、王恭、王琰等諸儒受詔撰定《五經》義訓,凡一百八十卷,名曰《五經正義》。太宗下詔曰:"卿等博綜古今,義理該洽,考前儒之異説,符聖人之幽旨,實爲不朽。"付國子監施行,賜穎達物三百段。時又有太學博士馬嘉運駁穎達所撰《正義》,詔更令詳定,功竟未就。十七年,以年老致仕。十八年,圖形於淩煙閣,贊曰:"道光列第,風傳闕里。精義霞開,掞辭飈起。"二十二年卒,陪葬昭陵,贈太常卿,謚曰憲。

據此,孔穎達於貞觀十七年(643)致仕,二十二年(648)卒。則孔氏主持修撰的《五經正義》當成書於十七年前(《新唐書·孔穎達傳》記載與此略同[①])。這裏必須注意三個問題:其一,配合孔穎達同修《五經正義》的主要有顏師古、司馬才章、王恭、王琰等四人;其二,《五經正義》修成後,唐太宗的詔書對之評價極高,有"博綜古今,義理該洽","實爲不朽"之稱,並擬"付國子監施行";其三,正當此時,太學博士馬嘉運則提出《五經正義》的某些舛誤,[②]並加駁正譏詆,故唐太宗又下詔"更令詳定",可惜最後"功竟未就"。不難想見,當日君臣對修撰此書所持的嚴謹審慎的學術態度。至於未竟其功的原因,可能是孔穎達於貞觀十七年因老致仕、二十二年逝世,唐太宗亦於二十三年(649)駕崩,故孔穎達生前雖對《五經正義》進行了一再修訂,但仍無法使之成爲最終定本而頒行於世。

此處,尚有二事值得辨述。一事,清人皮錫瑞云:"穎達既卒,博士馬嘉運駮其所定義疏之失,有詔更定,未就。"[③]其謂馬嘉運駁難孔穎達義疏,在穎達既卒之後,宜屬疏誤。案《舊唐書》、《新唐書》孔穎達本傳,皆言孔、馬之争在《五經正義》完稿之後、孔穎達致仕之前,且孔氏《周易正義序》亦有明文指出與馬嘉運等人共相商討的情實(詳下文),允非皮氏所言孔穎達卒後才駁難也。二事,孔穎達生前,即曾就所完成的《五經正義》初稿進行過兩度認真的修訂,雖"功竟未就",但其總體内容蓋已基本定

① 《新唐書·孔穎達傳》:"初,穎達與顏師古、司馬才章、王恭、王琰受詔撰《五經》義訓凡百餘篇,號《義贊》,詔改爲《正義》云。雖包貫異家,爲詳博,然其中不能無謬冗。博士馬嘉運駁正其失,至相譏詆。有詔更令裁定,功未就。"

② 《新唐書·馬嘉運傳》(附《孔穎達傳》内):"馬嘉運,魏州繁水人。少爲沙門,還治儒學,長論議。貞觀初,累除越王東閤祭酒。退隱白鹿山,諸方來授業至千人。十一年,召拜太學博士、弘文館學士。以孔穎達《正義》繁釀,故掎摭其疵,當世諸儒服其精。高宗爲太子,引爲崇賢館學士,數與洗馬秦暐侍講宫中,終國子博士。"

③ 見皮錫瑞著,周予同注釋《經學歷史》,198頁。

型,故永徽間頒行的定本《五經正義》仍署孔穎達爲主撰官。如在《周易正義序》中,孔穎達自述曰:此書撰成之後,"仍恐鄙才短見,意未周盡,謹與朝散大夫行大學博士臣馬嘉運、守太學助教臣趙乾叶等,對共參議,詳其可否。至十六年,又奉勑與前修疏人及給事郎守四門博士上騎都尉臣蘇德融等對勑,使趙弘智覆更詳審,爲之正義,凡十有四卷。"①其他四經的《序》,皆有類似之語。可見,《五經正義》初成時,孔穎達便有與馬、趙諸人切磋修訂全稿之舉;貞觀十六年(642),即孔氏致仕前一年,他又與諸儒相互切磋,對全書作了第二次加工修正,形成了較爲成熟的書稿。至若新、舊《唐書》謂"功未就",似統指《五經正義》尚未經過朝廷最終審核以公之於學官也。

改定頒行階段。孔穎達主持修撰的《五經正義》完稿並進行兩度修正之後,在孔氏卒後數年的永徽年間,一批學者又奉唐高宗之詔對全稿進行了最後的增删改定,終使全書以定本頒行天下。新、舊《唐書》載曰:

> 永徽二年,詔中書門下與國子三館博士、弘文館學士考正之,於是尚書左僕射于志寧、右僕射張行成、侍中高季輔就加增損,書始布下。

> (永徽四年)三月壬子朔,頒孔穎達《五經正義》於天下,每年明經令依此考試。

此言唐高宗即位次年的永徽二年(651),詔命學者將貞觀年間孔穎達等人撰修的《五經正義》重加修訂,於永徽四年(653)正式頒行於天下,並列舉參與修訂的主要人員于志寧、張行成、高季輔三人的姓名。據《進五經正義表》,所列參與修訂的人員名單則更詳,有長孫无忌、李勣、于志寧、張行成、高季輔、褚遂良、柳奭、谷那律、劉伯莊、王德韶、賈公彦、范義頵、柳宣、齊威、史士弘、孔志約、薛伯珍、鄭祖玄、隨德素、趙君贊、周玄達、李玄直、王真儒等二十三人。此表由長孫無忌署款奏奉唐高宗李治,表末所載日期爲"永徽四年二月二十四日",此時距唐太宗駕崩已四年,距孔穎達逝世已五年。故表中綜述《五經正義》的修撰及改定過程云:"故祭酒上護軍曲阜縣開國子孔穎達,宏才碩學,名振當時,貞觀年中奉勑修撰,雖加討覈,尚有未周,爰降絲綸,更令刊定。"②這裏我們可以看到,《五經正義》在永徽年間的改定及頒行,前後經歷了三年時間,主持改定的是以長孫無忌爲首的二十三名學者。其中各經分别由何人負責審定,所改動的内容之多寡,似已甚難詳考。惟《新唐書・孔穎達傳》稱"就加增損,書始布下"、《進五經正義表》稱"尚有未周,更令刊定",可知改動之量並非太鉅,多屬增減損益之功。而《新唐書》特意提出的于志寧、張行成、高季輔三人,應爲改定《五經正義》工作中的關

① 本文所引《周易正義》之文,均據《續修四庫全書》影印宋刻遞修《周易正義》十四卷本。
② 詳《周易正義》卷首所載《進五經正義表》。

鍵人物。三人皆由隋入唐,歷唐高祖、太宗、高宗三朝,政績、學識均甚卓著,在改定《五經正義》的過程蓋皆能起到舉足輕重的作用;檢《舊唐書》于志寧本傳,尚稱其曾參與《五經義疏》的修撰,①似即指其介入永徽間審改《正義》定本之事。

回顧《五經正義》創作之始至完成定本的三個階段,跨越了自貞觀至永徽的二十餘年時間。② 有文字可查的參修人員,大略如下:

第一階段(考正經文),由顏師古主持。

第二階段(撰修正義),有孔穎達、顏師古、司馬才章、王恭、王琰、馬嘉運③,以及趙乾叶、蘇德融、趙弘智、王德韶、李子雲、朱長才、隨德素、王士雄、齊威、賈普曜、朱子奢、李善信、賈公彦、柳士宣、范義頵、張權、周玄達、趙君贊、谷那律、楊士勛④等,凡二十六人。其中顏師古兼一、二兩階段。

第三階段(改定頒行),有長孫无忌至王真儒等二十三人(詳前文引《進五經正義表》)。其中王德韶、隨德素、齊威、賈公彦、柳宣(柳士宣)⑤、范義頵、周玄達、趙君贊、谷那律九人兼二、三兩階段。

---

① 《舊唐書》本傳載:"(于志寧)前後預撰格式律令、《五經義疏》及修禮、修史等功,賞賜不可勝計。有集二十卷。"

② 自貞觀七年(633)考訂新本《五經》原文頒佈,至永徽四年(653)《五經正義》定本頒行,凡跨21年。

③ 此六人見《舊唐書》、《新唐書》之孔穎達本傳。

④ 此二十人見分别見於《五經正義》中孔穎達所撰之五篇序文。第一篇《周易正義序》所列馬嘉運、趙乾叶、蘇德融、趙弘智四人已見前文引。第二篇《尚書正義序》曰:"謹與朝散大夫行太學博士臣王德韶、前四門助教臣李子雲等謹共銓敘。至十六年,又奉勅與前修疏人及通直郎行四門博士驍騎尉臣朱長才、給事郎守四門博士上騎都尉臣蘇德融、登仕郎守太學助教雲騎尉臣隨德素、儒林郎守四門助教雲騎尉臣王士雄等對勅,使趙弘智覆更詳審,爲之正義,凡二十卷。"(列名七人)第三篇《毛詩正義序》曰:"謹與朝散大夫行太學博士臣王德韶、徵事郎守四門博士臣齊威等對共討論,辨詳得失。至十六年,又奉勅與前修疏人及給事郎守太學助教雲騎尉臣趙乾叶、登仕郎守四門助教雲騎尉臣賈普曜等對勅,使趙弘智覆更詳正,凡爲四十卷。"(列名五人)第四篇《禮記正義序》曰:"謹與中散大夫守國子司業臣朱子奢、國子助教臣李善信、守太學博士臣賈公彦、行太常博士臣柳士宣、魏王東閤祭酒臣范義頵、魏王參軍事臣張權等對共量定。至十六年,又奉勅與前修疏人及儒林郎守太學助教雲騎尉臣周玄達、儒林郎守四門助教雲騎尉臣趙君贊、儒林郎守四門助教雲騎尉臣王士雄等對勅,使趙弘智覆更詳審,爲之正義,凡成七十卷。"(列名十人)第五篇《春秋正義序》曰:"謹與朝請大夫國子博士臣谷那律、故四門博士臣楊士勛、四門博士臣朱長才等對共參定。至十六年,又奉勅與前修疏人及朝散大夫行太學博士上騎都尉臣馬嘉運、朝散大夫行太學博士上騎都尉臣王德韶、給事郎守四門博士上騎都尉臣蘇德融、登仕郎守太學助教雲騎尉臣隨德素等對勅,使趙弘智覆更詳審,爲之正義,凡三十六卷。"(列名八人)就五篇序所列人名觀之,共涉三十四人次,實有二十人參與。

⑤ 案《舊唐書》卷二十二《禮儀志二》載作"太常博士柳宣"(見中華書局點校本《舊唐書》第三册853頁),《新唐書》卷五十七《藝文志一》"尚書正義二十卷"條下載作"太常博士柳士宣",又"禮記正義七十卷"條下亦作"柳士宣"。蓋新、舊《唐書》稱名微異,實同一人。考孔穎達《禮記正義序》列名作"行太常博士臣柳士宣",長孫無忌《進五經正義表》作"朝散大夫行太常博士臣柳宣",亦名異人同之證。

依此統計,三個階段參與人數至少達五十人次之多,實際人員達四十人(無文獻可查者恐仍有之)。不過,這是總《五經正義》而言,至於《周易正義》一書,直接介入修撰的究竟有多少人呢?《新唐書・藝文志》云:"《周易正義》十六卷[①],國子祭酒孔穎達、顔師古、司馬才章、王恭,太學博士馬嘉運,太學助教趙乾叶、王琰[②]、于志寧等奉詔撰,四門博士蘇德融、趙弘智覆審。"此文與前引新、舊《唐書》孔穎達本傳及孔氏《周易正義序》所述大致應合[③],惟于志寧則前未提及,蓋王氏屬於永徽間改定《周易正義》的主要人物。因此,單就《周易正義》言之,有案可查的協助孔穎達修撰的人員至少有九人,加上總撰官孔穎達則共有十人之多。茲將《周易正義》的總撰官及協修人員名録,依三個階段列表如次:

《周易正義》總撰修及協修人員名録

階段	姓名	完成時間	所任事務	備註
第一階段考正經文	顔師古	貞觀七年(633)	主持經文考正	兼任第二階段協修正義
第二階段撰修正義	孔穎達	貞觀十七年(643)	總撰修	
	司馬才章		協修	
	王恭		協修	
	王琰		協修	
	馬嘉運		協修	辯駁質疑
	趙乾叶		協修	
	蘇德融		協修	校核整理
	趙弘智		協修	校核整理
第三階段改定頒行	于志寧	永徽四年(653)	改正定本	疑兼任二、三階段之協修

① 十六卷,當爲十四卷之誤,詳諸本《周易正義》卷首孔穎達序及《舊唐書・經籍志》。

② 王琰,《新唐書・藝文志》作"王談",晁公武《郡齋讀書志》、馬端臨《文獻通考・經籍考》等皆沿之。案"談"疑爲"琰"字之形訛,茲據新、舊《唐書》孔穎達本傳所述《五經正義》修撰之載記校改。

③ 《舊唐書》孔穎達本傳列孔穎達、顔師古、司馬才章、王恭、王琰爲《五經正義》之主撰者,馬嘉運則爲與孔穎達駁難研討者(《新唐書》亦然)。惟孔穎達《周易正義序》則云:該書完稿後與馬嘉運、趙乾叶等相互参議訂正,此後又奉勑與前修疏人及蘇德融等比對整理,又使趙弘智詳加覆審,具實名者僅此四人。《新唐書・藝文志》蓋據上述資料,總列九人之名,並增入于志寧一人,共十人作爲《周易正義》的撰修人員,而以孔穎達統其首。

表中關於三個階段參與撰修《周易正義》人員的展示,恐仍未周,惟所知文獻載記僅限於此也。略檢史傳,可知這十人多爲當時碩儒。其撰修者雖總署孔穎達之名,而當朝統治者的高度重視,以及其餘九人的協修之功,宜均爲此書最終撰成的重要因素。故宋末元初學者俞琰説《周易正義》之作,"其實非一手之力,世但稱孔疏爾"[①]。顯然,包括《周易正義》在内的《五經正義》的修撰編定,其全面發動當時最優秀的學者以集思廣益的特點,是十分突出的。

三曰,綱領之整飭:獨定一尊。

爲經典舊注作義疏,務必整綴一經之學術流脈,飭修歷代之傳述綱領,然後才能確認最優舊注,定於一尊,義疏將有以作矣。唐初學者的《五經正義》,便是在這種學術理念的指導下而撰成的。

中國經學自漢初發展至隋末,其源流派别頗爲繁雜,而易學尤顯多變。

司馬遷《史記·儒林列傳》在論及先秦到漢初的易學受授源流時,有一段十分著名的記述:"自魯商瞿受《易》孔子,孔子卒,商瞿傳《易》,六世至齊人田何,字子莊,而漢興。田何傳東武人王同子仲,子仲傳菑川人楊何。何以《易》,元光元年徵,官至中大夫。齊人即墨成以《易》至城陽相。廣川人孟但以《易》爲太子門大夫。魯人周霸、莒人衡胡、臨菑人主父偃,皆以《易》至二千石。然要言《易》者,本於楊何之家。"這裏稱漢代易學"本於楊何之家",與同篇所謂"言《易》自菑川田生"[②],學者或有不解。其實司馬遷稱"田生"者即田何,是漢初第一位傳授易學的大師(即孔子的第七傳弟子),故曰漢代"言《易》自菑川田生";至於田何的再傳弟子楊何,也是山東菑川人,是漢武帝時代立於學官的第一位《易經》博士(見班固《漢書·儒林傳贊》),故曰漢易"本於楊何之家"。因此,田何、楊何之學,宜爲漢代以降的《周易》學説之最正宗源頭。

至若漢初至唐前的八百年間,易學派别的沿革流變,既有今古文之争,又有象數學至玄理學的漸趨轉化,而東漢以後佛學思想更對易學産生或多或少的滲透作用。魏晉南北朝之際,尤屬中國易學風雲變幻的特殊時期,舉世絶倫的學術精英王弼崛起於魏世,從而改變了一代易學風氣,其"掃象闡理"的易學思想風靡於學界,影響所及,以致南朝、隋末的諸多治《易》者長期獨尊王弼之學。深推思之,王弼易學之所以能超越前

---

① 詳俞琰《讀易舉要》卷四,《四庫全書珍本初集》本。

② 《史記·儒林列傳》前文云:"及今上即位,趙綰、王臧之屬明儒學,而上亦鄉之,於是招方正賢良文學之士。自是之後,言《詩》於魯則申培公,於齊則轅固生,於燕則韓太傅;言《尚書》自濟南伏生;言《禮》自魯高堂生;言《易》自菑川田生;言《春秋》於齊魯自胡毋生,於趙自董仲舒。"

賢、獨步千古,蓋"在於它的不朽的時代精神與永恒的歷史意義"①。

孔穎達撰修《周易正義》,即對前代易學進行了全面考核,清理出十分明確的學術思路,擇取王弼之説作爲舊注的代表,綱領突出,宗旨鮮明。《周易正義序》云:

> 夫《易》者象也,爻者效也。聖人有以仰觀俯察,象天地而育群品;雲行雨施,效四時以生萬物。若用之以順,則兩儀序而百物和;若行之以逆,則六位傾而五行亂。故王者動必則天地之道,不使一物失其性;行必叶陰陽之宜,不使一物受其害。故能彌綸宇宙,酬酢神明,宗社所以无窮,風聲所以不朽。非夫道極玄妙,孰能與於此乎?斯乃乾坤之大造,生靈之所益也。若夫龍出於河,則八卦宣其象;麟傷於澤,則《十翼》彰其用。業資九聖,時歷三古。及秦亡金鏡,未墜斯文;漢理珠囊,重興儒雅。其傳《易》者,西都則有丁、孟、京、田,東都則有荀、劉、馬、鄭,大體更相祖述,非有絶倫。唯魏世王輔嗣之注,獨冠古今。所以江左諸儒,並傳其學;河北學者,罕能及之。……今既奉勑删定,考案其事,必以仲尼爲宗;義理可詮,先以輔嗣爲本。去其華而取其實,欲使信而有徵。其文簡,其理約,寡而制衆,變而能通。

以上文字,已將撰修綱領闡述得明白無誤。文中之旨,約見於四方面:一是,揭示《周易》的弘大思想,足以"彌綸宇宙,酬酢神明"。二是,綜括聖人作《易》的歷程,以及漢儒傳《易》的概況,指出西漢的丁(寬)、孟(喜)、京(房)、田(何),東漢的荀(爽)、劉(表)、馬(融)、鄭(玄),不過"更相祖述,非有絶倫"。三是,推贊三國魏王弼的易學創獲,稱爲"獨冠古今",並舉南北朝間"江左諸儒,並傳其學;河北學者,罕能及之"的情實爲證。四是,確定王弼的《周易注》爲一尊,依此作疏,申明"考案其事,必以仲尼爲宗;義理可詮,先以輔嗣爲本"的基本觀點。這四方面,實屬《周易正義》創作的重要綱領,尤其第三、四方面,確認了王弼易學的絶對權威,從而也保證了《周易正義》自身學術的時代意義,以及卓越特出的學術高度。

當然,確定王弼易學爲當時《周易》研究領域的最高成就,並非孔穎達的創見,宜屬彼時學界的共識。撰成於陳朝末年的陸德明《經典釋文》,在《序録》中即歷述漢以來的易學研究狀況曰:"漢初立《易》楊氏博士,宣帝復立施、孟、梁丘之《易》,元帝又立京氏《易》。費、高二家不得立,民間傳之。後漢費氏興而高氏遂微。永嘉之亂,施氏、

① 詳張善文《王弼易學之時代精神與歷史意義》,載《潔静精微之玄思》,上海:遠東出版社、上海三聯書店,2003 年,268 頁。

梁丘之《易》亡,孟、京、費之《易》人無傳者,[①]唯鄭康成、王輔嗣所注行於世(原注:江左中興,《易》唯置王氏博士,太常荀崧奏請置鄭《易》博士,詔許,值王敦亂,不果立),而王氏爲世所重。"顯然,孔穎達對陸氏關於易學發展的歷史觀頗爲贊同,並由衷採納了學界之通誼,高度確認了王弼易學的歷史地位,遂以王弼《周易注》作爲《周易正義》的立義之本。

尚有一事不可不加辨析,即孔穎達《周易正義》雖獨尊王弼之注,但王氏衹注六十四卦經文及《彖傳》、《象傳》、《文言傳》,於《繫辭傳》、《説卦傳》、《序卦傳》、《雜卦傳》皆缺而不注。[②] 於是孔穎達乃取東晉韓康伯的續注以補之,蓋韓氏獨獲王弼易學之傳。[③] 同時,以韓注續王的學術體認,似屬齊、梁以來學者的普遍見解,故孔穎達通過全面考察亦採納之矣。陸德明《經典釋文序録》亦曾述曰:"今以王爲主,其《繫辭》以下王不注,相承以韓康伯注續之,今亦用韓本。"由"相承"二字可以察知,取韓注續王注自來已久[④],世所共習,故陸德明撰《周易釋文》亦據以爲本。而孔穎達採用韓注以補王注之缺略,既是肯定前代易學界的學術認定,又是承繼陸德明的學術主張,其用心可謂慎而有據矣。

依上所述,孔穎達在撰修《周易正義》過程中,確立其基本的學術綱領,是將三國

① 案陸德明《經典釋文序録》曾謂鄭玄等人"並傳費氏《易》",後世學者亦多以鄭玄、王弼皆遠承漢代費直易學;而此處陸氏乃稱費《易》"人無傳者",似有矛盾,宜加辨正。吴承仕先生《經典釋文序録疏證》考曰:"《序録》言費《易》人無傳者,本不以王《易》爲費氏學也。《隋志》首述陳元、鄭衆,次言馬、鄭,次言二王作注而費氏大興,似謂輔嗣之學遠宗費氏,近接馬、鄭。自爾以訖近世,皆謂王《易》即費《易》矣。愚意王氏注經不注《繫辭》以下,蓋用費氏家法。又漢魏之際,諸經皆尚古文,世儒之説,殆以此歟?"吴先生又曰:"《序録》初據范書,謂陳元、鄭衆、馬融、鄭玄並傳費氏《易》,次言費《易》人無傳者,唯鄭、王所注行於世。自相違伐,似爲疏舛。"北京:中華書局,1984年,35—36頁。吴先生之説,頗可參考。

② 王弼獨缺《繫辭》以下不注,與其人24歲即早夭恐亦有關。吴承仕先生謂"王氏注經不注《繫辭》以下,蓋用費氏家法"(詳上注),以爲遠承西漢費直"十翼解經意"的學術思想,宜備爲一説。

③ 陸德明《經典釋文序録》列晉以來爲《繫辭》以下諸傳作注者,凡有謝萬、韓康伯、袁悦之、桓玄、卞伯玉、荀柔之、徐爰、顧懽、明僧紹、劉瓛等十人。吴承仕先生疏曰:"自元嘉以來,王《易》盛行,獨闕《繫辭》以下不注,故自謝訖劉,專注《繫辭》,皆繼輔嗣而作,其同以玄遠爲宗可知也。自韓氏專行,而各家並廢。"又,孔穎達《周易正義》於"大衍之數五十"章云:"韓氏親受業於王弼,承王弼之旨。"案,王、韓各爲魏、東晉間人,相距百餘年,謂學術宗旨相承可矣,謂"親受業"則非也。今檢《續修四庫全書》影印北京國家圖書館藏宋刻遞修本《周易正義》及宋刻八行本《周易注疏》,於"親"、"受"兩字之間皆有空格,疑此中頗有脱文,應再詳考。不然,孔穎達未當疏漏若此也。

④ 以韓注續王注,究竟始於何時,吴承仕先生以爲當在齊永明後,至阮孝緒《七録》撰成之前,即南朝的齊、梁之間。其言曰:"韓伯蓋卒於晉孝武初元,以其《繫辭注》續王《易》始於何時雖不可知,尋陸澄《與王儉書》曰:'顔延之黜鄭置王,意在貴玄,事成敗儒,……謂宜並存。……且弼於注經中已舉《繫辭》,故不復别注,今若專取弼《易》則《繫》、《説》無注。'是齊永明初尚未以韓注續王也。《隋志》本於阮《録》,則已合王、韓爲一書矣。"見《經典釋文序録疏證》,36頁。

魏王弼的《周易注》定爲一尊,並選擇東晉韓康伯《繫辭傳》以下之注以補王注之缺,這是在通覽整個易學史的基礎上作出的學術抉擇,遂使《周易正義》的修撰能立足於時代學術的最高平臺之上。回顧孔穎達《周易正義序》中"以仲尼爲宗"、"以輔嗣爲本"這兩句話,不難感受到他上承孔子之學、下繼王弼之傳的崇高理念,因之,《周易正義》之所以成爲唐以後易學著述的權威之作,允非偶然。

四曰,綜論之藴蓄:繼往開來。

一部能夠代表時代學術水平的著述,不但要有綜括學術史的崇高綱領,還需要總結並解決歷史遺存的學術疑案,商榷衆説,評騭得失,爲後學開闢正確可行的學術途徑。孔穎達在《周易正義》卷首所撰《周易八論》,正是這樣一組繼往開來,學術藴蓄極深、指導意義極強的專論。

儘管《周易八論》篇幅不大,但内涵頗爲廣泛,涉及先秦到唐代易學史上的諸多重要問題。茲依"八論"之次,略述其要旨所在。

第一論易之三名。關於"易"之名義,歷來衆説紛紜,孔氏此論則抓住兩大要點:一是"變化"之本義。故開篇即云:"夫易者,變化之總名,改换之殊稱。自天地開闢,陰陽運行,寒暑迭來,日月更出,孚萌庶類,亭毒羣品,新新不停,生生相續,莫非資變化之力,换代之功。"數語即將"易"字的本義揭示得至爲透徹。二是"三義"之引申義。則據《易緯·乾鑿度》及鄭玄《易論》、《易贊》立説,指出"《易》一名而含三義"的本質在於簡易是"其德"、變易是"其氣"、不易是"其位"。文中還批駁了張氏、何氏對"三義"的曲説,以爲其用舊文而背原意是"不思之甚"。所論言簡意賅,切中本旨。[①]

第二論重卦之人。孔氏先列舉有關重卦之舊説四種:王弼等以爲伏犧重卦,鄭玄之徒以爲神農重卦,孫盛以爲夏禹重卦,司馬遷等以爲文王重卦。然後取證批駁鄭玄、孫盛、司馬遷之説,有力地説明王弼説法之合理性。故云:"今依王輔嗣,以伏犧既畫八卦,即自重爲六十四卦,爲得其實。"此種説法,即使在今日,應當仍是可取之説。[②]

---

① 先師六庵教授以爲:"《易》以象爲本,易象變化多端,故主於變易。生生之謂易,生生亦係變化無常之謂也。若簡易、不易,則係指易理而言。易理可言簡易,言不易;而象則不可言簡易,言不易也。"見《周易名義考》,《福建師範大學學報》1979 年第 2 期,後收入《中國古代史論叢》第 1 輯,福州:福建人民出版社,1985 年。

② 尚秉和先生亦頗取孔穎達之説,指出:"孔説是也。鄭以爲神農重卦者,蓋以《周禮·太卜》有三易,經卦皆八,其別皆六十有四之文。鄭彼注云:別即重卦。而《世譜》等書,謂神農兼號連山。故鄭謂其始重卦。惟杜子春謂《連山》爲宓戲《易》。賈公彥云:《連山》以艮爲首,上艮下艮,故曰連山。若然,宓戲畫卦,即重爲六十四卦,愈无疑也。"見《尚氏易學存稿校理》第 3 卷《周易尚氏學》卷首,北京:中國大百科全書出版社,2005 年,17 頁。

第三論三代易名。對《周禮·太卜》所稱三易"一曰《連山》,二曰《歸藏》,三曰《周易》",歷代論説頗不一致,原因是《連山》、《歸藏》亡佚已久,難以詳考,至今猶然。孔氏依據相關資料認爲:神農一稱連山氏,黄帝一稱歸藏氏,《連山》、《歸藏》並是代號,則《周易》稱周,乃取岐陽地名。並謂:"文王作《易》之時,正在羑里,周德未興,猶是殷世也,故題周别於殷。"又謂《周易》"因代以稱周,是先儒更不别解"。於是自古相承的《連山》、《歸藏》、《周易》這"三易"之名,便有了較爲系統的説法。①

第四論卦辭爻辭作者。卦爻辭的作者問題,事關重大。孔氏舉出兩種舊説:一説以爲卦爻辭皆文王所作,二以爲卦辭文王作、爻辭周公作。通過比證考論,否定前説,贊同後説。認爲:"諸説以爲卦辭文王,爻辭周公。馬融、陸績等並同此説,今依而用之。所以只言三聖,不數周公者,以父統子業故也。"儘管其結論未必爲後代學者所一致接受,②但在當時則頗有一定的説服力。

第五論分上下二篇。六十四卦經文分上下篇,上經三十卦,下經三十四卦,其由來甚古。孔氏以爲:《乾》、《坤》居上篇之始,表明陰陽之本始,萬物之祖宗,故尊之;《坎》、《離》居上篇之終,表明日月之道,陰陽之經,所以始終萬物,故爲終也。《咸》、

① 尚秉和先生曾論"三易"云:"伏羲既畫卦,必更有書以申明其義。《周禮》:小史掌三皇五帝之書。是三皇已有文字,特亡耳。後人謂黄帝始造字(原注:黄帝集其成,非始於黄帝),伏羲祗畫卦无文字者,謬也。《周禮》:太卜掌三易之法,一曰《連山》,二曰《歸藏》,三曰《周易》。其在春秋時,皆三易並占。《左傳》、《國语》所謂《艮》之八,《泰》之八,及所引繇辭爲《周易》所无者,先儒皆謂爲二易之辭也。後《連山》、《歸藏》亡於晉永嘉之亂,祇存《周易》,今所誦讀者是也。"

② 尚秉和先生即主張卦爻辭爲文王所作,謂西漢以前皆無異議。並舉四事以證孔穎達贊成卦辭文王、爻辭周公説法之非。其論曰:"至東漢王充、馬融、陸績之儔,忽謂文王演卦辭,周公演爻辭。孔穎達、朱子等皆信之。而究其根據,則記載皆无。孔穎達以《升》六四言'王',《明夷》六五言'箕子',《既濟》九五言'西鄰受福',及韓宣子'見《易象》知周公之德'爲解。豈知《升》六四言王以震爲王;震爲陵,形兩岐,故曰王用亨于岐山。岐、歧通也。即使有所指,亦指殷王。文王終身服事殷,故盼王來享,情見乎辭。今謂不合自稱爲王,以文王追謚爲説,故疑爲周公。其謬一也。至《明夷》六五之箕子,與《彖傳》之箕子絶對不同。《彖傳》之箕子,紂臣也。六五之箕子,則趙賓讀爲荄茲,劉向、荀爽讀爲荄滋,王弼讀爲其茲,蜀才讀爲其子,而《焦氏易林》則讀爲孩子。孩子指紂,與《論衡》讀微子之刻子爲孩子同也。(原注:古亥音皆、音喜,皆與箕音通。)且以六五之君位,而使紂臣居之可乎?馬融知其不可,以箕子演疇,有帝王之德爲解。然何以解於箕子之明夷?《彖傳》謂箕子晦其明,今謂箕子明夷,則竟不明矣。其謬二也。至《既濟》九五之東鄰西鄰,原以離坎爲東西,以離爲牛,以互震爲祭,純是觀象繫辭。乃漢人忽有東鄰指紂、西鄰自謂之曲説,在文王固不合,在周公尤不合。周公時何來紂與爲鄰?且語意之膚淺,聖人有若是者乎?其謬三也。至韓宣子觀《易象》之語,解已見前。且杜注云:《易象》、《春秋》,文王、周公之制。謂文王制《易象》,周公制《春秋》,解甚分明。今忽因吾乃知周公之德一語(原注:述孔舊説),謂周公遭流言,亦得爲憂患,必亦演《易》,尤爲虛妄不實。其謬四矣。故夫《周易》卦爻辭,純爲文王一人所作,其欲加入周公者,毫无根據,不可信也。(原注:《西谿易説》云:文王囚中演《易》,周公未必生。即生亦子雲家之童烏也,豈能演《易》?駁孔説至詳。)"見《尚氏易學存稿校理》第3卷《周易尚氏學》卷首,15—16頁。

《恒》居下篇之始,表明男女夫婦之道,所以奉祖宗,爲天地之主,故貴之;《既濟》、《未濟》爲下篇最終,在於明戒慎而全王道也。並云:"上下二篇文王所定,夫子作緯以釋其義也。"其説甚見理緒,對後世影響至大。①

第六論夫子十翼。孔子作《十翼》的觀點,在孔穎達之前並無異説。唯這十篇文字的先後次序,則諸家説法不一。故孔穎達擇舊説之優者以表之,曰:"一家數《十翼》云:《上彖》一,《下彖》二,《上象》三,《下象》四,《上繫》五,《下繫》六,《文言》七,《説卦》八,《序卦》九,《雜卦》十。鄭學之徒並同此説,故今亦依之。"其説蓋承傳有緒,宜頗可信②。

第七論傳易之人。易學傳述的歷史,以兩漢最爲關鍵。孔穎達依《漢書・儒林傳》之説,簡述自孔子至西漢末的易學授受源流,又括舉東漢馬融、荀爽、鄭玄、劉表、虞翻、陸績諸大家之名,最後歸結於魏世王弼。所謂簡而不煩,脈絡明晰,對當時的易學研究者宜有重要的指導作用。

---

① 俞琰述"經分上下篇"云:"李秀巖(心傳)曰:上下篇卦數雖不齊,反覆觀之,皆爲十有八。晦庵以爲簡帙重大,信斯言也。則諸卦自可平分爲二,曷爲多寡之不齊乎? 晁以道(説之)曰:古者竹簡重大,分經爲二篇,今又何必以二篇成帙哉? 晁氏此説,蓋不知六十四約爲兩十八也。上經三十卦約爲十八者,《乾》、《坤》、《坎》、《離》不可倒轉,餘皆兩卦倒轉併爲一卦也。下經三十四卦亦約爲十八者,《中孚》、《小過》不可倒轉,餘皆兩卦倒轉併爲一卦也。知此則知上下二篇,實文王之所分也明矣。"見《讀易舉要》卷四,《四庫全書珍本初集》本。案,俞氏説上經"不可倒轉"者,蓋脱《頤》、《大過》二卦,當補入。又案,俞氏以六十四卦旁通、反對之例,謂上下經各可約爲十八卦,頗見上下兩篇所分卦數雖不等,而相約又均等之奧妙,可資參考。

② 惟《十翼》之名始於何時,歷來學者頗有考論。俞琰《讀易舉要》云:"歐陽文忠公曰:'十翼'之説,不知起於何人。愚按《参同契》云:夫子庶聖雄,十翼以輔之。則東漢時已有十翼之目,説者多不同。《正義》所用者,鄭玄之一家爾。"謹案,吴承仕先生嘗謂《十翼》之名始見東晉釋道安《二教論》(《經典釋文序録疏證》,26 頁),先師六庵教授對吴先生此説詳考曰:"歐陽永叔謂:'《十翼》之説,不知起于何人,自秦漢以來,大儒君子不論。'皮鹿門云:'後人以爲歐陽不應疑經,然《十翼》之説,實不知起于何人也。'歙吴先生云:'《史記・孔子世家》曰:孔子晚而喜《易》,序《彖》、《繫》、《象》、《説卦》、《文言》。《藝文志》曰:孔氏爲之《彖》、《象》、《繫辭》、《文言》、《序卦》之屬十篇。漢人通謂之《傳》,晉以來謂之《十翼》。釋道安《二教論》曰:伏羲作八卦,文王重六爻,孔子弘《十翼》。《十翼》之稱,始見於此。謂之翼者,《左傳正義》曰《易》有六十四卦,分爲上下篇,及孔子又作《易傳》十篇以翼成之,是也。'行唐尚先生不同意歐陽公及吴先生之説,駁之曰:'《漢書・費直傳》云:徒以《彖》、《象》、《繫辭》十篇《文言》解説上下經。十篇即《十翼》,豈能以改篇字爲翼字,疑爲另一説哉! 又《漢志》亦明言:孔氏爲之《彖》、《象》、《繫辭》、《文言》、《序卦》之屬十篇。六一公偶失檢耳!'又云:'《易通卦驗》云:孔子作《上彖》、《下彖》、《上象》、《下象》、《上繫》、《下繫》、《文言》、《説卦》、《序卦》、《雜卦》爲《十翼》。是漢人即有《十翼》之稱,不始于道安。'又云:'又《乾鑿度》曰:五十究《易》,《十翼》明也。見孫星衍《孔子集語》引。《乾鑿度》先儒謂爲秦書,據是,則又不始於漢矣。'祺按:十篇當即指《十翼》,實無疑義。《十翼》之名,始見於《易緯》,雖未必起於先秦,要當出於漢代。歐陽公謂不知起于何人,實爲失誤;歙吴先生謂始于晉道安,亦嫌太晚也。"見《六庵易話之二》,《福建師範大學學報》1983 年第 1 期。

第八論誰加經字。提出《周易》誰加"經"字的問題,儘管非關易學之宏旨,但對於學者理解經典被尊崇之淵源,似亦甚有必要。故孔穎達先引西漢孟喜《易本》云"分上下二經"之語,謂孟喜之前已題經字。又引《禮記·經解》云"絜静精微,《易》教也"之語,以爲既在《經解》之篇,是《易》有稱經之理。又引《孝經緯》稱"《易》建八卦,序六十四卦,轉成三百八十四爻,運機布度,其氣轉易,故稱經也"諸語,以增《易》稱"經"之例證。然又曰"緯文鄙僞,不可全信",則足以體現其立論的嚴謹不苟。清人章學誠認爲"六經之名,起於孔門弟子"①,諒亦受孔穎達此論的影響。

總此"八論"以觀之,所涉領域有:易之名義、重卦之人、三代易名、卦爻辭作者、上下篇義、孔子十翼、傳易之人、誰加經字等,此中全面展示了作者精深的學術藴蓄,宏闊的歷史視野。有此藴蓄和視野,誠足以步武前修,津逮後學,而《周易正義》的撰述遂以極大的權威性輝映當時,影響後世。

統而敘之,前文通過對《周易正義》立名之視野、撰修之規模、綱領之整飭、綜論之藴蓄等四方面的考評,力圖揭示唐代易學的盛世風範。誠然,文中述及的四個角度,多屬宏觀層面,凡所抒論,恐未深致。但即此數端,似已略可窺見有唐一代易學的弘博氣概。至少,我們可以藉此而推知,在貞觀年間修撰的《周易正義》,由於當時國家最高領導者無以復加的高度重視,從立名、撰述到審定、頒行諸階段,均予以直接統籌指導,加之衆多高水準的撰修人員的集思廣益,終使一部久傳不衰的易學名著應運而生——這是開闢一代學術風氣的創舉。於是,《周易正義》的學術影響,不但對唐代三百年間的易學産生了重大的衝擊與催化作用,甚至對宋代義理之學的興起也具有不可忽視的開創先河之功。

唐人顧況有《文論》之作,以爲:"鬱鬱乎文哉,法天、理地、象人者也。《周易》贊《乾》曰'大哉乾元,萬物資始';贊《坤》曰'至哉坤元,萬物資生'。唯大者配乾,至者配坤,幽者賾鬼神,明者賾禮樂:不失於正謂之文。"②孔穎達主撰的《周易正義》,其所以創一代易學之至文,呈貞觀盛世之風範,蓋亦在"不失於正謂之文"歟?

2007 年 9 月始撰於臺中逢甲大學
2008 年 4 月完稿於福建師範大學

① 章學誠云:"荀子曰:夫學始於誦經,終於習禮。莊子曰:孔子言治《詩》、《書》、《禮》、《樂》、《易》、《春秋》六經。又曰:繙十二經,以見老子。荀、莊皆出子夏門人,而所言如是。六經之名,起於孔門弟子亦明矣。"〔清〕章學誠著,葉瑛校注《文史通義校注》,北京:中華書局,1994 年,93—94 頁。

② 〔唐〕顧況《華陽集》卷下,臺灣商務印書館影印文淵閣《四庫全書》本。

作者簡介:

張善文,1949年11月生,福建長樂人。文學碩士。現任福建師範大學文學院教授,易學研究所所長。代表作有《周易譯注》(與黄壽祺先生合撰)、《周易辭典》、《象數與義理》、《周易與文學》、《周易入門》、《易經初階》、《歷代易家與易學要籍》、《潔静精微之玄思》等,點校整理有尚秉和先生遺稿《尚氏易學存稿》、馬振彪先生遺稿《周易學説》及黄壽祺先生舊稿《易學群書平議》等。

啖、趙《春秋》學的分歧與會通

——"變周"、"從周"與中唐思想變化

劉　寧

内容提要　唐啖助與趙匡對《春秋》宗旨的闡發一主"變周",一主"從周",這與初盛唐以來,特别是玄宗朝政教思想的複雜狀況有密切聯繫;啖、趙二人雖有分歧,也存在會通之處,其會通的核心精神,是以原情重知的心性追求和政治智慧來重樹周禮所代表的綱常名教制度,這一追求,體現了中唐思想的新變化,也構成了理解韓愈復興儒道之追求的重要背景。

關鍵詞　唐代《春秋》學　啖助　趙匡　變周　從周

作爲中唐新《春秋》學的代表人物,啖助和趙匡共同開創了新的經學風氣,但二人彼此之間也有比較明顯的思想差異,對這一點,有關的研究已經做出了詳細的分析;①但值得進一步關注的是,啖、趙之間的思想分歧,有着相當複雜的思想史背景,與初盛唐以來重要的思想變化有密切的聯繫;另一方面,啖、趙之間雖然存在差異,但其會通之處也很可注意,而這種會通,同樣具有中唐思想新變的意義,與韓愈復興儒道的精神主張之間存在着值得關注的聯繫。

一

啖助論及《春秋》的宗旨,有這樣的看法:"《春秋》者,救時之弊,革禮之薄。何以

① 參見[日]吉原文昭《關於唐代〈春秋〉三子的異同》、朱剛《從啖助到柳宗元的"堯舜之道"》,收入林慶彰、蔣秋華主編《啖助新〈春秋〉學派研究論集》,臺北:"中央研究院"中國文哲研究所,2002年,339—397頁,183—212頁;趙伯雄《春秋學史》,濟南:山東教育出版社,2004年,390—394頁。

明之?《前志》曰:'夏政忠,忠之弊野,殷人承之以敬;敬之弊鬼,周人承之以文;文之弊僿,救僿莫若以忠。復當從夏政。'夫文者,忠之末也。設教於本,其弊猶末;設教於末,弊將若何?武王、周公,承殷之弊,不得已而用之,周公既没,莫知改作,故其頽弊甚於二代,以至東周,王綱廢絶,人倫大壞,夫子傷之,曰:'虞夏之道,寡怨於民;殷周之道,不勝其弊。'又曰:'後代雖有作者,虞帝不可及已。'蓋言唐虞淳化,難行於季末,夏之忠道,當變而致焉。是故《春秋》以權輔正,以誠斷禮,正以忠道,原情爲本,不拘浮名,不尚狷介,從宜救亂,因時黜陟,或貴非禮勿動,或貴貞而不諒,進退抑揚,去華居實,故曰'救周之弊,革禮之薄'也。"①

啖助依公羊學之"三教"説以論《春秋》宗旨。"三教"説是對夏、商、周三代改制之説的一種闡發,漢代十分流行,《史記》、《鹽鐵論》、《説苑》、《白虎通》、《論衡》等書皆有論及,就理論本身而言,啖助所論並無新意。"三教"説本植根於公羊學"改制"之論,因此啖助以之闡發《春秋》宗旨,其核心就是申明《春秋》乃爲"變周"而做。儘管啖助特别申明,何休對"變周之文"的闡發——"不用之於性情,而用之於名位"是自己很不同意的,但這並不能改變他以"變周"論《春秋》宗旨的基本旨趣。

趙匡對《春秋》宗旨的理解在這一基本的旨趣上,與啖助是不同的,他指出:"啖氏依公羊家舊説,云《春秋》變周之文,從夏之質。予謂《春秋》因史制經,以明王道,其指大要二端而已:興常典也,著權制也。故凡郊廟、喪紀、朝聘、蒐狩、昏取,皆違禮則譏之,是興常典也;非常之事,典禮所不及,則裁之聖心,以定褒貶,所以窮精理也。精理者,非權無以及之,……故曰:聖人當機發斷,以定厥中,辨惑質疑,爲後王法。"趙匡認爲《春秋》宗旨在於"興常典,著權制",聖人"當機發斷"是出於救世的目的,而他認爲《春秋》"救世之宗指",在於"尊王室,正陵僭,舉三綱,提五常,彰善癉惡,不失纖芥,如斯而已"②。也就是説,《春秋》是要針對春秋亂世的具體問題,特别重申周政中"尊王室"、"舉三綱"等基本宗旨,聖人因遇到新的問題而必須"著權制"、"當機發斷",但其核心的旨趣則在於"從周"而非"變周"。

關於啖、趙之差異,不少研究者已經加以揭示,而其中吉原文昭的分析最爲詳明③;值得進一步注意的是,啖、趙在"變周"抑或"從周"旨趣上的分歧,有着比較複雜

① 〔唐〕陸淳《春秋啖趙集傳纂例》卷一,《叢書集成初編》本。

② 〔唐〕陸淳《春秋啖趙集傳纂例》卷一。

③ 參見吉原文昭《關於唐代〈春秋〉三子的異同》,林慶彰、蔣秋華主編《啖助新〈春秋〉學派研究論集》,339—397頁。

的思想史背景,對這一點,朱剛的討論已經有所分析。朱文認爲,啖助提倡"堯舜之道"以革周禮之薄的這一主張,植根於初盛唐以來士族與庶族之間的思想對立,反映了庶族士人以"堯舜之道"與士族之家所標榜之禮學相對峙的精神旨趣。[①] 朱文強調士庶矛盾對唐代思想史的影響,但事實上,初盛唐以來政教觀念中"變周"與"從周"之論的分歧,包含了比較複雜的思想内涵,單純從士庶矛盾的角度來觀察,還有許多不能賅備之處。要説明這一問題,還要對初盛唐以來,"從周"、"變周"之論的形成與變化做出簡單的勾勒。

唐朝立國之初,沿前代之習,尊崇禮學,趙翼云:"六朝人最重三禮之學,唐初猶然。"[②]唐初武德年間釋奠太學,以周公爲先聖,孔子配享,貞觀中才有所改變。尊周公與崇尚禮學的傾向是直接聯繫在一起的。高宗武則天時期,政教傾向開始發生變化。從表面看,這一時期大闡禮樂,封禪泰山,修建明堂,其重禮之傾向與太宗時期似乎是接近的,但其内在的精神追求並不相同,武則天大周時期改元載初的詔書中,就透露出個中消息。這篇詔書在闡述改元之由時,提出"今推三統之次,國家得天統,當以建子月爲正,考之群藝,厥義昭矣。宜以永昌元年十有一月爲載初元年正月,十有二月改臘月,來年正月改爲一月。"[③]又云:大周上繼"周、漢",而"自魏至隋,年將四百,稱皇僭帝,數十餘家,莫不廢王道而立私權,先詐力而後仁義",因此不足以"當三統之數"。詔書進而提出改元之後,當"以周漢之後爲二王,仍封舜、禹、成湯之裔爲三恪,所司求其苗裔,即加封建,其周隋宜同列國"[④]。這篇詔書肯定了大周上繼周、漢,而尤可注意的是,其改元的依據,主要是公羊學的三統説。在此之前,王勃曾撰作《大唐千歲曆》,提出大唐應上繼周漢,不當近承北朝之周、隋,他的主張並没有引起重視,而王勃所依據的,主要是五行説,所謂:"以土王者,五十代而一千年;金王者,四十九代而九百年;水王者,二十代而六百年;木王者,三十代而八百年;火王者,二十代而七百年。此天地之常期,符曆之數也。自黄帝至漢,並是五運真主,五行已遍,土運復歸,唐德承之久矣。魏晉至周隋,咸非正統,五行之沴氣也,故不可承之。"[⑤]改元載初的詔書,也對五

① 參見朱剛《從啖助到柳宗元的"堯舜之道"》,林慶彰、蔣秋華主編《啖助新〈春秋〉學派研究論集》,183—212頁。

② 〔清〕趙翼《廿二史劄記》卷二十,北京:中國書店,1987年影印世界書局本。

③ 《全唐文》卷九十六《改元載初赦文》,北京:中華書局,1983年影印嘉慶十九年(1814)揚州全唐文局刻本。

④ 《全唐文》卷九十六《改元載初赦文》。

⑤ 《舊唐書·王勃傳》,北京:中華書局,1975年。

行之説有所引用,如云"昔在包犧開木德之運,軒轅應土行之序,循環終始,布在方策,莫不績著帝猷,功宣皇道。方列三微之統,乃膺五行之曆"。又云大周當"恢皇家正土之符,繼炎劉真火之序"①。這些都是對五行説的闡發。但總的來看,這篇詔書最重要的立論之據,是公羊學的三統説,其以"周、漢之後爲二王",即"王者存二王之後"(《公羊傳・隱三年》何休解詁)之意;而其對大周"得天統","以建子月爲正"的判定,也是"推三統之次"的結果。依據三統説,與依據五行説,雖然都可以得出上繼周漢的結論,但兩者的含義是頗爲不同的。五行説以五德循環爲基本精神,三統説則含有改制革新的追求。② 具體到這篇詔書對武周的定位,就包含了改制的精神。詔書指出武周"得天統,以建子月爲正",這與漢代公羊家三正説中對夏商周三代之中周的判定是一致的,《公羊傳・隱元年》何休解詁云:"夏以斗建寅之月爲正,……殷以斗建丑之月爲正,……周以斗建子之月爲正";又《白虎通・三正》:"周爲天正,色尚赤也;……殷爲地正,色尚白;……夏爲人正,色尚黑。"但根據公羊三統説的改制精神,武周應該是在改漢之制的基礎上建立的新政權,而根據"文質再而復"的原則,這個新政權,應該與周朝一樣"尚文"。由此可以看出,武周對自身政教的定位,已經不是唐朝初年以回復周朝禮制爲核心的"從周"之意,而是要建立一個崇尚禮樂的新政權。儘管這個思想是在改元詔書裏得到系統的闡發,但它的精神其實在高宗及武則天掌權之後,就開始形成。在這樣的政教政策的影響下,武則天時期的大闡禮樂,就不同於唐初之重禮,而特別强調引入革故鼎新的宏大的氣象格局,如武則天本人特别喜歡宏麗之文,顯示其開闊的氣象。活躍在高宗、武則天時期的重要文人初唐四傑,就十分强調以宏大剛健和開闢新時代的氣魄來闡發雅頌之音。四傑提倡雅頌,如駱賓王提倡"弘茲雅奏,抑彼淫哇;澄五際之源,救四始之弊"(《和閨情詩啟》);又如王勃提出:"夫文章,自古稱難,聖人以開物成務,君子以立言見志;遺雅背訓,孟子不爲;勸百諷一,揚雄所恥。苟非可以甄明大義,矯正末流,俗化資以興衰,家國由其輕重,古人未嘗留心也"(《上吏部裴侍郎啟》)。但四傑並不是簡單地回復雅頌,而是貫之以宏大剛健和開闢變化的格局,如楊炯稱贊王勃以剛健的骨氣振作文風(《王勃集序》),盧照鄰則提出"王風

① 《全唐文》卷九十六《改元載初赦文》。

② 關於五德終始説與公羊三統説的差異,本文參考了蔣慶的有關見解:"通三統説是今文説,終始五德説是古文説。通三統説是要解決新王興起改制立法時新王之統與前王之統的關係問題,終始五德説則是要解決某一朝代興起其必然的宿命依據問題。……二説在性質上有根本的區别。"參見《公羊學引論》,瀋陽:遼寧教育出版社,1995年,310—312頁。

國詠,共驪翰而升沉;里頌途歌,隨質文而沿革",文學隨時而變,作者當"發揮新題,孤飛百代之前;開鑿古人,獨步九流之上,自我作古"(《樂府雜詩序》)。可見,四傑對周文雅頌的提倡,不是簡單地回復,而是在新的變革基礎上重闡禮樂文明,這一時期的政教政策,我們不妨稱之爲"新周"論。

武則天之後,中宗與睿宗廢除了武周上承周漢的做法,進入玄宗朝,唐王朝的政教傾向又發生了值得注意的變化。唐玄宗在開元年間勵精圖治,開闢了開元盛世的格局,而仔細分析玄宗開元時期的一些重要舉措,其中體現出一種鮮明的"尚質"傾向。

作爲玄宗的重要輔弼,張説對禮樂的認識,就非常强調禮須關乎人事,切於人心。早在武則天時代,張説於垂拱四年參加"詞標文苑科"對策(一説爲學綜古今科),他提出"以義制事,以禮制心"[①]的主張,並强調興立學校之重要,認爲皇王之道的精髓即在於"養老用上庠之禮,教胄取大學之義"[②]。但遺憾的是,雖然張説這篇對策很受賞識,但他這套想法並没有真正被武則天重視。張説任東宫侍讀後,努力用他的思想影響玄宗,他對武后一方面大闡禮樂,一方面對廢學輕儒深爲不滿,提出崇禮必須興學,所謂:"經天地緯禮俗者,文教也;社稷定矣,固寧輯於人和;禮俗興焉,在刊正於儒範。……臣伏願崇太學,簡明師,重道尊儒,以養天下之士,今禮經殘缺,學校淩遲,歷代經史,率多紕繆,實陛下闡揚之日,刊定之秋。"[③]玄宗深受張説之影響,史稱他"在東宫,親幸太學,大開講論,學官生徒,各賜束帛。及即位,數詔州縣及百官舉通經之士,又置集賢院,召集學者校選,募儒士及博涉著實之流"[④]。張説思想的核心,在於强調禮需切於人心,例如他對封禪之義的闡發,就注重其中的道德含義。玄宗深受其影響,開元時期的舉措,多着力於淳樸風俗,提倡禮樂關乎人心的道德内涵,而從政教格局來看,這種努力,又體現了在武則天大闡禮樂而入於虛飾的背景下,以質變文的用心。

玄宗的"尚質"有諸多體現,從最表面的例子來看,他即位初年,曾力戒浮華,提倡節儉之舉,《資治通鑑》記載:"上以風俗奢靡,秋,七月,乙未,制:'乘輿服禦、金銀器玩,宜令有司銷毁,以供軍國之用;其珠玉、錦繡,焚於殿前;后妃以下,皆毋得服珠玉錦繡。'戊戌,敕:'百官所服帶及酒器、馬銜、鐙,三品以上,聽飾以玉,四品以金,五品以銀,自餘皆禁之;婦人服飾從其夫、子。其舊成錦繡,聽染爲皂。自今天下更毋得采珠

① 《全唐文》卷二二四《對詞標文苑科策》。
② 《全唐文》卷二二四《對詞標文苑科策》。
③ 《全唐文》卷二二五《上東宫請講學啟》。
④ 《舊唐書·儒學傳》。

玉,織錦繡等物,違者杖一百,工人減一等。罷兩京織錦坊。'"[1]而從更爲精神化的層面來講,他曾大力提倡老莊清真之道,於"開元二十九年,於玄元皇帝廟置崇元博士一員,令學生習《道德經》、《莊子》、《文子》、《列子》,待習業成後,每年隨貢舉人例送至省,準明考試"。[2] 玄宗提倡《孝經》是十分著名的。他於開元十年親自作《孝經注》,並"頒行天下及國子學"。天寶二載,他又修改自己的《孝經注》並刻石太學,再次頒行天下;天寶五載,"詔天下家藏《孝經》"。[3] 這一舉措的用意,在於弘揚"親親"之道,而以公羊學的文質觀來看,這也是"尚質"之舉的反映。《公羊傳·隱元年》何休解詁云"質家親親,……文家尊尊";又《桓十一年》何休解詁:"王者起,所以必改質文者,爲承衰亂,救人之失也。王者始起,先本天道以治天下,質而親親;及其衰蔽,其失也親親而不尊,故後王起,法地道以治天下,文而尊尊;及其衰蔽,其失也尊尊而不親,故復反之於質也。"《孝經》是闡發"親親"之義的重要經典,玄宗對它的提倡,也是一種"尚質"之舉。杜甫在《有事於南郊賦》中寫道,在玄宗的治理下,"人人自以遭唐虞"、"家家自以爲稷卨",雖不無溢美,但也可以見出玄宗朝的以"淳樸"爲尚的政教旨歸。

玄宗朝的官方文獻,對自身政教政策的闡釋,主要是依據五行的學説,而並不像武則天載初改元那樣明確標舉公羊學的改制説,如張説《開元正曆握乾符頌》云:"禹以金德王,故夏後之有天下也,生數四百年;契以水德王,故殷人之有天下也,成數六百年;稷以木德王,故周人之有天下也,成數八百年;伯益之命中天,而堯族以火德乘之,故漢室之有天下也,生數再及二百年;其間距王而興,不能復大禹九州之跡,及勝殘百年之命者,皆五行之餘氣也。咎繇降德,皇唐復興,土精應王,厚德載物,生數五百年,成數千年,命曆有歸,此其大較。修德增祚,與天無窮。"[4]這裏,以五德説來解釋開元十二年修《大衍曆》之舉。天寶九載,處士崔昌上《五行應運曆》,建議國家上承周漢,所依據的仍然是五德説。[5] 這一建議被正式採納,同年禮部試即以《土德惟新賦》爲題。[6] 當然,在以標舉五德終始説爲核心的同時,官方上承周漢的政策裏,也容納了公羊三統説的一些因素,如以周漢爲二王,但與武則天改元載初明確以標舉三統説爲核心,顯然是有區别的。這反映出官方的政教態度,並不過分强調改制革新的因素。

① 《資治通鑑》卷二一一,北京:中華書局,1992年。
② 〔宋〕王溥《唐會要》卷六十四,北京:中華書局,1998年。
③ 〔宋〕王溥《唐會要》卷三十五。
④ 《全唐文》卷二二二。
⑤ 《舊唐書·玄宗本紀下》。
⑥ 〔宋〕王讜著,周勛初校證《唐語林校證》卷五,北京:中華書局,1987年。

但在玄宗朝士人的心目中,以改制革新來看待自己所身處的"聖朝",這樣的時代體認還是相當強烈。張説提倡禮樂與人心的聯繫,其用意在於建立禮樂與儒術並重、文質彬彬的一代新格局。開元時期,既大闡禮樂,又強調士人對儒術的理解,這一時期所形成的"文儒"理想,正與時人對文質彬彬之新格局的嚮往相一致。初唐文獻中尚没有"文儒"這一概念,至盛唐才屢見記載,如韋抗稱贊張説"英宰文儒叶"(《奉和聖制送張説上集賢學士賜宴》);王維稱裴耀卿"文儒之宗伯"(《裴僕射濟州遺愛碑》)。"文儒"這個概念,最早見於東漢王充之《論衡》,指有著作之能的儒者,《論衡·書解》指出"文儒之業,卓絶不循",《論衡·效力》有"文儒懷先王之道,含百家之言",《論衡·效力》有"才能千萬人矣"。盛唐時期對文儒的運用,亦淵源於此,文儒指兼通"文"、"儒"之人,而其中的"文",當是廣義的概念,既指狹義的文章寫作,又指廣義的禮樂之文。才能"卓絶不循"的文儒,正是改制革新時代的中堅,盛唐時期英風豪放的開闊氣魄正來自一大批"文儒"的出現。①

著名的詩人李白,就是"文儒"中最有代表性的人物,他很明確地從改制革新,開一代政教之新格局的角度,理解時代的追求,其著名的《古風》其一,極可注意:"大雅久不作,吾衰竟誰陳。王風委蔓草,戰國多荆榛。龍虎相啖食,兵戈逮狂秦。正聲何微茫,哀怨起騷人。揚馬激頹波,開流蕩無垠。廢興雖萬變,憲章亦已淪。自從建安來,綺麗不足珍。聖代復遠古,垂衣貴清真。群才屬休明,乘運共躍鱗。文質相炳焕,衆星羅秋旻。我志在删述,垂暉映千春。希聖如有立,絶筆於獲麟。"李白指出,自己身處的時代,"復遠古"、"貴清真",其用意在於改變周文的衰蔽,而最終目的,並不是"復周",而是開一代之新格局。詩中詩人自比孔子,而"希聖如有立,絶筆於獲麟"之語,歷來解釋多有分歧,其實這裏就是發揮了公羊家"以《春秋》當新王"之意。公羊家認爲,"西狩獲麟,孔子絶筆",是因爲"獲麟"乃新王出現之祥瑞。《公羊傳》:"何以終於哀十四年? 曰:備矣。"何休解詁云:"人道浹,王道備,必止於麟者,欲見撥亂功成於麟,猶堯舜之隆,鳳凰來儀,故麟于周爲異,《春秋》記以爲瑞,明太平以瑞應爲效也。"李白認爲自己身處的"聖代",是一個變周之弊而真正達於文質彬彬的新時代。聖代的文明不是周文大雅的簡單復歸,而是在"文質相炳焕"中建立的新文明;這種豪邁的氣魄,有其現實的基礎,玄宗的許多舉措,正給人以受命開新、一代英主的印象,而李白

① 關於"文儒"型士人在開元時期的形成及其特徵,以及在天寶時期的轉變,參見葛曉音《盛唐"文儒"的形成和復古思想的濫觴》,《詩國高潮與盛唐文化》,北京:北京大學出版社,1998 年,274—300 頁。

對自己的時代有這樣的體認,也和他豪邁奔放的精神風格有直接的關係。李白深受縱横家思想影響,他提出"三代不同禮,五霸不同法,非其相反,蓋以救弊"(《長短經敘》),這一思想與公羊改制之説,雖理論基礎有差異,但也有許多可以會通之處。在改制革新精神的影響下,盛唐文儒以文質彬彬爲核心追求,對前代文化成就表現出開放的接受格局。

著名的詩人杜甫,也深刻體認到時代的氣氛,曾表達過"致君堯舜"的人生理想。但杜甫並没有表現出對改制革新的強烈興趣,而是以復興周文之真精神爲自己的追求。杜甫生在一個"奉儒守官"的家庭中,對周文有強烈的景仰與嚮往,在詩作中,他多次流露出以周朝比擬聖代,以周宣中興比擬唐室復振的傾向,如《北征》"不聞夏殷衰,中自誅褒妲",《洗兵馬》"後漢今周喜再昌"。對於自己的詩歌創作,他所追求的是"别裁僞體親風雅,轉益多師是汝師"(《戲爲六絶句》)。雖然杜甫也很善於學習前代成就,但他強調要别白真僞,繼承周文的真精神。杜甫同時代的人,對初唐四傑多有訾議,而杜甫卻能肯定其成就,就因爲四傑開闢新的雅頌之音的追求,和杜甫"親風雅"的理想,有其可以溝通之處。

改制革新與周文真精神的復振,是玄宗朝士人對時代精神的兩種理解,殷璠《河嶽英靈集序》指出"開元十五年後,聲律、風骨始備矣。"而其原因在於:"寔由主上惡華好樸,去僞存真,使海内詞場,翕然尊古,南風、周雅,再闡今日。"這裏"惡華好樸"、"去僞存真"就揭示了玄宗朝士人對國家文教政策的兩種理解,而從殷璠所論來看,這兩種理解並行於時。從開元時期"文儒"的流行可以看出,改制革新的理解,在開元時期更爲盛行。天寶以後,周文復振的追求漸趨強烈。杜甫的追求獲得了更多的後繼者。如天寶年間,李華作《質文論》云:"禮謂易知易從之禮,非酬酢裼襲之煩也,儉謂易知易從之儉,非茅茨土簋之陋也。……愚以爲將求致理,始于學習經史,《左氏》、《國語》、《爾雅》、荀、孟等家,輔佐五經者也,及藥石之方行於天下,考試仕進者宜用之;其餘百家之説,讖緯之書,存而不用,至於喪制之縟,祭禮之繁,不可備舉者以省之,考求簡易中于人心者以行之,是可以淳風俗而不泥於坦明之路矣。……今以簡質易煩文而便之,則晨命而夕周,踰年而化成。"[①]這完全是從發揚禮的真精神的角度來闡發文質論,和開元文儒"文質相炳焕"的追求已經多有不同。

從上面的分析可以看出,初唐以來的"從周"、"變周"論有很複雜的内涵,唐初以

① 《全唐文》卷三一七。

接續前代禮儀爲基礎的“尊周”，武則天時期以改制革新、建設新的禮樂文明爲核心的“新周”論，玄宗朝以“質文相救、文質彬彬”爲核心的“變周革新”論，以及回復周文之真精神的“周文復振”論，演繹了初盛唐政教演變的複雜格局，其間演變的動因，也非單純士庶對立所能闡釋。

二

啖、趙《春秋》學的“變周”與“從周”之論，與玄宗朝的政教追求有密切的聯繫。啖助本人出生於開元十二年，一生大部分時間都生活在玄宗朝，他的思想的形成，當與玄宗朝的思想環境有最直接的聯繫。趙匡生卒不詳，年輩稍晚於啖助，當在天寶年間度過其年輕時代。從玄宗朝“變周革新”與“周文重振”兩種思想追求的對立與交融的背景來觀察啖、趙的分歧與會通，會有許多新的體會。

啖助的“變周”論，其中對公羊改制精神的吸取，同玄宗朝開元時期“變周革新”的思想趨勢，有密切的聯繫。啖助本人就在開元時期度過了他的年輕時代，應當直接受到時代風氣的影響。開元文儒追復淳古，追求“文質相炳焕”的新文明，而啖助以夏變周，“正以忠道，原情爲本”的追求，與開元文儒的取向頗多接近。所不同的是，初盛唐時期對公羊改制説的繼承，還在很大程度上保留了“改正朔、易服色”等與“改名位”相聯繫的内容，如武則天建立大周，就進行了受命改制、改正朔、易服色等一系列舉措；玄宗朝雖無改名位之舉，但也有修《大衍曆》、易服色等活動。啖助在他的《春秋》學中，對這些内容明確加以否定，他批評何休改制之説，“不用之於性情，而用之於名位”，在對三傳的取捨中，他明確不取公羊之日月例。這體現了對初盛唐以來所流行的改制説的變化與調整。

啖助“變周”論與開元“變周革新”思想的接近，還表現在他所提倡的“正以忠道，原情爲本”，是基於“大公之道”。盛唐文儒普遍以“公義”相期許，以“公道”相砥礪，如王維向張九齡干謁，就自稱是“感激有公義，曲私非所求”（《獻始興公》）。李白曾贊美自己所處的時代：“大國置衡鏡，準平天地心。群賢無邪人，朗鑒窮清深。”（《送楊少府赴選》）柳宗元高度稱贊啖、趙之《春秋》學“明章大中，發露公器”，並舉“紀侯大去其國”一條以爲證，主要是針對啖助的思想而言。啖助所追求的“大公之道”，與開元時期的思想環境顯然有值得注意的聯繫。

與啖助相比，趙匡與開元時代就顯得較爲疏遠，他的“從周”論，與天寶以後“周文復振”的思想有更多的聯繫,但彼此又有差異。天寶以後逐漸興起的“周文復振”之論,與開元時期“變周革新”的主張,有相當密切的聯繫,其所恢復的“周文”的真精神,乃是“禮本於人心”的簡易之理,李華《質文論》已經清晰地揭示了這一點。杜甫在安史之亂後創作的大量詩作,所表達的都是仁愛、忠信等簡易當於人心的倫理精神。這是在玄宗朝“尚質”的大背景中,思考周文復振所形成的獨特道路。趙匡再闡“從周”之論,則轉向了樹綱常、正名教,而他的《春秋》學則集中於闡發聖人以名教治理天下的深微之知。

趙匡認爲,《春秋》的核心,是聖人以名教治理天下的一套深微的智慧,這套智慧絕非簡單易知之理。他說:“或曰:聖人之教,求以訓人也,微其辭何也?答曰:‘非微之也,事當爾也。人之善惡必有淺深,不約其辭,不足以差之也。若廣其辭,則是史氏之書耳,焉足以見條例而修《春秋》乎?辭簡義隱,理自當爾,非微之也。故成人之言,童子不能曉也;縣官之才,民吏不能及也:是以小智不及大智,況聖人之言乎!此性情自然之品匯,非微之也。今持不逮之資,欲勿學而能,此豈里巷之言,苟爾而易知乎!”[①]在趙氏看來,《春秋》宗旨的隱微,聖人不是有意要隱微其辭,而是常人難以擬議聖人的智慧,而他所要做的工作就是盡力揭示聖人的這種用心。

啖、趙二人皆講權變之知與中道,啖助認爲聖人“以誠斷禮,以權輔正”,“從宜救亂,因時陟黜”;趙匡則認爲聖人“當機發斷,以定厥中”。但啖助的“權”與“從宜”,是本之以大公之道的“大中之道”,而趙匡的“著權制”,不過是聖人爲樹綱常、正名教以救亂世之深刻用心的體現。例如“四年冬十有二月,衛人立晉”,啖氏云:“言立,明非正也;稱人,衆詞也,所以明石碏之貴忠而善其義也。此言以常法言之,則石碏立晉,非正也,蓋當時次當立者不賢,石碏不得已而立晉,以安社稷也。故書衛人立晉,所以異乎尹氏之立王子朝,即原情之義而得變之正也。”[②]又“十九年秋,公子結媵陳人之婦於鄄,遂及齊侯、宋公盟”,啖氏云:“媵,卑者之事也,稱公子,嘉其憂國之義也。先地而後盟,見出境也。此言結之卒及他處,並不見於經,必非命卿也。嘉其既出境外,能與齊宋爲盟,以安社稷,故特書公子,此亦變之正也。此與‘屈完書族’義同。”這些都說明,啖助所論的“權”,乃是基於“安社稷”的大公之道。趙匡所論之“權”,則是聖人面對複雜的環境,發揚綱常名教之精神的深微智慧,如“王使榮叔來錫桓公命”,趙氏云:

① 〔唐〕陸淳《春秋啖趙集傳纂例》卷一。

② 〔唐〕陸淳《春秋微旨》卷上,《叢書集成初編》本。以下引文若非特別標注均出自此書。

"天王之惡,莫斯甚乎?何乃此去天字?曰:有之而著矣。春秋之義,以明微也,此言殺弟及出居,睹文見義矣,至於錫桓公命,歲月已深,王又易代,若不異其文,則無以見惡矣。"又"九年夏,公會宰周公、齊侯、宋子、衛侯、鄭伯、許男、曹伯于葵丘",趙氏云:"凡諸侯在喪而出,以喪行者稱子,以吉行者稱爵,志惡之淺深也。"可見,趙氏志在發明的,是聖人端嚴綱常名教之深心微志。啖、趙的不同,吉原文昭有相當深入的揭示,此處不贅。

然而令人感興趣的是,啖、趙既有如此明顯的差異,他們爲什麽能形成一個共同的學派,其會通之處何在。首先,啖助提出自己的"變周",祇"用之於性情",而不"用之於名位",這樣他的"正以忠道,原情爲本",就是以不變革周禮之綱常名教制度爲前提。在對待《春秋》的問題上,他與趙匡都非常重視對"例"的總結,就足以説明這一點,今傳《春秋啖趙集傳纂例》,總結《春秋》之"例",包含了啖、趙二人共同的努力。

啖助所追求的"大公之道",和周禮是有矛盾的,從上述所引的例子來看,他所論的"變不失正",正是努力地調和二者,但這樣的調和不無勉強。在有些場合,啖助對"原情"之義的闡發,並不基於"大公之道",這時他的旨趣就祇表現爲"以權輔正,以誠斷禮",即強調從内在心性去理解綱常名教,發揮了公羊學"重志"的理論傾向,董仲舒云:"禮之所重者在其志,志敬而節具,則君子予之知禮;……然則《春秋》之序道也,先質而後文,左志而右物。……是故孔子立新王之道,明其貴志以反利,見其好誠以滅僞,其有繼周之弊,故若此也。"(《玉杯》)與漢代公羊學不同的是,他將"重志"的傾向極大地強化了,例如"五月,鄭伯克段于鄢",啖氏曰:"不稱段出奔,言鄭伯志存乎殺也。此言若云鄭段出奔,則鄭但有逐弟之名,而無殺弟之志也。"這裏明確揭明鄭伯有"殺弟之志",較之公、穀之説,其"重志"之意甚爲顯豁,《公羊傳》對鄭伯殺弟之志並未明揭,《穀梁傳》祇是説"段,弟也,而弗謂弟,公子也,而弗謂公子,貶之也。段失子弟之道矣。賤段而甚鄭伯也,何甚乎鄭伯?甚鄭伯之處心積慮,成於殺也",對鄭伯殺弟之志的揭示也比較迂曲。又如"二十七年春,公會杞伯姬于洮","淳聞于師曰:'參譏之也,公及杞侯、伯姬,俱失正矣。'"這裏不僅直接參與相會的魯公與杞伯姬受到譏責,就是未曾出面的杞侯也被批評,責其不能正杞伯姬之行,揭示其志之非當。類似的例子還見於"五年,天王使仍叔之子來聘",啖氏云:"參譏之也。"啖助還提出道德自勵之説以闡發"以誠斷禮"之意,如"二十二年正月,葬我小君文姜","淳聞于師曰:'文薑之行甚矣,而有小君之禮,其無譏乎?'曰:'父子之道,天性也;君臣之義也,君有過,臣有犯而無隱;母有罪,則子不可得而貶也。故宣父曰:'子爲父隱,父爲子隱,直在其中矣。'故曰:'君雖不君,臣不可以不臣;父雖不父,子不可以不子。葬,生者之事也,臣子之禮也,其可虧乎!'"這些都體現了他基於内在心性來闡發周禮的努力。

趙匡以正名教,樹綱常爲旨歸,而他也接納了原情、重志等旨趣,例如"二十八年春,晉侯侵曹,晉侯伐衛","趙氏云:曷爲不言遂?非因曹而伐衛,異乎侵蔡而伐楚也。此言齊桓侵蔡爲私忿,因以討楚爲名,故言遂,以原其情也。"又如"晉趙鞅歸於晉","趙氏云:叛而稱歸,君宥而反之也,且原其初入晉陽之心,拒中行,非叛君也。"又如"四年春,公會齊侯、宋公、陳侯、衛侯、鄭伯、許男、曹伯侵蔡,蔡潰,遂伐楚,次於陘",趙氏曰:"齊、桓伐楚而討不貢,則是尊王室也,曷爲無異辭乎?曰:怒蔡興師,假名及楚,非其誠也,故書曰遂,明其因蔡而伐楚。"這些都體現了"重志"的旨趣,也是啖、趙二人得以會通之處。

除了"原情重志"之旨趣的接近,啖、趙二人的會通,還表現在對"知"的強調之上。啖助對"正以忠道,原情爲本"的運用,並不是簡單地準之以心性,而是強調運用智慧來處理具體問題。他與趙匡都強調聖人之"知",所不同的是,他所倡之"知",因本於大公,因而更多地表現爲發揚公器、歸本人心簡易之理的"大中之道",而趙匡所倡之"知",則因基於聖心隱微而表現爲"當機發斷,以定厥中"的精微之理。但二人對"知"的強調是一致的。他們共同關注《春秋》之"例"的總結,就説明了這一點。啖、趙的《春秋》學是政治哲學,其與荀子哲學以聖人之"辨"、"知"約束人心,使歸於禮義的理論旨趣有直接的淵源關係。

儘管啖、趙之間存在着不少難以會通之處,但他們畢竟在許多方面實現了會通,而其會通的核心精神,是以原情重知的心性追求和政治智慧來重樹周禮所代表的綱常名教制度,這在唐代思想史上,顯示了玄宗朝思想格局的結束和中唐新思想時代的來臨。

啖、趙《春秋》學在中唐時期産生了不小的影響,中唐著名思想家柳宗元與啖、趙學派有密切的關係,但他主要接受的是其中啖助的思想,於啖、趙會通之旨,則接受得較少。中唐另一著名思想家韓愈,其復興儒道的具體追求,則多能見出啖、趙會通之旨的影響。

韓愈的核心追求乃是復興周禮所代表的人倫綱常,而其具體的實現途徑與啖、趙會通之旨不無接近之處。韓愈提倡道統,所謂"堯以是傳之舜,舜以是傳之禹,禹以是傳之湯,湯以是傳之文、武、周公,文、武、周公傳之孔子,孔子傳之孟軻。軻之死,不得其傳焉。荀與揚也,擇焉而不精,語焉而不詳。由周公而上,上而爲君,故其事行;由周公而下,下而爲臣,故其説長"(《原道》)。這一理論固然可以溯源於《孟子》,但聯繫初盛唐以來改制説的流行，以及啖助《春秋》學中仍然留有的公羊改制之因素，就可以看到韓愈之論已無改制説之影響，他將古聖人之道貫通爲一，而道統的核心又是以周禮爲代表的人倫綱常之道。

一般哲學史認爲，韓愈開啟了心性儒學的復興。的確，韓愈討論性情，對周禮綱常名教的理解，已經有從心性出發加以理解的取向。但同時韓愈也很重視"知"，強調先王設立綱常名教、聖心獨斷的智慧。值得注意的是，韓愈對"知"的理解，既強調先王之"知"歸本於簡易之理，同時也流露出聖知深微，常人難以慮及的傾向，這兩者雖則矛盾，卻並存於韓愈的思想中。他的《原道》反復申明先王之道，不過是百姓易知可行的人倫之理："夫所謂先王之教者，何也？博愛之謂仁，行而宜之之謂義，由是而之焉之謂道，足乎已無待於外之謂德。其文，《詩》、《書》、《易》、《春秋》；其法，禮、樂、刑、政；其民，士、農、工、賈；其位，君臣、父子、師友、賓主、昆弟、夫婦；其服，麻絲；其居，宫室；其食，粟米、果蔬、魚肉。其爲道易明，而其爲教易行也。是故以之爲己，則順而祥；以之爲人，則愛而公；以之爲心，則和而平；以之爲天下國家，無所處而不當。"這與啖助《春秋》學以聖人之志歸於簡易的宗旨，是十分接近的。但另一方面，韓愈也流露出聖慮深微的認識，如其《平淮西碑》刻畫聖心獨斷，以成蔡功，就很強調聖慮之周詳深微。韓愈的詩文常因表達常人難及的智慧而生出磅礴的氣勢，如他譏諷那些訾議李杜的淺見之人，是"不知群兒愚，那用故謗傷"（《調張籍》），言辭間對於這些"小知不及大知"之人，有無盡的輕蔑。他爲張巡辯誣的文字，也斥責誹謗之人，其見"與兒童無異"（《張中丞傳後敘》）。韓愈這種對"知"的矛盾體認，到北宋歐陽修提倡"平易"之道才真正予以改變，而這種矛盾，與啖、趙《春秋》學徘徊於聖心簡易和聖心深微之兩端的狀態十分接近。

啖、趙《春秋》學，對於認識韓愈精神格局的意義，深刻反映了這一學派在唐代思想史上的重要地位。事實上，啖、趙之學上承初盛唐思想風習之轉變，影響中唐思想之新變化，其獨特的精神内涵，尚大有進一步發掘的必要。

作者簡介：

劉寧，1969 年 10 月生。北京大學中文系博士。現任北京師範大學文學院副教授。代表作有《春秋左傳學史稿》（合著，南京：江蘇古籍出版社，1992 年；2002 年再版）、《唐宋之際詩歌演變研究》（北京：北京師範大學出版社，2002 年）、《王維孟浩然詩選評》（上海：上海古籍出版社，2002 年），譯作有《斯文：唐宋思想的轉型》（Peter K.

Bol,"*This Culture of Ours*":*Intellectual Transitions in T' ang and Sung China*, Stanford, 南京:江蘇人民出版社,2001 年)。近幾年發表的論文有《韓愈'博愛之謂仁説'發微——試論韓愈儒家思想的特點》(《中國典籍與文化》2006 年第 3 期)、《"風化"與"諷諭":論歐陽修〈詩本義〉與毛詩説詩立場的差異》(《思想史研究》第 4 輯,2007 年 9 月)等。

補白:

第三輯《西漢的"獨尊儒術"和經今古文的興替》一文勘誤表

頁	行	誤	正
27	正文倒 8	義。……天爲君而覆露之;	也。……天爲君而覆露之;
27	正文倒 1	綱者,張也;張者,理也。	綱者,張也;紀者,理也。
29	正文倒 2	授經論政	援經論政
32	正文倒 2	而戰國以來	而由戰國以來
34	正文倒 2	海口、牛唇	海口、牛脣
37	注①	《漢書・藝文志》	《後漢書・儒林傳》
38	正文 6	作爲"改制"的根據	作爲"改制"的依附
38	正文 9	東漢的經學在黄巾起義	西漢的經學在黄巾起義

《詩傳遺説》考略
——兼輯朱子論《詩》語録佚文

石立善

内容提要 《詩傳遺説》乃朱子嫡孫朱鑑爲羽翼《詩集傳》所輯編,成書於南宋端平二年(1235)五月。全書匯聚朱子文集、注釋書及語録中論《詩》之語,引據豐富,結構整嚴,於閱讀理解《詩集傳》及朱子《詩經》學體系,誠不無少補。本文依次考述編者朱鑑之事蹟、世系及《詩傳遺説》之編纂、版本、價值等。因《詩傳遺説》中有多條朱子語録不見於黎靖德編《朱子語類大全》,故本文以《通志堂經解》同治刻本爲底本,輯出朱子語録佚文一百十八條,並施以新式標點,以補《朱子語類大全》之闕。

關鍵詞 朱子 朱鑑 朱子語録 《詩傳遺説》 《詩經》 《朱子語類大全》

《詩傳遺説》六卷,又名《朱氏詩説補遺》[①],朱子(1130—1200)嫡孫朱鑑輯编。全書匯聚朱子文集、注釋書及語録中論《詩》之語,以朱補朱,於閱讀理解《詩集傳》及朱子《詩經》學體系,誠不無少補。後世祖述發明《詩集傳》,則以此書爲嚆矢。管見所及,此書尚未有人論及,故本文擬依次考述編者朱鑑之事蹟、世系及《詩傳遺説》之編纂、版本、價值等。繼之,輯出此書所載朱子論《詩》語録佚文一百十八條,以補黎靖德編《朱子語類大全》之闕。

一、朱鑑與《詩傳遺説》

(一)編者朱鑑

朱鑑(1190—1260)[②],字子明,號環溪,幼名恩老,乃朱子長男朱塾(1153—1191)

① 《澹生堂藏書目》卷一著録朱鑑《朱氏詩説補遺》三册六卷,《千頃堂書目》卷一"朱鑑《詩傳遺説》六卷"條亦謂此書一名《朱氏詩説補遺》。蓋後世改題也。

② 朱鑑略傳散見於萬曆《建陽縣志》卷六、《閩書》卷九十六、《宋元學案》卷四十九、《宋元學案補遺》卷四十九、《閩中理學淵源考》卷十五等。

之次子。寶慶三年(1227),朱鑑與叔父朱在(1169—1239)遷居建安紫霞洲,建文公祠廟於居所之側,而朱子後裔入建安者,則自朱鑑始。朱鑑以蔭補迪功郎,後知巢縣、興國軍,累遷奉直大夫、湖廣總領,又任大理寺簿、淮西制參兼運判,淳祐年間(1241—1252)任朝請大夫,主管紹興府千秋鴻禧觀。

朱塾膝下二子四女,子鎮、鑑,女歸、昭、接、滿,而鎮、滿夭折[①]。朱子花甲之年得孫鑑,鍾愛異於他孫。紹熙二年(1191),朱子曾貽書陳亮(1143—1194)曰:"小孫壯實麄厚,近小小不安,然觀其意氣横逸,却似可望,賴有此少寬懷抱。然每抱撫之,悲緒觸心,殆不可爲懷也。"[②]又於另一通書簡曰:"小孫資稟壯實,他日可望。"[③]慶元五年(1199)六月,朱子於黨禁之中所撰《致仕告家廟文》[④]云:

> 嗣子既亡,藐孤孫鑑,次當承緒。於又[⑤]年幼,未堪跪奠。今已定議,屬之奉祀,而使二子埜、在相與佐之,俟其成童,加冠于首,乃躬厥事。異時朝廷察熹遺忠,或有恩意,亦令首及。

長子朱塾已亡,長孫鎮亦夭折,故朱子於鑑幼年即指定其爲朱家繼承者[⑥],後世遂有嫡長孫之説[⑦]。朱鑑成人之後,不負衆望,一心闡揚家學而不遺餘力。《詩傳遺説》之外,朱鑑於仕宦之餘尚編有《晦庵先生朱文公易説》二十三卷,並先後校刻先祖遺著《四書章句集注》[⑧]、《楚辭集注》、《詩集傳》、《易學啓蒙》、《周易本義》以及吕祖謙《古易音訓》[⑨]等。據劉克莊(1187—1269)《後村先生大全集》記載,朱鑑尚撰有奏疏若干篇及詩文若干卷[⑩],而今所傳者,唯《詩傳遺説後序》、《楚辭集注後序》、《晦庵先生朱文公易説後序》、《易吕氏音訓跋》、《歲時廣記序》五篇而已。朱鑑自身雖未至著書立

① 〔宋〕朱熹《晦庵先生朱文公文集》卷九十四《亡嗣子壙記》。

② 〔宋〕朱熹《晦庵先生朱文公續集》卷七《與陳同父》。

③ 此書簡不見於《晦庵先生朱文公文集》,今據《後村先生大全集》卷一百五十八《方景楫墓誌銘》引。

④ 〔宋〕朱熹《晦庵先生朱文公文集》卷八十六。

⑤ "於又",宋刊浙本作"又以"。

⑥ 朱子晚年曾親自爲朱鑑籌措婚事,參照《晦庵先生朱文公文集》卷二十九《與黄直卿書》。

⑦ 施璜編,吴瞻泰、吴瞻祺補《紫陽書院志》卷五附《世譜》云:"十一世受之公子諱鑑,字子明,以兄鎮夭,爲文公嫡長孫。"

⑧ 《四書章句大全・大學章句大全》"心者身之所主也"條注引陳櫟《四書發明》云:"祝氏《附録》本,文公適孫鑑書其卷端云:'《四書》元本,則以鑑向得先公晚年絶筆所更定而刊之興國者爲據。'"此文又見《定宇集》卷十《答吴仲文甥(九)》。

⑨ 《新安文獻志》卷二十三所收朱鑑《易吕氏音訓跋》云:"先公著述經傳,悉加音訓,而於《易》獨否者,以有東萊先生此書也。鑑既刊《啓蒙》、《本義》,念《音訓》不可闕,因取寶婺、臨漳、鄂渚本,親正訛誤六十餘字而併刊之。"

⑩ 《後村先生大全集》卷一百五十八《方景楫墓誌銘》。

言，然裒輯《詩》、《易》遺説，校刻遺著，有開啓來學之功。又，《宋元學案補遺》卷四十九云"元樞徐著有時名，初用文公經説擢上第，後改師法。寄聲欲游武夷，公戒精舍主者毋納"，可見朱鑑遵循家學師法之嚴毅。

朱鑑之子浚（1233—1276）①，字深源，號尚友，乃馬廷鸞（1222—1289）之門生②。歷任右文殿修撰、兩浙轉運使兼吏部侍郎，因親媚權臣賈似道（1213—1275）③，頗受後世譏諷④。景炎元年丙子（1276）十一月，朱浚爲避元兵，遂自邵武遁入建寧，守臣城降之日，自盡殉國。⑤ 又，歷代史傳筆記之類多謂朱浚尚理宗公主，並與公主飲藥而亡，納蘭成德（1655—1685）《詩傳遺説序》亦信以爲真。然此説殊不可信憑。據《宋史》之《公主列傳》，理宗無子，僅公主一人，乃賈貴妃所生，初封瑞國公主，改昇國公主，後進封周、漢國公主，配楊太后姪孫楊鎮，年僅二十二即卒於景定三年（1262）七月，賜謚端孝。⑥ 又，萬曆刻本《紫陽朱氏建安譜·世系》謂浚元配薛氏，繼室趙氏，而趙氏壽九十七，孀居四十四年。可知朱浚非理宗駙馬明矣，而浚與公主飲藥殉國之事亦後人附會誤傳而已。浚二子林、彬，長子林，字公茂，官甘肅儒學提舉，次子彬，字文質，官延平路知事、兩浙儒學提舉，各長南溪、建安書院。⑦

兹列朱鑑一族世系（至第三世爲止）⑧如下：

---

① 朱浚略傳散見於《咸淳臨安志》卷四十九、五十以及《昭忠録》、《宋季三朝政要》卷六、《宋季忠義録》卷八、嘉靖《建陽縣志》卷八、嘉靖《建寧府志》卷十八、萬曆《建陽縣志》卷六、《閩書》卷九十六、《福建通志》卷四十七、《宋元學案》卷四十九、《宋元學案補遺》卷四十九、《閩中理學淵源考》卷十五、《宋史翼》卷三十一等。

② 參照《碧梧玩芳集》卷十九《通判李君墓志銘》。又，朱浚遺文《題朱子三書》見《新安文獻志》卷二十三。

③ 朱浚與賈似道之關係雖不可詳考，然據正史記載，可知時人視其爲賈黨無疑。《宋史·瀛國公本紀》云："（德祐元年三月）侍御史陳過請竄賈似道並治其黨人翁應龍等，不俟報而去。監察御史潘文卿、季可乞從過所請，乃命捕應龍下臨安府獄，罷廖瑩中、王庭、劉良貴、游汶、朱浚、陳伯大、董樸。"

④ 參照羅志仁《姑蘇筆記》。

⑤ 《宋季三朝政要》卷六"丙子十一月"條。又，佚名撰《昭忠録》"朱浚"條："朱浚，字深源，建寧府人，酷嗜墨刻，人號之曰'朱古碑'。元兵至其家，浚曰：'豈有朱晦庵孫而失節者哉！'遂自縊死。時江西帥府遣使入閩説降。"明人謝肇淛《文海披沙》卷一"朱浚"條云："朱浚，晦翁曾孫也。諂事賈似道，每進劄子，必曰'某萬拜'，時人謂之'朱萬拜'。然其後元兵入建寧，執浚欲降之，曰：'豈有朱晦翁孫而失節者？'遂自經。均一朱浚也，何其諂附權貴於前，而能抗節死難於後，若兩截人耶？今人但知'朱萬拜'，而不知其死節足以自贖也。"

⑥ 相關記載亦見《宋史·理宗本紀》。

⑦ 朱林、朱彬之略傳，參照《勿軒集》卷一《送胡庭芳後序》、《朱子實紀》卷一《世系源流》、嘉靖《建陽縣志》卷八、萬曆《建陽縣志》卷六、《宋元學案補遺》卷四十九等。又，《紫陽書院志》卷五附《世譜》則謂林字文茂，彬字均之。今並載兩説，孰是俟考。

⑧ 此表依據《朱子實紀》卷一《世系源流》。

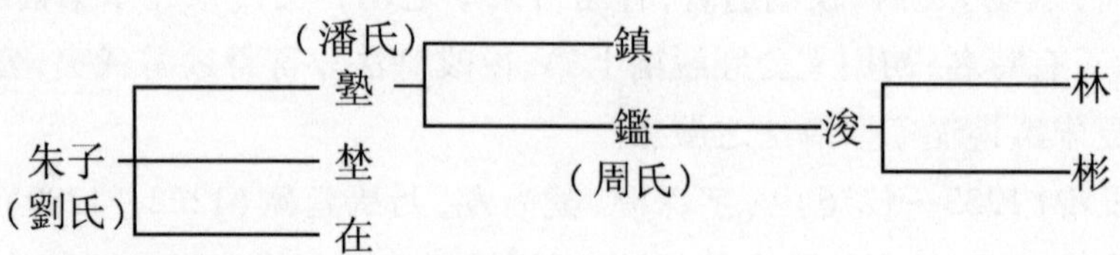

(二)《詩傳遺説》之編纂

朱鑑於《詩傳遺説》卷末《後序》[①]中,不僅詳述此書編纂之經緯,於當時《詩集傳》諸版本亦有言及,其文如下:

> 先文公《詩集傳》,豫章、長沙、后山皆有本,而后山本讎校爲最精。第初脱藁時,音訓間有未備,刻版已竟,不容增益。欲著補脱,終弗克就,未免仍用舊版,葺爲全書,補綴趲那,久將漫漶。朅來富川,郡事餘暇,輒取家本,親加是正,刻寘學宫,以傳永久。
>
> 抑鑑昔在侍旁,每見學者相與講論是書,凡一字之疑、一義之隱,反復問答,切磋研究,必令心通意解而後已。今《文集》書問、語録所記載,無慮數十百條,彙次成編,題曰《遺説》。後之讀《詩》者能兼攷乎此而盡心焉,則無異於親承誨誘,可以得其意而無疑於其言矣。若《七月》、《斯干》二詩,書以遺丘子服者,尚可攷見去取位置《小序》之法,因附於後。

據此可知,《詩傳遺説》一書乃爲羽翼朱子《詩集傳》而輯編。此序撰於南宋端平二年(1235)五月,朱鑑時以承議郎權知興國軍事,文中"富川"即興國軍。鑑取家本《詩集傳》補正舊本之闕誤,刻於興國軍學宫。《詩傳遺説》成書於端平二年五月,同爲鑑所刊《楚辭集注》則於兩月後付梓[②],朱子晚年改定本《四書章句集注》大概亦於此時刊諸興國軍[③]。又據趙希弁《郡齋讀書志附志》卷五下[④],鑑於大約同一時期,曾刊刻朱子門人吴必大(?—1198)所編朱子語録《師誨》三卷附録一卷於興國。可知朱鑑知興國軍期間,曾大量刊刻朱子著述。

《詩傳遺説》六卷(《通志堂經解》本)目次如下:

---

① 引自《通志堂經解》本,清同治十二年(1873)粤東書局重刊本。

② 參照南宋端平二年(1235)刊本《楚辭集注》卷末朱鑑《後序》。

③ 參照《四書章句大全・大學章句大全》"心者身之所主也"條注引陳櫟《四書發明》及《定宇集》卷十《答吴仲文甥(九)》。

④ "《師誨》三卷附録一卷"條:"右吴必大記録晦庵先生之語,朱鑑刻于興國。"又,《文淵閣書目》卷三與《内閣藏書目録》卷五著録此書,可知《師誨》至明代猶存。

康熙丁巳納蘭成德容若《詩傳遺説序》

卷第一《綱領》

卷第二《序辨》

卷第三《六義 思無邪問答附》

卷第四《國風》

卷第五《雅》

卷第六《頌》(《逸詩》、《詩樂》、《叶韻》附)

端平乙未五月朔朱鑑《後序》

此書爲朱子論《詩》資料彙編,書中薈萃朱子著述中論《詩》之語,不惟結構整嚴,所據資料亦頗爲豐富。朱鑑於所引各條資料下皆注明出處、撰著年代或記録者氏名,頗便觀覽。然其書全無己意之闡發,蓋其旨僅在以朱補朱而已。故此書之編纂,與朱門輔廣《詩童子問》、元人劉瑾《詩傳通釋》等闡述引申《詩集傳》之法略有不同。類似《詩傳遺説》之編纂者,有朱子再傳弟子陽枋(1187—1267)集編《晦翁詩譜》[①],其書編於嘉熙二年(1238),然今不傳。又,焦竑《國史經籍志》卷二以《詩傳遺説》誤入"傳注"類,依焦書之分類,當列入"問辨"類爲宜。

此書所據《文集》詩文有:《書説》、《答吕祖儉書》、《答朱飛卿》、《答吴必大》、《答吕祖謙書》、《答潘時舉》、《答廖德明書》、《答熊夢兆》、《答徐彦章》、《答劉玶書》、《答何鎬書》、《答劉清之書》、《答范念德書》、《答吴斗南》、《詩傳舊序》、《吕氏家塾讀詩記後序》、《讀吕氏詩記桑中篇》、《刊四經成告先聖文》、《題漳州所刊四經後》、《抄二南寄劉玶因題詩》、《偶讀謾記》、《讀尊孟辨》、《張氏中庸辨》、《皇極辨》等。朱鑑所引朱子文集,並非全據當時文集刻本,如卷一末引《答吴必大書》兩通[②]即據興國吴氏後人所藏之真跡。

所據注釋書則有:《四書章句集注》、《楚辭辨證》、《楚辭集注》、《四書或問》、《儀禮經傳通解》。

此書所引朱子語録分量最多,明記書名者僅楊與立編《朱子語略》、《精舍朋友雜記》兩種。然朱鑑所據不止此兩種語録書而已,玆列出全書所引記録者姓氏如下,試論一二:

龔蓋卿、廖德明、萬人傑、葉賀孫、沈僩、黄義剛、陳淳、甘節、李閎祖、吴必大、吕德明、錢木之、余大雅、潘時舉、襲淵、楊道夫、黄顯子、李方子、邵浩、游儆、輔廣、

---

① 《字溪集》卷十二附録《紀年録》:"嘉熙二年戊戌,集《晦翁詩譜》成而爲之《序》。"

② 即《晦庵先生朱文公文集》卷五十二《答吴伯豐(三)》與《答吴伯豐(二)》。

周謨、竇從周、陳文蔚、蔡念成、徐寓、黄有開、董銖、楊至、吕德昭、周明作、鄭南升、劉砥、黄升卿、周僩、郭友仁、陳埴。

凡三十七家弟子記録。其中,吕德明(名炎)、黄顯子、蔡念成[①]、黄有開、周僩五家之記録,諸家語録書均不載。又,龔蓋卿、廖德明、萬人傑、葉賀孫、沈僩、黄義剛、甘節、李閎祖、錢木之、余大雅、潘時舉、燙淵、楊道夫、李方子、輔廣、竇從周、陳文蔚、徐寓、董銖、郭友仁、陳埴二十一家,皆見於嘉定八年(1215)李貫之編池州刊《晦庵先生語録》[②]。陳淳、吴必大、游儆[③]、周謨、楊至、吕德昭、周明作、鄭南升、黄升卿九家,皆見於嘉熙二年(1238)李性傳編饒州刊《晦庵先生語續録》[④],邵浩、劉砥二家則見於淳祐九年(1249)蔡杭編饒州刊《晦庵先生朱文公語續録後集》[⑤]。而李性傳與蔡杭所編語録之刊刻,均晚於《詩傳遺説》。至於四川眉州刊黄士毅編《朱子語類》,此書雖於嘉定十三年(1220)既已刊刻,然於東南地域流傳不廣,且自内容判斷,亦可知朱鑑並未使用此書。故筆者以爲,朱鑑所據語録書有四種,即李貫之編池州本語録、朱子門人楊與立編《朱子語略》、《精舍朋友雜記》及吴必大編《師誨》,其餘則據諸弟子之筆記。《朱子語略》、《精舍朋友雜記》、《師誨》皆古本朱子語録之屬,不同於導江黎靖德編《朱子語類大全》(以下簡稱《朱子語類》),拙稿《古本朱子語録について——〈朱子語類大全〉未收語録書三十七種——》[⑥]曾論及此三種語録書,覽者詳之。

(三)《詩傳遺説》之版本及海外流傳

此節擬考察《詩傳遺説》之版本以及海外流傳情況。《詩傳遺説》刊刻既少,流傳亦不廣,明代諸家書目雖著録此書,然至清初方受學人重視。如清人嚴虞惇《讀詩質疑》(卷二)、黄中松《詩疑辨證》(卷二、卷三)及《詩經傳説彙纂》(卷六、卷十四等)皆引述之。朱彝尊《經義考》卷一百八亦著録此書,並引述朱鑑及納蘭成德兩序文[⑦]。

《詩傳遺説》現存版本有如下五種:

一、《通志堂經解》本(納蘭成德康熙十六年[1677]序)

---

① 蔡氏述李燔所聞。

② 參照《郡齋讀書志附志》卷五下"晦庵先生語録四十三卷"條及《朱子語類》卷首《朱子語録姓氏》。

③ 《郡齋讀書志附志》卷五下"晦庵先生語續録四十六卷"條及《朱子語類》卷首《朱子語録姓氏》皆作"游敬仲"。

④ 參照《郡齋讀書志附志》卷五下"晦庵先生語續録四十六卷"條。

⑤ 參照《郡齋讀書志附志》卷五下"晦庵先生朱文公語續録後集二十五卷"條。

⑥ Christian Wittern、石立善編《東アジアの宗教と文化》所收,169—205 頁,京都:西脇常記教授退休記念論集編集委員會,2007 年 12 月。

⑦ 史榮《風雅遺音》則據《經義考》所録朱鑑《後序》,進而考證《詩集傳》之音注多後人妄增。

二、《四庫全書》本

三、日本昌平坂學問所寬政十一年(1799)刻本

四、日本享和元年(1801)江户刻本

五、日本出雲寺金吾刻本

此書宋元明刊本,今日已不可得見。現存最早刊本爲《通志堂經解》本,此本所收《詩傳遺説》則刻於清康熙十六年丁巳(1677)①,而近世海内外學人得以寓目此書,皆歸功於此本之刊刻。此後乾隆五十年乙巳(1785)刊刻重修康熙本,清末同治十二年癸酉(1873)粤東書局重刊所據即乾隆本。朱鑑《後序》末云:"若《七月》、《斯干》二詩,書以遺丘子服者,尚可攷見去取位置《小序》之法,因附於後。"然今檢《通志堂經解》本,並無朱子遺丘子服書,可知納蘭容若所據底本亦非興國學宫本之舊。又,丘子服②,名膺,建寧府建陽縣人,丘義(1128—1202,字道濟,一字仁卿,號子野)之從弟。據朱松《韋齋集》卷十二《祭丘君文》,丘義之母乃朱子二姑母。而丘子服於朱子則爲表親,其學問在師友之間。《晦庵先生朱文公文集》卷四十五載《答丘子服》兩通,《續集》卷七載《答丘子服》一通,然均未涉及《七月》、《斯干》二詩。筆者推測朱鑑所據書簡當爲朱子真跡,而文集失收。後世刊刻《詩傳遺説》之際,删落其文耳。

關於《四庫全書》本,經對校可知所據底本即《通志堂經解》本無疑,其底本則由兩江總督採進③。《四庫全書》本於形式上概遵《通志堂經解》本之舊,惟移朱鑑《後序》至卷首,改題《詩傳遺説序》,並删納蘭成德《序》。館臣鈔寫之際,於《通志堂經解》本之訛誤亦有若干改正之處,卷四末雖見兩條校勘記,然館臣所改不止此兩條而已。又,《四庫全書》本因鈔録不審而生新誤者亦有之,如本書卷一有如下兩條朱子語録:"看《詩》,不須着意去裏面分解,但是平平地涵泳,自好。""歌詠之際,深足以養人情性。"《通志堂經解》本原爲兩條,而《四庫全書》本卻誤合爲一條。

三種日本刻本均屬《通志堂經解》本系統。江户昌平坂學問所刻本乃《通志堂經解》本之覆刻④,此官本刻於日本寬政十一年(1799),亦爲日本後世諸本之源頭,而《晦庵先生朱文公易説》二十三卷亦於同年覆刻問世。享和元年(1801)江户刻本及出雲

① 《通志堂經解》本卷首納蘭成德《詩傳遺説序》。

② 丘膺之略傳,參照萬曆《建陽縣志》卷六、《閩書》卷一百二十八、《閩中理學淵源考》卷二十、《宋元學案補遺》卷四十九。

③ 《四庫全書總目提要》卷十五"詩傳遺説"條。又,《四庫採進書目》"兩江第一次書目"條載進呈《詩傳遺説》二本(第37頁左段,北京:商務印書館,1960年3月)。

④ 《官版書籍解題略》上著録昌平坂學問所覆刻本六卷三册(《解題叢書》所收,第176頁上段,東京:國書刊行會,1916年1月),《諸藩藏版書目筆記》卷一亦著録(《解題叢書》所收,第239頁上段)。

寺金吾本均爲昌平坂學問所本之翻刻,出雲寺金吾本概刻於江户(1603—1867)晚期即十九世紀。

筆者未見《詩傳遺説》之朝鮮刊本。此書雖於清乾隆年間東傳朝鮮,然於彼土並無翻刻。據朝鮮儒者李德懋(1741—1793)《盎葉記》①,李朝正祖二年戊戌(1778),沈念祖(字涵齋)出使北京之際,曾購歸《通志堂經解》。此本即康熙刻本,後藏於朝鮮宫廷唐本專用書庫"皆有窩"。是爲《通志堂經解》傳入朝鮮之始。又,成海應(1760—1839)《詩説》②解《詩・小雅・楚茨》篇引《詩傳遺説》,其所據亦《通志堂經解》本無疑③。李書九(1754—1825)《讀詩經雜識》④亦言及《詩傳遺説》。由此可知,朝鮮宫廷所藏之外,《通志堂經解》本亦曾流傳於朝鮮民間。

(四)《詩傳遺説》之價值

《詩傳遺説》具有朱子論《詩》資料集之性質,故以此書參讀《詩集傳》則有交互發明、詳略貫通之功。又,朱鑑所引文集、注釋及語録書等皆南宋善本或古本,加之《詩傳遺説》自身又因翻刻不多,幸得以保留大部分原貌,故其所引據諸書之内容視通行本略有差異。譬如卷五引《抄二南寄劉玶因題詩》⑤首句"闕里言詩但賜商","但",通行本文集即明嘉靖刻本則作"得",又第五句"析句分章功自小","小",通行本則作"少"⑥。如此等異文可爲文集校讀之助。而尤值得注意者,乃本書所載朱子語録。咸淳六年(1270)江西書院刊《朱子語類》卷八十、八十一兩卷乃朱子與門人論《詩》問答,他卷如卷二十三、二十五等亦散見論《詩》之語。如第二節所述,《詩傳遺説》引朱子語録所據底本,皆早於《朱子語類》,而今古本朱子語録多亡佚不存,故於校讀《朱子語類》尤顯重要。以下試舉數例(着重號均爲筆者所加):

其一,可補《朱子語類》之脱文。

明成化九年(1473)陳煒刊本《朱子語類》卷二十三周明作録"思無邪如正風雅頌等語"條後半如下:

> 夫"善者可以感發得人之善心,惡者可以懲創得人之逸志"。今使人讀好底詩,固是知勸,若讀不好底詩,便悚然戒懼,知得此心本不欲如此者,是此心之失。

---

① 《青莊館全書》卷五十七《盎葉記》四"經解目"條。

② 《研經齋全集》續集第四册所收。

③ 參照《研經齋全集》外集卷二十一《通志堂經解書目》。

④ 《惕齋集》卷八所收。

⑤ 此詩即《晦庵先生朱文公文集》卷六《抄二南寄平父因題此詩》。

⑥ 宋刊閩本、浙本文集均作"小"。

所以讀《詩》者,使人心無邪也。此是《詩》之功用如此。

“知得此心本不欲如此者,是此心之失”一句,語意不通。本書卷三周明作録“越人歌者”條[①]後半與其内容相同,而此句則作“知得此心本不欲如此,其所以如此者,是此心之失。”據此可知,《朱子語類》脱“其所以如此”五字。

又如本書卷五黄義剛録:

> 林夔孫問《節南山》。答曰:“自古小人,其初只是他自竊國柄,少間又有不奈何,又引得别人來,一齊不好了。如尹氏大師,却只是他一箇不好,少間到那瑣瑣姻婭處,是幾箇人不好了。”

此條與《朱子語類》卷八十一“自古小人”條略同,而《朱子語類》闕“林夔孫問節南山答曰”九字,以至不知朱子答語因何而發。

又如《朱子語類》卷八十李方子録“詩中頭項多”條云:

> 《詩》中頭項多,一項是音韻,一項是訓詁名件,一項是文體。若逐一根究,然後討得些道理,則殊不濟事。須是通悟者,方看得。

此條語意矛盾,“則殊不濟事”一句疑有脱誤。本書卷一李閎祖録“詩中頭項多”條[②]與此條大致相同,“則”前有“否”字,作“否則殊不濟事”。由此可知,《朱子語類》所載李方子録因脱文而令人費解。

如本書卷五葉賀孫録:

> 葉賀孫問:“《瞻彼洛矣》,洛水或云兩處。”曰:“只是這一洛,有統言之,有説小地名。東、西京千里,東京六百里,西京四百里。”此洛只就洛邑言之,非指關洛。

《朱子語類》卷八十一所載無文末小注“此洛只就洛邑言之非指關洛”十二字,蓋編纂或刊刻之際不慎脱落。

又如本書卷二葉賀孫録“熹看詩要人只將詩正文讀”條,與《朱子語類》卷二十三葉賀孫録“問思無邪子細思之”條略同,然本書所載文末則有“只是不消看序看正文自見得”,此十二字亦不見《朱子語類》。

黎靖德編《朱子語類》之宋元刻本不傳於世,明成化九年陳煒刊本《朱子語類》爲最古,然成化本脱落、訛誤頗多,據本書可略補其失。

其二,可復原《朱子語類》之弟子提問。

① 参照本文第二章所輯第(41)條佚文。
② 参照本文第二章所輯第(16)條佚文。

黎靖德《朱子語類》之編纂,一以朱子答語爲主,而於弟子之提問則多删削簡化。根據本書記載,可以復原若干原貌。

如《朱子語類》卷二十五鄭南升録,其提問作"問:'《關雎》之詩,得情性之正如此。學者須是"玩其辭"、"審其音",而後知之。'"而本書卷四則作:

> 問:"《關雎》言'后妃之德'宜配君子,故託辭以見意,謂求之未得,則不能無'寤寐'、'反側'之憂,求之而得,則宜有'琴瑟'、'鐘鼓'之樂,是哀樂之發而見於辭者。然常人之樂,易至於淫,淫者,樂之過而失其正也。常人之哀,易至於傷,傷者,哀之過而害於和也。惟《關雎》之詩,樂雖至而不失其正,憂雖深而不害於和,其得情性之正如此,學者須是'玩其辭'、'審其音',而後知之。"

此條鄭南升之提問本諸《論語集注》,竟比《朱子語類》多出一百一十字。

又如本書卷五潘時舉録:

> 潘時舉説《斯干》詩至"載弄之瓦"處,先生曰:"'瓦,紡磚也。'瓦,紡時所用之物。舊見人畫《列女傳》,漆室乃手執一物,如今銀子樣者,意其爲紡磚也。然未可必。"

"潘時舉説斯干詩至載弄之瓦處先生曰"十六字,《朱子語類》卷八十一僅作"載弄之瓦"而已,全然不知朱子此語因何而發,而本書記録可補《朱子語類》之闕。

又如《朱子語類》卷五十一葉賀孫録"居之問取之而燕民悦"條,其提問作"居之問:'取之而燕民悦,則取之'至'文王是也'。竊疑文王豈有革商之念?"而本書卷五葉賀孫録則作:

> 問:"'取之而燕民悦,則取之。古之人有行之者,武王是也。取之而燕民不悦,則勿取。古之人有行之者,文王是也。'竊疑文王大聖人,於君臣之義、尊卑之等豈不洞見,而容有革商之念哉?"

兩者相較,本書則多出四十三字,據此可了解劉居之(字寬之)提問之原貌。以上數條弟子提問之復原,於理解朱子答語無疑亦十分重要。

其三,可考定《朱子語類》脱落記録者氏名。

《朱子語類》卷八十一云:

> 君舉《詩》言:"《汝墳》是已被文王之化者,《江漢》是聞文王之化而未被其澤者。"却有意思。

此條不載記録者氏名,本書卷四余大雅録與此條内容相同,可知其記録者乃余大雅。

其四，保存大量朱子論《詩》語録佚文。

《詩傳遺説》所採朱子門人語録徧及全書，不僅吕德明、黄顯子、蔡念成、黄有開、周僩五家所録不見於黎靖德編《朱子語類》，且其他門人所録亦有多條佚文。筆者以《詩傳遺説》所載語録與《朱子語類》比勘對校，共得朱子語録佚文一百十八條，其佚文分佈如下：卷第一見二十二條，卷第二見十五條，卷第三見十二條，卷第四見二十三條，卷第五見二十二條，卷第六見二十四條。

黎靖德編纂《朱子語類》之際，曾删薙諸本重複者一千一百五十餘條①，本書所見語録佚文蓋多屬於黎氏所删之類，然亦有全然不見於《朱子語類》者。《朱子語類》之佚文，其價值固不待言，如上所述，即使與他人所録内容略有重複之佚文，亦可據以考證記録者氏名、諸弟子之師事年，或可爲閲讀同席者記録之輔助，不容忽視。可知此書所見語録佚文，於理解朱子《詩集傳》及其詩經學體系，誠爲貴重。故於第二章將語録佚文全部輯出，並施加新式標點，以饗學界同仁。

二、《詩傳遺説》所見朱子語録佚文輯存

本文所用《詩傳遺説》之版本爲納蘭成德輯《通志堂經解》本（清同治十二年［1873］粵東書局重刊本，簡稱"底本"），以《四庫全書》本爲對校本（簡稱"《四庫》本"），所用《朱子語類》則爲明成化九年（1473）陳煒刊本。

以下條列語録佚文，一遵原書卷數及排列順序。原文雙行小字注均改爲單行，原文之明顯誤刻，徑改並出校。筆者所加按語則收入另行括號中。《朱子語類》所載他人録如有略同者，或爲同席所録者，皆一一注明。

（1）《二禮》、《春秋》有制度之難明，本末之難見，放下未要理會，亦得。如《書》、《詩》，直是不可不先理會。又只如《詩》之名數，《書》之《盤》、《誥》，恐難理會，且先讀《典》、《謨》之書，《雅》、《頌》之詩，何嘗一言一句不説道理？何嘗深潛諦玩，無有滋味？只是人不曾子細看。若子細看，裏面有多少倫序！須是子細參研方得。此便是格物窮理。龔蓋卿録。

【善按："二禮"疑當作"三禮"。又，此條與《朱子語類》卷八廖謙録"或問爲學如何做工夫"條後半略同。】

（2）"《詩》可以興"，須是反復熟讀，使書與心相乳入，自然有感發處。李閎祖録。

---

① 《朱子語類》卷首黎靖德景定癸亥《序》。

(3)問:"'《詩》可以觀',《集註》云'考見得失',是自己得失否?"曰:"是考見事迹之得失,因以警自己之得失。"又問:"'可以怨',《集註》云'怨而不怒','怒'是如何?"曰:"詩人怨詞,委曲柔順,不恁地疾怨。"吕德明録。

【善按:吕德明,名炎,德明字也,南康軍建昌縣人,与弟燾、煥同登朱子之門。《朱子語類》不載吕炎録。《詩傳遺説》共載吕炎録十條,卷第一見一條,卷第二見一條,卷第三見一條,卷第四見三條,卷第五見三條,卷第六見一條。】

(4)吴必大請教曰:"先《易》後《詩》,可否?"曰:"不若先《詩》後《易》。觀《詩》之法,且虚心熟讀,尋繹之不厭。被舊説黏定,看得不活。伊川解《詩》,亦説得義理多了。《詩》本是恁地説話,一章言了,次章又從而歎詠之。雖别無義理,而意味深長,不可於名物上尋義理。後人往往見其言只如此平淡,只管添上義理,却窒塞了他。如一源清水,只管將物事堆積在上,便壅溢了。熹觀諸儒之説,唯上蔡云'《詩》在識六義體面,却諷詠以得之',深得《詩》之綱領,他人所不及。所謂'以意逆志'者,'逆'如迎待之意,若未得其志,只得待之,如'需于酒食'之義。後人讀《詩》,便要去捉將志來,以至束縛之。吕氏《詩記》有一條收數説,却不定,云:'此詩非《詩》本意,然自有箇安頓用得他處,今一槩存之。'正如一多可底人,來底都是。如所謂'要識人情之正',夫'《詩》可以觀'者,正謂其間有得有失,有黑有白,若都是正,却無可觀。今不若且置《小序》於後,熟讀正文爲善。如拾得一詩,其間説香説白,説寒時開,雖無題目,其爲梅花詩必矣。"吴必大録。

【善按:"詩記",底本、《四庫》本均誤作"説記",《詩記》即吕祖謙《吕氏家塾讀詩記》,今改。又,此條與《朱子語類》卷一百十七黄罃録"先生問與伯豐正淳"條略同。】

(5)"讀《詩》,且只將做如今人做底詩看。或令人誦讀,却從旁聽之。其訓詁有未通者,略檢注解看,却時時誦其本文,便見其語脉所在。"又曰:"念此一詩,既已記得其語,却逐箇字將前後一樣字通訓之。今注解中有一字而兩三義者,如'假'字有云'大'者,有云'至'者,只是隨處旋紐捻,非通訓也。"吴必大録。

【善按:"或令人誦讀","令",底本誤作"今",《四庫》本則作"令",今據改。此條與《朱子語類》卷八十黄罃録"讀詩且只將做今人做底詩看"條略同。】

(6)看《詩》,須是吟詠教浹洽骨髓,方得。今都未曾看他皮毛在。熹以前是看了多少《詩》説!今只有一本解了,不勞討解别看,省了多少事!如何更不去熟讀?楊與立編《語略》。

【善按:本書載楊與立編《語略》之語録佚文共十四條,卷第一見九條,卷第二見二條,卷第三見一條,卷第六見二條。】

(7)須是先將那《詩》吟詠四五十遍了,方可看《注》。看了,又吟詠三四十遍,便意思自然融液浹洽,方有見處。楊與立編《語略》。

(8)看《詩》,不須着意去裏面分解,但是平平地涵泳,自好。楊與立編《語略》。

【善按:"着",底本誤作"看",《四庫》本作"着",今據改。又,此條與《朱子語類》卷八十林夔孫録"大凡讀書"條一句略同。】

(9)歌詠之際,深足以養人情性。楊與立編《語略》。

【善按:此條與《朱子語類》卷八十四陳文蔚録"問禮書學禮"條一句略同。】

(10)讀《詩》,逐人自去看,自有會心處。楊與立編《語略》。

(11)孔子取《詩》,只取大意。三百篇《詩》,也有會做底,有不會做底。如《君子偕老》詩:"子之不淑,云如之何?"此是顯然譏刺他了。到第二章已下,又全然放寬了,豈不是亂道!如《載馳》詩,煞有首尾,委曲詳盡,非大段會底,説不得。又如《鶴鳴》,做得極巧,更含蓄意思,全然不露。如《清廟》"一唱三歎"者,人多理會他不得,《注》下分明説:"一人倡之,三人和之",譬如今人挽歌之類。今人解者,又須要胡説亂説。錢木之録。

【善按:此條與《朱子語類》卷八十曾祖道録"因論詩"條略同。】

(12)《詩》曲盡人情。方其盛時,則作之於上,《東山》是也。及其衰世,則作之於下,《伯兮》是也。《精舍朋友雜記》。

【善按:此條與《朱子語類》卷八十一吕燾録"詩曲盡人情"條同。《朱子語類》不收《精舍朋友雜記》,茲輯出以示同異。又,《詩傳遺説》共載《精舍朋友雜記》五條,卷第一見一條,卷第五見二條,卷第六見二條。】

(13)或問《詩》。先生曰:"《詩》幾年埋没着,被熹取得出來。"楊與立編《語略》。

【善按:"着",底本作"看",《四庫》本作"着",今據改。此條與《朱子語類》卷八十胡泳録"或問詩"條前半略同。】

(14)問:"《詩》如何看?"曰:"看古説了,方參看熹説,彼此互參攷得失,待攻擊後,方講得明。古説只是吕氏載得詳備。"黄顯子録。

【善按:黄顯子,字敬之,温州永嘉縣人,朱子晚年弟子。《朱子語類》不載黄顯子録。《詩傳遺説》所載黄顯子録僅此一條。】

(15)《詩傳》中言"姑從",或云"且從其説"之類,皆未有所攷,而不免且用其説。李方子録。

【善按:此條與《朱子語類》卷八十董拱壽録"詩傳中或云姑從"條略同。】

(16)《詩》中頭項多,一項是音韻,一項是訓詁名件,一項是文體。若逐一根究,然後討得些道理,否則殊不濟事。須是通悟者看方得。李閎祖録。

【善按:此條與《朱子語類》卷八十李方子録"詩中頭項多"條略同。】

(17)熹當時解《詩》時,且讀本文四五十遍,已得六七分,却看諸人說與我意思如何。大綱都得之,又讀三四十遍,如此却義理流通自得矣。楊與立編《語略》。

【善按:此條與《朱子語類》卷八十無名氏録"當時解詩時"條略同。】

(18)因言歐陽《詩本義》,而曰:"禮義大本復明於世,固周、程之功,然近世諸儒亦爲有助。舊來儒者談經,不越乎注疏而已,至孫明復、劉原父及永叔,始自出議論,如李泰伯文字亦自好。蓋是運數將開,此理復將明於世故耳。蘇明允說歐陽子之文處,形容得甚好。近因觀其奏議,如《論回河劄子》皆說得盡,誠如老蘇所論。《詩義》中辨毛、鄭處,文辭徐緩,而其說直到底,不可易。吴必大録。

【善按:此條與《朱子語類》卷八十黄罃録"因言歐陽永叔本義"條略同。】

(19)南軒《精義》是意外說,却不曾說得《詩》中本意。惟上蔡說"須先識得六義體面,而諷詠以得之",此却是會讀《詩》。楊與立編《語略》。

(20)東萊說《詩》忒煞巧,《詩》正怕如此看。古人意思自寬平,何嘗如此纖細拘迫!楊與立編《語略》。

【善按:此條與《朱子語類》卷八十一董銖録"子善問詩畏此簡書"條末尾略同。】

(21)陳君舉兩年在家中解《詩》,未曾得見。近有人來說:君舉解《詩》,凡《詩》中所說男女事,不是說男女,皆是說君臣。未可如此一律,今人解經,先執偏見,類如此。邵浩別録。

(22)李善注《文選》中多有《韓詩章句》,嘗欲寫出。李閎祖録。

【善按:此條與《朱子語類》卷八十李方子録"李善注文選"條前半略同。又,以上二十二條佚文見《詩傳遺說》卷第一《綱領》。】

(23)《詩》纔解得密,便說他不着。"國史明乎得失之跡"一句,也有病。《周禮》、《禮記》中,史並不掌《詩》,《左傳》說自分曉。以此見得《大序》亦未必是聖人做,《小序》更不消說。他做《小序》,不會寛說,每篇便求一箇實事填塞了。他有尋得着底,猶自可通,不然,便與說相礙。那解底要說《詩》,却礙《序》;要就《序》,便礙《詩》。《詩》之興,是劈頭說那没巴鼻地兩句,下面方是說他那事。這箇如何通解?"鄭聲淫",所以鄭聲多是淫佚之事,《狡童》、《將仲子》之類是也。今喚做忽與祭仲,與《詩》辭全不相似。這箇只似如今一般閑潑曲子。《南山有臺》等數篇是燕享時常用底,敘賓主相好之意,一似今人致語。襲淵別録。

【善按:"詩纔解得密","詩",底本、《四庫》本均誤作"說",今改。"燕享",底本、《四庫》本均作"享",《朱子語類》卷八十舒高録"詩纔說得密"條作"燕享",今據補。】

(24)《詩》、《書》序,當刊在後面。楊與立編《語略》。

【善按:此條與《朱子語類》卷八十黄升卿録"詩書序"條略同。】

(25)看《詩》,不當只管去《序》中討,只當於《詩》辭中吟詠,看教活絡貫通方得。楊與立編《語略》。

(26)《詩小序》或是後漢衛宏作,《大序》亦不是子夏作,煞有礙義理誤人處。周謨録。

(27)《小序》漢儒所作,有可信處絶少。《大序》好處多,然亦有不滿人意處。賓從周録。

【善按:此條與《朱子語類》卷八十金去僞録"大序言一國之事"條末尾同。】

(28)問:"先生《詩集傳》多不解《序》,何也?"曰:"熹自二十歲時讀《詩》,便覺《小序》無意義。及去了《小序》,只去玩味詩辭,却又覺得道理貫徹。當時,初亦嘗質問諸鄉先生,皆云'序不可廢',而熹之疑終不能釋。其後,斷然知《小序》之出於漢人所作,其爲謬戾,有不可勝言。東萊不合只因《序》講解,便有許多牽強處。熹嘗與之言,終不肯信從。《讀詩記》中雖多説《序》,然亦有説不行處,亦廢之。熹因作《詩序辨説》,其他謬戾則辨之頗詳。"周謨録。

【善按:"録",底本、《四庫》本均作"詳",今改。此條與《朱子語類》卷八十李煇録"問詩傳多不解詩序"條略同。】

(29)徐昭然問:"先生去《詩序》,似使學者難曉。"曰:"正爲有《序》,則反糊塗。蓋《小序》後人揣料,有不是處多。如今之杜詩之類,本是雪,却題作月詩,後人不知,亦强要把做月詩解了,故大害事。"蔡念成述李燔所聞。

【善按:蔡念成,字元思,江州德安縣人,朱子門人。朱子歿後,師事黄榦而卒業。李燔,字敬子,號弘齋,南康軍建昌縣人,朱門高弟。《朱子語類》不載蔡念成録。《詩傳遺説》録"蔡念成述李燔所聞"二條,卷第二、卷第五各一條。】

(30)問:"'止乎禮義',如何?"曰:"《詩》大綱有'止乎禮義'者,如《柏舟》等詩是也。若《桑中》之類,如何唤做'止乎禮義'得?"吴必大録。

(31)問"聲成文,謂之音"。曰:"'歌永言,聲依永',便是聲。'律和聲',便是成文,'謂之音'。"吕德明録。

(32)"《詩序》,多是後人妄意推想詩人之美刺,非古人之所作也。古人之詩雖存,而意不可得而知。序《詩》者妄誕其説,但擬見其人如彼,便以爲是《詩》之美刺者,必若人也。如《衛·柏舟》之刺衛頃公之棄仁人,今觀《史記》所述,竟無一事可記。頃公固亦是衛一不美之君,序《詩》者但見其有棄仁用佞之迹,便指爲刺頃公之詩。此類甚多,皆是妄生美刺,初無其實。至有不能攷之者,則但言'刺時也'、'思賢妃也'。然此是汎汎而言,尚猶可也。如《漢廣》之《序》言'德廣所及',此語最亂道!更不攷詩人言'漢之廣矣',其言已自分曉。至如下面《小序》,却説得是,謂'文王之化,被于南國,美化行乎江漢之域,無思犯禮,求而不可得也',此語最好。"又云:"看來《詩序》當時只是箇山東學究等人做,不是老師、宿儒之言,故所言都無一是當處。如《行葦》之《序》,皆是詩人之言,而不知詩人之意。'周家忠厚,仁及草木,故能内睦九族,外尊事黄耇,養老乞言,以成其福禄焉',他見詩中言'敦彼行葦,牛羊勿踐履',則謂之'仁及草木'。見'戚戚兄弟,莫遠具爾',則謂之'故能内睦九族'。見有'以祈黄耇'之語,便謂之'養老乞言'。不知而今做人到這處,將如何做?於理決不順。熹謂此詩本是四章,章八句。他不知,作八章、章四句讀了。如'敦彼行葦,牛羊勿踐履。方苞方體,惟葉泥泥。戚戚兄弟,莫遠具爾。或肆之筵,或授之几',此詩本是興説,上面四句即是興起下四句言,以'行葦'興'兄弟','勿踐履'興'莫遠'意也。"又云:"鄭、衛《詩》多是淫奔之詩。《鄭詩》如《將仲子》以下,皆鄙俚之言,只是一時男女淫奔相褻之語。如《桑中》之詩,《序》云:'衆散民流,而不可止。'故《樂記》云:'桑間濮上之音,亡國之音也。其衆散,其民流,誣上行私而不可止也。'《鄭詩》自《緇衣》之外,亦皆鄙俚,如'采蕭'、'采艾'、'青衿'之類是也。故夫子云'放鄭聲'也。又如《抑》之詩,非詩人作以刺君,乃武公自爲之,以自警戒也。故其爲詩,辭意俱美,如云'相在爾室,尚不愧于屋漏'、'神之格思,不可度思'之語,皆善言也。又有稱'小子'之言,此必非臣下告君之語,乃自謂之言無疑也。"或問:"《賓之初筵》之詩,是自作否?"曰:"有時亦是因飲酒之後作此自戒,也未可知。"黄有開記。

【善按:"或授之几","授",底本作"受",《四庫》本作"授",今據改。又,"此詩本是興説","説"疑當作"詩"。此條與《朱子語類》卷八十黄卓録"詩序多是後人妄意推想詩人之美刺"條互有同異。黄有開,字號里貫不詳,朱子門人。《朱子語類》不載黄有開録。《詩傳遺説》共載黄有開録九條,卷第二見二條,卷第三見二條,卷第四見五條。】

(33)問:"《邶·柏舟》如何解?"曰:"只得解作仁人不遇,但疑不是爲頃公作。"又問:"《棫樸》何以見'文王之能官人'?"曰:"《小序》不可信,類如此。此篇與前後數篇,同爲稱揚之辭。作《序》者爲見《棫樸》近箇人材底意思,故云'能官人也'。《行葦序》尤可笑,第一章只是起興,何與'仁及草木'?'以祈黄耇'是頌願之辭,如今人舉酒稱壽底言語。只見有'祈'字,便説是'乞言'。"吴必大録。

【善按:此條後半與《朱子語類》卷八十一黄罃録"問棫樸何以見文王之能官人"條略同。】

(34)江疇問:"'《狡童》,刺忽也。'其言疾之太重。"先生云:"若以當時之暴歛,於民觀之,爲言亦不爲甚。蓋民之於君,聚則爲君臣,散則爲仇讎,如孟子所謂'君之視臣如草芥,則臣視君如寇讎'是也。然詩人之意,本不如此。何曾言《狡童》是'刺忽'?而序《詩》者妄意言之,致得人如此説。聖人言'鄭聲淫'者,蓋鄭人之詩多是言當時風俗男女淫奔，故有此等語。《狡童》想譏當時之人，非刺其君也。”黄有開記。

【善按：此條後半與《朱子語類》卷八十一黄卓録“江疇問狡童刺忽也”條前半略同。】

(35)《棫樸序》只下“能官人”三字，便晦了一篇之意。《楚茨》等十來篇，皆是好説，如何見得是“傷今思古”？只被亂在變《雅》中，便被後人如此想象。如東坡説某處猪肉，衆客稱美之意。吴必大録。

【善按：“皆是好説”，“説”疑當作“詩”。此條與《朱子語類》卷八十一黄罃録“棫樸序只下能官人三字”條略同。】

(36)《抑》之《小序》曰：“衛武公刺厲王，亦以自警也。”一詩不應既刺人，又自警之理。況厲王無道，被人“言提其耳”，以“小子”呼之，必不素休。且厲王監謗，暴虐無所不至。無限大過，此詩都不問着，却只於威儀上點檢，此必不然！以史攷之，武公即位，在厲王既没之後，是宣王之時。注家以爲“追刺”，不知追刺他何益！伯恭主張《小序》，謂《史記》爲不足信，武公必是曾事厲王。嘗攷《國語》，武公九十五歲作《懿》之詩，其中有“匪我言耄”之辭，正此詩也。又如曰“謹爾侯度”、“曰喪厥國”，皆是諸侯事。削去謂“刺厲王”者，只以爲武公自警，其意味便甚長。所謂“嗚呼小子，告爾舊止”，蓋箴規之文體當如此，使人日夕諷誦以警己耳。後漢侯芭亦嘗有此説。○吴必大録。

【善按：此條與《朱子語類》卷八十一黄罃録“抑小序衛武公刺厲王”條互有異同。】

(37)因戛淵問“詩三百”處，因推説及《由庚》、《白華》等乃是笙詩，有其譜而無其辭者也。潘時舉録。

【善按：以上十五條佚文見《詩傳遺説》卷第二《序辨》。】

(38)讀《詩》，須得他六義之體。如《風》、《雅》、《頌》，則是詩人之格。後人説《詩》，以爲雜《雅》、《頌》者，緣釋《七月》之詩者以爲備《風》、《雅》、《頌》三體，所以啓後人之説如此。興之爲言，起也，言興物而起。如“青青陵上柏”、“青青河畔草”，皆是興物詩也。如“藁砧今何在”、“何當大刀頭”，皆是比物詩也。黄有開記。

【善按：此條與《朱子語類》卷八十一黄卓録“關雎一詩文理深奥”條略同。】

(39)《詩》之興，全是借他物舉起，全不取義。後人之詩，猶有此體。如“青青陵上柏，磊磊澗中石。人生天地間，忽如遠行客”，又有“高山有崖，林木有枝。憂來無端，人莫之知”，皆是此體。楊至録。

(40)古者《風》、《雅》、《頌》，名既不同，其聲想亦各别。大率《國風》是民庶所作，《雅》是朝廷之詩，《頌》是宗廟之詩。楊與立編《語略》。

【善按：此條前半與《朱子語類》卷九十二輔廣録“詹卿家令樂家以俗樂譜吹風雅篇章”條末尾略同，後半則與《朱子語類》卷八十金去僞録“大序言一國之事”條所載略同。】

(41)《越人歌》者,楚鄂君汎舟於新波之中,榜枻越人擁棹而歌此詞。其義鄙褻不足言,特以其自越而楚,不學而得其餘韻耳,於周大師六義之所謂"興"者,亦有契焉。知聲詩之體,古今共貫,胡越一家,有非人之所能爲者,是以不得以其遠且賤而遺之也。"思無邪",如正《風》、《雅》、《頌》等詩,可以起人善心。如變《風》等詩,極有不好者,可以使人知戒懼不敢做。大段好詩,是大夫作。那一等不好詩,只是閭巷小人作。前輩多説是作詩者之思,不是如此。其間多有淫奔不好底詩,不成也是無邪思?上蔡舉數詩,只説得箇"可以怨"一句,意思狹甚。若要盡得"可以興"以下數句,須是"思無邪"一語包得甚闊。吕伯恭做《讀詩記》,首載謝氏一段説話,這一部《詩》便被此壞盡意思。夫"善者可以感發得人之善心,惡者可以懲創得人之逸志",今使人讀好底詩,固是知勸,若讀不好底詩,便悚然戒懼,知得此心本不欲如此,其所以如此者,是此心之失。所以讀《詩》者,使人心"無邪"也。此是《詩》之功用如此。周明作録。

【善按:"如正風雅頌等詩","正",底本誤作"鄭",《四庫》本作"正",今據改。此條"越人歌者"至"是以不得以其遠且賤而遺之也"爲佚文,"思無邪如正風雅頌等詩"以下則見《朱子語類》卷二十三周明作録"思無邪如正風雅頌等"條。】

(42)看《詩》,大體要得"無邪"。蓋三百篇中,善可爲法,惡可爲戒耳。不是言作詩者皆無邪思也。吴必大録。

(43)李閎祖問:"'思無邪',伊川説作'誠',是否?"曰:"'誠'是在'思'上發出。詩人之思,皆性情也。性情本出於正,豈有假僞得來底!'思'便是性情,'無邪'便是正。以此觀之,《詩》三百篇皆欲人出於情性之正。"黄有開記。

【善按:此條與《朱子語類》卷二十三黄卓録"李兄問思無邪"條略同。】

(44)《詩》之言,有善惡,而讀者足以爲勸戒,非謂詩人爲勸戒而作也。但其言或顯或晦、或偏或全,不若此句之直截而該括無遺耳。葉賀孫録。

(45)"《詩》三百,一言以蔽之,曰思無邪。"人多言作詩者,思皆出於無邪,此非也。如《頌》之類,固無邪。若變《風》、變《雅》,亦有淫邪處。但只是"思無邪"一句,足以當三百篇之義。《詩》中格言固多,緊要惟此一句。孔子删《詩》,所以兼存,蓋欲見當時風俗厚薄,聖人亦以此教後人。周謨録。

(46)先生説"思無邪":"《集註》云'有因一事而言者',如《關雎》言'樂而不淫,哀而不傷',《葛覃》言'孝敬勤儉',《卷耳》言'正静純一',皆是就一事上見'思無邪'。夫子取出這一句,來斷三百篇《詩》,唯此一句,可以盡蓋三百篇之義。程子説'思無邪,誠也',諸公皆不曾子細看。且如人或言之無邪,未見他誠在。行之無邪,亦未見得他誠在。唯出於心之所思者無邪,方始見得他真箇是誠。"吕德明録。

(47)又曰:"不必説是詩人思及讀《詩》之思,大凡人思皆當無邪。此一句出處,止是説爲孔子見得此一句皆蓋三百篇之義,故舉以爲説。"或曰:"此與'毋不敬'之義同否?"曰:"'毋不敬',非特説《禮》者及看《禮》者當如此,大凡人皆當'毋不敬',正如今之人皆當'思無邪'也。"賓從周録。

【善按:"止是説爲","爲",底本、《四庫》本均誤作"馬",據《朱子語類》卷二十三萬人傑録"思無邪不必説是詩人之思及讀詩之思"條所附金去僞録改。】

(48)問:"夫子言三百篇《詩》,可以興善懲惡,其用皆要使人'思無邪'而已。夫子言此,欲使學《詩》者於此求之。"先生久之,方云:"不曾見得縫罅處,只是渾淪説了。"令又再説,對曰:"三百篇《詩》,皆出情性之正。故'善者可以興起人之善心,惡者可以懲創人之逸志',其用皆要使人'思無邪'。謂夫人取此三百篇,欲使學《詩》者皆得其情性之正,故曰'思無邪'。"曰:"便是看得《集注》意不出。熹不曾説是詩人皆出於情性之正,若是詩人皆出於情性之正,熹須説了。此只有一句,《集注》中却反覆説兩三段,須用曉得意。昨夜公説是詩人皆情性之正,熹便知公理會不得。"對曰:"緣未曉得三百篇之旨,所以看得不分明,願先生指教。"曰:"便是三百篇《詩》不皆出情性之正。如《關雎》、《二南》詩是出於情性之正,《四牡》、《鹿鳴》詩是出於情性之正,《文王》、《大明》詩是出於情性之正,《桑中》、《鶉之奔奔》等詩豈是出於情性之正!"鄭南升録。

(49)程子言:"聖賢千萬語,只是要人將已放之心反覆入身來。"並言《孟子》"學問之道無他,求其放心而已"。謂如學禮,也只是求放心,學樂,也只是求放心,讀《書》、讀《詩》,致知力行,皆只是求放心也。與"《詩》三百,一言以蔽之"之義同。《詩》只是要"思無邪"。吴必大録。

【善按:以上十二條佚文見《詩傳遺説》卷第三《六義 思無邪問答附》。】

(50)問:"《周南》、《召南》,程子曰:'《周南》、《召南》如《乾》、《坤》。'《詩傳》注云:'《乾》統《坤》,《坤》承《乾》。'德明之意,恐是必先有《周南》之化,然後有《召南》之德。"曰:"然。但程子只説'如《乾》、《坤》',未知其意是與不是。如此乃熹之意。如此説,蓋化是自上而化下,德是自下而承上。"吕德明録。

(51)讀《關雎》詩,使人有齊莊中正意思,所以冠於三百篇。與《禮》首言"毋不敬"、《書》首言"欽明文思",皆同。吴必大録。

【善按:此條與《朱子語類》卷八十一黄罃録"讀關雎之詩"條略同。】

(52)"《關雎》樂而不淫,哀而不傷。""琴瑟"、"鐘鼓","樂"也。"寤寐"、"展轉","哀"也。烏有所謂"淫"與"傷"哉!只是説情性之正。子引《詩大序》,不是。止可就詩中看,從范氏説。周謨録。

【善按:"展",《四庫》本作"輾"。】

(53)"《關雎》樂而不淫,哀而不傷。"其憂也,至於"展轉反側"而已,是"不傷"也。其樂也,至於"琴瑟"、"鐘鼓"而止,是"不淫"也。是詩人得性情之正也。沈僩録。

(54)《關雎》一詩,義理深奥,如《乾》、《坤》二卦一般,只可熟讀詳味,不可説。至於《葛覃》、《卷耳》,其言迫切,主於一事,便不可如此了。黄有開記。

【善按:此條與《朱子語類》卷八十一黄卓録"關雎一詩文理深奥"條前半略同。】

(55)不妬忌,是后妃之一節,《關雎》是論其全體。李閎祖録。

【善按:此條與《朱子語類》卷八十一李方子録"不妬忌"條略同。】

(56)魏丙問:"《關雎注》:'摯,至也。''至',先生作'切至'説,似形容其美,何如?"曰:"也只是恁地。"問"芼"字。曰:"擇也。讀《詩》,只是將意思想象去看,不如他書字字要捉縛教定。詩意只是疊疊推上去,因一事上有一事,一事上又有一事。如《關雎》形容后妃之德如此,又當知得君子之德如此,又當知得意人形容得意味深長如此,必不是以下底人。又當知所以齊家,所以治國,所以平天下,人君則必當如文王,后妃則必當如太姒,其大原如此。"李閎祖録。

【善按:"意人",疑當作"詩人"。此條與《朱子語類》卷八十一葉賀孫録"魏才仲問詩關雎注"條略同。】

(57)先生問曹叔遐曰:"君舉所説《詩》,謂《關雎》如何?"對曰:"謂后妃自謙,不敢當君子。謂如此之淑女,方可爲君子之仇匹,這便是'后妃之德'。"曰:"鄭氏自如此説了。熹看來,恁地説也得,只是覺得偏主一事,無正大之意。《關雎》如《易》之《乾》、《坤》意思,如何得恁地無方際!如下面諸篇却多就一事説,這只反覆形容后妃之德,而不可指説道甚麽是德。只恁地渾淪説,這便見后妃德盛難言處。"李閎祖録。

【善按:此條與《朱子語類》卷八十一葉賀孫録"問器遠君舉所説詩"條略同。】

(58)曹叔遐又言:"陳氏説《關雎》,以美夫有謙退、不敢自當君子之德。"先生曰:"如此,則淑女又别是一箇人也。"曰:"是如此。"先生笑曰:"今人説經,多是恁地回護説去。如史丞相説《書》,多是如此,説'祖伊恐,奔告于受'處,亦以紂爲好人而不殺祖伊,若他人則殺之矣。"黄有開記。

【善按:"以美夫"下疑脱"人"字。又,此條與《朱子語類》卷八十一黄卓録"問曹兄云"條略同。】

(59)或問"左右芼之"。先生曰:"'芼'是擇也,左右擇而取之也。"黄有開記。

【善按:此條與《朱子語類》卷八十一黄卓録"魏兄問左右芼之"條略同。】

(60)"南有樛木",便有"葛藟纍之"。"樂只君子",便有那"福履綏之"。吕德明録。

(61)"公侯好仇",《注》云"'好仇'是善匹",是言其才德相合處。"公侯腹心",《注》云"同心同德",是言其才德與己無異了。吕德明録。

【善按:“公侯好仇”、“好仇”,“仇”,底本作“逑”,《四庫》本改作“仇”,見卷四末附校勘記。今據改。】

(62)“古人作詩,其言語多有用意,不相連續。如‘嘒彼小星,三五在東’,釋者皆云:‘小星’者,是在天至小之星也,‘三五在東’者,是五緯之星應在於東也。其言全不相貫。”又指前面一燈子與背後一竹格子云:“似説這燈,却又説在那格子上面去。不知古人作詩,何故與今人語言大不相同。”黄有開記。

【善按:此條前半與《朱子語類》卷八十一黄卓録“江疇問狡童刺忽也”條末尾略同。】

(63)今人言“五男二女”,亦有所本。《詩疏》所謂“武王有五男二女”,蓋出於此。“五男”者,如《左傳》邘、晉、應、韓爲武之穆,與成王,則五矣。“二女”者,太姬下嫁陳胡公,其一也,《詩·何彼穠矣》王姬下嫁齊侯之子,則二也。

【善按:此條不載記録者氏名。】

(64)“孟子曰:‘“憂心悄悄,慍于羣小”,孔子也。“肆不殄厥慍,亦不殞厥問”,文王也。’夫‘肆不殄厥慍,亦不殞厥問’,此《大雅·緜》之八章,所以言文王者如此,孟子以是稱文王,無足怪者。若‘憂心悄悄,慍于羣小’,此則《衛·邶·柏舟》之詩也,何與孔子?而孟子以此稱孔子,何也?”曰:“此不必疑。如見毁於叔孫,幾害於桓魋,皆‘慍于羣小’也。辭則得詩意,絶似孔子之事,故孟子以此言孔子。至於《緜》詩‘肆不殄厥慍’之語,《注》謂説文王。以詩攷之,上文正説太王,下文豈得便言文王如此?意其間須有闕文。若以爲太王事,則下文却有‘虞芮質厥成’之語。熹嘗作《詩解》,至此亦曾不説。”賓從周録。

【善按:“夫肆不殄厥慍,亦不殞厥問”,“殞”《四庫》本誤作“慍”。“桓魋”,底本作“威魋”,《四庫》本改宋諱作“桓魋”,今從之。“絶似”,《四庫》本誤作“絶非”。此條與《朱子語類》卷六十一金去僞録“或問肆不殄厥慍”條略同。】

(65)“我思古人,實獲我心。”言古人所爲,恰與我相合,只此便是至善。前乎千百世之已往,後乎千百世之未來,只是此箇道理。孟子所謂“得志行乎中國,若合符節”,政謂是爾。沈僩録。

【善按:此條與《朱子語類》卷八十一胡泳録“或問緑衣卒章”條略同。】

(66)《定之方中》“景山與京”,“景山”乃山名,與《商頌》“陟彼景山”之“景山”同。劉砥録。

(67)“如切如磋,如琢如磨”,前人説此詩不快暢。只東坡云:“‘磋’者,切之至。‘磨’者,琢之詳。自粗以及精也。”周謨録。

(68)先生問曹叔遐:“《狡童》詩如何説?”對曰:“陳先生以此詩不是刺忽,但詩人説他人之言,如'彼狡童兮,不與我言兮。惟子之故,使我不能餐兮',言狡童不與我言,則已之。"曰:"又去上面添一箇'休'字也。這詩只是國人當時淫奔,故其言鄙俚如此,非是爲君言也。"黄有開記。

【善按:此條與《朱子語類》卷八十一黄卓録"曹云陳先生以此詩不是刺忽"條略同。】

(69)"衣錦尚絅","絅",襌衣也,其制疏眼之物。或曰'絅'、'頃'通用,'頃',麻織疏布爲之。萬人傑别録。

(70)因論《鴟鴞》詩,遂問:"周公使管叔監殷,豈非以愛兄之心勝,故不敢疑之耶?"曰:"若説不敢疑,則已是有可疑者矣。蓋周公以管叔是吾之兄,事同一體,今既克商,使之監殷,又何疑焉?非是不敢疑,乃是即無可疑之事也。不知他自差異,乃造出一件事,周公爲之奈何哉!"董銖云:"孟子所謂'周公之過,不亦宜乎'者,正謂此也。"曰:"然。"潘時舉録。

【善按:此條與《朱子語類》卷八十一鄭可學録"因論鴟鴞詩"條略同。】

(71)"《詩》辭多是出於當時鄉談鄙俚之語,雜而爲之。如《鴟鴞》詩云'拮据'、'捋荼'之語,皆此類也。"又云:"此詩乃周公爲之,不知其義如何。然周公所言多聱牙難攷,如《書》中周公之言便難讀,如《立政》、《君奭》之篇是也。"黄有開記。

【善按:此條與《朱子語類》卷八十一黄卓録"江疇問狡童刺忽也"條中段略同。】

(72)先生謂陳淳曰:"公當初説《破斧》詩,熹不合截得緊了。不知更有甚疑?"對曰:"當初只是疑'被堅執鋭'是麤人,如何謂'聖人之徒'?"曰:"有麤底聖人之徒,亦有讀書識理底盜賊之徒。"黄義剛録。

【善按:此條與《朱子語類》卷八十一陳淳録"先生謂淳曰"條略同。又按:以上二十三條佚文見《詩傳遺説》卷第四《國風》。】

(73)問:"先生《詩集傳》分'《詩》之經'、'《詩》之傳',何也?"曰:"此得之於吕伯恭。《風》、《雅》之正,則爲經。《風》、《雅》之變,則爲傳。如屈平之作《離騷》,騷即經也。如後人作《反騷》與夫所謂《九辯》之類,則爲傳耳。"周謨録。

【善按:此條與《朱子語類》卷八十李煇録"問分詩之經詩之傳"條略同。】

(74)《大雅》非聖賢不能爲,其間平易明白,正大光明。吴必大録。

【善按:此條與《朱子語類》卷八十一黄罃録"大雅非聖賢不能爲"條同。】

(75)《大雅》氣象閎闊,《小雅》所陳雖各止一事,然説得亦自精切至到。嘗觀《左傳》以工歌《宵雅》之三爲重,近因除夜,課孫輩誦之,見其詩果爲懇至。《鹿鳴》之詩,則見其賓主相好之誠。所謂"德音孔昭"、"以燕樂嘉賓之心",情意懇切而不失義理之正。《四牡》之詩,《注》云:"無公義,非忠臣也。無私恩,非孝子也。"如云"王事靡鹽",又云"不遑將母",皆是人情少不得底。《皇皇者華》首章言"每懷靡及",其後便須咨詢謀度。看此三詩,雖不用《小序》,意義自明白。吴必大録。

【善按:此條與《朱子語類》卷八十一黄罃録"大雅氣象宏闊"條略同。】

(76)問:"《伐木》大意,皆自言待朋友之不可不加厚之意,所以感發之也。"曰:"然。"又問:"'釃酒',云'縮酌用茅',是此意否?"曰:"恐茅乃以醑酒,古人芻狗乃醑酒之物,則茅之縮酒,乃今以醡酒也。想古人不肯用縮帛,故以茅縮酒也。"楊道夫别録。

【善按:"云縮酌用茅","云",底本、《四庫》本均誤作"玄",今改。此條與《朱子語類》卷八十一黄榦録"問伐木大意"條略同。】

(77)古人縮酒用茅,非謂祭時以縮酌求神也。看《禮記·特牲》篇"縮酌用茅",《注》謂"泲之以茅,縮去滓也。"《詩·伐木》"有酒湑我",《注》云"'湑',莤之也。王有酒,則泲莤之",與《左傳》"縮酒"同義,謂以茅泲之而去其糟也。如今人或以器、或以布帛去酒之滓然。劉砥録。

(78)問:"《天保》上三章,天以福錫人君。四章,乃言其先君先亦錫爾以福。五章,言民亦'偏爲爾德',則福莫大於此矣。故卒章事言之。"曰:"然。"楊道夫别録。

【善按:"先君先"下疑脱"王"字。"事言之","事"疑當作"畢"。又,此條與《朱子語類》卷八十一黄榦録"問天保上三章"條略同。】

(79)又説《采薇》詩云:"《采薇》首章,略言征夫之出,蓋以玁狁不可不征,故舍其室家而不遑寧處。至二章,則既出而不能不念其家。三章,則竭力致死而無還心,蓋不復念其家矣。至四章、五章,則惟勉於王事而欲成其戰伐之功也。卒章,則其事成之後,極陳其勞苦憂傷之情而念之也。其序恐如此。"曰:"《雅》者,正也,乃王公、大人所作之詩,皆有次序,而文意不苟,極可玩味。《風》則或出於婦人、小子之口,故但可觀其大略耳。"吕德昭録。

【善按:吕德昭,名燾,德昭字也,南康軍建昌縣人,朱子門人。《朱子語類》載吕燾録。此條與《朱子語類》卷八十一潘時舉録"又説采薇首章"條略同。】

(80)"采薇采薇,薇亦陽止","薇亦剛止",蓋薇之生也挺直。周僩别録。

【善按:周僩,字伯莊,温州永嘉縣人,朱子門人。《朱子語類》不載周僩録,《詩傳遺説》所載唯此一條。】

(81)石鼓,有説成王時,又有説宣王時。然其辭有似《車攻》、《甫田》,詩辭恐是宣王時,未可知。吕德明録。

(82)"豐其屋,天際翔也",似是説"如翬斯飛"樣,言其屋之大,蔽障闊。㬊淵録。

【善按:此條與《朱子語類》卷七十三林學蒙録"豐其屋天際翔也"條略同。】

(83)古人説話,皆有源流。如《小旻》詩中云"國雖靡止,或聖或否。民雖靡膴,或哲或謀,或肅或艾",却合《洪範》五事。此人往往曾傳箕子之學而曾讀《洪範》也。《精舍朋友雜記》。

(84)"東有啓明,西有長庚。""庚",續也。"啓明",金星。"長庚",水星。金在日西,故日將出則東見。水在日東,故日將没則西見。龔蓋卿録。

【善按:此條與《朱子語類》卷八十一胡泳録"東有啓明"條同。】

(85)《楚茨》一詩,精深宏博,如何做得變《雅》! 李閎祖録。

【善按:此條與《朱子語類》卷八十一李方子録"楚茨一詩"條同。】

(86)李方子問:"《列女傳》引《詩》'辰彼碩女',作'展彼碩女'。"曰:"然。"且云:"向來煞尋得。"李閎祖録。

【善按:"李方子",底本、《四庫》本均誤作"李子方",今改。又,《朱子語類》卷八十一李方子録"問列女傳引詩辰彼碩女"條與此略同。】

(87)"爰契我龜",乃刀刻龜也。古人符契,亦是以刀刻木而合之。今之蠻洞猶有此俗,有警急調發,便知日期、去處、遠近,亦契之意也。蔡念成述李燔所聞。

【善按:"李",底本、《四庫》本均誤作"季",今改。】

(88)問:"'蹶厥生',是如何?"曰:"是作地跳起來。當時虞芮質成,時一日之間,來歸者四十餘國,其忽然湧盛如此,故文王作地跳起。此亦是詩人説他。"又問:"東萊説是文王自動其中,意其何以生得虞芮之感如此,遂歸功於四臣。"先生曰:"雖説得巧,只是經意不如此,熹不曾如此巧説。若要把做文王自説,須説曰'予有疏附,先後之臣'方得。跳起之説雖小著文王,亦不奈何,是詩人恁地説着了。"吕德明録。

【善按:"是作地跳起來","地",底本誤作"他",《四庫》本作"地",今據改。】

(89)"文王蹶厥生"一節,看那《緜》一詩,自"古公亶父"積累至文王"肆不殄厥愠,亦不殞厥問"時,其勢已盛。至虞芮質成,來歸者四十餘國,其勢又盛,故詩人言文王興起之勢如此。所以興起者,予曰"文王有此四臣以輔助",但止平説,看來無甚滋味,却不是穿鑿。吕德明録。

(90)問:"'"鳶飛戾天",上面更有天在。"魚躍于淵",下面更有地在。'如何?"曰:"此是謝顯道語,熹亦自理會不得。看他意思,只是道不可執着。説道上面更有天在,下面更有地在,不止於此也。"邵浩别録。

(91)問:"大德者必受命。"答曰:"董仲舒《策》引'宜民宜人,受禄于天'之《詩》云:'爲政而宜于民者,固當受禄於天。'其説甚好。《假樂》詩'干禄百福'處,止云'子孫千億。穆穆皇皇,宜君宜王。不愆不忘,率由舊章",但願其子孫之多與子孫之賢而已。"又云:"孔子不受命,堯舜不能及其子孫,皆非常理也。"萬人傑别録。

(92)《公劉》詩"鞞琫容刀",注云:"'容刀',如言容臭,言鞞琫之中,容此刀也。"

"容臭",如今香囊也。"既富既繁,既順迺宣"者,《公劉》始初草創,而人之從之已如此其盛,是以居邑由是而成也。"君之宗之"者,只是公劉自爲羣臣之宗主耳。吕氏以爲"立君立宗"。董銖録。

(93)"天生蒸民,有物有則。"蓋視有當視之則,聽有當聽之則。如是而視,如是而聽,便是。不如是而視,不如是而聽,便不是。謂如"視遠惟明,聽德惟聰",能視遠,謂之明。不能視遠,不謂之明。能聽德,謂之聰。不能聽德,不謂之聰。視、聽是"物",聰、明是"則",推至於口之於味,鼻之於臭,莫不各有當然之則。所謂"窮理",窮此而已。《精舍朋友雜記》。

【善按:"不如是而視","視",底本誤作"德",《四庫》本作"視",今據改。此條與《朱子語類》卷五十九無名氏録"天生蒸民有物有則"條略同。】

(94)問:"'巧言令色,鮮矣仁!'《記》言'辭欲巧',《詩》言'令儀令色'者,何也?"曰:"看文字不當如此。《記》言'辭欲巧',非是要人機巧,蓋欲其辭之委曲耳。如《語》言'夫子爲衛君乎?'答曰:'吾將問之。'入曰:'伯夷、叔齊何人也?'之類是也。《詩》言'令色',與此不同。詩人所謂'令色'者,仲山甫之正道,自然如此,非是做作恁地。何不看取上文?上文云:'仲山甫之德,令儀令色',此德之形於外者如此,與'鮮矣仁'者不干事。"竇從周録。

【善按:"非是",底本、《四庫》本均誤作"是非",今改。此條與《朱子語類》卷二十金去僞録"問巧言令色鮮矣仁"條略同。又按,以上二十二條佚文見《詩傳遺説》卷第五《雅》。】

(95)"對越在天",便是"顯"處。"駿奔走在廟",便是"承"處。吕德明録。

(96)天子宗廟之祭,歌《雍》詩以徹其俎。今三家亦歌此以祭,聖人但舉《雍》詩之辭,以譏之曰:"汝之祭,亦有諸侯之助乎?亦有天子穆穆深遠之容乎?既無此事,奚用此義?"此見三家全懵然不曉義理,而妄爲僭竊之事。鄭南升録。

【善按:"以徹其俎","其"字底本原闕,今據《四庫》本補。"升",底本、《四庫》本均誤作"外",今改。】

(97)侯國三軍,亦只是三郊之衆。大國三郊,次國二郊,小國一郊。蔡季通説:"車一乘,下止甲士三人,步卒七十二人。"此是輕車用馬馳者,更有二十三人將重車在後,用牛載糗糧、戈甲、衣裝,見《七書》。如《魯頌》"公徒三萬",已具其説。黄義剛録。

(98)問:"'戎狄是膺,荆舒是懲。'僖公安有此事?而《魯頌》言之,何也?"曰:"此是願頌之辭。"曰:"孟子以爲周公之事,何也?"曰:"此是孟子讀《詩》不子細。"又問:"或謂《魯頌》非三百篇之數,夫子姑附於此耳。"曰:"'思無邪'一言,正出《魯頌》。"吴必大録。

(99)《商頌》簡奥。李閎祖録。

【善按:此條與《朱子語類》卷八十一李方子録"商頌簡奥"條同。】

(100)問:"《商頌》,或以爲宋人所作,如何?"曰:"宋襄公一伐楚,其事可攷,安得所謂'莫敢不來享,莫敢不來王'者!"曰:"恐是宋人作之,追述往事,以祀其先代。若是商時所作,商尚質,不應篇章反多於《周頌》。"曰:"《周頌》雖簡,然文氣平易。《商頌》雖長,其文氣自古。"吴必大録。

【善按:此條與《朱子語類》卷八十一黄罃録"伯豐問商頌恐是宋作"條前半略同。】

(101)"湯孫奏假,綏我思成",當只作祖考説。劉砥録。

(102)"湯降不遲","降",生也。如"維嶽降神"之降,降於卿士,却作降汜説。劉砥録。

(103)"湯降不遲,聖敬日躋",謂天之生湯,恰好當合生時節,湯之脩德,又無一日間斷。吴必大録。

(104)陳淳問:"《玄鳥》詩吞卵事,亦有此否?"曰:"當時恁地説,必是有此。今不可以聞見不及,定其爲必無。"黄義剛録。

(105)"景員維河"一句,上下文皆可曉,却不知此句説甚麼。又如"三壽作朋","三壽"不知是如何。歐陽公亦嘗用"三壽"字。想此等語皆是當時有此説話,人都曉得。至於今,不可曉。黄義剛録。

(106)問"唐棣之華,偏其反而"。曰:"此自是一篇詩,與今《常棣》之詩别。'常',音裳。《爾雅》:'棣,移。似白楊,江東呼夫"移"。常棣,棣。子如櫻桃,可食。'自是兩般物。此逸詩,不知當時人思箇甚底。東坡謂'思賢而不得之詩',看來未必是思賢。但夫子大槩止是取下面兩句,云:'人但不思,思則何遠之有!'初不與上面説'權'處是一段。'唐棣之華'而下,自是一段。緣漢儒合上文爲一章,故誤認'偏其反而'爲反經合道,所以錯了。《晉書》有一處引'偏'字作'翩','反'作平聲,言其華有翩反飛動之意。今無此詩,不可攷據,故不可立爲定説。"竇從周録。

【善按:此條與《朱子語類》卷三十七金去僞録"問唐棣之華偏其反而"條略同。】

(107)"子夏問曰:'巧笑倩兮,美目盼兮,素以爲絢兮。'"此是詩人説得不甚分明,子夏疑其以質爲飾,恐倒了,故問。"素",質也。"絢",飾也。有如是之質,然後加之以文飾。孔子對以"繪事後素",子夏悟其意,便曰:"禮後乎?"此便是楊先生所謂"甘受和,白受采,忠信之人,可以學禮"之意。周謨録。

(108)"素以爲絢兮",不知是何詩。若以爲今《碩人》詩,則章句全。且此一句最有理,亦不應删去。周謨録。

【善按:此條與《朱子語類》卷二十五黄罃録"素以爲絢"條前半略同。"全",底本作"舍",《四庫》本作"不合",而《朱子語類》黄罃録則作"全",今據黄罃録改。】

(109)或問:"《大序》言'一國之事,繫一人之本,謂之《風》。'析《衛》爲《邶》、《鄘》、《衛》。"先生曰:"《詩》,古之樂也,亦如今之歌曲,音名不同。衛有衛音,鄘有鄘音,邶有邶音,故《詩》有鄘音者繫之《鄘》,有邶音者繫之《邶》。若《大雅》、《小雅》,則如今之商調、宫調,作歌曲者亦案其腔調而作爾。《大雅》、《小雅》亦古之作樂之體格,案《大雅》體格作《大雅》,案《小雅》體格作《小雅》,非是做成詩後,旋相度其辭目爲《大雅》、《小雅》也。大率《國風》是民庶所作,《雅》是朝廷之詩,《頌》是宗廟之詩。"周謨録。

【善按:此條與《朱子語類》卷八十金去僞録"大序言一國之事"條略同。】

(110)或問"詩言志,聲依永,律和聲"之説。曰:"古人作詩,只是説他心下所存事。説出來,人便將他詩求歌。其聲之清濁、長短,各依他作詩之語言,却將律來調和其聲。今人却又先安排下腔調了,然後做言語去合腔了,豈不是倒了!却是永依聲也。古人是以樂去就他詩,後世是以詩去就他樂,如何解興起得人!"陳埴録。

【善按:此條與《朱子語類》卷七十八曾祖道録"或問詩言志聲依永律和聲"條略同。】

(111)古人歌詩,須皆有散聲添合,方可歌。若只四字做句,如何可歌?楊與立編《語略》。

(112)問:"《詩》用叶韻,得非《詩》本樂章,播諸聲歌,自然叶韻,方諧律吕,其音節本如是耶?"曰:"固是如此。然古人文章亦多是叶韻。"因舉《王制》及《老子》叶韻處數段。又曰:"《周頌》多不叶韻,疑自有和底篇相叶。'清廟之瑟,朱絃而疏越,一唱而三歎','歎'即和聲也。"《精舍朋友雜記》。

【善按:此條與《朱子語類》卷八十李儒用録"問先生説詩率皆叶韻"條略同。】

(113)問《詩》叶韻。曰:"古人文自是有叶。今泉州有《詩譜》,紹興有《韻譜》,皆吴才老做。陸德明《釋文》中亦有此類甚多。"楊與立編《語略》。

(114)問:"《詩集傳》叶韻,有何所據而言?"曰:"叶韻乃吴才老所作,熹又續添減之。蓋舊日人作詩皆押韻,與今人歌曲一般。今日信口讀之,全失古人詠歌之意。"周謨録。

【善按:此條與《朱子語類》卷八十李煇録"問詩叶韻有何所據而言"條略同。】

(115)"知子之來之來,音劦。,雜佩以贈之贈,入聲。",此例甚多。"作"字音"佐","保"字音"補";"往近王舅","近"音"既",《説文》作䜣,誤寫作"近"。吴必大録。

【善按:此條與《朱子語類》卷八十黄罃録"知子之來劦之"條略同。】

(116)《詩》音韻,是自然如此,這箇與天通。古人音韻寬,後人分得密,後隔開了。《離騷注》中發兩箇例在前,"朕皇考曰伯庸","庚寅吾以降"洪。,"又重之以修能"耐。,"紉秋蘭以爲佩"。後人不曉,却謂只此兩韻如此。熹有《楚辭叶韻》,作黄子和名字,刻在漳州。李閎祖録。

【善按:"熹",底本、《四庫》本均誤作"喜",今改。此條與《朱子語類》卷八十李方子録"詩之音韻是自然如此"條略同。】

(117)因説叶韻:"《毛詩》'下民有嚴',字音昂見。又《中庸》'奏格無言','奏',音族見,族,平聲,音所駿反,《毛詩》作'鬷'字。"《精舍朋友雜記》。

【善按:"音族見"下,底本爲空格,《四庫》本則作"反"。又,"字音昂見"、"音族見"之"見"疑衍,"音所駿反"疑有誤。】

(118)"鴻飛遵渚,公歸無所","鴻飛遵陸,公歸不復"。"飛"、"歸"協,句腰亦用韻。《詩》中亦有此體。李閎祖録。

【善按:此條與《朱子語類》卷八十一李方子録"鴻飛遵渚公歸無所"條略同。又按:以上二十四條佚文見《詩傳遺説》卷第六《頌》(《逸詩》、《詩樂》、《叶韻》附)。】

2008 年 8 月 16 日大文字五山送火祭 改定。

附記:萬曆刻本《紫陽朱氏建安譜·世系》書影由方彦壽氏提供,謹此致謝。

作者簡介:

石立善,1973 年生,日本京都大學大學院博士後期課程畢業。現任京都女子大學、近畿大學講師。主要研究領域爲朱子學、日本漢學史。近年相關論著有《〈晦庵先生語録大綱領〉攷——附録朱子·范如圭·程端蒙·李方子佚文》(《中國思想史研究》第 28 號,京都:京都大學中國哲學史研究會,2006 年 3 月)、《胡適與入矢義高——寫在書簡上的中日學術交涉史——》(收入《東亞視角下的近代中國》,臺北:臺灣政治大學歷史學系,2006 年 9 月)、《戰後日本的朱子學研究史述評:1946 ~ 2006》(收入《鑒往瞻來——儒學文化研究的回顧與展望》,上海:復旦大學出版社 2006 年 10 月)、《古本朱子語録について——〈朱子語類大全〉未收語録書三十七種》(收入 Christian Wittern、石立善編《東アジアの宗教と文化》,京都:西脇常記教授退休記念論集編集委員會,2007 年 12 月)、《朝鮮古寫徽州本〈朱子語類〉について》(《日本中國學會報》第 60 集,東京:日本中國學會,2008 年 10 月)等,另有譯文多篇。

“漢學”典範下的清代《穀梁》學

張素卿

内容提要　惠棟確立的“漢學”典範爲清代經學之主流,不泥於今、古文之分,關注範圍絶不限於“東漢古文學”。若聚焦於“漢學”的影響,可勾勒出清代《穀梁》學從“古義”到“新疏”的發展趨勢。惠棟之後,邵晉涵、洪亮吉、馬宗璉等乾嘉學者頗承其風而考輯《穀梁傳》之兩漢古義,可惜未能成書傳世,因此迄道光九年《皇清經解》刻竣爲止,《穀梁》學尚無專書。經阮元呼籲,許桂林、侯康、柳興恩等相繼而起,累積出具體成果,鍾文烝、廖平兩家之新注新疏,尤具代表性。由於殘存的古訓遺説缺略鮮少,且“漢學”亦有其局限,鍾文烝乃轉而漢、宋兼採。廖平時,面臨晚清常州今文學的挑戰,致力於區分今、古文之學,治經又進一步逸出惠棟之藩籬,然而爲《穀梁》撰寫的新疏仍“志在復明漢學”。

關鍵詞　《春秋》　《穀梁》學　清代漢學　惠棟　鍾文烝　廖平

前　言

《穀梁傳》爲《春秋》三傳之一,漢以後長期衰微,不絶如縷,如梁啟超所言:“《穀梁》學自昔號稱孤微,清中葉以後稍振。”①針對清代《穀梁》學加以研究的專著,近十年來主要有吴連堂、文廷海兩家。吴氏《清代穀梁學》,評述張尚瑗《穀梁折諸》至江慎中《穀梁傳條指》等傳世之作,計五十二種,分爲“注疏”、“論説”、“考證”、“校勘”、“輯佚”與“評選”六大類,針對各家著作,逐一簡介作者生平,概述其書之内容與得失。②吴氏書以分類評述爲主,未能積極梳理其發展脈絡,相對的,文氏《清代春秋穀梁學研究》則注重學術源流,長時段考察清儒如何承接前人而有所超越,指陳各家著述之要

① 梁啟超《中國近三百年學術史》,臺北:華正書局,1984 年,214 頁。

② 吴連堂《清代穀梁學》,高雄:復文圖書出版社,1998 年。

點,更就清代學術的整體趨勢加以觀照,通觀清代《穀梁》學之成績與歷史地位。①

《穀梁》學屬於經學的傳統,而清代經學的主流則是標榜"漢學",形成輯"古義"而撰"新疏"的學術脈絡。由於吴、文兩家論述清代《穀梁》學,尚未直扣此一特點,無論著作分類或學術源流,都還有未盡之義,可待補苴。而且,清儒之作,頗多有志未成或書成而未傳者,稍加關注,當有助於勾勒其由隱而顯的整體趨勢。繼吴、文兩家專著之後,這篇論文固不必逐一縷述傳世之作,不務求全,而聚焦於"漢學"典範的影響,對未成或未傳世之作也一併考察,旨在説明惠棟以降絡繹相承的學術脈絡,勾勒清代《穀梁》學從"古義"到"新疏"的發展趨勢。

一

《穀梁傳》除了在漢代一度受朝廷重視而立爲學官外,魏晉以後幾成絶學,清代乃又廣獲學者青睞,專家、專著迭出,再起一番波瀾。探究清代《穀梁》學的興起,不能不關注經學的概況,尤其是《春秋》學的發展。

回顧清初以前《春秋》學的發展,大致可分爲三大階段。兩漢時,儒者傳習《春秋》以三傳爲主,而"競爲專門,各守師説",《公羊》、《穀梁》兩家之學先後立爲官學,《左氏》學則主要流傳於民間,前者盛而後者衰。馬融撰《三傳異同説》,首開兼論三傳、比較異同的風氣,而東漢儒者較論三傳之風,仍各有專主,相互攻駁,何休、鄭玄著書論辯一事,是尤爲鮮明的例子。何氏撰《左氏膏肓》、《公羊墨守》、《穀梁癈疾》,堅守《公羊》而詰難二傳;鄭氏起而回應,撰《鍼膏肓》、《發墨守》、《起癈疾》,以《左傳》爲主,針對何氏三書,逐一辯難。何、鄭論辯,堪稱是三傳盛衰消長的關鍵,促使《春秋》學邁入新的階段。魏晉以降的《春秋》學,《左傳》終於在三傳異同優劣的比較中脱穎而出,《公》、《穀》二學則日益衰微,此一趨勢延續至唐,唐人所修《五經正義》之一的《春秋正義》,專取《左氏》學,直可視爲此一階段《左傳》稱勝的里程碑。中唐之時,風氣漸變,啖助、趙匡一派學者,比較三傳以辨正得失,既非如兩漢之各守專門,也未必限於三傳以折衷去取,甚至不憚駁難三傳。這樣在三傳之外獨標新意的學風,肇端於中唐,北宋時遂蔚爲主流,《春秋》學正式進入第三階段,綿延至元、明以迄清初。②

對於啖、趙以降,尤其宋、明學者以己意解經的風氣,屢有學者省思批評,而清代乾

---

① 文廷海《清代春秋穀梁學研究》,成都:巴蜀書社,2006年。

② 詳參拙著《敘事與解釋——左傳經解研究》,臺北:書林出版社,1998年,74—77頁。

嘉時期“漢學”興起，才真正立幟別驅，推導《春秋》學展開新的里程，是爲《春秋》學的第四階段。“漢學”典範下的《春秋》學，不滿“獨抱遺經”者鑿空臆斷的流弊，主張回歸三傳以解釋《春秋》，闡幽表微，志在述古訓以通經義，於是輯“古義”進而撰“新疏”，這成爲此一階段《春秋》學的主流趨勢。“漢學”初興之時，《左氏》、《公羊》、《穀梁》没有競立學官的争端，異同優劣的比較也非當務之急，三傳之學各自研考，學者則不妨兼顧並治之。我在《清代漢學與左傳學——從“古義”到“新疏”的脈絡》一書中，曾就清代《左傳》學加以考察，指出彰古扶微的“漢學”乃發自民間，興起於乾隆初期，一直綿延至清末民初而餘波未歇；而且，不少乾嘉學者，如惠棟、馬宗璉、洪亮吉等，撰述《左傳》古義外，也兼治《公羊》、《穀梁》。[①] 整體而觀，清代“漢學”不僅促使《左傳》學獲得發展新機，對於衰微已久的《公》、《穀》二學之再度振興，同樣功不可没。

二

清代“漢學”本無意劃分今、古文畛域，既不能等同於“東漢古文學”，和兩漢經學各守專門等特點也存有差異。[②] 清儒高舉“漢學”之幟，乃立意針砭“宋學”，旨在彰古訓而扶微學。因此，清代《春秋》學雖遵循“漢學”，實則已跳脱兩漢時《公羊》、《穀梁》與《左氏》争立學官，或今文、古文壁壘分明的景況。

乾隆九年，惠棟《易漢學》一書，正式揭櫫“漢學”之幟，《周易古義》與《周易述》等一系列著述，更爲輯“古義”而撰“新疏”的風潮開啟序幕。乾隆、嘉慶年間，不少學者踵武惠氏而起，紛紛爲群經輯述漢儒之舊注經説，先則纂爲“古義”，甚或進一步據舊注以撰述“新疏”，此一學風雖在晚清時面臨挑戰和抨擊，流風餘韻至清季民初猶緜緜未絶。[③]“漢學”風氣的影響，徧及群經，且未嘗以“古文”學畫地自限，誠如章炳麟所言：

> 當“漢學”初興時，尚無古今文之分别，惠氏于《易》，兼明荀、虞，荀則“古文”，虞則“今文”也。及張惠言之申虞氏，亦“今文”也。其他如孫之《尚書》、江之《禮》書，或采《大傳》，或説《戴記》，皆今古文不分者。[④]

① 詳參拙著《清代漢學與左傳學——從“古義”到“新疏”的脈絡》，臺北：里仁書局，2007 年。

② 詳參拙著《“經之義存乎訓”的解釋觀念——惠棟經學管窺》，見林慶彰、張壽安主編《乾嘉學者的義理學》，臺北：“中央研究院”中國文哲研究所，2003 年，281—318 頁。

③ 詳參拙著《清代漢學與左傳學——從“古義”到“新疏”的脈絡》，4—5、33—49、150—154 頁。

④ 章炳麟《章太炎先生論訂書》，見支偉成《清代樸學大師列傳》，長沙：岳麓書社影印上海泰東圖書局版，1986 年，4—5 頁。

以確立"漢學"典範的惠棟而言,《易漢學》輯存孟喜、虞翻、京房、鄭玄及荀爽諸家《易》説及其史料,《周易述》又據所輯古訓加以申説,甚至援引《公羊》家説疏解《易》義,顯然不以"古文"學自限,無意樹立"今文"、"古文"的壁壘。① 又如孫星衍撰《尚書今古文注疏》,其《序》曰:"兼疏今、古文者,放《詩疏》之例,毛、鄭異義,各如其説以疏之。史遷所説則孔安國故,《書大傳》則夏侯、歐陽説,馬、鄭注則本衛宏、賈逵孔壁古文説,皆有師法,不可遺也。"②可見孫氏疏釋漢儒古訓,不專宗一家,而且兼容今、古文,解釋其義則"各如其説以疏之",不以比較異同、折衷一是爲急務。再則,陳壽祺、喬樅父子素以研治今文經説著稱,前者草創條例,撰《歐陽夏侯經説考》、《魯齊韓詩説考》,後者賡續家學,完成《今文尚書經説考》、《三家詩遺説考》等著作。陳壽祺認爲"《詩》有三家,猶《春秋》之有《公羊》、《穀梁》,不可偏廢",而稽考三家《詩》之緣由,"正欲爲毛《傳》、鄭《箋》疏通證明,非旁騖也",因爲"三家訓詁大義多足與毛《傳》相發,而鄭《箋》與毛《傳》異者,往往本之三家"。③ 陳氏於《春秋》不偏廢三傳,闡揚《詩》、《書》今文遺説,也顯非與古文學立異,依循"漢學"以治經,才是陳氏家學的一貫立場。陳壽祺曰:

> 治經之道,當實事求是,不可黨同妒真。漢儒學近古,其家法出七十子之徒;宋後學者好非古,其肊斷千百載之下,故不能不捨彼而取此。而亦非盡廢之也,其有存古可資者,何嘗不兼收參訂;以爲薄宋後之書,輒並其善者而不旁涉,又豈通儒之見哉?夫説經以義理爲主,固也;然未有形聲、訓詁不明,名物、象數不究,而謂能盡通義理者也,何則?義理寓於形聲、訓詁與名物、象數而不遺者也。言形聲、訓詁與名物、象數,捨漢學何由?④

陳氏不反對兼採宋儒經説之長,態度較爲開明,説經注重義理,仍強調形聲、訓詁與名物、象數之進路,依循此途徑通經,則漢儒之學近古而守家法,尤當尊崇。

清儒闡揚《周易》、《尚書》或《詩經》之古義,往往不分今文、古文,而一依"漢學",注重形聲、訓詁與名物、象數,以此爲進路,探究上古禮制,從而通達經義。研治《春秋》三傳,也大抵如是。《公羊》、《穀梁》與《左氏》三傳在漢代各有其傳授譜系,儒者

① 説並參楊向奎《清儒學案新編》第3卷,濟南:齊魯書社,1994年,115—117、120頁;陳居淵《論惠棟的經學思想》,《中國哲學》第21輯,瀋陽:遼寧教育出版社,2000年,407—408頁。

② 孫星衍《尚書今古文注疏》序,北京:中華書局,1986年,1頁。

③ 陳壽祺《答翁覃谿學士書》,收入《左海文集》,《續修四庫全書》本,147頁。

④ 陳壽祺《答翁覃谿學士書》,收入《左海文集》,《續修四庫全書》本,147頁。

墨守師説,爾疆我界,如上文所述,東漢何休、鄭玄彼此辯難,仍然立場鮮明。相對的,清代"漢學"家,一本闡幽繼絶之初衷,往往不分今、古而兼治之,因此有三傳同輝的榮景。[①] 確立"漢學"典範的惠棟已然如此,他不僅撰述《春秋左傳補註》以闡明《左傳》古義,《九經古義》中又有《公羊古義》二卷、《穀梁古義》一卷,已然兼治三傳。乾隆年間,洪亮吉、馬宗璉承惠氏宗風而起,分别有《春秋左傳詁》及《春秋左傳補注》傳世,而洪氏早年有《春秋三傳古義》之作[②],馬氏也曾撰《公羊補注》及《穀梁傳疏證》[③],兩家都不以《左傳》自限,關注範圍含括《公》、《穀》二學。此外,陳壽祺認爲《春秋》三傳不宜偏廢,一度從事於考輯《左氏禮》、《公羊禮》與《穀梁禮》。[④] 又如朱孔彰有意編纂"十三經漢注",既强調"漢注",自是輯述兩漢經師遺説以彰"漢學",其中包括《春秋左氏傳漢注》、《春秋公羊傳漢注》與《春秋穀梁傳漢注》。[⑤] 繼惠棟之後,洪、馬、陳、孔諸家,都兼治三傳,唯書或未成,或未流傳,因此未獲關注。然而,毫無疑問的,他們都基於扶翼"漢學"的立場,致力闡揚三傳,在此背景下投注心力於《穀梁》之學。

此外,在"漢學"思潮推導下,有志於援引古義以注解或疏證《穀梁傳》者,還有邵晉涵《穀梁正義》[⑥]、陳慶鏞(字頌南)《穀梁傳廣證》[⑦]、曹籀(字葛民)《穀梁春秋傳微》[⑧]、陳澧《穀梁箋》[⑨]、江慎中《穀梁箋釋》[⑩]等,諸家之作往往未及成書,或書成而未能流傳。值得注意的是,乾嘉時期的邵晉涵、馬宗璉,兩家之作稱"正義"、稱"疏證",明顯表露出撰寫"新疏"之意向。道光至光緒年間,梅植之、梅毓父子撰《穀梁正義》,更是一部廣受矚目的"新疏"。梅植之與劉寶楠、劉文淇、陳立等相約著書,有意上承江聲、孫星衍、邵晉涵、郝懿行、焦循諸儒之學脈,分撰《穀梁傳》、《論語》、《左傳》與

① 文廷海以"三傳同輝"形容清代《穀梁》學與《左氏》、《公羊》並駕齊驅的情形,説見文氏《清代春秋穀梁學研究》,378—380頁。

② 袁枚《卷施閣文乙集序》,見《洪亮吉集》,北京:中華書局,2001年,265頁。

③ 説參徐世昌主編《清儒學案·魯陳學案》卷一一一,臺北:世界書局,1966年,1頁下。

④ 陳壽祺《答許子錦論經義書》及《上儀徵阮夫子書》,收入《左海文集》,150、194頁。

⑤ 説參蕭一山《清代學者生卒及著述考》,北平:文史政治學院講稿,1931年,253頁;王熙元《穀梁著述考徵》,臺北:廣東出版社,1974年,63—63頁。

⑥ 錢大昕、章學誠等俱稱邵氏撰《穀梁正義》,而洪亮吉稱《穀梁古注》,未見傳世,而梁啟超謂"或是《古注》已成,《正義》正在屬稿",不知有何根據。説見梁氏《中國近三百年學術史》,224頁。

⑦ 説參李慈銘《越縵堂讀書記》,瀋陽:遼寧教育出版社,2001年,99頁。

⑧ 説參桂文燦《經學博采録》卷六,臺北:藝文印書館影印《辛巳叢編》本,1972年,7頁上。

⑨ 説參陳澧《柳賓叔穀梁大義述序》,收入《東塾集》,臺北:文海出版社,1970年,176—179頁。

⑩ 江慎中撰有《春秋穀梁傳條例》及《春秋穀梁傳條指》,前者成書而未刊,後者發表於《國粹學報》。江氏《春秋穀梁傳條指敘》,刊於宣統二年《國粹學報》第6號(總68期),文中提及有意仿阮元《曾子注釋》之體撰《穀梁箋釋》一書,恐未必成書。

《公羊傳》之新疏,[①]梅氏《穀梁正義》,後來由其子梅毓賡續家業,可惜至光緒八年垂歿猶未能成書,雖"長編已具,草稾盈篋"[②],其實"僅成隱公一世"[③]。

如梁啟超所言,《穀梁》學至"清中葉後復振",以道光九年廣州學海堂刊《皇清經解》刻竣爲指標,其中唯獨《穀梁傳》没有專著,阮元屢屢以此爲憾[④]。劉壽曾詩云:"廣州經解著作藪,《穀梁》家説曠不聞。後來碩師柳、侯、許,晚得梅生張一軍。"[⑤]劉師培評述清代《穀梁》之學,亦溯自柳興恩、侯康、許桂林等,曰:

> 治《穀梁》者,有侯康(《穀梁禮證》)、柳興恩(《穀梁大義述》)、許桂林(《穀梁釋例》)、鍾文烝(《穀梁補注》),咸非義疏。梅毓作《穀梁正義》,亦未成書。是爲《穀梁》之學。[⑥]

其實,成書傳世之作中,許桂林《春秋穀梁傳時月日書法釋例》撰寫較早,羅士琳《跋》曰:"寫稿初成,先生遽歸道山"[⑦],許氏卒於道光元年辛巳[⑧],則此書寫於嘉慶年間,道光初屬稿粗具,歿後經羅氏校勘,至道光二十四年始告竣業[⑨],然後付刊[⑩]。侯康(字君模)《穀梁禮證》因垂歿猶未成稿[⑪],僖公以後十分簡略,遺稿由其弟侯度校理,釐爲二卷,於道光三十年刻入《嶺南遺書》第五集。至於柳興恩《穀梁大義述》,依阮元《鎮江柳孝廉春秋穀梁傳學序》,道光十六年時,阮氏已聞其從事於此學,數年後讀其初稿,

---

① 劉壽曾《漚宧夜集記》曰:"先大父與諸老輩及門人,爲著書之約,疏證群經,廣江、孫、邵、郝、焦、陳諸家所未備。"見《劉壽曾集》,臺北:"中央研究院"中國文哲研究所,2001年,55頁。劉壽曾時,陳立已撰成《公羊義疏》,故附之於焦氏後。

② 劉壽曾《梅延祖先生墓誌銘》,收入《劉壽曾集》,182頁。

③ 劉恭冕《劉君恭甫家傳》,見《續碑傳集》,臺北:明文出版社,1985年,335頁。

④ 阮元爲柳興恩《穀梁大義述》及許桂林《穀梁釋例》二書撰序,均對此有感而發,分别見《穀梁大義述》卷首,影印《皇清經解續編》本,臺北:藝文印書館,1964—1965年,1頁上;又《穀梁釋例》卷首,臺北:華文書局影印《粤雅堂叢書》本,1965年,7951頁。

⑤ 劉壽曾《懷人詩》,收入《劉壽曾集》,290頁。

⑥ 劉師培《經學教科書》第33課,寧武南氏校印本,1936年,24頁下—25頁上。

⑦ 見《春秋穀梁傳時月日書法釋例》羅士琳跋,臺北:華文書局影印《粤雅堂叢書》本,1965年,7991頁。

⑧ 唐仲冕《哀辭》謂許桂林"於辛巳九月十九日辰時告終",見《國朝耆獻類徵初編》,臺北:明文書局,1989年,389頁。

⑨ 文廷海依羅士琳跋推論,謂《春秋穀梁傳時月日書法釋例》一書"于道光二十四年(1844)撰成"(《清代春秋穀梁學研究》243—244頁),此説有誤。羅《跋》明言許桂林"寫稿初成"而卒,成書自不得晚於道光元年。唯遺稿經羅士琳校勘,至道光二十四年竣業,然後付刊,故阮元未及收入《皇清經解》。

⑩ 許桂林《春秋穀梁傳時月日書法釋例》一書,以《粤雅堂叢書》本流傳較廣,刻於咸豐四年。又,今北京中國國家圖書館藏有道光二十五年刻本,未見,謹録此備參。

⑪ 陳澧《穀梁禮證序》曰:"《穀梁禮證》者,吾友侯君模孝廉未成之書也。"收入《東塾集》,177頁。

並爲之撰《序》[①];然而,柳氏此書當時未必完成,道光二十四年《穀梁大義述》部分付梓,僅有一帙,迄道光三十年仍未盡刻[②],大約光緒十四年始全書刊行,收入《皇清經解續編》中。許、侯二書,分别就"例"與"禮"兩項專題研治《穀梁傳》,柳書則廣泛就傳授源流、經師經説等,屬於資料匯編,體例雜而識鑒疏[③],三者均非注釋經傳之作。清代《穀梁》新注,以鍾文烝《春秋穀梁經傳補注》最具代表性,此書始撰於道光二十五年,咸豐三年完成初稿,其後又經增訂,脱稿於同治七年。[④] 如劉師培所言,上述諸作,"咸非義疏"。廖平《穀梁春秋經傳古義疏》堪稱是清代唯一成書的"新疏"。廖氏曰:

> 范氏《集解》,不守舊訓。今志在復明漢學,故專以舊説爲主;至於范《注》,聽其别行,不敢本之爲主。[⑤]

這部"新疏",不拘守范寧《注》,而"專以舊説爲主",述"古義"並加以疏通證明,就此而言,其撰述旨趣尚未跳脱乾嘉以來的"漢學"典範。此書初稿完成於光緒十年,光緒二十六年付刊,後來又經修訂删補,重訂本刊行時,已是民國二十年。[⑥]

依吴連堂的分類,清代《穀梁》六大類著述中,除"評選"類以文學賞析爲主者外,舉凡"輯佚"、"校勘"、"考證"、"論説"等,大抵未脱"漢學"風氣之影響,而"注疏"類的古義、新疏,尤其是清代經學具代表的解釋類型。廣泛輯佚、校勘、異文考釋或評選群書而涉及《穀梁傳》的著作,姑且不論,真正足以反映清代《穀梁》學特色及其成績者,當以注疏全書,或論禮、釋例之專著爲主,其中,輯"古義"而撰"新疏"的脈絡,尤爲

① 阮元曰:"道光十六年始聞有鎮江柳氏學穀梁之事,二十年夏,柳氏興恩挾其書渡江來,始得讀之。"《鎮江柳孝廉春秋穀梁傳學序》,收入《揅經室集》,《續修四庫全書》本,575 頁。據阮元序,《春秋穀梁傳學》殆此書初名,説參陳鴻森《阮元揅經室遺文輯存》,收入《清代揚州學術》,臺北:"中央研究院"中國文哲研究所,2005 年,679 頁。

② 陳澧《柳賓叔穀梁大義述序》曰:"甲辰春,謁阮文達公於揚州,公贈以新刻再續集,有《鎮江柳氏穀梁大義述序》,乃知海内有爲此學者,爲之喜慰。……因求其書,得寄示所刻一帙,讀之,歎其精博。……今年與賓叔遇於京師,遂定交焉,復得贈一帙,較昔所刻倍之,其説益精博,其未刻者尚多也。"收入《東塾集》卷三,178 頁。

③ 孫詒讓評論柳興恩《穀梁大義述》一書,曰:"柳氏致力甚勤而識鑒疏,固其書義例蕪襍駢枝爲累,殊未饜所聞也。"説見孫氏《與梅延祖論穀梁義書》,收入《籀高述林》,臺北:藝文印書館,1963 年,559 頁。

④ 見鍾文烝《春秋穀梁經傳補注》序,北京:中華書局,1996 年,4 頁。又,此書有鍾氏信美室刊本,始刻於同治十三年(1874),至光緒二年(1876)刊成,説參吴連堂《春秋穀梁經傳補注研究》,6 頁。

⑤ 廖平《穀梁春秋經傳古義疏》凡例,臺北:文海書局影渭南嚴氏《孝義家塾叢書》本,1967 年,11 頁。

⑥ 《穀梁春秋經傳古義疏》有清光緒二十六年(1900)日新書局刊本,《重訂穀梁春秋經傳古義疏》則刊行於民國二十年(1931),今北京中國國家圖家館均有藏書。光緒十九年(1893),廖平重訂《穀梁春秋經傳古義疏》,依其《自序》,初稿撰成於光緒十年(1884)。

表徵清代新注疏的主流。未成、未傳之書，固無從深論，傳世的清代《穀梁》注疏，惠棟《穀梁古義》外，鍾文烝《春秋穀梁經傳補注》是重要代表，二者皆屬"注"[①]；"疏"則有廖平《穀梁春秋經傳古義疏》。整體而觀，清代《穀梁》學的發展，道光以前蓄勢未發，屬於潛流，然而，由源及流，其實從乾隆以降直至清末民初，始終緜緜不絶。

三

雖然專門著作晚出，清初已有學者因徧治群經或三傳而涉及《穀梁傳》。依鍾文烝所述：

> 清興，李文貞公光地變通朱子之學以治群經，其論《春秋》曰："三傳好，《穀梁》尤好。"迨後惠士奇父子倡古學於東南，亦云："論莫正於《穀梁》。"其專宗《穀梁》者，溧水王芝藻而後亦頗有人，而書皆不行。[②]

李光地《榕村語録》謂"《左》、《公》、《穀》好，而《穀梁》尤好"，惠士奇《春秋説》也説三傳之中，"事莫詳于《左氏》，論莫正于《穀梁》"，語多表彰，實則僅偶爾談及，並未深入鑽研。至於王芝藻《春秋類義折衷》，以爲《左傳》可信者十居其四，《公羊》多謬誤，衹有《穀梁傳》"猶不失聖門之舊"，然而，其書兼取三傳及胡安國《傳》，間採宋儒之見，[③]仍非《穀梁》學之專家專著。此外，俞汝言《春秋四傳糾正》、毛奇齡《春秋毛氏傳》、張尚瑗《春秋三傳折諸》等，以及顧炎武、臧琳、何焯諸家筆記之中，也間或涉及《穀梁傳》。[④] 諸如此類，往往殘存啖、趙以來的風氣，於三傳左右採獲，勇於獨標己見，其成績不可掩没，至若重啟新運，開闢門徑，則猶一間未達。

乾隆初期，受"漢學"風氣所煽，群經並興，《穀梁》學重振的端緒也自此展開。所謂"惠士奇父子倡古學於東南"，惠棟克紹父志，發揚家學，《九經古義》揭櫫"經之義存乎訓"的解釋觀念，開出依漢儒古訓以通經義的門徑。[⑤]《穀梁古義》爲《九經古義》中

---

① 吴連堂所分六類之中，其一曰"論説"，諸如惠棟《穀梁古義》、余蕭客《古經解鉤沉・春秋穀梁傳》、許桂林《春秋穀梁傳時月日書法釋例》及柳興恩《穀梁大義述》等書，或訓詁，或輯佚，或釋例，均併入其中，失之蕪雜，大有商榷餘地。吴氏於"注疏"僅評述鍾文烝及廖平兩家之作，其實，"古義"之作也屬於"注"。

② 鍾文烝《春秋穀梁經傳補注》序，3 頁。

③ 説參《四庫全書總目》，臺灣：商務印書館影印武英殿本，1983—1986 年，625 頁。

④ 説參文廷海《清代春秋穀梁學研究》，110—126 頁。

⑤ 詳參拙著《"經之義存乎訓"的解釋觀念——惠棟經學管窺》，見林慶彰、張壽安主編《乾嘉學者的義理學》，294—308 頁。

的一卷,還不是專著,唯惠氏宗風影響洪亮吉、馬宗璉等相繼而起,從輯“古義”而撰“新疏”的源流觀之,仍堪稱《穀梁》學在“漢學”典範下應運而生的首出之作。

惠棟之《春秋》學,兼治三傳,不專宗《左傳》,也不墨守《公羊》,對《穀梁》學同樣關注。《穀梁古義》一卷,計二十六則,或考述傳授源流,或訓詁經傳文義,或藉由古訓以述説禮制典章。考述傳授源流者,如《穀梁古義》第一則曰:

> 《孝經説》云:“孔子曰:吾志在《春秋》,行在《孝經》。”以《春秋》屬商,《孝經》屬參,故應劭《風俗通》言穀梁爲子夏門人。楊士勛謂“受經于子夏”,余案桓譚《新論》云:“《左氏傳》世遭戰國寢藏,後百餘年,魯穀梁赤爲《春秋》殘略,多所違失。”然則穀梁子非親受經于子夏矣。古人親受業者稱弟子,轉相授者稱門人,則穀梁子于子夏,猶孟子之于子思,故魏麋信注《穀梁》,以爲與秦孝公同時也。楊士勛言:《穀梁》爲經作傳,傳孫卿,卿傳魯人申公,申公傳博士江翁。案孫卿,齊湣、襄時人,當秦之惠王,則在其後。又,卿著書言天子廟數(僖十五年《傳》“天子七廟”云云,“是以貴始德之本也”,荀卿《禮論》同),及賻、賵、襚、含之義(隱元年“車馬曰賵”云云,在《大略》篇),述“《春秋》善胥命”而言“盟詛不及三王”(隱八年《傳》,亦在《大略》篇末),“諸侯相見,仁者居守”(隱二年《傳》“知者慮,義者行,仁者守”),又以“大上爲天子”(隱二年《傳》“大上故不名”,今在《君子》篇),皆本《穀梁》之説。其言“傳孫卿”,信矣。又隱元年《傳》云:“成人之美,不成人之惡。”僖廿二年《傳》云:“過而不改,是謂之過。”廿三年《傳》云:“以不教民戰,則是棄其師。”今皆在《論語》中。鄭《論語序》云:“仲弓、子夏等所撰。”《論語讖》亦言:“子夏等七十二人共撰仲尼微言,其諸聖人之徒,私淑諸人者乎?”又《傳》中所載,與《儀禮》、《禮記》諸經合者不可悉舉,故鄭康成《六藝論》云:“《穀梁》善於經。”①

根據東漢桓譚《新論》、魏麋信《穀梁傳注》之説,推斷穀梁子約當戰國秦孝公之時,非親受業於子夏,不取楊士勛《春秋穀梁傳序》之説②;至於楊氏謂荀子(孫卿)曾傳授

---

① 惠棟《九經古義·穀梁古義》,臺北:商務印書館影印文淵閣《四庫全書》本,第191册,489頁。案:《皇清經解》本《九經古義》刪節“楊士勛言”至“其言傳孫卿信矣”一段,卷三七三,臺北:藝文印書館影印《皇清經解》本,1962年,1頁上。

② 應劭《風俗通》以穀梁子爲子夏之門人,惠棟雖録此説,卻認爲“古人親受業者稱弟子,轉相授者稱門人”。弟子、門人的分别未必如惠棟所言,陳澧曾撰文反駁,參見《書朱竹垞孔子門人考後》,收入《東塾集》,127—129頁。

《穀梁》學,對此説法則援引《荀子》各篇以資佐證;此外,特意指陳《穀梁傳》所載古禮“與《儀禮》、《禮記》諸經合者不可悉舉”;最後,借鄭玄“《穀梁》善於經”一語,作爲總結。惠棟的曾祖父惠有聲曾推崇《穀梁傳》“得聖人之旨”①,其父惠士奇亦謂“論莫正于《穀梁》”,惠氏之關注《穀梁》學,自有其家學淵源。而《穀梁古義》考辨傳授源流,考察《穀梁傳》與群經相合者彼此印證,董理古義,而稽其禮,此一治經門徑又爲後學導夫先路。

《穀梁古義》大抵訓釋經傳爲主,或糾謬,或補證,博考古訓以爲憑據,寓作於述是一貫的特點。例如:

> 宣八年:“葬我小君頃熊。”《疏》云:“案文十八年《注》云‘宣母敬嬴’,此云‘頃熊’者,一人有兩號故也。”棟謂:頃聲近敬,熊聲同嬴,二傳由口授,故字異而音同,而云“一人有兩號”,非也。②

惠棟反駁楊士勛《疏》“一人有兩號”的謬説,以爲“頃聲近敬,熊聲同嬴,二傳由口授,故字異而音同”,藉由識字審音的訓詁方法,説明“敬嬴”、“頃熊”異文的原因。惠氏之糾謬補闕,並不限於考訂古字、古音,往往有意以訓詁爲進路,從而探索禮制,藉此通經達義。例如:

> 昭十九年《傳》:“許世子止不知嘗藥,累及許君也。”《注》云:“許君不授子以師傅,使不識嘗藥之義,故累及之。”《公羊傳》云:“進藥而藥殺,則曷爲加殺焉爾?譏子道之不盡也。”棟案《墨子・非攻》篇云:“今有醫於此,和合其祝藥,於天下之有病者而藥之,萬人食此,若醫四五人得利焉,猶謂之非行藥也。故孝子不以食其親,忠臣不以食其君。夫就師學問無方,心志不通,雖有愛父之心而適以賊之。”墨氏此論可謂知言。③

唯其有志於考索古制,解説“許世子不知嘗藥,累及許君也”之傳義,惠棟特意迻録《墨子・非攻》一大段文字,推許爲“知言”,蓋以“就師學問無方,心志不通,雖有愛父之心而適以賊之”諸語,足可印證傳義。對此,《四庫全書總目》批評爲“牽引旁文,無關訓

---

① 惠有聲的説法,見惠棟《春秋左傳補註》轉述卷三五三,臺北:藝文印書館影印《皇清經解》本,1962年,6頁下—7頁上。

② 惠棟《九經古義・穀梁古義》卷三七三,5頁下。

③ 惠棟《九經古義・穀梁古義》卷三七三,6頁下。

詁"[①],豈知惠氏標榜"經之義存乎訓",並非自囿於識字審音之訓詁,由訓詁而禮制以通經達義,這才是以古義治經的歸趨所在。又如:

> 襄十有一年《傳》:"古者天子六師。"《公羊》隱五年《傳》注云:"禮,天子六師,方伯二師,諸侯一師。"昭五年《傳》:"舍中軍者何? 復古也。"魯于《春秋》不得爲方伯,以二軍爲復古,則諸侯一軍之説非矣。《三略》曰:"聖王御世觀盛衰、度得失而爲之制,故諸侯二師,方伯三師,天子六師。"諸侯二師,故舍中軍爲復古。古者,一二皆積畫,傳寫之誤也。六師即六軍也。《大雅·棫樸》云:"周王于邁,六師及之。"毛《傳》云:"天子六軍。"《鄭志》:"趙問:此《詩》引《常武詩》云'整我六師',不稱六軍而稱六師,不達其意。答曰:師者,衆之通名,故人多云焉。欲著其大數,則乃稱軍耳。"林孝存引《詩》"六師"之文以難《周禮》,鄭答之云:"軍者,兵之大名。軍禮重言,軍爲其大悉,故《春秋》之兵雖有累萬之衆,皆稱師。《詩》云'六師',即六軍也。"[②]

針對襄十一年《穀梁傳》之"古者天子六師",惠棟不單訓解"六師即六軍也",又進而考辨古制。惠氏依據昭五年《傳》以魯舍中軍爲復古,則《三略》"諸侯二師"的説法合乎古制,反駁何休"諸侯一師"之説。再則,援引鄭玄之語,説明"師"是"衆之通名","軍"爲"兵之大名",唯其"軍禮重言",故《春秋》多稱"師"。其實,如果僅僅爲了訓詁"六師"爲"六軍",大可不必如此廣徵博考,旁涉"方伯二師,諸侯一師"或"諸侯二師,方伯三師"之辨,仔細玩索惠氏的用心,實有意藉由漢儒古訓,進而考索古代軍禮,據以通經達義。

關注於"禮"是清代經學的一大特色,《春秋》學亦然,清初萬斯大《學春秋隨筆》、毛奇齡《春秋毛氏傳》、惠士奇《春秋説》已然如此,《續修四庫全書提要》謂三家"皆致意典禮,然詳於《左氏》而略於《公》、《穀》"[③]。惠棟確立之"漢學"典範,更將此一特色發揚光大,爲清儒鑽研《公羊》、《穀梁》之禮説,開闢新途徑。就《穀梁》學而言,可以侯康《穀梁禮證》爲代表,李慈銘稱其書"引史據經,古義鑿然"[④]。侯氏所據古義,除三《禮》與諸經傳注外,尤其注重《白虎通》、《五經異義》所述古、今説;漢儒劉向、鄭玄、

① 《四庫全書總目》卷三十三,679 頁。
② 惠棟《九經古義·穀梁古義》卷三七三,6 頁。
③ 楊鍾義《穀梁禮證提要》,見《續修四庫全書提要》,733 頁。
④ 李慈銘《越縵堂讀書記》,100 頁。

何休之説,以及《荀子》、《司馬法》、《鹽鐵論》等古籍,也常加引述;晉人徐邈曾注《穀梁傳》,故亦間採其説;清儒如顧炎武、萬斯大、惠士奇、秦蕙田、盧文弨、段玉裁、孫志祖、孔廣森、淩曙諸家亦間或述及。大抵依準《穀梁傳》及其古義,論述相關典禮,援引諸説爲證,或別其異同而考辨得失,斷以己意。

惠棟歷舉《荀子》與《穀梁傳》相通之義,又指出《穀梁傳》所載典禮與《儀禮》、《禮記》諸經合者,凡此,皆爲後學指引治學方向,漸成學者共識。除三《禮》、《荀子》外,侯康《穀梁禮證》常輯述許慎《五經異義》與鄭玄駁語,或何休《穀梁癈疾》與鄭玄《釋癈疾》之説,此一治經方向,也由惠氏導夫先路。由於惠棟輯述古義,往往無所申述,侯康乃依循此法,深入疏證,成專門之學。如桓二年《穀梁傳》曰:"何以知其先殺孔父也?曰:'子既死,父不忍稱其名;臣既死,君不忍稱其名。以是知君之累之也。孔,氏;父,字謚也。'"惠棟《穀梁古義》引《五經異義》爲説,侯康《穀梁禮證》亦然,同樣援引《五經異義》與鄭玄駁語爲證,復以《禮記・玉藻》爲佐證,曰:

> 《玉藻》"士於君所言大夫没矣,則偁謚若字",此蓋因人君不忍偁名,故士亦以謚若字爲偁。是亦《穀梁》説之一證也。①

惠氏引而未發,侯康則進一步援據證驗。詳加參照,可以發現不少這樣的例子。比如桓四年《穀梁傳》曰:"春曰田,夏曰苗,秋曰蒐,冬曰狩。"惠氏《穀梁古義》僅夾注"《公羊》桓四年《傳》無夏田之語",述何休、鄭玄之説,而未作闡發,侯氏則在何、鄭之外,更引《禮記・王制》、《周禮》、《左傳》、《爾雅》、《韓詩内傳》、《周易》及《白虎通》、《春秋繁露》、《説苑》等文獻,詳加考證,並申述説:

> 《公羊》善於緯,故中多緯書説,不如《穀梁》爲時正禮。……攷《白虎通》多《公羊》家言,而此獨從《穀梁》,以義本勝耳。②

又曰:

> 《春秋繁露・深察名號》篇"獵禽獸者號,一曰田,田之散名:春苗、秋蒐、冬狩、夏獮。"此"夏獮"二字當從淩曙以爲衍文,不然何不依四時爲序,而序於"冬狩"之下?且徧稽經傳,夏不名獮,此明是淺人不曉《公羊》無夏田之例而妄加之,又因苗已屬春,遂妄以獮屬夏,而不知於經義皆不合。孔氏廣森據此謂《公羊》師

---

① 侯康《穀梁禮證》卷一,18頁上。

② 侯康《穀梁禮證》卷二,4頁下—5頁上。

説亦有四時田,非也。[①]

有的學者根據《春秋繁露》而認爲《公羊》亦主四時田之説,孔廣森即持此見解,侯康則羅列衆説以説明《公》、《穀》異義,並援引淩曙,極言《春秋繁露》"夏獮"二字爲衍文,據以反駁孔氏。另外,侯氏又針對《説苑·修文》之説考辨曰:

> 按:此文先言四時之田而後言夏不田,殊相乖錯。盧氏《群書拾補》據孫志祖校云:"此所引《傳》乃《公羊》桓四年'春曰苗,秋曰蒐,冬曰狩'之文也,下文蒐在苗後,又云夏不田,是用《公羊》之説。後人誤據《周禮》、《左傳》以改此文,不知其前後反成差互矣。'春蒐'者,春字誤,當作秋。"今攷孫、盧説是也。《説苑》解苗字用《曲禮》"國君春田不圍澤,大夫不掩,群士不取麛卵"三語,是以苗屬春不屬夏之明證。且全文亦祇釋苗、蒐、狩三名而不及獮,後乃申以夏不田一段,此純用《公羊》説。[②]

《説苑》爲劉向所輯,劉向治《穀梁》學爲衆所熟知,而侯氏謂《説苑》此處"純用《公羊》説",遂又進一步申述曰:

> 劉向曾治《公羊》(見《六藝論》),後乃治《穀梁》,故著書不專主一家。[③]

劉向傳習《穀梁》,衆所周知,卻往往忽略他也曾治《公羊》,其實,這點惠棟已先言之,《公羊古義》曰:"劉子政從顔公孫受《公羊》,本傳不載,然《封事》多用《公羊》説。"[④]侯氏考證《穀梁傳》"春曰田,夏曰苗,秋曰蒐,冬曰狩"之説,以爲此係正禮,而義勝《公羊》,詳辨二傳之異同,也認爲"《公羊》無夏田之例"。《穀梁古義》引證不如侯氏詳明,而惠棟附注一句:"《公羊》桓四年《傳》無夏田之語",這已經點出問題的關鍵,侯康後出轉精,博考文獻加以疏通證明,論證説服力乃更勝一籌。學術積累的脈絡,由此可以略窺一斑。

惠棟《穀梁古義》的解經進路,立基於識字審音之法,由訓詁而考禮,復依禮制以闡明經義。踵武惠氏"漢學"宗風而繼起者,或純粹輯佚漢儒舊注[⑤],或如洪亮吉等纂

---

① 侯康《穀梁禮證》卷二,5頁下—6頁上。

② 侯康《穀梁禮證》卷二,6頁。

③ 侯康《穀梁禮證》卷二,6頁下。

④ 惠棟《九經古義·公羊古義》卷三七一,1頁下。

⑤ 余蕭客爲惠棟弟子,依惠氏所定條例纂輯《古經解鉤沉》,其中一卷輯存《春秋穀梁傳》之古注舊説,此後,馬國翰、王謨、黄奭、王仁俊等諸家之輯佚叢書,亦承其風而起,詳參文廷海《清代春秋穀梁學研究》,354—372頁。

述"古義"以解釋經傳,或如柳興恩在《穀梁大義述・述師説》中備録其《穀梁古義》二十六則[①],或如侯康依循其旨趣而詳考博引加以印證,凡此,俱可見惠棟"漢學"典範之影響,以及學術積累的軌跡。

四

"漢學"的治經門徑自有其局限,古訓舊説之殘存者缺略鮮少,清儒輯佚之前人舊注,或"古義"之作,往往僅存一、二卷,佚文十數條而已,欲據此申説疏證以撰"新疏",與《左氏》、《公羊》二傳相較,難度更高,《穀梁》學專著晚出,這是一個重要因素。經過乾嘉學者一番努力,道光年間積累漸多,許桂林、侯康、柳興恩等人的著述乃隨之漸出,唯仍乏全面注疏經傳之作。

鍾文烝《春秋穀梁經傳補注》是順應此一需求而産生的一部新注。"漢學"典範主導下的清代經學,起於針砭"宋學",擴展而全面省思"十三經注疏"之得失,對唐宋人所撰諸"疏"不盡滿意,非依漢人古注者,批判尤烈,因而興起輯"古義",並據以撰寫"新疏"的潮流。[②] 鍾文烝自述説:

> 竊以國家二百年來經籍道盛,直有專門巨編發前人所未發者,且以范《注》之略而舛也,楊《疏》之淺而庬也,苟不備爲補正,將令穀梁氏之面目精采永爲公羊、左氏所掩,謂非斯文之闕事乎哉?[③]

繼承清代經學發展的潮流,撰寫一部闡發《穀梁傳》的專著,這尤其是相對於《穀梁傳注疏》的疏陋而發。鍾氏批評范寧《注》"略而舛",楊士勛《疏》"淺而庬",於是針對范《注》、楊《疏》加以糾謬、補正。[④] 雖説道光年間諸儒輯存的古訓漸豐,但仍屬有限;而且,道光以降,省思或批評"漢學"流弊的聲浪逐漸揚起。因此,鍾氏此書不得不作變

① 柳興恩《穀梁大義述》卷十,臺北:藝文印書館影印《皇清經解續編》本,1964—1965年,35頁上—44頁上。

② 詳參拙著《清代漢學與左傳學——從"古義"到"新疏"的脈絡》,6—11頁。

③ 鍾文烝《春秋穀梁經傳補注》序,3頁。

④ 文廷海《清代春秋穀梁學研究》第三章論述清代新注、新疏,以鍾文烝、廖平兩家爲代表,而冠以"回歸漢唐的新注新疏"的標題,值得商榷。首先,清代"漢學"家治經,固無意回歸於"唐",反而志在撰"新疏"以取代唐宋義疏;而且,他們闡述漢儒古訓,也不止於"回歸",而自有其考索經義的矩矱,其學術風貌不全同於兩漢,無疑也有超越漢儒的成績。

通,"以徵引該貫,學鄭君《三禮注》;以探索精密,學朱子《四書章句集注》、《或問》"[①],兼宗鄭玄、朱熹,有漢、宋兼採之傾向。[②] 除群經諸傳及先秦兩漢諸子外,稱引唐、宋迄清學者三百餘家[③],舉其犖犖大者,如劉敞、葉夢得、程頤、胡安國、吕祖謙、陳亮、朱熹、王應麟、家鉉翁、陳傅良、趙汸、汪克寬等,以及清儒閻若璩、顧炎武、李光地、惠士奇、惠棟、戴震、王念孫、王引之、段玉裁、孔廣森、阮元、宋翔鳳、陳壽祺、俞樾、許桂林、邵懿辰、陳奂等,廣泛吸取前人之見,博考明辨而正其得失。孫詒讓論及鍾氏此書,謂"平議精當,足與顨軒《公羊通義》並傳,惟援證略病氾濫"[④]。所謂"氾濫",蓋對鍾氏不專守"漢學",略表微詞。柯紹忞更暗諷鍾氏《補注》,"汎取唐、宋以後諸家之説,亦無裨《傳》義也"[⑤]。楊鍾義評論此書,亦謂"其書不盡用漢人家法,於劉中壘遺著及班史所採各説,闡明亦有未盡"[⑥]。兼采漢、宋,不拘於門户之見,態度似乎比較開明,卻有混淆家法之虞,未必致力闡明漢儒傳授之經義。清儒治經,以遵循"漢學"矩矱爲常規,因此有上述評論。民國以後,學風轉變,今人編印"十三經清人注疏",採録鍾氏此書,不但不以爲病,反而看重其不拘漢、宋門户的特色,謂"能兼採漢學、宋學,同時對范寧《集解》也有所補充,可以説是目前能看到的有關《穀梁傳》注本中較好的一種"[⑦]。無論如何,兼採漢、宋,表現出鍾文烝上承"漢學"而有所變通的一項特色。

此外,鍾文烝《春秋穀梁經傳補注》相當注重書法義例的解釋,這與惠棟《春秋》學的宗風,也有所不同。惠棟研治三傳,注重訓詁與禮制,書法義例則置之勿論。鍾氏則往往綜貫經傳,董理義例指歸,而又能善用"漢學"之長,博徵古訓以爲憑據,並採擇清儒訓詁文詞及考證名物、禮制之成果。

關於書法義例之指歸,如鍾文烝在書首《論經》中會通各傳,首揭《春秋》之要旨,曰:

> 正名盡辭,以爲之綱;正隱治桓,以弁其首。[⑧]

由《穀梁傳》發明"正名盡辭"、"正隱治桓"之義,鍾氏認爲:

---

① 鍾文烝《春秋穀梁經傳補注》略例,34 頁。
② 説參田漢雲《中國近代經學史》,西安:三秦出版社,1996 年,245—247 頁。
③ 鍾文烝《春秋穀梁經傳補注》范氏原序注,9 頁。
④ 孫詒讓《與梅延祖論穀梁義書》,收入《籀高述林》卷十,559 頁。
⑤ 柯紹忞《春秋穀梁傳注》序,臺北:力行書局影印民國二十六年(1937)排印本,1970 年,5 頁。
⑥ 楊鍾義《春秋穀梁經傳補注提要》,《續修四庫全書提要》,734 頁。
⑦ 見《春秋穀梁經傳補注》點校前言(駢宇騫、郝淑慧撰),11 頁。
⑧ 鍾文烝《春秋穀梁經傳補注》,10 頁。

左氏、公羊不能道也,獨穀梁子稱述而發明之。實爲十一卷,大指總要之處,推之千八百事,無所不通。故《穀梁傳》者,《春秋》之本義也。[①]

以"正隱治桓"而言,其事涉及魯隱公、桓公兩位國君,隱公以庶兄即位爲君,以攝位自居,有意在桓公成人後讓位,最後卻演變成桓公弑兄而自立。臣弑其君的事件在春秋時代屢見不鮮,這是孔子深懼世衰道微而作《春秋》的重要背景。因此,《穀梁傳》在《春秋》第一條經文"元年春王正月"之下,首先釋其義,曰:"雖無事,必舉'正月',謹始也。"對於經不言隱公"即位",則解曰:"成公志也"、"將以讓桓也",並云:"讓桓正乎?曰:不正。"魯隱公在位十一年,《春秋》僅在元年書"正月",其餘十年皆不書"正月",對此,《傳》以爲"所以正隱也"。而桓元年"元年春王正月"之經,《傳》曰:"其曰'王',何也?謹始也。……元年有王,所以治桓也。"鍾文烝通貫《傳》旨,曰:

隱之書"正",曰"謹始也",又曰"所以正隱也";桓之書"王",曰"謹始也",又曰"所以治桓也"。文意一例,以明二字爲兩篇大要也。……稱"王"治之,以大彰天下有王之義,此所以爲天子之事,而亂臣賊子懼也。内之變甚於外,桓之罪重於宣,故於桓特文以著義,明其餘皆從同矣。《傳》與《孟子》合,是聖門所傳如此。《春秋》經世,議而不辯,此其大者。[②]

書首《論經》中也强調:

《春秋》大義,實以正隱、治桓並爲始,故穀梁子兩著"謹始"之文。[③]

融會各年《傳》文及《孟子》之説,歸納出正隱、治桓以慎始之大義,謹防臣弑其君之亂象,明王道以經世的聖人之志,即寓乎其中。

諸如此類,《春秋》藉"文"與"事"以明其"義",相對的,鍾文烝認爲"穀梁子釋經,專明義理"[④],因此其《補注》對經傳義理之闡發不遺餘力,其《論傳》甚至説:

《穀梁》又往往以心志爲説,以人己爲説,桓、文之霸,曰信、曰仁、曰忌,僖、文之於雨,曰閔、曰喜、曰不憂,明《春秋》爲正人心之書也。……故《春秋》非心學,亦心學也,唯《傳》知之。[⑤]

---

① 鍾文烝《春秋穀梁經傳補注》,1頁。

② 鍾文烝《春秋穀梁經傳補注》,71—72頁。並參隱元年及十一年《傳》,2—4、70頁。

③ 鍾文烝《春秋穀梁經傳補注》,21頁。

④ 鍾文烝《春秋穀梁經傳補注》,3頁。

⑤ 鍾文烝《春秋穀梁經傳補注》,30頁。

鍾氏關注義理，同時認爲《春秋》“乃據禮以正其義”，而“凡《傳》或言‘不正其’云云，或言‘非正也’，皆以明君子取義所在”，且“《穀梁》於正不正之説持之甚堅”，並明白指陳：“非禮即非正。”[①]既然經傳之義俱依“禮”裁斷，鍾氏書中對於禮制考索，也力求詳明。這也就展現其善用“漢學”之長的特色，能吸取清儒訓詁考證之成果。比如鍾氏書中屢屢援引惠棟之語，《穀梁古義》已指出荀子傳承《穀梁》之學，義多相通，《穀梁傳》所載禮制多與《儀禮》、《禮記》諸經相合，以及劉向《封事》、《説苑》或用《公羊》家之説等，俱明引於卷首《論傳》中，復加以申説證明。[②] 惠棟尚禮的治經取向，殆啓發尤多。如襄十一年《穀梁傳》“古者天子六師”，鍾文烝注解釋“六師”，即採録惠棟之説，並推崇“惠引鄭君之言以解此傳，最得其旨也”[③]云云。又如莊廿二年《春秋》書“肆大眚”，《穀梁傳》云：“肆，失也。”《穀梁古義》曰：“失，古佚字。佚與逸同，謂逸囚也。”[④]惠氏訓“失”爲佚，與逸同，解爲逸囚，此一訓詁啓發後學循此探索禮制之通經途徑，誠如柳興恩所言，“此足補楊《疏》之缺”，並説“楊士勛於典章制度、訓詁聲音之學，缺略者多”[⑤]，楊《疏》的缺略，正顯示惠氏别闢蹊徑之治經特點。然則，此一訓詁究竟牽涉何種制度？鍾氏對此有詳細疏證。鍾氏不僅具録此則古義，認爲“惠説是也”，並進而申説演述，認爲《春秋》先書“肆大眚”而後書“葬我小君文姜”，乃“大赦於國，滌除衆罪，咸與惟新。一若文姜之淫弒亦可不論者，所以掩其生前之惡，而成其没後之禮也”，甚至認爲賈逵“魯大赦國中罪過，欲令文姜之過因是得除，以葬文姜”之説實屬《穀梁》家語，又參證以《堯典》、《康誥》，謂“先王之世，本有其事，……與魯之爲葬文姜特行大赦相類，知當時赦令皆有所爲矣”[⑥]。然則，惠棟訓“失”爲佚，釋爲逸囚，不僅針對注疏糾謬補闕，更由此訓詁啓發後學進而考索古代大赦之律令典章，對經義提出嶄新的解釋。依弟子沈善登轉述，鍾文烝自信其書由訓詁而通義理，對於《穀梁傳》中涉及之各項典禮制度，疏證尤其詳慎，曰：

> 凡古今考據家所持論斷斷者，若立君，若世卿，若田制、軍制、廟制、宫寢之制、冕弁之制、喪葬祔練之制、祖禰昭穆之制，其小者若形聲、假借、近似、傳譌，以至一

① 鍾文烝《春秋穀梁經傳補注》，16—17、40—41 頁。
② 鍾文烝《春秋穀梁經傳補注》，23—25 頁。
③ 鍾文烝《春秋穀梁經傳補注》，546—547 頁。
④ 惠棟《九經古義·穀梁古義》卷三七三，4 頁上。
⑤ 柳興恩《穀梁大義述》卷十，40 頁上。
⑥ 鍾文烝《春秋穀梁經傳補注》，194—195 頁。

名、一物、一助字之用,亦莫不貫穿羣籍,擇精而語詳。而其諸家聚訟之展轉不可通者,若禘,若祫,若日食,若五等封地、六國年數之類,則又爲之備論同異,闕疑載疑,不敢顯己是非,巧求其必合,又慎之至也。[①]

鍾氏雖不以"漢學"門户自限,而其《補注》終究亦循此門徑而超越范《注》、楊《疏》,成爲清代最具代表性的一部新注。

由惠棟而鍾文烝,由《穀梁古義》至《春秋穀梁經傳補注》,清代"漢學"家於是有别於晉、唐人之注疏,走出一條由訓詁、考禮而通經達義的解釋進路。

延續着此一脈絡,光緒年間,《穀梁傳》終於出現了一部新疏。廖平既批評范寧《注》"不守舊訓",並明言"今志在復明漢學,故專以舊説爲主"(上文引),於是撰《穀梁春秋經傳古義述》,雖然進一步逸出惠棟以識字審音爲基礎的治經矩矱,基本上仍援據漢代經師之古義加以申述,且詳於禮制,就撰述旨趣而言,無疑是一部依循"漢學"典範的《穀梁》新疏。

廖平治經學前後凡六變,因自號六譯。據廖平《自序》,《穀梁春秋經傳古義述》始撰於光緒七年辛巳,曰:"痛微言之久隕,傷絶學之不競,發憤自矢,首纂《遺説》,間就傳例推比解之。"[②]撰疏之前,先仿陳壽祺,纂輯《穀梁先師遺説考》[③],撰疏時即"專以舊説爲主",包括《孟子》、《荀子》以及漢代經師之遺説。鍾文烝雖不滿范《注》,時有批評,但《春秋穀梁經傳補注》中仍具録范《注》,廖平《穀梁春秋經傳古義述》則擺脱范《注》,以上述遺説古義爲"注",然後再加疏證。這種自注而自疏之的體例,與惠棟《周易述》類似。[④] 其《凡例》曰:

> 注以《王制》爲主,參以西漢先師舊説,從班氏爲斷。……凡所不足,乃下己意;注所不盡,更爲疏之。[⑤]

全書有"注"有"疏",其"注"依《王制》解説禮制,輔以漢儒遺説;其"疏"則申明舊説,

---

① 據沈善登《穀梁補注書後》轉述,見《清儒學案・子勤學案》卷一八一,17 頁下。

② 廖平《穀梁春秋經傳古義述》,13 頁。

③ 廖平《穀梁春秋經傳古義述》,959 頁。

④ 文廷海以"自注自疏"形容廖平《穀梁春秋經傳古義述》的特點(《清代春秋穀梁學研究》,206 頁),甚是。惠棟《周易述》亦"自爲注而自疏之",屬於孫詒讓所謂"最栝古義,疏注兼修"的類型,詳參拙著《清代漢學與左傳學——從"古義"到"新疏"的脈絡》,45—46、249—250 頁。

⑤ 廖平《穀梁春秋經傳古義述》,14 頁。

而"半主禮制，半主文句"[①]。案諸全書，文字訓詁顯非所重，闡述禮制以探經義，這才是主要内容。舉例而言，如隱元年《春秋》書"祭伯來"，《穀梁傳》曰："來者，來朝也，其弗謂朝，何也？寰内諸侯，非有天子之命，不得出會諸侯。不正其外交，故弗與朝也。"廖平大抵依傳意而詳説寰内、寰外諸侯之分，依禮制以定"祭伯來"之書法褒貶。然則，何謂"寰内諸侯"？廖氏引《王制》及尹更始之説以爲"注"，曰：

> 《王制》曰："天子之縣内方百里之國九，七十里之國二十一，五十里之國六十三，凡九十三國。名山大澤不頒，其餘以禄士，以爲閒田。"尹氏云："天子以千里爲寰。"

依此古義，"疏"進而解釋説：

> 寰内九十三國：三公百里，三上卿、中卿六；下卿七十里，三上大夫、中大夫十八，共二十一；下大夫五十里，九上士、中士五十四，共六十三。故曰"寰内諸侯"也。[②]

參考《王制》而詳考制度，據禮以斷其褒貶，這是廖氏《穀梁》新疏的主要内容，也是其特色所在。

誠如近人趙沛所言，廖平《春秋》學的一大特色正在於以禮治《春秋》，而且其言禮制往往以《王制》爲主。[③] 爲什麽以《王制》爲主，甚至引以爲"注"呢？這涉及廖平以《王制》爲《春秋》大傳的獨特見解。比較而言，同樣注重禮制以解釋經傳，惠棟時還衹是積極考求古制，對於禮制的分歧，尚無明確主張；鍾文烝注意到群經諸傳，説禮不同，主張《穀梁》以周禮爲正；廖平則主張《春秋》不拘於三代，而爲一代新制。鍾氏曰：

> 大氐《經》文皆據周典爲義，故《傳》諸所陳制度及凡言古、言禮、言正者，亦皆依周制言之。[④]

廖氏則認爲：

> 《春秋》有王道，因舊制而加損益，故不拘周禮，參用四代因革，皆具于《經》。

---

① 廖平《穀梁春秋經傳古義述》，13頁。

② 廖平《穀梁春秋經傳古義述》，39—41頁。

③ 趙沛《廖平以禮治春秋略説》，《山東大學學報》2005年第5期，126—129頁。

④ 鍾文烝《春秋穀梁經傳補注》，61頁。

故《傳》皆因《經》立説。①

又曰：

《王制》爲《春秋》大傳，千古沉翳，不得其解，以《穀梁》證之，無有不合。②

廖平的弟子蒙文通曾詳細述説其經學之旨趣，曰：

本師井研廖季平先生初治《穀梁》，有見於文句、禮制爲治《春秋》兩大綱，後乃知《穀梁》之説與《王制》相通，以爲《王制》者孔氏删經自訂一家之制、一王之法，與曲園俞氏之説出門合轍。……又推明古文家立説悉用《周官》，《周官》之制，反於《王制》，求之《五經異義》、《白虎通義》而義益顯。又知鄭康成遍注群經，兼取今古而家法始亂。推闡至是，然後今古立説異同之所在乃以大明。以言兩漢家學，若振裘之挈領，劃若江河，皎若日星。故儀徵劉左菴師稱廖師爲“長於《春秋》，善説禮制，洞徹漢師經例，自魏晋以來未有也”。前乎廖師者，陳壽祺、喬樅父子，搜輯《今文尚書》、《三家詩遺説》，而作《五經異義疏證》，陳立治《公羊春秋》，而作《白虎通義疏證》，皆究洞於師法，而知禮制爲要。然大本未立，故仍多參差出入，廖師推本清代經術，常稱二陳著論，漸别古今。③

依蒙文通之見，清儒治經，重視師法，起初但就各經分别究其源流；宋于庭乃綜合十四家博士爲“整個之今文學”，然衹以立於學官與否，分辨今古兩派之異同；至廖平，乃推本陳壽祺、陳立之學，以《王制》、《周官》禮制之差異，推定今文、古文之區别。蒙氏又云：

先生以治《穀梁》之説，悟《王制》爲魯學之宗，析禮制、文句爲二事，以言《春秋》，如車之兩輪。復論《王制》爲十四博士之宗，與古學以《周官》爲主者各異其趣。先生之説能風靡一代者，蓋在於是。④

廖平疏解《穀梁傳》的旨趣，以及其風煽一時的經學觀念，大抵如蒙氏所述，雖有創發，而其蔽亦在於是。蓋《穀梁傳》禮制間與《王制》相通，或因漢博士載録傳説，視爲古

① 廖平《穀梁春秋經傳古義述》，36—37 頁。

② 廖平《穀梁春秋經傳古義述》，14 頁。

③ 蒙文通《井研廖季平師與近代今文學》，收入《經學抉原》，上海：上海人民出版社，2006 年，94—95 頁。

④ 蒙文通《廖季平先生傳》，收入《經學抉原》，197 頁。

義,未嘗不可,至若“以爲《王制》者孔氏删經自訂一家之制”,則並無實據。依吴連堂之研究,《穀梁》與《王制》所言禮制,其實“相合相通者少,而不相涉及牴牾者殊多”①。

值得注意的是,“漢學”興起之初,惠棟等乾嘉學者,雖強調漢儒重師法,也明知今、古文之差異,多兼而治之,未分軒輊。清末時,今、古文之分漸漸壁壘分明,廖平對如何區分今、古文,投注相當心力,以《王制》、《周官》禮制之異爲裁斷,正是他的創説,《穀梁春秋經傳古義述》也充分實踐了此一解釋旨趣。就此而言,這部新疏爲“漢學”典範下的清代《穀梁》學畫下句點,同時也因應學風的變異,有着從“漢學”中超逸而出的傾向。

結　語

自惠棟確立“漢學”的治經典範,乾嘉以降,清儒紛紛致力於輯“古義”而撰“新疏”,研治範圍不限於古文學,不泥於今、古文的門户,這是清代“漢學”不同於兩漢經學之處。惠氏撰《穀梁古義》,承其風而考輯《穀梁》古義者,雖不乏其人,然而邵晉涵、洪亮吉、馬宗璉等乾嘉學者之作未成書,因此迄道光九年阮元主編之《皇清經解》刻竣爲止,《穀梁》學尚無專書傳世。“漢學”典範主導下的清代《穀梁》學,原屬潛流,伏而在下,經阮元呼籲勉勵,許桂林、侯康、柳興恩等相繼而起,累積出具體成果,鍾文烝《春秋穀梁經傳補注》及廖平《穀梁春秋經傳古義述》,這兩部新注新疏,尤具代表性。由於《穀梁》孤微已久,殘存之舊注遺説缺略尤甚,且“漢學”也有其局限,鍾文烝乃不得不求變通,轉而兼採漢、宋,善用“漢學”之長,也注重義例之闡發。廖平時,“漢學”遭逢常州今文學興起的挑戰更甚於前,於是致力於區分今、古文之學,自成一家之言,雖已逐漸偏離惠棟“漢學”的學術門徑,而其撰寫新疏的旨趣,無疑仍“志在復明漢學”,成爲《穀梁》學從“古義”到“新疏”此一發展脈絡的尾聲。

作者簡介:

張素卿,1963年生,臺北市人,臺灣大學中國文學研究所博士,現任臺灣大學中國文學系教授。專研經學,尤致力於《左傳》。代表作有《左傳稱詩研究》(臺北:臺灣大學出版委員會,1991年)、《敘事與解釋——左傳經解研究》(臺北:書林出版公司,

① 詳參吴連堂《清代穀梁學》,148—152頁。

1998年)、《清代漢學與左傳學——從"古義"到"新疏"的脈絡》(臺北:里仁書局,2007年)等,近幾年發表的論文有《經及其解釋——陳澧的經學觀》(《中國哲學》第24輯"經學今詮三編",2002年)、《"經之義存乎訓"的解釋觀念——惠棟經學管窺》(林慶彰、張壽安主編《乾嘉學者的義理學》,2003年)、《惠棟〈毛詩古義〉與清代〈詩經〉學》(中國詩經學會編《第六屆詩經國際學術研討會論文集》,2005年)、《劉師培〈左傳〉學的傳承與嬗變》(上海社會科學院主編《傳統中國研究集刊》第3輯,2007年)等。

整理本《禹貢錐指》求疵[1]

呂友仁　李正輝

内容提要　清代學者胡渭的《禹貢錐指》,是一部研究歷史地理的名著,經鄒逸麟先生整理,由上海古籍出版社於2006年7月出版。整理者爲該書付出了辛勤勞動,但該書仍存在一些瑕疵。所謂的"疵",計有:第一,整理本改動了原本頗具匠心的行款而未作任何交待;第二,《禹貢錐指》是考證之作,考證之作勢必旁徵博引,而此書約六十萬字(據版權頁),整理者對於原作者的旁徵博引之語,一概衹使用冒號,不使用引號,使讀者對引文的起迄不明,如墜五里霧中;第三,有失校現象;第四,有破句現象;第五,標點尚欠精細,主要是指把一些訓詁句標點作敘述句。以上五點,第二點尤爲突出。

關鍵詞　古籍整理　清代文獻　《禹貢錐指》　胡渭

清代學者胡渭的《禹貢錐指》,是一部研究歷史地理的名著。此書經鄒逸麟先生整理,由上海古籍出版社於2006年7月出版。古籍整理,加專名號是個難點。此書中的地名特别多,其中既有爲我輩所熟知者,如五嶽四瀆,名山大川,澤藪湖泊,郡名州名,也有許多爲我輩所陌生的地名、水名、山名。所有這些大大小小的各種地名,無論是我們熟悉的還是陌生的,整理者都給加上了專名號,從而爲我們的閱讀提供了很大的方便。整理者爲此付出的辛勤勞動,引發了我們的油然起敬之心。但是,我們在拜讀之餘,還有一種美中不足的惋惜,所以草此《求疵》之文,期望此書再版時能夠有所改進。

本文所謂的"疵",計有:第一,整理本改動了原本頗具匠心的行款而未作任何交待;第二,《禹貢錐指》是考證之作,考證之作勢必旁徵博引,而此書約六十萬字(據版權頁),整理者對於原作者的旁徵博引之語,一概衹使用冒號,不使用引號,使讀者對

① 本文爲國家教育部人文社會科學基金項目(05JA770003)的階段性成果。

引文的起迄不明,如墜五里霧中;第三,有失校現象;第四,有破句現象;第五,標點尚欠精細,主要是指把一些訓詁句標點作敘述句。以上五點,第二點尤爲突出。

下面我們就展開來説,不當之處,歡迎批評。

一、整理本改動了原本頗具匠心的行款而未作任何交待

《禹貢錐指》書前有胡渭自擬的《禹貢錐指略例》若干條,其第一條是講命名《錐指》之義,第二條和第三條就講到了他對全書行款的處理方式及其用心所在。

其第二條《略例》云:

> 經下集解,亞經一字。首列孔傳、孔疏,次宋、元、明諸家之説。鄭康成《書注》,間見義疏及他籍,三江一條,足稱秘寶。……至若語涉《禹貢》而實非經解,如《通典》之類,亦或節取一二句。雖係經解,卻不成章,並以己意融貫,綴於其末,用"渭按"二字别之。

其第三條《略例》云:

> 集解後發揮未盡之義,又亞一字。二孔、蔡氏,並立於學官,入人已深,其中有差謬者,既不采入,集解於此,仍舉其辭而爲之駁正。諸家之説,得失參半者,亦必細加剖析,使瑕瑜不相掩。①

按:據以上二則《略例》,知胡渭《錐指》之體例是,將全書之文字,按照其重要程度,分爲三等。第一等是經文,頂格書寫;第二等是"集解",即解經之文,低一格書寫;第三等是"集解後發揮未盡之義",即須要將問題進一步澄清的文字,《四庫提要》稱之爲"辨證"者,低二格書寫。這種頂格、低一格、低二格的行款安排,是作者頗具匠心的一種安排,整理者不宜輕易改動。作者的這種行款安排,從文淵閣《四庫全書》本上尚能够清楚看到。這説明庫本是遵循胡氏《略例》的。而鄒氏之整理本,對以上三等文字的處理,衹有第一等、第二等文字的行款處理與胡渭原書的體例吻合,其第三等文字的行款則與胡氏的原定體例大相徑庭。本來,第三等文字,不管是首行或轉行,應一律低二格,使讀者一望可知,此等文字的重要性最低。而整理本對第三等文字的處理是段落開頭低二格,轉行則頂格。這樣一來,幾乎可以説是與第一等文字平起平坐了。

---

① 〔清〕胡渭《禹貢錐指》,《文淵閣四庫全書》本,67 册,213 頁。

换言之,本來是附庸,這樣一處理,就蔚爲大國了。我們有一種擔心,第三等文字,雖然重要性最低,但文字數量卻最多。在整理本的行款處理中,它們成了主體,對於没有細心閲讀胡氏《略例》的讀者來説,很難保證不産生誤解。但願我們是杞人憂天。當然,整理古籍,原有的行款版式並不是不能改動。問題在於,第一,改動要盡量照顧到原有行款的合理性;第二,改動的情況,要在前言中予以説明。以此爲準的話,整理本在這方面顯然考慮未周。

二、引文一律不加引號,使讀者不明起迄

整理古籍,加引號是個難點。筆者忝列古籍整理工作者,也曾爲引號問題大傷腦筋。任繼愈在點校本"二十四史"及《清史稿》修訂工程第一次修纂工作會議上發言説:"第五點就是標點。引號就容易出錯,起頭容易,到哪兒刹住? 這個很容易弄不對。如果書裹再引書,更容易出錯,要重點注意。"[①]確是深味個中甘苦的至理名言。

胡渭《禹貢錐指》是考證之作,作者的旁徵博引,是該書的一大特色,也是該書的學術價值所在。遺憾的是,整理本《錐指》,整部書從頭到尾,對於所有的引文,一律是衹在"曰"、"云"、"謂"等字樣後加個冒號,不加引號。引文到哪里爲止,實在是天曉得。問題的嚴重性在於,對於引文的這種處理方式是貫穿全書,不是個别現象。這給讀者帶來的不便之大,可想而知。有的引文,從整理本的標點來看,恐怕連整理者也没有弄明白其起迄,讀者就更不用説了。下面我們把這種情況分作五類,各舉一些例子。

1. 僅有一節引文而起迄難辨之例

147 頁 4 行(此爲整理本頁碼、行數。下同):《通典》曰:揚州北距淮,東南距海。舊曰南距海,今改爲東南。自晉以後,歷代史皆云五嶺之南至於海,並是揚州之地。

按:據《通典》卷一百八十一"禹貢曰淮海惟揚州"句注文[②],知引文止於"今改爲東南"。故當標作:《通典》曰:"揚州,北距淮,東南距海。舊曰'南距海',今改爲'東南'。"自晉以後,歷代史皆云五嶺之南至於海,並是揚州之地。

263 頁 10 行:金吉甫謂《漢志》以"瀘"爲"温",字從省誤,非也。

按:如此標點,讀者難免不會産生疑問:"非也"一句,是金吉甫的話,還是胡渭的

---

① 中華書局點校本"二十四史"及《清史稿》修訂工程辦公室編《點校本"二十四史"及〈清史稿〉修訂工程簡報》第 5 期,2007 年,13 頁。

② 〔唐〕杜佑《通典》第五册,王文錦等點校,北京:中華書局,1988 年,4799 頁。

話？據金履祥《資治通鑑前編》卷一,知"非也"是胡渭語。[①] 故當標作:金吉甫謂"《漢志》以'濾'爲'温',字從省誤",非也。

251 頁 5 行:閻百詩云:馬、鄭、王本"波"並作"播",伏生今文亦然。惟魏、晉間書始作"波",與《漢書》同。余向謂其書多出《漢書》者,此又一證。然安國解猶作一水,非二水,以爲二水自顔師古始,宋林之奇本之,以《周官》、《爾雅》爲口實。蔡氏又本之,下到今。余嘗反復參究,而覺一爲濟之溢流,一爲洛之枝流,兩不相蒙而忽合而言之,與大野、彭蠡同一書法,不亦參雜乎。

按:上述四行多文字,皆閻百詩語。但其中兩言"余",頗能迷惑人。讀者初不辨這兩處"余",是閻若璩自謂,還是胡渭自謂。如果加上引號,便無此弊。閻説見《尚書古文疏證》卷六下。[②]

2. 引文當中還有一處引文的起迄難辨之例

13 頁 3 行:《正義》曰:史傳皆云堯都平陽。《五子之歌》云:"惟彼陶唐,有此冀方。"是冀州堯所都也。

按:這段文字雖然有一"曰"、一"云",但並非獨立的兩節引文,而都是《正義》之文,《五子之歌》云云,是《正義》的引文。[③] 故當標作:《正義》曰:"史傳皆云堯都平陽。《五子之歌》云:'惟彼陶唐,有此冀方。'是冀州堯所都也。"

129 頁倒 2 行:劉昭補注云:山出名桐。伏滔《北征記》曰:今盤根往往而存。

按:這也不是兩節獨立的引文,而是劉昭補注的注文中引了《北征記》。[④] 故當標作:劉昭補注云:"山出名桐。伏滔《北征記》曰:'今盤根往往而存。'"

3. 一節引文當中還包括有三四處引文的起迄難辨之例

641 頁 10～16 行:《日知録》曰:幽、并、營三州,在《禹貢》九州之外,先儒謂以冀、青二州地廣而分之,殆非也。幽則今涿、易以北至塞外之地,并則今忻、代以北至塞外之地,營則今遼東大寧之地,其山川皆不載之《禹貢》,故靡得而詳。然而《益稷》之書,謂"弼成五服,至於五千",則冀方之北不應僅數百里而止。《遼史・地理志》言:幽州在渤、碣之間,并州北有代、朔,營州東暨遼海。《營衛志》言:冀州以南,歷洪水之變,夏後始制城郭。其人土著而居。并、營以北,勁風多寒,隨陽遷徙,歲無寧居,曠土萬

① 〔宋〕金履祥《資治通鑑前編》,《文淵閣四庫全書》本,第 332 册,28 頁。

② 〔清〕閻若璩《尚書古文注疏》,《文淵閣四庫全書》本,第 66 册,401 頁。

③ 《尚書・禹貢》"冀州既載"句孔穎達正義,《十三經注疏》本,北京:中華書局,1980 年,146 頁。

④ 《後漢書》卷一一一《郡國志三》"下邳國嶧陽山"下劉注,北京:中華書局,1965 年,3462 頁。

里。或其説之有所本也。劉三吾《書傳》謂孔氏以遼東屬青州,隔越巨海,道里殊遠,非所謂因高山大川以爲限之意。蓋幽、并、營三州皆分冀州之地,今亦未有所考。

按:以上一大段都是顧炎武《日知録》的話。① 整理本並没有從標點上讓讀者分清楚《日知録》曰這一大段的起迄。這是我們所作的切割。此姑勿論。我們看這麼一大段《日知録》的話,其中既有顧炎武本人的話,也有徵引他人的話。徵引他人的話,用書名加上"曰"或"謂"明白指出的有三處:《遼史·地理志》、《遼史·營衛志》和劉三吾《書傳會選》(簡稱《書傳》)。這三處明白徵引的文字,整理者也没有加引號,它們各自的起迄,讀者也勢難明了。實際上,從現有標點來看,恐怕整理者也未必明了。譬如説,劉三吾《書傳》的"謂",究竟止於何處?大費猜想,大費周章。我們也衹是在核對了《書傳會選》之後,才知道這個"謂",止於"蓋幽、并、營三州皆分冀州之地"②。但從整理本的標點來看,無論如何都是得不出這個結論的。下面是我們對《日知録》這段話的標點:

> 《日知録》曰:"幽、并、營三州,在《禹貢》九州之外,先儒謂以冀、青二州地廣而分之,殆非也。幽則今涿、易以北至塞外之地,并則今忻、代以北至塞外之地,營則今遼東大寧之地,其山川皆不載之《禹貢》,故靡得而詳。然而《益稷》之書,謂'弼成五服,至於五千',則冀方之北,不應僅數百里而止。《遼史·地理志》言:'幽州在渤、碣之間,并州北有代、朔,營州東暨遼海。'《營衛志》言:'冀州以南,歷洪水之變,夏後始制城郭,其人土著而居。并、營以北,勁風多寒,隨陽遷徙,歲無寧居,曠土萬里。'或其説之有所本也。劉三吾《書傳》謂:'孔氏以遼東屬青州,隔越巨海,道里殊遠,非所謂"因高山大川以爲限"之意,蓋幽、并、營三州皆分冀州之地。'今亦未有所考。"

按:"因高山大川以爲限"句前有"所謂"一詞,顯然這是一種暗引。經查,此語出自宋蔡沈《書經集傳》卷二"奠高山大川"句下引曾氏曰③,所以我們也加了引號。

4. 一人之引文,夾引夾註,起迄尤爲難辨之例

什麼是"夾引夾註"?就是作者在徵引一個人的話時,先引一句,然後加以注釋,接着再徵引第二句,然後對第二句再加以注釋。這種引文形式,比較少見,尤須整理者

① 〔清〕黄汝成《日知録集釋》,樂保群等點校,上海:上海古籍出版社,2006 年,1234 頁。
② 〔明〕劉三吾《書傳會選》卷一"肇十有二州"下注文,《文淵閣四庫全書》本,63 册,18 頁。
③ 〔宋〕蔡沈《書經集傳》,《文淵閣四庫全書》本,58 册,25 頁。

頭腦清醒,精心標點,使讀者讀之如晤古人。

295 頁 3 ~5 行:酈元云:自西漢泝流而至晉壽,阻漾枝津南。枝津即郭璞所云"水從沔陽縣南流至漢壽",《寰宇記》所謂"三泉故縣南,大寒水西流"者也。歷岡穴,迤邐而接漢,岡穴,即郭璞所謂峒山,《括地志》所謂龍門山大石穴者也。

按:這段文字,比較複雜。出現的問題,既有破句,也有失校。需適當運用引號,方易理出頭緒。而整理本使用的引號,並没有使用到正經地方,而是使用到了次要地方,這就更讓人感到撲朔迷離。下面,我們根據《水經注》卷三十六《青衣水》,把這段文字比較細膩地加以標點。爲了突出重點,特把《水經注》的文字使用粗體:

酈元云:"**自西漢泝流而至晉壽,阻漾枝津南**",枝津即郭璞所云"水從沔陽縣南流至漢壽",《寰宇記》所謂"三泉故縣南,大寒水西流"者也。"**歷岡穴,迤邐而接漢。**"岡穴,即郭璞所謂峒山,《括地志》所謂龍門山大石穴者也。

標點到這一步,也衹能做到區分出哪些話是酈道元的,哪些話不是而已。破句和失校的問題,仍然没有解決。下面我們先説破句。

《禹貢錐指》卷九兩次徵引《水經注》的上引文字。此前的一段是這樣徵引的:

《水經注》云:"西漢即潛水,自西漢遡流而届于晉壽界,阻漾枝津,南歷岡穴,迤邐而接漢,沿此入漾。"(293 頁)

請注意"南"字的位置,這裏是屬下爲句的,而前引則是屬上爲句的。二者必有一誤。陳橋驛《水經注校證》的標點是屬下爲句的。[①] 我們也認爲,"南"字屬下是對的。這個破句,是閻若璩《禹貢錐指》已經如此,整理者一任其舊。

其次説整理本的失校。"阻漾枝津",庫本《水經注》作"沮漾枝津",其校勘記云:"案:沮,近刻訛作阻。"陳橋驛《水經注校證》也作"沮、漾枝津"。我們也認爲作"沮"是。"沮、漾枝津",謂沮、漾二水之支流也。

5. 看似明引某書,實係暗引他書,以至起迄難辨之例

這種情況,可以説,讀者鮮有不受其迷惑者。我們也是在受到迷惑以後,感到不對勁,重新核對原書,才明白過來。明白是明白了,遇到這樣的情況如何標點,還是個古籍整理界尚未解決的問題。我們衹發現一例。

263 頁 11 行:《山海經》曰:巴遂之山,繩水出焉。東南流徑髦牛道,至大莋與若水合,自下亦通謂之繩水。

---

① 陳橋驛《水經注校證》,北京:中華書局,2007 年,823 頁。

按:這一段話,看似作者摘引《山海經》,實際上作者是在暗引《水經注》。因爲"《山海經》曰"以下五句話,都出自《水經注》卷三十六《若水》。[①] "《山海經》曰:巴遂之山,繩水出焉"[②],是《水經注》的引文。

6. 整理者的誤標,不僅表明整理者也不明起迄,而且還可能誤導讀者之例

211 頁倒 5 行:《九歌》:望涔陽兮極浦,横大江兮揚靈。王逸注云:涔陽,江碕名,附近郢,即此水之北也。

按:"王逸注云"的注文,一逗到底,很容易使讀者誤以爲"即此水之北也"也是王逸注文,實則不然。據《文選》卷三十二《湘君》李善注,當標作:《九歌》:"望涔陽兮極浦,横大江兮揚靈。"王逸注云:"涔陽,江碕名,附近郢。"[③]即此水之北也。

216 頁 3 行:故杜元凱注"夢中"云:夢,澤名。江夏安陸縣東南有雲夢城,則夢在江北。

按:根據整理本的標點,一般讀者衹能理解杜注到"澤名"爲止,或者把下面的話都當作杜注。實則不然。據《春秋左傳正義·宣公四年》杜注[④],當標作:故杜元凱注"夢中"云:"夢,澤名。江夏安陸縣東南有雲夢城。"則夢在江北。

245 頁 7 行:《括地志》云:故穀城在河南縣西北十八里苑中,西臨谷水。

按:"苑中"後之逗號,必須改作句號。當標作:《括地志》云:"故穀城在河南縣西北十八里苑中。"西臨谷水。"西臨谷水"四字,非《括地志》文。此段《括地志》引文見《史記·周本紀》"後七歲秦莊襄王滅東周"《正義》引《括地志》。[⑤] 孫星衍輯本《括地志》卷六、賀次君《括地志輯校》卷三皆未收"西臨谷水"句。[⑥]

367 頁 1 行:邢昺疏云:李巡曰:高大曰崧。此則山高大者自名崧,本不指中嶽。今之中嶽名嵩高,或取此文以立名乎。無正文,故云蓋以疑之,是亦不以詩之崧高爲中嶽也。

按:由於没有使用引號,似乎整理者自己也没有搞清楚邢昺疏究竟止於何處。今按:邢疏見《爾雅·釋山》"山大而高崧"句疏。邢疏止於"故云蓋以疑之"。[⑦] 最後一

① 陳橋驛《水經注校證》,824 頁。

② 袁珂《山海經校注》,北京:中華書局,1980 年,454 頁。

③ 《文選》李善注,上海:上海古籍出版社,1986 年,1516—1517 頁。王逸之注另見《楚辭章句》,《文淵閣四庫全書》本,1062 册,18 頁。

④ 《春秋左傳正義》,《十三經注疏》本,北京:中華書局,1980 年,1870 頁。

⑤ 《史記》卷四《周本紀》,北京:中華書局,1975 年,170 頁。

⑥ 賀次君《括地志輯校》,北京:中華書局,1980 年,167 頁。

⑦ 《爾雅注疏》,《十三經注疏》本,北京:中華書局,1980 年,2617 頁。

句“是亦不以詩之崧高爲中嶽也”是胡渭的話。規範的標點應是:邢昺疏云:“李巡曰:‘高大曰崧。’此則山高大者自名崧,本不指中嶽。今之中嶽名嵩高,或取此文以立名乎。無正文,故云蓋以疑之。”是亦不以詩之崧高爲中嶽也。

598頁3行:故《通典》濟陰縣下云:菏澤在縣東北九十里,故定陶城東北,今曹州東南三十里與定陶接界處是也。

按:整理者一逗到底,似乎引文止於“是也”。實則不然。據《通典》卷一七七,當標作:故《通典》濟陰縣下云:“菏澤在縣東北九十里,故定陶城東北。”①今曹州東南三十里與定陶接界處是也。

639頁倒3行:杜氏《通典》曰:顓帝置九州,帝嚳受之,州之爲州也尚矣。誠如許氏所言,豈羲、農之時,亦嘗有洪水乎?

按:據整理本標點,《通典》曰似乎止於“州之爲州也尚矣”。實則不然。《通典》曰止於“帝嚳受之”。據《通典》卷一百七十一,當標作:杜氏《通典》曰:“顓帝置九州,帝嚳受之。”②州之爲州也尚矣,誠如許氏所言,豈羲、農之時亦嘗有洪水乎?

三、失校諸例

17頁2行:河自今塞外東受降城南而東,至山西大同府廢東勝州界,折而南,經平鹵衛……。

按:平鹵衛,當作“平虜衛”。《明史》卷九十《兵志二》“山西行都司”下有平虜衛。③ 又,《明史·地理三》“榆林衛”:“北有大河,自寧夏衛東北流經此,西經舊豐州西,折而東,經三受降城南,折而南,經舊東勝衛,又東入山西平虜衛界,地可二千里。”可證。④

115頁5行:渭案:《地理志》:桐柏大復山,在南陽平氏縣東南,淮水所出,東南至淮陵入海。“陵”當作“陰”,字之誤也。

按:“陵”,中華書局校點本《漢書》校改作“浦”。其校勘記云:“齊召南説‘淮陵’

① 〔唐〕杜佑《通典》第五册,4667頁。

② 〔唐〕杜佑《通典》第五册,4455頁。

③ 《明史》卷九十《兵志二》,北京:中華書局,1974年,2221頁。

④ 《明史》卷四十二《地理三》,1012頁。

當作'淮浦',各本俱誤。王先謙説齊説是。"[①]今按:《水經注》卷三十《淮水》:"又東至廣陵淮浦縣入於海。"亦作"淮浦"。[②]

199 頁 7 行:《元和志》云:漢改黔中爲武陵郡,移理義陵,即今辰州敘浦縣是。後魏移治臨沅,即今州是。

按:"後魏",《元和郡縣志》卷三十一作'後漢'[③],證以司馬彪《續漢書·郡國志四》,作'後漢'是。今校點本《後漢書·郡國志四》武陵郡的治所正是臨沅。[④]

209 頁 1 行:古無瀟水,酈道元云:瀟者,水清深也。《湘中記》曰湘川清,照五六丈下,見底石如摴蒱,是納瀟湘之名矣。

按:此條破句兼失校。"下"字當屬下。"摴蒱"下脱"矢"字。當標作:古無瀟水,酈道元云:"瀟者,水清深也。《湘中記》曰:'湘川清照五六丈,下見底石如摴蒱。'是納瀟湘之名矣。"按:《水經注》卷三十八"摴蒱"下有"矢"字,是。[⑤] 摴蒱矢,即樗蒱遊戲所用之骰子。此處極言湘水之清,小如骰子,在水底也可看見。

216 頁 6 行:自唐太宗詔改此經爲"雲土夢作乂"。

按:整理本於此無校。按阮元《尚書注疏校勘記》曰:"按《筆談》所謂太宗,乃宋太宗,胡朏明《禹貢錐指》乃以爲唐太宗,殆誤矣。"[⑥]

261 頁倒 4 行:《山海經》黑水之間有若水,二也。

263 頁 6 行《山海經》曰:南海之内,黑水之間,有木名曰若木,若水出焉。

按:"黑水之間",不辭。當有脱漏。按《山海經》卷十八:"南海之内,黑水、青水之間,有木名曰若木,若水出焉。"[⑦]然則"黑水"下當有"青水"二字。袁珂《山海經校注》於"黑水之間"下按云:"《水經注·若水》引此經無'青水'二字。"檢視陳橋驛《水經注校證》,果如珂説,然則陳氏《校證》於此亦失校也。

289 頁倒 2 行:《正義》曰:《地理志》云西傾山在隴西臨洮縣南。"

按:今校點本《漢書·地理志》:"隴西郡臨洮,《禹貢》西傾山在縣西,南部都尉治

① 《漢書》卷二十八上《地理志上》文後附校勘記,北京:中華書局,1964 年,1606 頁。王先謙説見《漢書補注·本志》卷八《地理志上(二)》,北京:中華書局,1983 年,706 頁。

② 陳橋驛《水經注校證》,714 頁。

③ 〔唐〕李吉甫《元和郡縣志》,《文淵閣四庫全書》本,468 册,497 頁。

④ 《後漢書》卷一一二《郡國志四》,3484 頁。

⑤ 陳橋驛《水經注校證》,896—897 頁。

⑥ 《尚書正義校勘記》,《十三經注疏》本所附,154 頁。

⑦ 袁珂《山海經校注》,第 447 頁。

也。"[①]《尚書·禹貢》孔疏引作:"《地理志》云:西傾在隴西臨洮縣西南。"[②]以今本《地理志》爲準,孔疏和《錐指》可能皆因誤讀《地理志》,因而將"南"字屬上讀,而孔疏當删"南"字,整理本《錐指》則應補"西"字,删"南"字。

302頁12行:及秦始皇斥逐匈奴,城河上爲塞,又使蒙恬度河,取高闕、陶山、北假中,築亭障以逐戎人是也。

按:陶山,中華書局校點本《史記·秦始皇本紀》校改作"陽山"。[③]

387頁3行:《正義》曰:顧氏云:《地説書》:合黎,山名。但此水出合黎,因山爲名也。

按:"地説書"三字,各本同,《禹貢錐指》同。疑當作"地理書"。《隋志》史部地理類著録《地理書》一百四十九卷,注云:"陸澄合《山海經》已來一百六十家,以爲此書。"[④]顧氏,謂《尚書疏》作者顧彪,亦見《隋志》。顧彪《尚書疏》是孔穎達《尚書正義》的六種藍本之一。陸澄是南朝齊人,顧彪是隋煬帝時的秘書學士,故顧得引陸書也。阮刻《尚書注疏》亦於此失校。

465頁9行:宋李垂上《導河形勢書》,請自汲郡東推禹故道,出大伾、上陽三山之間,復西河故瀆。

按:"出大伾、上陽三山之間",各本同,《禹貢錐指》同。按《宋史·河渠一》真宗大中祥符五年:"著作佐郎李垂上《導河形勝書》三篇並圖,其略曰:臣請自汲郡東推禹故道,挾御河,較其水勢,出大伾、上陽、太行三山之間,復西河故瀆。"[⑤]《續資治通鑑長編》卷七十七真宗大中祥符五年正月丁酉條所載與《宋史》同。[⑥] 然則"上陽"下脱"太行"二字。蓋大伾一山,上陽一山,太行一山,故曰"三山之間"也。

609頁4行:《元和志》蒲台縣下云:海在縣東一百四十里,海畔有一沙阜,俗呼爲鬬口淀,是濟水入河之處。海潮與濟相觸,故名。

按:"入河之處",據《元和郡縣志》卷二十一,當作"入海之處"[⑦]。下文"海潮與濟相觸,故名",亦可證。

628頁6行:《傳》曰:"漆、沮,二水名,亦曰洛水,出馮翊北。"

---

① 《漢書》卷二十八下《地理志下》,1610頁。

② 《尚書正義》,150頁。

③ 《史記》卷六《秦始皇本紀》,253頁。

④ 《隋書》卷三十三《經籍志二》,北京:中華書局,1973年,983頁。

⑤ 《宋史》卷九十一《河渠志一》,北京:中華書局,1977年,2261頁。

⑥ 〔宋〕李燾《續資治通鑑長編》,北京:中華書局,1995年,1752頁。

⑦ 〔唐〕李吉甫《元和郡縣志》,389頁。

按:阮元《尚書注疏校勘記》:“二,當作一。洛水一名漆沮,可證也。”[①]另,漆、沮之間的頓號當删去。

641 頁 1 行:金氏《通鑑前編》曰:九州之來舊矣,……是以殷之制,分并爲幽。

按:“分并爲幽”,宋金履祥《資治通鑑前編》卷一作“合并爲幽”[②],是。此處失校。實際上,細讀此處上下文,亦不難得出“分”當作“合”之結論。有意者可覆按,此不贅。

四、破句諸例

89 頁 2 行:“海、岱惟青州”,《傳》曰:東北據海,西南距岱。

按:“東”後、“西”後,均應加頓號。這裏説的是東南西北四個方向,而不是“東北”和“西南”兩個方向。下文云:“齊僻陋,隱居東海之上,是東據海也,而《傳》兼言北。”又云:“岱主南,言與徐分界也,而《傳》兼言西。”可證。

89 頁 9 行:岱主南,言與徐分界也,而傳兼言西,則岱不足以表其界。

按:上“言”字,當屬上爲句。《禹貢錐指》卷六:“渭按:海岸雖自東北迤西南,而經云‘東漸於海’,則青、徐、揚之海皆主東言,可知也。”(147 頁)可證。

89 頁倒 4 行:故王莽改漢齊郡曰濟南,而《經》不言濟者,蒙兖、濟、河之文,從可知也。

按:“兖”後之頓號當删。所謂“蒙兖濟、河之文”,蓋謂蒙上文“濟、河惟兖州”也。

115 頁 8 行:愚謂此蒙兖、濟、河之文。

按:破句同上。當標作:愚謂此蒙兖“濟、河”之文。

164 頁倒 3 行:富順熊過云:黄帝正名,百物未嘗假借,後世乃通之耳。

按:“百物”二字當屬上。“黄帝正名百物”,是引文中的引文,出自《禮記・祭法》:“黄帝正名百物。”孔疏:“黄帝正名百物者,上雖有百物,而未有名,黄帝爲物作名,正名其體也。”[③]當標作:富順熊過云:“‘黄帝正名百物’,未嘗假借,後世乃通之耳。”

242 頁 6 行:豫西自閿鄉以南爲盧氏、鄖縣及鄖西之東境,故鄖縣地與雍、梁接界。

按:“故鄖縣地”四字,是上文“鄖西之東境”的説明語,當屬上爲句。

---

① 《尚書正義校勘記》,155 頁。

② 〔宋〕金履祥《資治通鑑前編》,《文淵閣四庫全書》本,332 册,33 頁。

③ 《禮記正義》,《十三經注疏》本,北京:中華書局,1980 年,1590 頁。

262 頁 2 行:孔疏云:《周禮·職方氏》華山在豫州界内。此梁州境,東據華山之南,不得其山。故言陽山之西,則雍州境也。

按:"故言陽"三字,當屬上爲句。當標作:孔疏云:"《周禮·職方氏》華山在豫州界内。此梁州境,東據華山之南,不得其山,故言陽。山之西,則雍州境也。"①"故言陽"者,釋經"華陽"之"陽"字也。

265 頁 4 行:《元和志》:凡言筰者,夷人於大江水上置藤橋,謂之筰。其大筰、定筰皆是。近水置筰橋處。

按:破句。"皆是"二字當屬下,其上當逗。即標作:凡言筰者,夷人於大江、水上置藤橋,謂之筰。其大筰、定筰,皆是近水置筰橋處。

272 頁 6 行:《廣韻》無"碉"字,不知其音。今案《後漢書》:冉駹夷皆依山居,止累石爲室,高者至十餘丈,爲邛籠。

按:"止"字當屬上。"居止"是同義複詞。今中華書局校點本《後漢書·西南夷列傳》標點不誤。②

274 頁 11 行:近世謂之大皁江者,則岷江之正流也。而班氏以爲首受江,故鄭康成云:沱之類鄱與郫俱爲沱,而流江於是乎爲大江矣。

按:"沱之類",孔疏《尚書·禹貢》"沱、潛既道"句所徵引之鄭注語也。③ 又"而流江"三字亦當屬上。當標作:近世謂之大皁江者,則岷江之正流也。而班氏以爲首受江,故鄭康成云"沱之類"。鄱與郫俱爲沱而流江,於是乎爲大江矣。

344 頁 2 行:"壺口、雷首,至於太嶽",《傳》曰:"三山在冀州太嶽上黨西。"

按:《傳》曰云云破句。當標作"三山在冀州。太嶽,上黨西。"下文孔疏云:"《地理志》云:壺口在河東北屈縣東南,雷首在河東蒲阪縣南,太嶽在河東彘縣東,是三山在冀州。乙太嶽東近上黨,故云在上黨西也。"可證。

450 頁 2 行:嘉佑八年,大水,馮襄中潭之城遂廢。

按:"馮襄"二字當屬上。"馮",音 píng。"大水馮襄",謂洪水勢大,漫過了山陵。語出《尚書·堯典》:"湯湯洪水方割,蕩蕩懷山襄陵。"④後人活用,亦有用"馮襄"者。宋洪邁《容齋續筆》卷十二《古跡不可考》:"嘉佑八年秋,大水馮襄,了無遺跡,中潭自

① 《尚書正義》,150 頁。

② 《後漢書》卷八十六《南蠻傳》,2858 頁。

③ 《尚書·禹貢》孔穎達正義引鄭玄語,149 頁。

④ 《尚書·堯典》,122 頁。

此遂廢。"①

618 頁倒 4 行:洪澤湖在縣南六十里。洪澤鎮西長八十里,接盱眙縣界。《新志》謂之富陵湖。

按:"洪澤鎮西長八十里"這樣的句子,令讀者無法理解。實則"洪澤鎮西"四字當屬上,"六十里"後的句號也應改作逗號。據《大清一統志》卷六十四"淮安府",當標作:洪澤湖在縣南六十里洪澤鎮西,長八十里,接盱眙縣,《新志》謂之富陵湖。

五、把訓詁句標點作敘述句之例

這裏所説的訓詁句,是根據其意義來叫的。從語法上分析,訓詁句近似判斷句。

81 頁 3 行:"浮於濟、漯,達於河",《傳》曰:濟、漯兩水名。

按:"漯"下當置逗號,這是個訓詁句。被注釋詞是"濟、漯",注釋詞是"兩水名"。不應標作敘述句。孔疏云"是濟、漯爲二水名也"②,亦可證。

241 頁倒 3 行:豫北濱冀之南河,其西與華陰接。

按:"豫"下當逗。此訓詁句也。當標作:豫,北濱冀之南河,其西與華陰接。如果讀者"豫北"二字連讀,則不得其解。

253 頁 3 行:定陶今屬山東兖州府之曹州,其故城在今縣西北四里。睢陽今爲商丘縣河南歸德府治,其故城在今治南二里。

按:"定陶"和"睢陽"之後,應分別置逗號。這是訓詁句。是進一步解釋上文的"《地理志》云:菏澤在濟陰定陶縣東,孟豬在梁國睢陽縣東北"的。

265 頁 2 行:營故甯番衛,在建昌衛東北。

按:這是個訓詁句,是解釋上文的"冕山營"的。所以,"營"後當逗。如果"營故"連讀,則不得其解。

270 頁 8 行:梁北自洛南、商州、鎮安……

按:這是個訓詁句,"梁"後當逗。本句的意思是,梁州,北邊是洛南、商州……,而不是説"梁北"如何。

271 頁 6 行:梁東自洛南、商南以南,爲鄖西之西境,故上津縣地。

按:這是個訓詁句,"梁"後當逗。本句的意思是解釋梁州的東境的,而不是解釋"梁東"的。

---

① 〔宋〕洪邁《容齋續筆》,上海:上海古籍出版社,1978 年,366 頁。

② 《尚書·禹貢》孔穎達正義,147 頁。

作者簡介：

呂友仁,1939 年生,河南滎陽人。現任河南師範大學文學院教授。代表作有《周禮譯注》(鄭州:中州古籍出版社,2004 年),發表學術論文有《新版辭源溯源拾遺》(《中華文史論叢》1983 年第 4 期、1984 年第 1 期)、《申"覺"》(《文史》第 22 輯,1984 年)、《"學識何如觀點書"辨》(《中國語文》1989 年第 6 期),《〈漢語大詞典〉若干"三禮"詞目釋義獻疑》(《河南師範大學學報》1998 年第 1 期)、《〈十三經注疏·禮記注疏〉整理本平議》(《中國經學》第 1 輯,2005 年)等。

李正輝,河南省鄭州市圖書館館員。

《爾雅》校點序

王世偉

内容提要 《爾雅》非出自一人之手,也非出於一時之作,大約是戰國至西漢之間的學者累積編寫而成。《爾雅》問世之后,作注者代不乏人。郭璞注、陸德明《爾雅音義》、邢昺《爾雅疏》與清人邵晉涵《爾雅正義》、郝懿行《爾雅義疏》及今人周祖謨《爾雅校箋》爲歷代重要注解。唯經書流轉,多有牴牾,經文注疏回互改易,問題叢生。《爾雅》單注,存世有宋本三種,與後世版本多所異同。該《爾雅》點校,以宋刊十行本爲底本,校以影覆宋蜀大字本、宋刊監本、雪窗本和吴元恭本,以及宋刊《爾雅音義》、宋刻宋元明初遞修公文紙印單疏本等,以宋刊單注、宋刊音義、宋刊單疏匯爲一本,又取上海圖書館藏清人抄校稿本多種,以作校勘之資,以求覆《爾雅》經注、音義和單疏宋版原貌。

關鍵詞 古籍整理 《爾雅》 點校 雅學

《爾雅》是中國歷史上第一部詞典,具有同義詞典和百科詞典的性質。從《漢書·藝文志》到《四庫全書總目》,《爾雅》一直被列在經部,或依於《孝經》,或附於《論語》,或列於小學訓詁之屬,被作爲古代教育的文獻和學習的工具。[①] 晉代郭璞的《爾雅序》對《爾雅》解古今之義、五經訓詁的性質作了明確的闡述:"夫《爾雅》者,所以通詁訓之指歸,敘詩人之興詠,總絶代之離詞,辯同實而殊號者也。誠九流之津涉,六藝之鈐鍵,學覽者之潭奧,攡翰者之華苑也。若乃可以博物不惑、多識鳥獸草木之名者,莫近於《爾雅》。"

關於《爾雅》的作者與成書年代,歷來衆説紛紜,或謂孔子門人所作,或謂周公所作,或謂秦漢學者纂集。

漢代鄭玄《駁五經異義》云:

① 顧廷龍、王世偉《爾雅導讀》第一章《總論》,成都:巴蜀書社,1990 年。

玄之聞也,《爾雅》者,孔子門人所作,以釋六藝之旨,蓋不誤也。(《詩·黍離》正義引)

魏張揖《上廣雅表》云:

臣聞昔在周公,纘述唐虞,宗翼文武,剋定四海,勤相成王,踐阼理政,日昃不食,坐而待旦,德化宣流,越裳倈貢,嘉禾貫桑,六年制禮,以導天下,著《爾雅》一篇,以釋意義。傳於後嗣,歷載五百,《墳》《典》散落,唯《爾雅》恒存。《禮·三朝記》:"哀公曰:'寡人欲學小辯以觀於政,其可乎?'孔子曰:'爾雅以觀于古,足以辯言矣'。"《春秋元命包》言:"子夏問夫子,作《春秋》不以初哉首基爲始何?"是以知周公所造也。率斯以降,超絶六國,越逾秦楚,爰暨帝劉,魯人叔孫通撰置《禮記》,文不違古。今俗所傳三篇《爾雅》,或言仲尼所增,或言子夏所益,或言叔孫通所補,或言郁郡梁文所考,皆解家所説,先師口傳,既無正譣,聖人所言,是故疑不能明也。

晉郭璞《爾雅序》謂:

《爾雅》者,蓋興於中古,隆於漢氏。

唐陸德明《經典釋文序録》云:

《釋詁》一篇,蓋周公所作。《釋言》以下,或言仲尼所增,子夏所足,叔孫通所益,梁文所補,張揖論之詳矣。

宋歐陽修《詩本義》云:

《爾雅》非聖人之書,不能無失。考其文理,乃是秦漢之間學《詩》者纂集,説《詩》博士解詁。(清謝啟崑《小學考》引)

清《四庫全書總目》云:

郭璞《爾雅注序》,稱"豹鼠既辨,其業亦顯",邢昺《疏》以爲漢武帝時終軍事。《七録》載犍爲文學《爾雅注》三卷,陸德明《經典釋文》以爲漢武帝時人,則其書在武帝以前。曹粹中《放齋詩説》曰,《爾雅》,毛公以前,其文猶略,至鄭康成時則加詳。如學有緝熙于光明,毛公云,光,廣也。康成則以爲學於有光明者,而《爾雅》曰,緝熙,光明也。又齊子豈弟,康成以爲猶言發夕也,而《爾雅》曰,豈弟,發也。薄言觀之,毛公無訓。振古如茲,毛公云,振,自也,康成則以觀爲多,以振爲古。其説皆本於《爾雅》。使《爾雅》成書在毛公以前,顧得爲異哉。則其書在毛亨以後。大抵小學家綴緝舊文,遞相增益,周公、孔子,皆依託之詞。[①]

據上所引諸家之説,可知《爾雅》非出自一人之手,也非出於一時之作。周祖謨先生認爲:"從這部書的内容看,有解釋經傳文字的,也有解釋先秦子書的,其中還有戰國秦漢之間的地理名稱。這樣看來,《爾雅》這部書大約是戰國至西漢之間的學者累積編寫而成的。"[②]這一分析和判斷,較爲符合《爾雅》一書的實際情況。

《爾雅》問世之後,漢文帝時始設博士。東漢趙岐《孟子題辭》云:"孝文皇帝欲廣游學之路,《論語》、《孝經》、《孟子》、《爾雅》皆置博士,後罷傳記博士,獨立《五經》而已。"《漢舊儀》又云:"武帝初置博士,取學通有修、博識多藝、曉古文《爾雅》者、能屬文章者爲之。"

爲《爾雅》作注者,代不乏人。據《隋書·經籍志》、《舊唐書·經籍志》、《新唐書·藝文志》、《經典釋文序録》等文獻記載,在唐以前,晉郭璞注前後,有犍爲文學、劉歆、樊光、李巡、孫炎等注,另有沈琁集注,還有江灌、曹憲、施乾、謝嶠、顧野王等撰音。而晉代郭璞的《爾雅注》成爲歷史上最著名,也是最具影響的注本。唐陸德明《爾雅音義》即以郭注爲本,"先儒多爲億必之説,乖蓋闕之義,唯郭景純洽聞强識,詳悉古今,作《爾雅注》,爲世所重,今依郭本爲正"[③]。四庫館臣於《爾雅注疏》十一卷提要云:"璞時去漢未遠,……所見尚多古本,故所注多可據。後人雖迭爲補正,然宏綱大旨,終不出其範圍。"[④]郭氏除撰有《爾雅注》之外,别撰《爾雅音義》、《爾雅圖譜》。其《爾雅序》云:"别爲《音》、《圖》,用啟未寤。"《晉書·郭璞傳》云:"别爲《音義》、《圖譜》。"《隋書·經籍志》也有相類似的記載。

唐陸德明撰有《經典釋文》,中有《爾雅音義》上下二卷,或名之《爾雅釋文》。陸氏於《經典釋文序録》中,對《爾雅》的條例、次第、注解傳述人多所論述;於《爾雅》音義,或辨字體、注字音,或存舊注、援書證,或舉異文、定是非,成爲研究《爾雅》的重要文獻。

《宋史·藝文志》載:"邢昺《爾雅疏》十卷。"清謝啟崑《小學考》認爲此書已亡佚,《四庫全書總目》也曾提出疑問:"豈其初疏與注别行歟,今未見原刻,不可復考矣。"[⑤]可見《爾雅》單疏本在清代已十分罕見。對於邢疏,後人褒貶不一,而以貶者居多。如

---

① 《四庫全書總目·經部小學類》"《爾雅注疏》十一卷(内府藏本)"提要,北京:中華書局,1965年,338—339頁。

② 周祖謨《爾雅校箋》序,南京:江蘇教育出版社,1984年。

③ 〔唐〕陸德明《經典釋文·序録》,北京:中華書局,1983年,17頁。

④ 《四庫全書總目·經部小學類》"《爾雅注疏》十一卷(内府藏本)"提要,339頁。

⑤ 《四庫全書總目·經部小學類》"《爾雅注疏》十一卷(内府藏本)"提要,339頁。

清邵晉涵云:"邢氏《疏》成於宋初,多掇拾《毛詩正義》,掩爲己説。間采《尚書》、《禮記正義》,復多闕略。南宋人已不滿其書,後取列諸經之疏,聊取備數而已。"①然這樣的批評不夠公允。邢疏雖有不足,而列諸《十三經注疏》,自有其本身的價值。邢疏疏釋考事,必以經籍爲宗,理義所銓,則以景純爲主。其援引書證,皆非今人所及睹,而其補注闕略,發凡起例,於《爾雅》不無益處,成爲唐以後研究《爾雅》的重要文獻。"然疏家之體,惟以本注,注所未及,不復旁搜。此亦唐以來之通弊,不能獨責於昺。"②《四庫全書總目》的評價,較爲實事求是。

在唐以後,另有五代孫炎的《爾雅疏》,蜀毋昭裔的《爾雅音略》,宋高璉的《爾雅疏》、陸佃的《爾雅新義》、鄭樵的《爾雅注》和羅願的《爾雅翼》等,但有的已經亡佚,與清代的《爾雅》研究文獻相比,影響多有不及。

清代雅學大興,《爾雅》研究著作層出不窮,其中最著名的是邵晉涵(1743—1796,字與桐,號二雲,又號南江,浙江餘姚人)的《爾雅正義》二十卷和郝懿行(1755—1823,字恂九,號蘭皋,山東棲霞人)的《爾雅義疏》二十卷。

邵晉涵對郭璞注十分推崇,他認爲"唯郭景純明於古文,研覈小學,擇撢群藝,博綜舊聞,爲《爾雅》作注,援據經傳以明故訓之隱滯,旁采謠諺以通古今之異言,制度則準諸禮經,藪澤則測其地望,詮度物類多得之目驗,故能詳其形聲,辯其名實,詞約而義博,事覈而旨遠,蓋舊時諸家之注,未能或先之也。"③邵疏的特點,一爲增校郭注,所謂"爰據唐石經暨宋槧本及諸書所徵引者審定經文,增校郭注";二爲繹彰詞義,所謂"仿唐人正義,繹其義藴,彰其隱賾。竊以釋經之體事,必擇善而從,義非一端可盡";三爲博通旨趣,所謂"今以郭氏爲主,無妨兼采諸家,分疏於下,用俟辯章,譬川流而匯其支瀆,非木落而離其本根也";四爲留存古義,所謂"會粹群書,尚存梗概,取證雅訓,辭意瞭然。其跡涉疑似,仍闕而不論,確有據者,補所未備。附尺壤於崇邱,勉千慮之一得,所以存古義也";五爲增廣古訓,所謂"俾知訓詞近正,原於制字之初,成於明備之世,久而不墜,遠有端緒,六藝之文,曾無隔閡,所以廣古訓也";六爲留存古音,所謂"今取聲近之字,旁推交通,申明其説,因是以闡揚古訓,辨識古文,遠可依類以推近,近可舉隅而反,所以存古音也"。④ 近人黄侃認爲:"清世説《爾雅》者如林,而規模法度,大抵不能出邵氏之外。"⑤

---

① 〔清〕邵晉涵《爾雅正義》序,乾隆戊申(1788)夏餘姚邵氏家塾面水層軒藏板新鐫本。

② 《四庫全書總目·經部小學類》"《爾雅注疏》十一卷(内府藏本)"提要,339頁。

③ 〔唐〕邵晉涵《爾雅正義》序。

④ 顧廷龍、王世偉《爾雅導讀》第三章"《爾雅》的注本"。

⑤ 黄侃《爾雅略説》,收入《黄侃論學雜著》,上海:上海古籍出版社,1980年,393頁。

郝懿行的《爾雅義疏》被認爲是《爾雅》研究的集大成者，收採最爲豐富，注釋也最爲詳盡。清人宋翔鳳對郝疏給予了很高的評價："乾隆間，邵二雲學士作《爾雅正義》，翟晴江進士作《爾雅補郭》，然後郭注未詳未聞之説，皆可疏通證明，然猶未至於旁皇周浹、窮深極遠也。迨嘉慶間棲霞郝户部蘭皋先生之《爾雅義疏》最後成書，其時南北學者知求于古字古言，於是通貫融會諧聲、轉注、假借，引端競委，觸類旁通，豁然盡見。且薈萃古今一字之異，一義之偏，罔不搜羅，分别是非，必及根原，鮮逞胸肊，蓋此書之大成，陵唐轢宋、追秦漢而明周孔者也。"①

從《爾雅》的版本校勘而言，清代阮元的《爾雅注疏校勘記》六卷在廣羅衆本、校勘異同方面多勝於前賢。《爾雅》自漢代流傳以來，經注疏三者皆譌舛日多，俗間流傳的版本錯誤不少，阮元搜訪舊本，皆極可貴，"授武進監生臧庸取以正俗本之失，條其異同，纖悉畢備。元復定其是非，爲《爾雅注疏校勘記》六卷（上中下三卷，各分上下卷），後之讀是經者，於此不無津梁之益。"②其引據各本：單經本有唐石經《爾雅》三卷、清《石經考文提要・爾雅》一卷；經注本有明吴元恭仿宋刻《爾雅經注》三卷、元槧雪窗書院《爾雅經注》三卷；單疏本有宋槧《爾雅疏》十卷；注疏本有元槧《爾雅注疏》十一卷、明閩本《爾雅注疏》十一卷、明汲古閣毛本《爾雅注疏》十一卷、清浦鏜《爾雅注疏正誤》三卷、清惠棟《爾雅注疏校本》十一卷、清盧文弨《爾雅注疏校本》十一卷；《釋文》有明葉林宗抄宋本《經典釋文》二卷、清盧文弨《爾雅音義考證》二卷。③ 然阮元未睹宋刊十行本、宋刊監本，也未睹後傳至中國的日本藏影覆宋蜀大字本，爲阮校之遺憾處。

今人周祖謨（1914—1995，字燕孫，北京人）《爾雅校箋》，以《天禄琳琅叢書》所收宋刊監本爲底本，據影覆宋蜀大字本、宋刊十行本、敦煌石室所出唐寫本殘卷、原本《玉篇》、慧琳《一切經音義》、日本所印多種類書字書，以及阮元《爾雅注疏校勘記》和王樹枏《爾雅郭注佚存訂補》，所參考的書籍有三十餘種，於《爾雅》經注多所校正，爲清代之後《爾雅》校勘的新成果。

古代經書流傳，多有牴牾之處，究其原因，經文和注疏回互改易是其重要原因。清段玉裁（1735—1815，字若膺，一字懋堂，江蘇金壇人）十分贊賞清代校勘學家盧文弨（1717—1795，字紹弓，號抱經，浙江仁和人）關於這一文獻流傳與整理問題的見解："公治經有不可磨之論，其言曰，唐人之爲義疏也本單行，不與經注合，單行經注唐以後尚多善本。自宋後附疏於經注，而所附之經注非必孔、賈諸人所據之本也，則兩相鉏

① ［清］宋翔鳳《爾雅義疏序》。

② ［清］阮元《爾雅注疏校勘記序》。

③ 參見阮元《爾雅注疏校勘記序》。

鋙矣。南宋後又附《經典釋文》於注疏間,而陸氏所據之經注又非孔賈諸人所據也,則鉏鋙更多矣。淺人必比而同之,則彼此互改,多失其真;幸而有改之不盡以滋其鉏鋙,啟人考核者。故注疏釋文合刻似便而非古法也。"①臧庸(1767—1811,初名鏞堂,字在東,江蘇武進人)《臧氏宋本爾雅考證》一文中也提到:"凡諸經義疏與經注皆別行,南宋以來,欲省兩讀,始合載之,名之曰'兼義'。然經注本與義疏往往不同,分之則兩全,合之則兩傷。"②阮元在《爾雅》校勘中也時有"援經改注"的批評。如《爾雅·釋畜》"犦牛",郭注"領上肉犦胅起"。注文"犦",宋刊監本、宋刊單疏本、雪窗本、吴元恭本同,宋刊《釋文》作"臊",釋云:"音與上犦字同。本亦作犦。鄭注《考工記》云:臊謂墳起。"阮元《校勘記》云:"按,臊胅字當從肉。鄭注《考工記》云:臊謂墳起。郭注以臊訓犦,此當從《釋文》。然陸氏所見本已有援經改注者矣。"③近人黄侃(1886—1935,字季剛,湖北蘄春人)在整理《爾雅》時也指出了類似的問題,他在《爾雅音訓》"厓内爲隩,外爲隈"條下校云:"《釋文》所據郭注本往往與邢疏所據本不同,故經字頗多歧異","不知郭之爲注,不舉經字者甚多","《釋文》所舉注文,亦與邢所據不同","是知郭注至宋時已有脱落。又釋文中有後人校語,亦可於此明白剖出矣"。④ 因此,在經書的整理中,要達到校勘的求舊、求真、求是的目的,就應當遵循清代校勘學家顧廣圻(1766—1835,字千里,號澗蘋,自號思適居士,江蘇元和人)"書必以不校校之"⑤的理念與方法,力求保留經注、音義、單疏等文獻的原貌。

《爾雅》單注本,存世宋刻本有《古逸叢書》所收影覆宋蜀大字本,《天禄琳琅叢書》所收宋刊監本,鐵琴銅劍樓舊藏宋刊十行本(現藏中國國家圖書館)。⑥ 其中影覆宋蜀大字本被認爲是《爾雅》單注存世最古者⑦,然此版或避清諱,疑爲影覆者所爲,已非全爲宋時原貌。影覆宋蜀大字本與宋刊監本文字相同處頗多,用宋刊十行本與這兩種宋版對校多所異同,如《釋詁》經文席作蓆、逐作遂,注文那那作都那、濮作璞;《釋言》經注棄作弃,注文彊作強、己作巳、並作竝、譊作譨、事作士;《釋訓》注文拕作柁、雕作彫;《釋親》注文按作案;《釋天》經文何作河,注文秏作秏;《釋丘》注文云作亡,《釋

① 〔清〕段玉裁《翰林院侍讀學士盧公墓誌銘》,收入《經韻樓集》,《經韻樓叢書》本,清道光元年(1821)七葉衍祥堂刊本。

② 〔清〕臧庸《臧氏宋本爾雅考證》,明吴元恭本《爾雅》後附。

③ 〔清〕阮元《爾雅注疏校勘記》卷十,《十三經注疏》下册,北京:中華書局,1980年,92頁。

④ 黄侃《爾雅音訓》,"厓内爲隩,外爲隈"條下校語,上海:上海古籍出版社,1983年。

⑤ 〔清〕顧廣圻《禮記考異跋》,《思適齋集》卷十四,《春暉堂叢書》本,清道光二十九年(1849)刊本。

⑥ 《爾雅》三卷單注本,宋刻本,光緒九年(1883)據宋蜀大字本影刊;《爾雅》三卷單注本,宋刻本,收入《天禄琳琅叢書》;《爾雅》三卷單注本,宋刻本,鐵琴銅劍樓舊藏。

⑦ 潘景鄭《明景泰本爾雅單注》,見《著硯樓讀書記》,瀋陽:遼寧教育出版社,2002年,25頁。

草》注文云作曰、菱作蔆;《釋木》注文櫬作櫬,《釋蟲》注文蚋作蜹;《釋魚》注文蚶作蚶;《釋鳥》經文鼺作鼺,注文鴶作鴶;《釋獸》注文云作曰;《釋畜》注文駮作駮。但影覆宋蜀大字本與宋刊監本對校也或有異同,如《釋詁》經文勔作勱,注文社作社、盱作盱;《釋言》經文朗字不缺筆,宋刊監本缺末兩筆,注文爾作尔、詩作謂、宴作宴;《釋訓》注文簿作薄;《釋宫》經文杙作栈,注文閣作閣;《釋器》注文溉作既;《釋地》注文令作今;《釋草》注文木作術、底作底;《釋木》經文晳作晳、柛作神;《釋鳥》經文鴝作鴝、鳩作鳩,注文鳴作鳴、鴉作鴉;《釋畜》注文聞作間、白黑作黑白、江東作今江東;影覆宋蜀大字本卷末"爾雅卷下"空一行有雙行大字:"經凡一萬八百九言,注凡一萬七千六百二十八言",又空四行有"將仕郎守國子四門博士臣李鶚書"一行十四字,爲宋刊監本所無。宋刊十行本避諱至構字止,據此可斷其爲宋南渡初年的刻本。其字體肅穆,亦雅近北宋。全書分爲上中下三卷,各卷後附有《音釋》,爲宋刊監本所無。周祖謨《爾雅校箋》以宋刊監本爲底本,曾據宋刊十行本將《音釋》附於各卷之末。宋刊十行本曾收藏於清代藏書家汪閬源處,後歸瞿鏞鐵琴銅劍樓。此版卷末有清代校勘學家顧千里題跋:"道光甲申春仲,從藝芸書舍借來,細勘一過,知其佳處,洵非以後諸刻所能及也。思適居士顧千里記。""異日當並單本邢疏再勘,三月朔又記。"[①]宋刊十行本經注文字多與六朝寫本、唐寫本、唐石經、經典釋文、單疏本契符者,明吴元恭本等均以之爲祖本,據之可考版本源流。宋刊十行本又有異於吴元恭本而未必是者,瞿鏞《鐵琴銅劍樓藏書目録》所述甚詳。[②] 宋以後單注本較著者有元雪窗書院本和明吴元恭本。

今《爾雅》點校,以宋刊十行本爲底本,校以影覆宋蜀大字本、宋刊監本、雪窗本和吴元恭本,宋刊《爾雅音義》(《天禄琳琅叢書》所收宋刊《經典釋文》)、宋刻宋元明初遞修公文紙印單疏本等,以宋刊單注、宋刊音義、宋刊單疏匯爲一本,以求覆《爾雅》經注、音義和單疏宋版原貌。又取上海圖書館藏清人抄校稿本多種,以作校勘之資,如"《爾雅注疏》十一卷",刁戴高(?—1756,字共辰,號約山,浙江慈溪人)校注,乾隆十年(1745)三樂齋刻本;"《爾雅正義》二十卷",張敦仁(1754—1834,字古餘,一作古愚,陽城人)批校,乾隆戊申(1788)餘姚邵氏家塾刊本;"《爾雅正義》二十卷",顧觀光(1799—1862,字賓王,號尚之,金山人)批校,乾隆戊申(1788)餘姚邵氏家塾刊本(又名《顧尚之先生眉批爾雅正義》);"《爾雅漢學證義》二卷",陶方琦(1845—1884,字子珍,浙江會稽人)撰,孫同康(1867—1935,更名雄,字師鄭,號鄭齋,江蘇昭文人)補,光

① 〔清〕顧廣圻《〈爾雅三卷(宋刻本)〉提要》,見《思適齋書跋》,上海:上海古籍出版社,2007年,10頁。

② 〔清〕瞿鏞編纂,瞿果行標點,瞿鳳起覆校《鐵琴銅劍樓藏書目録》,上海:上海古籍出版社,2000年,162—163頁。

緒丁亥(1887)未刊稿本等。點校參考文獻,包括邵疏、阮元《校勘記》、郝疏、王重民(1903—1975,字有三,自號冷廬主人,河北高陽人)《敦煌古籍敘録》、周祖謨《爾雅校箋》等五十多種。

刁戴高《爾雅注疏》序中謂:"義門先生有云,童子五六歲時勿予他書,讀便須授以《爾雅》。一則句讀易於成誦:一則自幼熟此,後日讀經史可省讀注,此者誠訓蒙之良法,毓養讀書種子之根柢也。"①則《爾雅》一書的校勘整理及其學習研讀,其意義可謂大矣。

2008年5月於上海清水灣

作者簡介:

王世偉,1954年生於上海,浙江鎮海人。華東師範大學圖書館學系碩士。現任上海圖書館上海科學技術情報研究所教授。代表作有《爾雅導讀》(與顧廷龍合著,成都:巴蜀書社,1990年)、《中文工具書使用指南》(上海:華東師範大學出版社,1993年)、《圖書館學文獻學論叢》(上海:上海書店出版社,2000年)等。

① 〔清〕刁戴高校注《爾雅注疏》十一卷,清乾隆十年(1745)三樂齋刻本,現藏上海圖書館。

上古部分唇音聲母字和閉口韻字的詞源以及對上古文獻解讀的作用

史傑鵬

内容提要 本文討論了上古部分唇音聲母字和閉口韻字的音義情況,指出它們的詞義和發音具有一定的聯繫,詞義皆可能來源於這些詞發音狀態的"閉合",並舉例闡述了可以通過這一理論來更好地解讀上古文獻中某些詞義的可能性。

關鍵詞 上古漢語 音義關係 唇音聲母 閉口韻 閉合

中國先秦時代的文獻,包括經史諸子,皆文字古奥,要讀懂它們,需要一定的小學基礎。傳統小學包括三類:文字、音韻、訓詁。清代學者在整理古籍方面,之所以能有超越前代的巨大成就,就在於小學尤其是音韻學的發達。從顧炎武、戴震、段玉裁、王念孫到章太炎、王國維,這些學者都在音韻學上有精湛功力,所以成績斐然。王引之曾引其父王念孫的話説:"訓詁之旨,存乎聲音,字之聲同聲近者,經傳往往假借。學者以聲求義,破其假借之字而讀以本字,則涣然冰釋,如其假借之字強爲之解,則詰籟爲病矣。"[①]可見通音韻假借在讀古書上,其重要性最不可忽視。我們這篇文章,就談談對上古某些唇音聲母字和閉口韻字的認識,以及通過這些認識對理解詞義的作用。

一

一直以來,在談到通音韻訓詁時,學者們都繞不開一個問題,就是一個詞的讀音和它的意義之間到底有没有關係,爲什麼清代人説"音韻明而後訓詁明,訓詁明而後義

① 〔清〕王引之《經義述聞》自序,南京:江蘇古籍出版社,2000年。

理明",這要涉及長時間以來争論不休的有關詞的音義關係問題。瑞士語言學家索緒爾認爲,"語言符號是任意的",約定俗成的,語音和語義之間是没有關係的,"語言間的差别和不同語言的存在就是證明",這個原則是頭等重要的。

目前語言學界基本上都贊同索緒爾的這個觀點①,確實,從表面上來看,索緒爾的説法是有道理的,這世界上的語言千千萬萬,可是隨便一個物體,對它的稱呼,兩種語言之間都會不同。趙元任先生也曾經舉過一個例子闡述這種看法:

> 有人説前高的元音比後低的元音,總代表小一點的東西。比方……在英文裏drip是小滴,drop是大一點兒的滴。可是這也不盡然,有時候剛剛相反。我有時候騙没有學過英文的小孩兒説:英文有兩個字,你猜哪個是"大",哪個是"小",一個是[bIg],一個是[smɔːl]。這樣一説,小孩兒總是上我的當。你看,一個[I],一個[ɔː],用[I]的是大,用[ɔː]的反而是小。②

從趙元任先生舉的例子來看,語音和意義的關係似乎也衹能是約定俗成的、任意的。但是,既然小孩子總是猜錯big和small哪個是大哪個是小,不正説明在説漢語的人之潛意識中還是覺得後低的元音代表的東西大一點嗎?所以,趙先生這個例子在邏輯上是不夠嚴密的。那麼,語言的音義之間到底有没有關係呢?索緒爾提到:

> 任意性這個詞還要加上一個注解。它不應該使人想起能指完全取決於説話者的自由選擇。(我們在下面將可以看到,一個符號在語言集體中確立後,個人是不能對它有任何改變的。)我們的意思是説,它是不可論證的,即對現實中跟它没有任何自然聯繫的所指來説是任意的。③

按照索緒爾的説法,一個詞的産生,它的讀音和意義之間的聯繫因爲無法論證,所以衹能認爲是約定俗成。然而,我們經過多年的探索,覺得他這個説法就古漢語來説,是不盡符合事實的。比如人有智慧,稱爲"聰",他的聲旁"囱",是窗户之窗的本字,窗户是屋壁上所開的孔,可以透光。人起初頭腦混沌,隨着年齡長大,才日漸有智慧,頭腦開竅,如同窗户進光一樣。一些中空的植物比如"蔥",也取義於此。且不説清代人一直

---

① 隨着認知語言學的興起,雖然一直有學者對索緒爾的這個觀點提出一些質疑,但總的來説,在語言學界並不佔據主流,大部分學者仍舊贊同索緒爾的觀點。

② 趙元任《語言問題》,北京:商務印書館,1959年,41頁。

③ [瑞士]索緒爾《普通語言學教程》,北京:商務印書館,1996年,102—103頁。

諄諄告誡的“因聲求義”(清人的“因聲求義”,求的多是派生詞,派生詞的音義關係比較好確定),其實,漢語的一些原生詞,它的音義關係也不是没有理據的。除去索緒爾已經否定的“擬聲詞”和“嘆詞”兩類,我們發現漢語中的否定詞,它的讀音就和意義之間有很值得注意的聯繫。

據統計,上古總共有十六個否定詞:勿、不、否、無、毋、莫、微、罔、弗、非(匪、棐)、蔑、靡、未、末、亡、曼。衹要注意一下它們的發音,我們就可以發現,這十六個否定詞的聲母竟然全部都是雙唇音[①],也就是説,雙唇音事實上成了古漢語否定詞的必要條件,連一個例外都找不到。爲什麼古人必須要用清一色的雙唇音聲母字來代表否定的意思呢?這絶不能武斷地判定它爲約定俗成,而是一定有其内在的理據。其實不但古代漢語,甚至現代漢語中的否定詞“没”、“别”、“甭”等詞的聲母也都是雙唇音,這難道没有一點值得探究的原因嗎?

黄侃曾指出,在古書中的虚詞“末”、“未”、“無”、“勿”、“毋”、“微”、“罔”都是一聲之轉[②],它們的特點在於聲母都是古明母字,明母字和幫滂並三個聲母關係密切,有不少通假的例子。所以可以説,上古漢語的十六個否定詞,它們也都是一聲之轉,它們之所以有“否定”的意思,跟它們的聲母發音有很重要的關係。

我們認爲,很可能由於雙唇音的發音方式,顯示的是一種很直觀的、很形象的嘴巴閉合狀,所以被古人拿來表示“否定”的意義,因爲嘴巴的閉合很容易被聯想成一種“隔絶、否定”的意思。有不少學者舉出“語言中有大量虚詞、抽象詞無法象聲”來作爲詞的音義結合無理據性的重要證據[③],我們認爲也是不全面的。否定詞表示的就是一種抽象的概念,但它就包含了理據,否則無法解釋爲什麼所有古漢語否定詞全以雙唇音爲聲母。一個詞是否具有理據性,和它是否表示抽象概念並無直接關係。因爲語言中的詞,並不是那麼簡單地通過描摹而產生的,其中有通過人的心理概括的過程,就如荀子説的“凡同類同情者,其天官之意物也同,故比方之”[④],具體的事物形象可以從心理上先抽象化,抓取它的一個顯著特點加以概括。由嘴巴的“閉合”這種具體形象創造出一系列有着相似發音的否定詞,就是一個很好的例證。

除了否定詞之外,古漢語中有很多表示“覆蓋”、“遮蔽”、“閉合”等意義的詞都是

① 參看楊伯峻、何樂士《古漢語語法及其發展》,北京:語文出版社,1992年,323—333頁。

② 參看〔清〕王引之《經傳釋詞》,長沙:岳麓書社,1990年,219—238頁黄侃眉注。

③ 參看陳保亞《20世紀中國語言學方法論》,濟南:山東教育出版社,1999年,208頁。

④ 《荀子·正名》,見《荀子集解》,北京:中華書局,1992年,415—416頁。

以雙唇音爲聲母的。比如蒙、埋、冒、蔽、網、没、庇、鋪、丏、弁、冕、每、冥、盲、茫、瞢、夢等,可以説數不勝數,而且大部分也是明母字,如果説這些語言情況完全皆屬偶然,那未免過於巧合。之所以有這種情況,可能因爲嘴巴的闔閉,就像是將什麽東西加以覆蓋,這和産生"否定"義的聯想途徑是相似的。

二

雙唇音的音義關係略如上説,值得注意的是,在古書中,很多閉口韻詞也都有"關閉"、"掩蓋"、"遮蔽"的意思。

所謂閉口韻詞,也就是韻母收尾音爲-m、-p 的詞。它們都以雙唇鼻音和塞音收尾,發最後一個音素時,嘴唇呈閉合形態,所以學者們多簡稱其爲閉口韻。這些字在中古時代的語音系統裏還比較完整,《廣韻》裏閉口韻平聲共有侵、覃、談、鹽、添、鹹、銜、嚴、凡九個韻,按平上去入,則總共有三十六個韻。如果將舒聲韻合併爲一類,再加上九個促聲韻,則一共可分爲十八個韻部。自清代以來的小學家,一直到近現代的音韻學家,通過歸納《詩經》和《楚辭》的押韻系統,以及周秦時代的其他韻文資料、文獻異文和諧聲字系統,一般同意將上古閉口韻分爲四個韻部,也就是陽聲韻的侵、談和入聲韻的緝、葉。在現代漢語方言中,閉口韻的發音在大部分方言中已經消失,衹在粵語和閩語等少數幾個方言中有較完整保留。而且,即使是在這些保留了閉口韻尾的方言中,仍然有部分韻已經丢失了閉口韻尾。比如在粵語中,以唇音爲聲母的古閉口韻字,因爲前後兩個唇音的異化作用,就已經失去閉口韻尾,改以舌音收尾了。另外,朝鮮、越南、日本等受中國傳統文化影響比較大的國家,它們的很多漢語借詞裏也保留有這類閉口韻。

在我們以前的閱讀過程中,曾經對閉口韻的情況提出以下幾個疑問:

(1)閉口韻的字爲什麽衹有入聲韻部和陽聲韻部,而没有陰聲韻部與之相配?按照音系格局,收-n、-ng 的韻各有六組,而收-m 的韻衹有四組,爲什麽這麽不相稱?這些現象是怎樣形成的?

(2)屬於閉口韻的字爲什麽數量很少?僅就平聲來説,它在《廣韻》中衹有九個韻,在《説文解字》中總共有 782 個字,而且有一部分實際上是一詞兩形或一詞多形的異體字,還有一些是淵源關係很近的同源詞。嚴格計算起來,可以明確單獨成詞的閉口韻字還要少很多。在《廣韻》的三十六個韻中,相對其他以喉音和舌音收尾的字來説,閉口韻每個韻的收字總量都遠遠不如,比如有學者統計,《廣韻》中常用漢字在鼻音韻尾中的分佈,其中-m 是 466 個,-n 是 1531 個,-ng 是 1307 個,收唇音-m 的韻,分别衹是收-n、-ng 韻的 30% 和 36%,相差懸殊。①

(3)除了在粵語、閩南語等少數幾個方言區還保存了之外,閉口韻爲什麽在現在的漢語方言中基本上消失了?

以上所述的諸如此類的問題,有的是音韻學家專門解釋過的;有的是没有解釋或者語焉不詳的,總之迄今爲止還没有一個被大家普遍接受的看法。經過思考,我們也來談談對上述三個問題的看法。

首先,關於閉口韻的字没有陰聲韻部的問題,陸志韋、李方桂等前輩語言學家們多談到過。比如李方桂曾爲閉口韻的陰聲韻部的字虛擬了一個-b 收尾的音,但是他用括弧括了起來,表示是空的,是猜想的,實際上並没有任何歸字。雖然他在討論具體韻部比如"緝部"的時候,曾説過這樣一段話:

> 緝部是入聲韻,從《詩經》的押韻看起來没有跟他相配的陰聲韻,但是從諧聲的系統看起來有些字似乎有失去唇塞音韻尾 *-b 的可能。這是諧聲系統跟押韻系統的一個大分别,也表示諧聲系統仍有保存唇塞音韻尾的痕跡,而在《詩經》的韻裏就跟微部字(*-əd 見後)相押了。换言之,唇塞音韻尾 *-b 已經在《詩經》時代變成舌尖塞音韻尾 *-d 了。因此諧聲系統所保留殘餘的 *-b 的痕跡表示諧聲系統所代表的時期要比《詩經》押韻系統要早一點,至少一部分諧聲系統是較早的。②

李方桂認爲閉口韻部没有陰聲韻,是因爲陰聲韻尾很早混入了與舌尖音收尾相對應的陰聲韻中。不過,爲什麽閉口韻的陽聲韻和入聲韻没有完全混入舌尖收尾的相關韻部,而偏偏衹有陰聲韻完全泯滅了呢?李方桂没有回答。而且,通過諧聲系統可以發現,有一部分舌尖音韻尾的入聲字和陽聲字和閉口韻字有密切關係。如果説陰聲韻因爲失去濁塞音收尾(李方桂是認爲陰聲韻也有塞音收尾的),而因此混入收舌尖韻尾的陰聲字的話,入聲字和陽聲字没有理由也混入。而且從整個音韻系統來看,爲什麽喉音收尾的陰聲字和舌音收尾的陰聲字還能保持各自的獨立,它們不也是一起失去了

① 參看陳保亞《20 世紀中國語言學方法論》,483 頁。

② 李方桂《上古音研究》,北京:商務印書館,1998 年,33 頁。

塞音收尾嗎？李方桂還説，“一向以爲*-b 變*-d 是因受合口字的異化作用而發生的，我以爲這類合口字一部分是後起的，是*-b 變*-d 之後才發生的”。陸志韋先生在他的《古音説略》一書中，也虛擬了一個-b 收尾的韻，同樣没有歸字。他也列出了-b 可能變-d 的表，不過表裏面顯示，-b 不但可以混入舌音收尾，而且同時可以混入喉音收尾，也就是他所擬的-g 收尾的音。當然，混入-g 收尾的音，比混入-t 收尾的要少得多。從這些情況看來，似乎唇音收尾字和舌音收尾字的關係要比和喉音收尾字的關係密切得多。但是，在《詩經》押韻和諧聲字的對比考察中卻偏偏出現相反的現象。《詩經》中有很多侵、蒸也就是唇音收尾字和喉音收尾字通押的現象，而諧聲字卻没有呈現同一規律。從清代學者到章太炎都曾認爲，上古漢語幽侵部和宵談部可以通轉[①]，這點也被現在古文字研究成果證實[②]，唇音收尾字確實和喉音收尾字關係密切，相反，唇音收尾字和舌音收尾字通押的情況幾乎一個也找不到。所以，陸志韋甚至乾脆懷疑蒸部和東部在《詩經》以前的更早時候，是以-m 收尾的。不過後來蒸部等失去了-m 尾，變成以-g、-k、-ng 等喉音收尾的韻部了。

從《詩經》的押韻系統和學術界普遍承認的幽侵對轉和宵談對轉等現象來看，閉口韻部的字在上古應該是和喉音收尾的字共一類陰聲韻的了，這也似乎從一個側面證明了上古陰聲韻是没有塞音收尾的，否則難以解釋爲什麽同一種陰聲韻會共幾種不同收尾的陽聲韻。但是正如音韻學家歸納的，偏偏《切韻》的反切顯示，大部分唇音收尾字的諧聲字讀入舌音收尾的系統。這又當怎麽解釋呢？

這一問題比較複雜，我們準備另文討論。在這裏，我們僅就有關閉口韻的來源提出一種假説。我們猜想，因爲閉口韻的字没有與之相配的陰聲韻，説明它們本來就不是個完整的系統，我們懷疑古人爲了表示漢語中“閉合”這一類的意思，而有意將一部分字改讀爲唇音收尾。因爲雙唇音給人直觀的感覺，就是顯示一種“閉合”的狀態，就如同上古表示否定意義的十六個詞的聲母，無一例外的全是雙唇音一樣。“否定”、“禁止”和“閉合”的詞義顯然是一脈相承的。

關於閉口韻字和“閉合”義的關係問題，沈兼士先生曾作過研究，他的長篇論文《右文説在訓詁學上之沿革及其推闡》中，用表格列出了 138 個字，分隸“今”、“甘”、“兼”、“甲”、“音”、“厭”、“奄”、“弇”、“鹹”、“马”、“臽”、“合”十二個閉口韻音符，凡

---

① 章太炎《文始》，《章太炎全集》第 7 卷，上海：上海人民出版社，1999 年。

② 參看裘錫圭《從殷墟卜辭的“王占曰”説到上古漢語的宵談對轉》，《中國語文》2002 年 1 期。

是屬於這十二個閉口韻音符的字,都有"夾持蘊含"一類的意思,每個音符,他都一一列出了詳細書證,翔實可信。① 沈兼士先生在這章的末尾總結道:"按上表……共計音符十二,其韻皆屬侵覃部收 m 之音,故有收斂之意。"他明確推斷,這 138 字之所以有"收斂"之意,是跟它們的讀音收尾爲-m 有關的。這説明,上古漢語的音義之間不是隨意和約定俗成的,而是存在着明顯的理據。

三

既然雙唇音聲母的字和閉口韻字,它們的意義都有可能跟發音方法有關,那麼它們在很多意義上就應該有共同點。事實上,我們上面也提到,雙唇音聲母字和閉口韻字都有大量和"覆蓋"、"黑暗"、"關閉"意思有關的詞,除此之外,甚至有的名物字,它們也呈現這樣奇特的對應。比如《山海經·西山經》:"崇吾之山……有鳥焉,其狀如鳧,而一翼一目,相得乃飛,名曰蠻蠻,見則天下大水。"而在《爾雅》中,也記載有類似的鳥,《釋地》中云:"南方有比翼鳥焉,不比不飛,其名謂之鶼鶼。"郝懿行引《山海經》郭璞注,指出"蠻蠻"和"鶼鶼"就是一種鳥②,它們都有"比翼而飛"的特徵,而前者爲唇音聲母字,後者爲唇音收尾字,它們應該有共同的詞源義——比並,所以才會一鳥異名。

此外,雙唇音聲母字還經常和閉口韻字在一起組成詞或片語,比如"貪冒(貪墨)"、"沉悶"、"澹漠"、"侵牟"、"包攬"、"保任"、"淹博"、"復習"、"密集"、"擔保"、"占卜"、"沉湎"等,這也不能説是純粹偶然的現象。因爲古代漢語並列式雙音合成詞的搭配不是隨意的,衹有意義相關的才能組合成詞。在上述的例子中,構成合成詞的兩個詞素,意義都基本相同,而它們又都一個是唇音聲母字,一個是閉口韻字,這也是有其内在理據的。

在古書中,有些閉口韻的字,還和唇音收尾字構成異文,比如馬王堆帛書《老子》甲乙本:"是以聖人執一以爲天下牧。"③今本《老子》作"是以聖人抱一爲天下式"。其中"執"爲閉口韻字,"抱"爲唇音字,它們都有"抱持"的意思。又《禮記·樂記》:"陰

① 參看《沈兼士學術論文集》,北京:中華書局,2004 年,141—152 頁。

② 〔清〕郝懿行《爾雅義疏》,影印咸豐六年(1856)刻本,北京:中國書店,1982 年。

③ 高明《帛書老子校注》,北京:中華書局,1998 年,340 頁。

而不密。"鄭注:"密之言閉也。"《正義》:"陰主幽静,失在閉塞,先王節民情感,陰氣者不有閉塞也。"《漢書・禮樂志》作"陰而不集",顔師古注:"集謂聚滯也。"其中"密"是脣音聲母字,"集"是閉口韻字,它們都有"閉合"的意思。顔師古解釋"集"爲"聚滯",其實和"閉塞"的意思差不多,物閉塞則聚滯不動。又《周易・繫辭下》:"恒,雜而不厭。"王引之《述聞》:"雜,當讀爲帀。帀,周也,一終之謂也。恒之爲道,終始相巡無已時,故曰帀而不厭……襄二十九年《左傳》曰:復而不厭。杜注:常日新,復猶帀也。"① 從王引之的話我們可以知道,"雜"、"帀"和"復"是在同一個詞中的異文,它們都有"回環"的意思。"回環"實際上構成一個"閉合"的狀態。"復"是脣音字,"帀"、"雜"是閉口韻字。可見,在古書中,有些閉口韻字和脣音聲母字的異文現象,意思是相同的。意思相同的原因,可能在於它們的發音方法使它們都帶有"閉合"的意思。

還有些名物詞,有類似的異文現象,原因還不知。《荀子・性惡》:"闔閭之干將、莫邪、鉅闕、辟閭,此皆古之良劍也。"楊倞注:"辟閭,即湛盧也。閭、盧聲相近。"如果如楊倞所説,"閭"、"盧"音近,"辟閭"就是"湛盧",那麼"辟"和"湛"就是異文,而前者是脣音聲母字,後者是閉口韻字。由於"湛盧"和"辟閭"都是名物字,不知道其得名緣由,所以這兩個字之間爲什麼會構成異文現象,有待進一步研究。②

認識到脣音聲母字和閉口韻字的這些特徵,對於提高閲讀古書的能力有很大的幫助。我們知道很多以脣音爲聲母的字都有"閉合"、"覆蓋"的意思,對於一些先秦辭彙,就可以做出正確判斷。比如《韓非子・忠孝》:"古者黔首悗密蠢愚,故可以虚名取也。今民儇詗智慧,欲爲用,不聽上。"其中的"悗密"一詞,自古有兩種解釋,一種爲乾道本注:"悗密,忘情貌。"③日本學者物雙松認爲:"悗密、黽勉、密勿、文莫,皆同。"④孫詒讓曰:"《爾雅・釋詁》云:'密,静也。'悗密,謂忘情而静謐也。"⑤張覺先生《韓非子校注》説:

> 近代的校釋者如陳啟天、陳奇猷、梁啟雄等等以及現在的《辭源》都採取了孫

---

① 〔清〕王引之《經義述聞》,60頁。

② 甚至在敦煌文書中也有類似的例子,在《卯年張和和便麥契》中,"棢離"或寫成"芘離","附協"或寫成"附比"。蔣禮鴻曰:"但芘離何以又作棢離,未詳。"參看蔣禮鴻《〈敦煌資料〉(第一輯)詞釋》,《蔣禮鴻集》(4),杭州:浙江教育出版社,2001年,47頁。其實"棢"爲閉口韻字,"芘"爲脣音聲母字,兩者都有"並列"的意思,"並列"義和"包含"義相因,詳另文。

③ 梁啟雄《韓非子集解》,北京:中華書局,1998年,468頁。

④ 轉引自張覺《韓非子校注》,長沙:岳麓書社,2006年,692頁。

⑤ 〔清〕孫詒讓《札迻》,北京:中華書局,2006年,215頁。

說而不取物雙松之説,不當,因爲若"忘情而静謐",也就清净淡泊"不可以虚名取"了。這個"悗"當通"勉","悗密"與"密密"以及其他古籍中的"黽勉""黽俛""勉勉"都是同一個詞的不同寫法,它是一個雙聲連綿字,用來形容勤奮努力、刻苦耐勞的樣子。①

我認爲這兩種説法證據都不充分。把"悗密"解釋爲忘情静謐,固然如張覺先生所批評的那樣,不符合《韓非子》上下文的邏輯。但是把"悗密"訓爲"勤奮努力、刻苦耐勞",同樣有邏輯不通的問題。爲什麽古代黔首百姓勤奮努力,就可以用"虚名"去欺騙他們?這兩者之間有嚴格的邏輯關係嗎?而且,從這個句子的詞語搭配情況來看,訓爲"勤奮努力"也是不合適的。"悗密蠢愚"四個字和下文的"儇詷智慧"四個字相對,而"儇詷智慧"四個字都是聰明的意思,按理"悗密蠢愚"四個字的意思也應該一樣,所以"悗密"的意思也應該是愚蠢。《玉篇》:"悗,惑也。"惑就是糊塗,不聰明。《吕氏春秋·審分覽》:"夫説以智通,而實以過悗。"王念孫曰:"悗訓爲惑,亦與通相反。"②可見"悗"確實有糊塗愚蠢的意思。至於"密",有閉塞的意思,人大腦開竅爲聰,不開竅則爲閉,猶"蒙"字有"遮蔽"和"蒙昧"兩個意思。古代明母字很多具有糊塗、黑暗的意思,比如冥、盲、蒙、昧、晚,"悗密"兩個字正好是明母字,有愚蠢蒙昧的意思,不是不可能的。古代有些詞的詞義在當今編纂的字典中失收,《後漢書·傅燮傳》:"若烈不知之,是極蔽也;知而故言,是不忠也。"其中的"蔽"衹能訓爲"愚昧",但是在《漢語大字典》裏,"蔽"没有這個義項,應當補上。或許它和"密"的情況是一樣的。

以上是我們對上古文獻中唇音聲母字和閉口韻字音義關係的一點初步看法,如果能夠成立,則索緒爾的"語言符號是任意的"、"不可論證的"這一理論對漢語來説,就不完全適用。至少某些漢語的詞義,和它們的發音方式是有關係的,也就是説,以唇音爲聲母的詞,和漢語中以-m 、-p 爲收尾音的詞,因爲發音時嘴巴要閉合,所以大多具有閉合的意思,這對我們理解先秦漢語的詞義,有一定的指導作用。

① 張覺《韓非子校注》,692—693 頁。

② 轉引自陳奇猷《吕氏春秋新校釋》下册,上海:上海古籍出版社,2002 年,1049 頁(注 32);又見王利器《吕氏春秋注疏》,成都:巴蜀書社,2003 年,1935 頁所引"王念孫曰"。

作者簡介:

史傑鵬,1971年生,江西南昌人,北京師範大學文學院博士,現任北京師範大學古籍所講師。近幾年發表論文有《上博竹簡(三)注釋補正》(《考古與文物》古文字學專刊,2006年)、《上博簡〈容成氏〉字詞考釋二則》(《江漢考古》2007年1期)、《"壟斷"及相關詞詞義疏證》(《民俗典籍與文字研究》第4輯,2008年)等。

編後記

整一百年前,經學界兩顆巨星先後隕落。1908 年 3 月 6 日,今文經學家皮錫瑞(鹿門)卒於湖南善化南城舊居;5 月 22 日,古文經學家孫詒讓(號籀廎)終於浙江瑞安東北故宅。

幾乎與此同時,經學史在章炳麟(太炎)身上發生了可以説是劃時代的歷史性變遷。

進入 20 世紀,章氏相繼完成了三件大事。一是着手修纂《中國通史》,擬成《中國通史略例》、《中國通史目録》(收入《訄書》重訂本,1904 年在日本出版),成爲現代新史學的草創藍圖;二是撰寫《論語言文字之學》(1906 年刊於《國粹學報》)、《語言緣起説》(收入 1910 年刊《國故論衡》),並著《新方言》(1908)、《小學答問》(1909)、《文始》(1911),爲現代語言文字學科鋪墊了基石;三是發表《諸子學略説》(1906 年刊於《國粹學報》),深層影響着胡適《論九流出於王官説之謬》及《中國哲學史大綱》(1917)的創構。經學傳統從此蜕分。与此同步,中國大學進入全盤西化的時代,對於中國學術而言,其最大的災難是在傳統學術中居於領軍地位的經學被排擠出局,在高等院校中居然難覓棲身之地。經學時代由此消隱,及今整整一個世紀。抚今追昔,不能不讓人心生感慨!

經學融貫了中華民族千年的精神命脈,經學的歷史與中華民族的命運息息相關,因此,經學的存亡繼絶,並且推動其在新時代復興,乃是每一位中華學人在當下義不容辭的職責。爲此,在進入又一個新世紀之際,我們籌備創辦了《中國經學》,希冀爲此做一些力所能及的事情。

《中國經學》自 2005 年問世,迄今已踰三個年頭,出乎編者意料的是,它從誕生之日起就受到海峽兩岸学者,甚至國際學壇的關注與呵護,稿源充沛,回饋不絶。這些令編者深感欣慰。

行將與讀者見面的是業已編定的第四輯。這一輯所刊載的論作同樣可謂精彩紛呈。就作者的時代地域而言,從 18 世紀的乾嘉學者到 21 世紀的學術新秀,縱越整整四百年;從中國大陸、中國臺灣到日本學壇,涵括亞洲數條經學餘脈。就論作的範圍形式而言,取材從甲骨、金文、簡牘直至當代未刊尺牘、手札;方法有傳統的考索、輯佚、校勘,亦有現代的闡釋、評論、歷史比較。無疑,學者們的宗旨是齊壹的,就是爲了"中國經學"。我們對所有關懷和提攜敝刊的先生表示由衷的謝忱!

需要特别感謝沈文倬、湯志鈞、李學勤、王世舜等幾位學界前輩,他們將自己多年潛心研究的學術成果或精心保存的珍貴史料慷慨饋賜敝刊,尤其是沈先生和李先生的兩篇大作,引領着經學研究的時代風尚。

同樣值得推薦的是史傑鵬、保科季子、石立善等幾位青年新秀的研究成果,他們的學術眼光與思路、研究手段與方法各具特色,專長與風格各有側重,所取得的成果均在一定意義上對於經學本體研究大有助益。經學的承繼需要薪火相傳的心靈交匯,經學的創新則需要朝氣蓬勃的牛犢虎氣。我們用心期待着!

《中國經學》爲所有熱愛和關心中華古典文明的有識之士搭建了一個廣闊的學術交流平臺。在這裏,消泯了學派的紛爭與隔膜,彰顯着學術的平等與自由。在當今中西文化劇烈交匯的國際學壇,其實更需要論争,更需要直面的碰撞,那么,請選擇《中國經學》!

孔子曰:"先難而後獲,可謂仁矣。"(《論語・雍也》)我們愿與諸位同道共勉。

彭林

2008 年 11 月

徵稿啓事

《中國經學》由清華大學經學研究中心主辦、廣西師範大學出版社資助出版，每年一輯，每輯 30 萬字左右，欄目之設，約略如下：

1. 經學論文

刊載經學總論、專經研究、經學史研究、經學思想研究、考據學研究、小學與經學、經籍版本研究、名物研究、出土簡帛與經學研究等研究方向之論文。

2. 學術資訊

海内外經學研究機構之介紹，經學研究項目之介紹，經學會議之介紹。

3. 經學人物志

重點介紹近現代經學大師，内容包括其學承、生平、學術旨趣與研究成果等。

4. 書評

論評當今經學學者之最新研究成果，展開不同學術觀點、研究方法之争鳴，增進學者間之資訊流通。

5. 青年論壇

經學之未來在於青年，爲獎掖後進，推助傳承，但凡言之有據、持之有故之文，均在採擇之列。

本學刊之創辦，旨在爲海内外的經學研究推波助瀾，提供論壇。本學刊以"推崇實學，去絶浮言"相尚，凡賜稿者，不問資歷、職稱，惟求論文水準。爲確保本學刊品質與學術公正，來稿一律須經匿名評審後再作取捨。限於人手，來稿概不退還，敬請自留底稿。採用與否，均將及時奉聞。本學刊每年 6 月 1 日截稿，10 月出版。一經刊用，即致薄酬。

來稿務以電子版與紙版兩種形式賜惠，詳請參照所附《來稿格式》，並請寫明作者姓名、單位、職稱、地址、郵編與電子郵箱或其他通訊方式。

聯繫人：彭林 教授

郵政編碼：100084

北京 清華大學人文學院歷史系經學研究中心

E-mail：penglin@ mail. tsinghua. edu. cn

Tel：86—10—62772599(h) 86—10—62785745(o)

附:來稿格式

1. 來稿請用 A4 型紙單面列印;手寫稿請用 16 開横格稿紙書寫。作者提供文章的電子文本,文檔格式爲. doc 或. txt。注明來稿字數。

2. 來稿請使用標準繁體字,必須使用的俗體字、異體字除外。列印稿請用國標擴展字形檔或 Big5 編碼,避免使用簡繁體轉换工具作簡單轉换。請勿使用特殊字體和自行造字。

3. 一律使用新式標點符號。除破折號、省略號佔兩格外,其他標點均佔一格。

4. 所有引文均需核實無誤,文獻版本應信實可靠。獨立引文每段首行前空四格,回行前空兩格。

5. 注釋采用當頁脚注。圓碼標示在注文的右上方。注釋體例如下:

(1)引用古籍,首次出注時需注明著作者、整理者(包括校注、校箋、校譯、點校者)、書名、篇章、叢書名、出版機構、出版日期、頁碼等項。如:

〔唐〕孔穎達《春秋左傳正義》卷一五,北京:中華書局影印阮元校刻《十三經注疏》本,1980 年,1816 頁。

再次出注時可以省去叢書名、出版機構和出版日期。

(2)引用今人論著,首次出注時需注明著作者、書名、出版機構、出版日期、頁碼等。如:

[日]竹添光鴻《左傳會箋》,東京:井井書屋,1903 年,22 頁。

鄭良樹編著《續僞書通考》上册,臺北:學生書局,1984 年,350 頁。

再次出注時可省去出版機構和出版日期。

(3)引用期刊論文,首次出注時需注明著作者、文章名稱、刊物名、刊期、頁碼等。如:

中國社會科學院考古研究所洛陽工作站《漢魏洛陽故城太學遺址新出土的漢石經殘石》,《考古》1982 年第 4 期,388—389 頁。

再次出注時可省去刊物名和刊期。

(4)引用外文論著,可以照中文論著格式,論著名、文章名使用斜體。如:M. I. Finley, *Politics in the Ancient World.* Cambridge University Press,1979, pp. 11-12.

6. 文章所涉及的中國古代傳統紀年,一般在第一次出現時括注公元紀年,公元前紀年加"前"字。如:

建初元年(76);元狩二年(前 121)。

7. 中國古代傳統紀年、古籍卷數等采用中文數位,序數一般用簡式,基數一般用繁式。如:

《經典釋文》卷一三;《太平御覽》卷一〇五。

《通典》二〇〇卷;《周禮正義》八十六卷。

公元紀年,期刊卷、期、號、頁和書的頁數均用阿拉伯數字。